《亥年新法》整理校译

贾常业——校译

甘肃文化出版社
甘肃·兰州

图书在版编目（CIP）数据
《亥年新法》整理校译 / 贾常业校译. -- 兰州 : 甘肃文化出版社, 2024. 12. -- ISBN 978-7-5490-3014-9
Ⅰ. D929.46
中国国家版本馆CIP数据核字第2024NZ4419号

《亥年新法》整理校译
HAINIANXINFA ZHENGLI JIAOYI
贾常业 | 校译

责任编辑 | 杜艳梅
封面设计 | 马吉庆

出版发行 | 甘肃文化出版社
网　　址 | http://www.gswenhua.cn
投稿邮箱 | gswenhuapress@163.com
地　　址 | 兰州市城关区曹家巷 1 号 730030（邮编）

营销中心 | 贾　莉　　王　俊
电　　话 | 0931-2131306

印　　刷 | 山东新华印务有限公司
开　　本 | 787 毫米 ×1092 毫米 1/16
字　　数 | 271 千
印　　张 | 18.5
版　　次 | 2024 年 12 月第 1 版
印　　次 | 2024 年 12 月第 1 次
书　　号 | ISBN 978-7-5490-3014-9
定　　价 | 78.00 元

前　言

《亥年新法》是西夏继《天盛改旧新定律令》（以下简称《天盛律令》）（1149—1169）之后补充制定的一部重要法典，出土于内蒙古自治区额济纳旗黑水城遗址，现藏俄罗斯科学院东方文献研究所，公布于1999年由俄罗斯科学院东方研究所圣彼得堡分所、中国社会科学院民族学与人类学研究所、上海古籍出版社整理出版的《俄藏黑水城文献》第9册中。《亥年新法》由多人抄写，存写本多种，体例与《天盛律令》稍异，每卷开头列有卷目，正文不列门类，依据卷目顺序列出若干条款。《俄藏黑水城文献》第9册的定名有甲、乙、丙、丁、戊、己、庚、辛等诸种本。文献遗存较完整的有十一卷，即第一、第二、第三、第四、第七、第十、第十一、第十二、第十三、第十五、第十六十七等共；文献较残的有五卷，即第五、第六、第九、第十四、第二十；佚缺三卷，即第八、第十八、第十九。《亥年新法》文献在《俄藏黑水城文献》第9册第119页上—337页下，占200余页。

一、《亥年新法》的编写与颁行年代

《亥年新法》顾名思义应该是在某一个亥年颁行的新法。《亥年新法》抄本中最后记载的年代为“光定辛巳年，即光定十一年（1221），在此之前有三个亥年，第一个是夏乾祐辛亥二十二年（1191），在《亥年新法》第三之第十三条“盗罪依恩解脱不解脱”中有关日期的规定：“[illegible]，[illegible]，[illegible]，[illegible] tśhjwĩ[1] [illegible]，[illegible]，[illegible]，[illegible] 此于辛亥二十二年三月初一前所做出罪事，判决已至及判决未至，今现拘押并所催促追捕已成，先前已重受理以外，此后每有新做出者，依恩不解脱，当依已定律令判决。”又在《亥年新法》第七之第一条第二款中有日期规定为：“[illegible]，[illegible]，[illegible]，[illegible]，[illegible]，[illegible] 此自从辛亥年三月初一，各自一百日以内当卖用分，若不卖留藏，诸人告举时，罚所卖人，当为官之。”以上两处规定的期限为同一个日期，是夏乾祐辛亥二十二年（1191）；《亥年新法》第十五中提至了“庚子年”，是夏乾祐庚子十一年（1180），其第一条“纳租地夫役领谷物”第三款中规定：“[illegible]，[illegible] giuu[2] tśia[1] tsji[1] [illegible]，[illegible]，[illegible]，[illegible] 乾祐庚子十一年六月初七，所颁行御札子及此后诸寺臣民等，比庚子年前期有旧谕文提者，局分人闻听其事，当不许减俗民役草一种或全部。”可能这个时间颁布了新谕文，着手起草《亥年新法》。第二个是夏桓宗癸亥年，即天庆十年（1203）。第三个是夏神宗乙亥年，即光定五年（1215）。《亥年新法》是西夏晚期编撰的，这个时期颁行的可能性最大。《亥年新法》有的卷中记载的年代是抄写的年月，如《亥年新法》第三结尾抄写者写有“[illegible]光定蛇年五月初九写毕”，即为光定辛巳年、光定十一年（1221）；《亥年新法》第十二结尾抄写者写有“[illegible]光定蛇年七月十四日”，也就是光定辛巳年，光定十一年（1221）；《俄藏黑水城文献》第 9 册第 337 页下编号为“俄 Инв.

No. 7887《亥年新法》”的条文疑为新法第二十之“种种裁断门”的条文，条文中有“繸緋繳絹稨緞敨夕繊蠃贝光定壬申二年十一月十八”，即光定壬申年二年（1212），条文结尾又写有“繸緋絹緞稨繊光定猴年二月”，即光定壬申年二月（1212），这个年月早于夏神宗乙亥年，应该是《亥年新法》草拟完成的年月，于光定乙亥年（1215）正式颁行实施。

二、《亥年新法》的研究现状

《亥年新法》文献的出土，引起了国内外专家学者的高度重视，并开展了相应的研究。早先进行研究的是俄罗斯学者克恰诺夫。之后国内学者展开了对《亥年新法》的研究：2009 年文志勇博士对俄藏黑水城文献《亥年新法》第 2549、5369 号残卷进行了译释；[①]2009 年笔者对《亥年新法》第一甲种本与乙种本进行了缀合并译释；[②]2013 年周峰博士在其博士论文中对《亥年新法》第三进行了译释和系统的研究；[③] 梁松涛博士的博士后出站报告《西夏中晚期官当制度变化》把《亥年新法》的第一、第二、第三、第四作了全面的整理与释读，之后又对《亥年新法》第十二、第十三之“隐逃人门”进行了考释；[④] 宁夏大学古代史硕士生廖莎莎对《亥年新法》第十进行了整理研究，指出并厘清了《亥年新法》第十有关西夏职官礼仪的条文与非《亥年新法》第十的有关条文；[⑤] 王培培博士对《亥年新法》引述《天盛律令》进行了

---

① 文志勇：《俄藏黑水城文献〈亥年新法〉第 2549、5369 号残卷译释》，《宁夏师范学院学报》（社会科学版）2009 年第 1 期，第 109　116 页。

② 贾常业：《西夏法律文献〈新法〉第一译释》，《宁夏社会科学》2009 年第 4 期，第 99—90 页。

③ 周峰：《西夏文献〈亥年新法·第三〉译释与研究》，中国社会科学院博士学位论文，2013 年。

④ 梁松涛、袁利：《黑水城出土西夏文献〈亥年新法〉卷十二考释》，《宁夏师范学院学报》（社会科学版）2013 年第 2 期，第 46—56 页；梁松涛：《黑水城出土西夏文〈亥年新法〉卷十三“隐逃人门”考释》，《宁夏师范学院学报》（社会科学版）2015 年第 2 期，第 73—80 页。

⑤ 廖莎莎：《西夏文献〈亥年新法〉卷十整理研究》，宁夏大学硕士学位论文，2021 年。

考证，并对《亥年新法》第十四作了考释；[①] 宁夏大学西夏学研究院硕士生赵焕震对《亥年新法》第十五“租地夫役”条文进行了释读与研究，探讨了西夏寺院经济与经济文书相关的法律条文；[②] 宁夏大学西夏学研究院硕士生安北江对《亥年新法》第十五（下）进行了释读与研究，进一步探讨了西夏寺院经济与粮食的贮存管理相关的法律规定；[③] 宁夏大学硕士生闫成红对《亥年新法》第十六十七等共进行了释读，并与《天盛律令》第十六十七合进行比较；[④] 目前还在研究阶段的项目有宁夏大学西夏学研究院王培培博士的“《亥年新法》与西夏晚期社会研究”[⑤]。以上对《亥年新法》的研究进行了有益的探索并取得了一定的成果，为以后的系统深化研究奠定了基础。但是，各自译释、研究的角度不同，体例上较杂，研究的方法简单或手段单一，认识上有一定差异，特别对名词的翻译与语法方面需要商榷，譬如对音译词的翻译，大多没有注音，影响了文献解读的准确性。因此，《亥年新法》还有很大的研究空间，需要全面、系统、音义并举、相对准确的校译。

三、《亥年新法》的价值

《亥年新法》是西夏继《天盛律令》之后颁布的又一部重要法典，具有重要的史学价值、文献价值与学术价值。总体上说，《天盛律令》与《亥年新法》吸取了唐、宋律法的精华，是对中华法系的继承与发展，是中华文明

① 王培培：《〈亥年新法〉引述〈天盛改旧新定律令〉考》，《西夏研究》2020 年第 4 期，第 14—18 页；王培培：《〈亥年新法〉卷十四考释》，《西夏研究》2021 年第 4 期，第 13—17 页。
② 赵焕震：《西夏文〈亥年新法〉卷十五“租地夫役”条文释读与研究》，宁夏大学硕士学位论文，2014 年。
③ 安北江：《西夏文献〈亥年新法〉卷十五（下）释读与相关问题研究》，宁夏大学硕士学位论文，2017 年。
④ 闫成红：《西夏文〈亥年新法〉卷十六十七合本释读与研究》，宁夏大学硕士学位论文，2016 年。
⑤ 此为国家社会科学基金一般项目，项目批准号：19BMZ015。

制度体系的实践运用，构成了中华民族共同体的一个组成部分。《亥年新法》除了律法本身的学术价值外，其资料非常丰富：第一，突显了不同于《天盛律令》的新材料。如《亥年新法》第二在“纳铁赎罪”条中出现了与《天盛律令》不同的、鲜为人知的职官名，如“[illegible] tshew^{1} ŋwe^{2} 训练（曹尉）”“[illegible]刚霁”“[illegible]威臣”“[illegible]慧臣”“[illegible]都案”“[illegible] phjii^{2} 谏批”“[illegible] phjii^{2} 表批”“[illegible]淳臣”“[illegible] phjii^{2} 赈批”“[illegible]观主”“[illegible] kjạ^{1} [illegible]次家主”“[illegible]上能臣”“[illegible]上品造监”“[illegible]次长监”“[illegible]上造监”“[illegible] phjii^{2} 上和批”“[illegible] phjii^{2} 次药批”等（这些职官名是暂定名，还有待进一步的研究考证）。《亥年新法》第四之第十三条中写有“[illegible] lu^{2}、[illegible] tśjiw^{1}、[illegible] tśhiej^{2} [illegible] 辖属何路、何州、何寨”，可见西夏末期有了“路”的行政区划，是在“州”之上。《亥年新法》第七之第二条“换卖敕禁罪”中反映出在“[illegible] su^{2}、[illegible] śia^{1}、[illegible] kiwa^{1} tśjiw^{1}、[illegible] 肃州、沙州、瓜州、黑水等处”设有“[illegible] śji^{2} [illegible]市场榷场”，出现的职官名有“[illegible] tsow^{2} śiwe^{1} 佐帅”“[illegible] tśjaa^{1} xu^{1} śiə^{1} 招抚使”“[illegible] kiej^{1} [illegible] śiə^{1} 通界使（通关使）”“[illegible]商勾当”等，边贸交流交往的对象除了汉人还有“[illegible] ta^{1} ta^{1} 鞑靼”“[illegible] ɣwej^{1} ɣwə^{1} 回鹘”“[illegible] thej^{1} śji^{1} [illegible]大食商人”等。另外，《亥年新法》第七之第四条中规定了采用“铜变鍮”铸造 30 余种寺庙法器的名称是难得的资料。《亥年新法》第十之第五条中出现的职官名有“[illegible] ko^{1} lu^{2} thej^{1} xu^{1} 光禄大夫”“[illegible] phjij^{1} tśjwo^{1} śiə^{1} 平章事”“[illegible] khjwã^{1}kow^{1} 郡公”“[illegible] gjuu^{1} śiə^{1} thej^{1} xu^{1} 御史大夫”“[illegible] kwã^{1} wẽ^{1} thjij^{2} thej^{1} xiow^{2} śiə^{1} 观文殿大学士”等。《亥年新法》第十三之第六条“隐逃人”（窝藏逃人）中出现了基层职役名“[illegible] xjow^{2} lji^{2} tśjij^{2} 乡里正（其职为催督课赋）”或是基层行政编制“乡里镇”，之前有学者译为“[illegible] xjow^{2} lji^{2} tśjij^{2} 坊里正”，存疑。《亥年新法》第十五之第一条第三款中有 50 多个寺院名称，也是难得的资料。《亥年新法》抄本中所有记载年代的资料都很珍贵，是研究断代史的

重要史料。第二，充分利用汉语资料。《亥年新法》在编纂的过程中遇到番语不易表达的词语时就借用汉语，差不多在每一卷中都使用汉语借词，这正是当时中国多民族文化相映生辉、多元文化相融相谐的表现，因此《亥年新法》也是华夏文明文化交流的实物见证，是学习西夏语言文字与语法的重要参考资料，还是了解汉语中古韵的辅助材料，这些资料有较高的文献价值。

此外，研究《亥年新法》要尽可能全面、系统，深钻细研，让古文献活起来。首先要搞清楚《亥年新法》与《天盛律令》的对应关系，宁夏大学西夏学研究院王培培博士研究的《〈亥年新法〉引述〈天盛改旧新定律令〉考》作了指导性的探索，了解二者相互联系的本质与异同点及发展变化的内容；其次要了解为什么要制定《亥年新法》？众所周知，《天盛律令》制定时西夏社会的一些问题还没有显现，随着时代与社会的变迁，日益暴露的社会问题催生了《亥年新法》的制定，正如《亥年新法》中多次提到的“[illegible]律令中不明显”[①]“[illegible]律令中罪状分明所没有”[②]“[illegible]律令中所没有”[③]“[illegible] 获罪状承法律令中明显所没有”[④]等，《天盛律令》中的规定不明显、没有，就是说当时制定《天盛律令》时没有考虑到一些犯罪问题的产生与变化，同时也指出原有的法律条款规定不明晰、不细甚至缺少，所以对一些法律条文作了修改、补充或新制定。仔细查阅《亥年新法》的制定在补充中还有一些创新，《亥年新法》与《天盛律令》可以互补，将二者作比较研究，就能使我们对西夏法律有一个系统清晰的认识，研究中要逐字、逐句、逐段进行校译，让文献本身说话，

① 俄罗斯科学院东方研究所圣彼得堡分所、中国社会科学院民族学与人类学研究所、上海古籍出版社整理：《俄藏黑水城文献》第 9 册，上海古籍出版社，1999 年，第 223 页上第 6 行。

②《俄藏黑水城文献》第 9 册第 188 页下第 13 行。

③《俄藏黑水城文献》第 9 册第 280 页下第 5 行。

④《俄藏黑水城文献》第 9 册第 242 页上第 7—8 行。

这样才能做到让古籍活起来，得到相对正确的答案。

四、校译的方法与必要性

《亥年新法》的校译将采用本校、对校、他校的校法，前后对照贯通，运用掌握的西夏文知识对原文逐字、逐句、逐段进行校译，准确誊录原文，一个错讹字、一个异体字也不放过，明确西夏文的名词概念，正确使用趋向前缀，合理断句，作出符合西夏语语法与符合原义的翻译，翻译中将与《天盛律令》结合起来，义译与音译结合起来，该义译的义译，该音译的音译，对音译词如人名、地名、专用名词标注平上声注音符号。①《亥年新法》的校译有一定的难度，主要是原文大多抄写潦草致使文字漫漶不清，由于出自多人抄写，有的顺序颠倒，有的文字残缺需要补正，从抢救和保护古籍文献的角度考虑，激活这份古籍文献，对其校译整理很有必要，也就是要将不同笔迹的、错乱的文献整理为有序的、相对完整的文献，即校勘誊录一份清楚的标准楷书西夏文标点本《亥年新法》，为古籍数字化打好基础。

《亥年新法》的整理校译有一定的难度，如《俄藏黑水城文献》第 9 册第 167 页上—177 页下《亥年新法》第九（甲种本）的草书文献、《俄藏黑水城文献》第 9 册第 325 页上—337 页下不明确卷目定名为《亥年新法》的草书文献，还有待进一步研究考证，不妥之处敬请方家批评指正。

贾常业

2023 年 7 月

① 用龚煌城先生构拟的注音符号。

目　录

[illegible]
《亥年新法》第一

《亥年新法》第一存甲、乙两个抄本，编号为俄 Инв.No.5543 与俄 Инв.No.2842，但出自三人之手。甲种本条目与最后 3 页 5 面为草书，周围字有残缺。本书将《亥年新法》第一甲种本第 7 页 B 面第 5 行前 2 字内容与第 3 字之后《亥年新法》第一乙种本缀合；乙种本存结尾 3 页 5 面，文尾有“𗩁终”的字样，说明《亥年新法》第一全文完，甲种本后面与乙种本相同，文字拼接刚好吻合。参见《俄藏黑水城文献》第 9 册第 119 页上—123 页上、第 209 页上—210 页上。

《亥年新法》第一所反映的内容是对《天盛律令》第一之“十恶不赦罪”的补充条款。如第一条“人妇及互行淫人等杀妇之丈夫”是对《天盛律令》第一之“恶毒门”的补充条文；第二条“叛逃主从还给属者之”是对《天盛律令》第一之“背叛门”的补充条文；第三条“故意杀人中断根其全盗罪”与第四条“故意杀人断根定中人根重事”是对《天盛律令》第一之“为不道门”的补充条文。

《亥年新法》第一甲种本有卷目，共四条，但为草书漫漶不清，大致辨认如下。

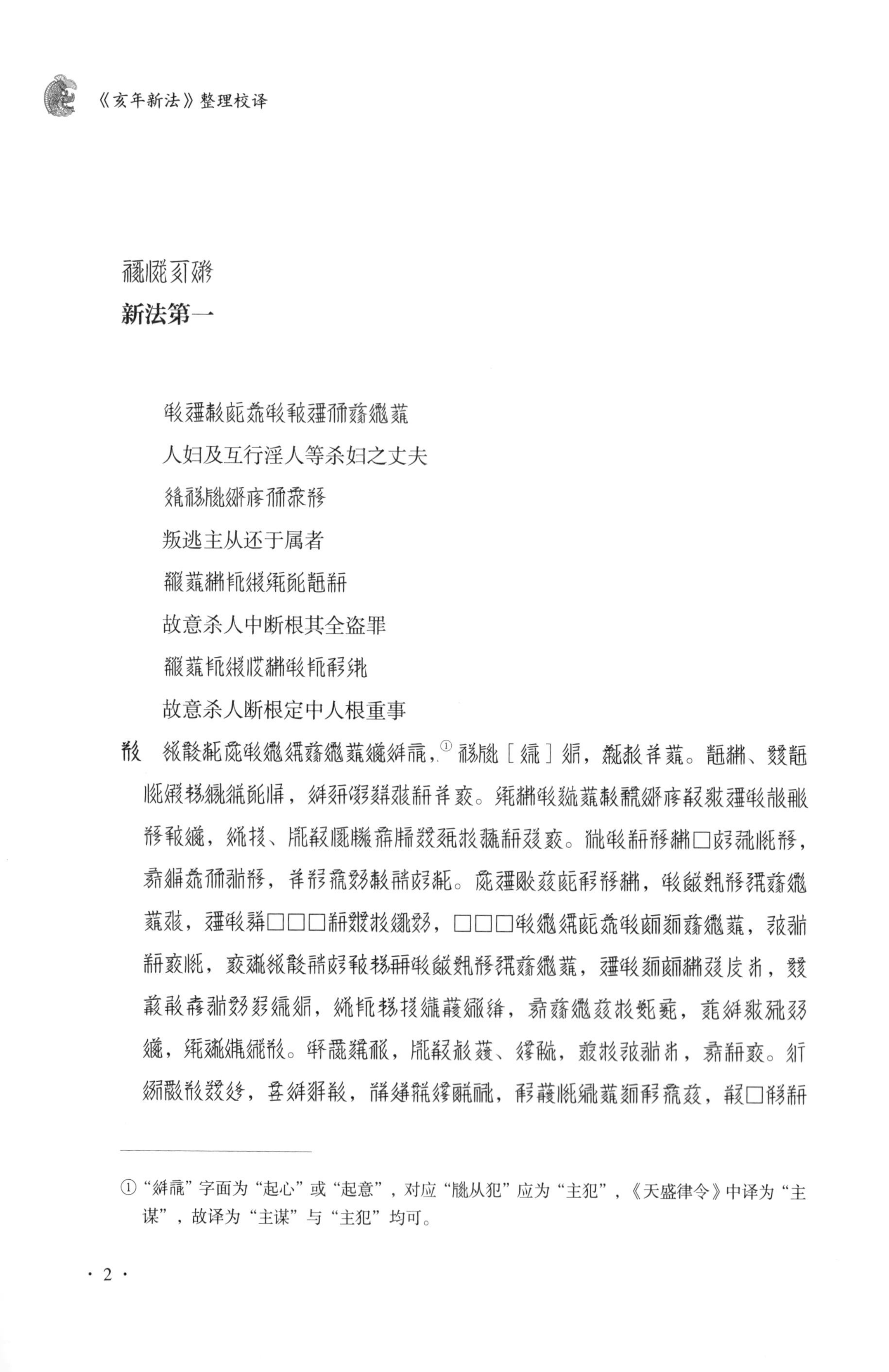

[illegible]

新法第一

[illegible]

人妇及互行淫人等杀妇之丈夫

[illegible]

叛逃主从还于属者

[illegible]

故意杀人中断根其全盗罪

[illegible]

故意杀人断根定中人根重事

[illegible]，[1] [illegible]［[illegible]］[illegible]。[illegible]

① “[illegible]”字面为“起心”或“起意”，对应“[illegible]从犯”应为“主犯”，《天盛律令》中译为“主谋”，故译为“主谋”与“主犯”均可。

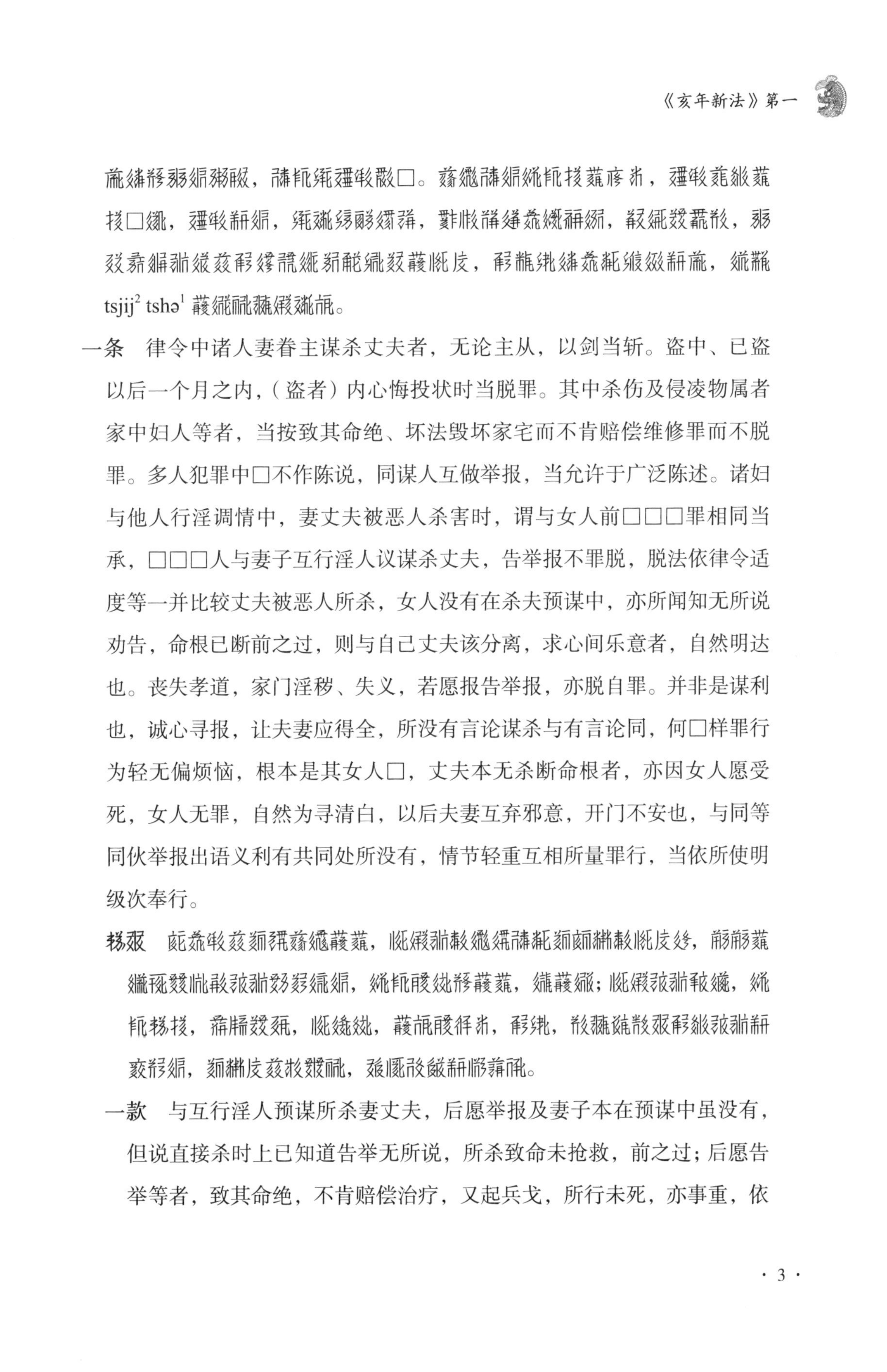

[illegible] $tsjij^2$ $tsh\partial^1$ [illegible]。

一条　律令中诸人妻眷主谋杀丈夫者，无论主从，以剑当斩。盗中、已盗以后一个月之内，（盗者）内心悔投状时当脱罪。其中杀伤及侵凌物属者家中妇人等者，当按致其命绝、坏法毁坏家宅而不肯赔偿维修罪而不脱罪。多人犯罪中□不作陈说，同谋人互做举报，当允许于广泛陈述。诸妇与他人行淫调情中，妻丈夫被恶人杀害时，谓与女人前□□□罪相同当承，□□□人与妻子互行淫人议谋杀丈夫，告举报不罪脱，脱法依律令适度等一并比较丈夫被恶人所杀，女人没有在杀夫预谋中，亦所闻知无所说劝告，命根已断前之过，则与自己丈夫该分离，求心间乐意者，自然明达也。丧失孝道，家门淫秽、失义，若愿报告举报，亦脱自罪。并非是谋利也，诚心寻报，让夫妻应得全，所没有言论谋杀与有言论同，何□样罪行为轻无偏烦恼，根本是其女人□，丈夫本无杀断命根者，亦因女人愿受死，女人无罪，自然为寻清白，以后夫妻互弃邪意，开门不安也，与同等同伙举报出语义利有共同处所没有，情节轻重互相所量罪行，当依所使明级次奉行。

[illegible]

一款　与互行淫人预谋所杀妻丈夫，后愿举报及妻子本在预谋中虽没有，但说直接杀时上已知道告举无所说，所杀致命未抢救，前之过；后愿告举等者，致其命绝，不肯赔偿治疗，又起兵戈，所行未死，亦事重，依

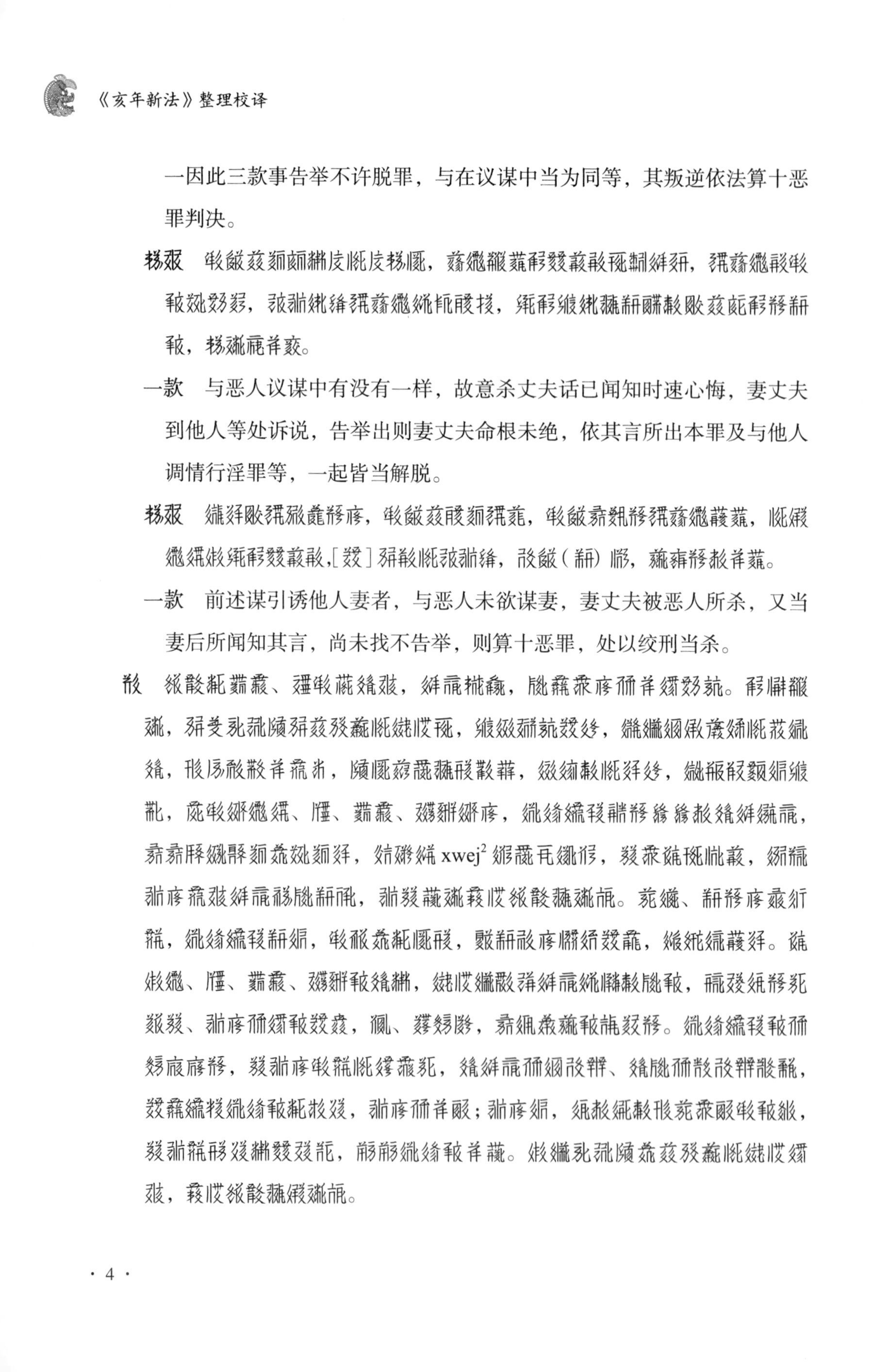

一因此三款事告举不许脱罪，与在议谋中当为同等，其叛逆依法算十恶罪判决。

[illegible]

一款　与恶人议谋中有没有一样，故意杀丈夫话已闻知时速心悔，妻丈夫到他人等处诉说，告举出则妻丈夫命根未绝，依其言所出本罪及与他人调情行淫罪等，一起皆当解脱。

[illegible]

一款　前述谋引诱他人妻者，与恶人未欲谋妻，妻丈夫被恶人所杀，又当妻后所闻知其言，尚未找不告举，则算十恶罪，处以绞刑当杀。

[illegible] xwej[2] [illegible]

一条　律令中使军、女人叛逃时，主谋获死刑，从犯谓能还者之当为用。令纪端的法，尔时与接边国争战不安定时，并非所算写用，今时四方战尘动不动有逃，虽有大小敌入侵，亦掌国法依和道夺取，而并没有留名，愚民苦不养已大，诸人所属妻子、媳、使军、奴婢属者，有头监主为避免变化而超生逃心，自己有亲近同谋，地限会盟半道接待，闻知如此捕回，制谋中有举报者时判罪起心主谋从犯，举捕拿法当依所定律令奉行。官人者、犯罪者爱得利，有头监主无罪，失人互相取法，迷惑犯罪者多不满足，已有所思患。此后妻、媳、使军、奴婢等逃中，是求安定时免主谋命及从犯等，借事难做处不用遣捕、举报者为之等，当受刺字、棒刑，终身当戴铁枷等。有头监主等之当做交待，捕举报者得人不应代替，主谋逃之罚四十缗、从犯逃之各三十缗钱，有不能出头监等中当出，当给举报者；无举报者，以问开定及因还给敌人等，所不入捕举得赏出中，相当头监等当拿。后时与接壤国互相争斗不安定时，当依已定律令奉行。

[illegible]　[illegible]，[illegible]，[illegible]，[illegible]□□，[illegible]，[illegible]□□[illegible]①[illegible]。[illegible]，[illegible]，[illegible]，[illegible]、[illegible]，[illegible]，[illegible] tsjij^{2} tshə^{1} [illegible]，[illegible]。[illegible]，[illegible] khew^{2} [illegible]，[illegible] lā^{1} [illegible]，[illegible]，[illegible]，[illegible]、[illegible]，[illegible]，[illegible]，[illegible]、[illegible]。

一条　诸人有谋者起意害及盗窃杀人，承罪法律令中属皆杀者以快当杀，恐持畜物互赔偿，自然肯出不□□，其中杀者助力等判罪用，此法□□明显非实也。此后如其谋杀人中，诸人去杀所往，端的处有人已得手，则依已

① 此前为《亥年新法》甲种本，此后为《亥年新法》乙种本。

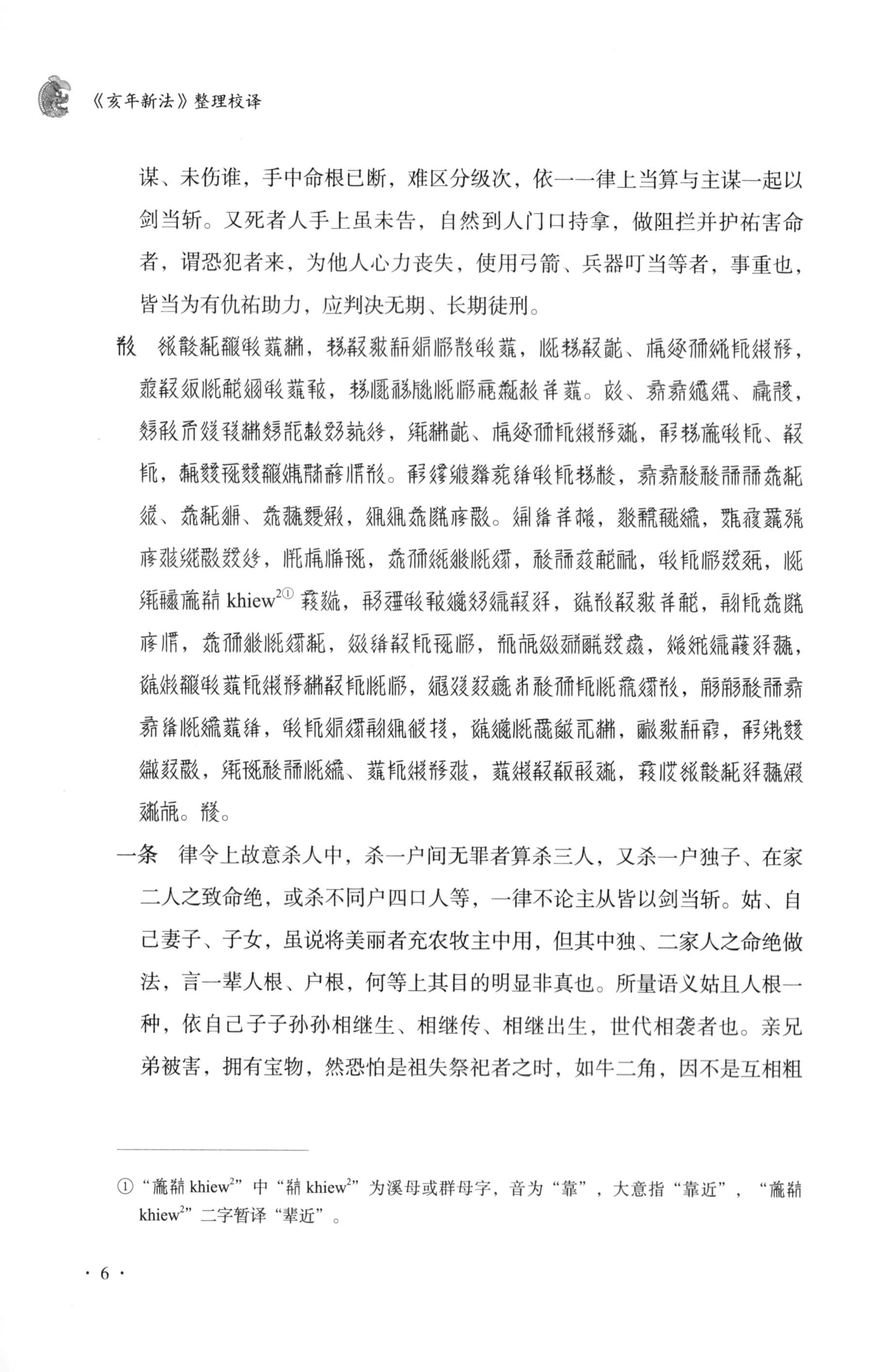

谋、未伤谁，手中命根已断，难区分级次，依一一律上当算与主谋一起以剑当斩。又死者人手上虽未告，自然到人门口持拿，做阻拦并护祐害命者，谓恐犯者来，为他人心力丧失，使用弓箭、兵器叮当等者，事重也，皆当为有仇祐助力，应判决无期、长期徒刑。

[illegible] khiew^2[1] [illegible]

一条　律令上故意杀人中，杀一户间无罪者算杀三人，又杀一户独子、在家二人之致命绝，或杀不同户四口人等，一律不论主从皆以剑当斩。姑、自己妻子、子女，虽说将美丽者充农牧主中用，但其中独、二家人之命绝做法，言一辈人根、户根，何等上其目的明显非真也。所量语义姑且人根一种，依自己子子孙孙相继生、相继传、相继出生，世代相袭者也。亲兄弟被害，拥有宝物，然恐怕是祖失祭祀者之时，如牛二角，因不是互相粗

① “[illegible] khiew^2”中“[illegible] khiew^2”为溪母或群母字，音为“靠”，大意指“靠近”，“[illegible] khiew^2”二字暂译“辈近”。

大，使与子孙相同，不肯算人根，又比其辈近所伤，童仆女人等者有何所狂，此一门下当同，非族根相袭者，因互之不为中，测算故从门根上算，全不用行遣算写，因已有所思患，此后故意杀人做断根中不算门根，降生处父亦子之根为没有也，相当自己没有杀亲子孙，则为无人根续断族代，此者无道恶毒中，天下罪过，是重要事所至处，如其没有子孙、杀根做断时，杀断门户量法，当依已定律令中公布奉行。终

[illegible]

《亥年新法》第二

《亥年新法》第二有甲、乙、丁三个抄本，编号为俄 Инв.No.749、俄 Инв.No.6096　*7386*、俄 Инв.No.5369，其中甲种本“俄 Инв.No.749”有用草书修改痕迹。依据甲种本提供的条目，《亥年新法》第二应该有“诸司局分枉法受贿”“纳铁赎罪”“宰杀母羖攊罪”“除禁捕卖宰大牲畜捕鱼网兽等”四条，但是，遗存相对较好的甲种本佚缺第四条“除禁捕卖宰大牲畜捕鱼网兽等”，乙种本、丁种本较残，故本书以甲种本为底本，参见《俄藏黑水城文献》第9册第124页上—140页上、第210页下—218页上、第283页下—284页上。

《亥年新法》第二之第一条“诸司局分枉法受贿”是对《天盛律令》第二之“贪阶罪法门”的补充条文，即针对“贪阶罪法门”之“枉法不枉受贿”条指出了“诸司局分枉法受贿”的危害性，并作了原则性的说明；第二条“纳铁赎罪”是《亥年新法》第二的重点，对文武官吏获受印、未受印的职官或散官罚马、纳铁、折合赎罪钱、降职等条款所做的详细规定，似对《天盛律令》第二“罪行与官品相抵门”之“授封犯罪”及“黥法门”的综合补充条款，反映了西夏晚期经济萧条背景下，制定了用钱赎罪、纳铁罚马、降革官职与其他刑法并举的法律条文；第三条“宰杀母羖攊罪”与第四

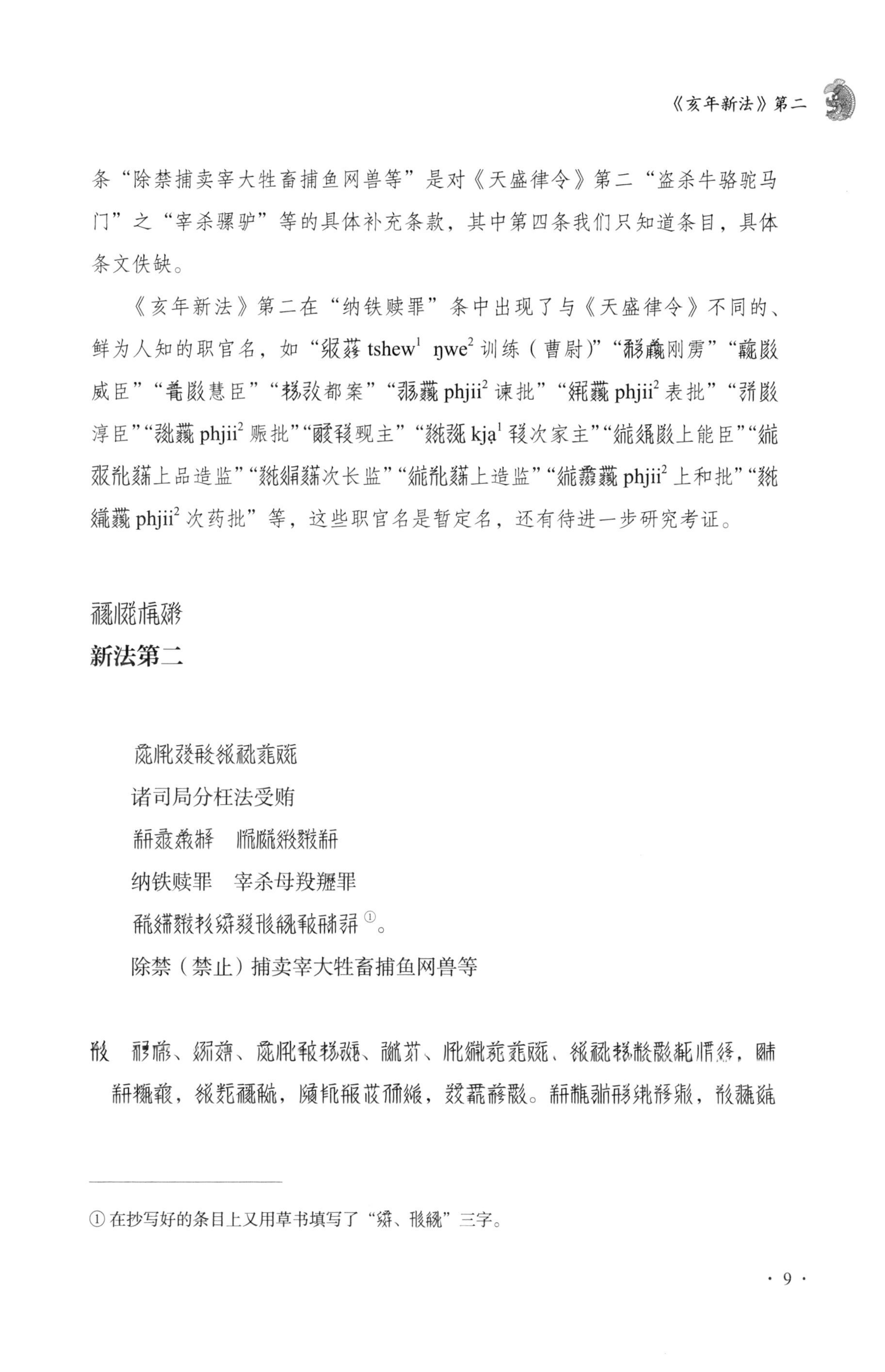

条“除禁捕卖宰大牲畜捕鱼网兽等”是对《天盛律令》第二“盗杀牛骆驼马门”之“宰杀骡驴”等的具体补充条款，其中第四条我们只知道条目，具体条文佚缺。

《亥年新法》第二在“纳铁赎罪”条中出现了与《天盛律令》不同的、鲜为人知的职官名，如“[illegible] tshew[1] ŋwe[2] 训练（曹尉）”“[illegible]刚雳”“[illegible]威臣”“[illegible]慧臣”“[illegible]都案”“[illegible] phjii[2] 谏批”“[illegible] phjii[2] 表批”“[illegible]淳臣”“[illegible] phjii[2] 赈批”“[illegible]观主”“[illegible] kjạ[1] [illegible]次家主”“[illegible]上能臣”“[illegible]上品造监”“[illegible]次长监”“[illegible]上造监”“[illegible] phjii[2] 上和批”“[illegible] phjii[2] 次药批”等，这些职官名是暂定名，还有待进一步研究考证。

[illegible]

新法第二

[illegible]

诸司局分枉法受贿

[illegible]　[illegible]

纳铁赎罪　宰杀母羖攊罪

[illegible]①。

除禁（禁止）捕卖宰大牲畜捕鱼网兽等

[illegible]

① 在抄写好的条目上又用草书填写了“[illegible]、[illegible]”三字。

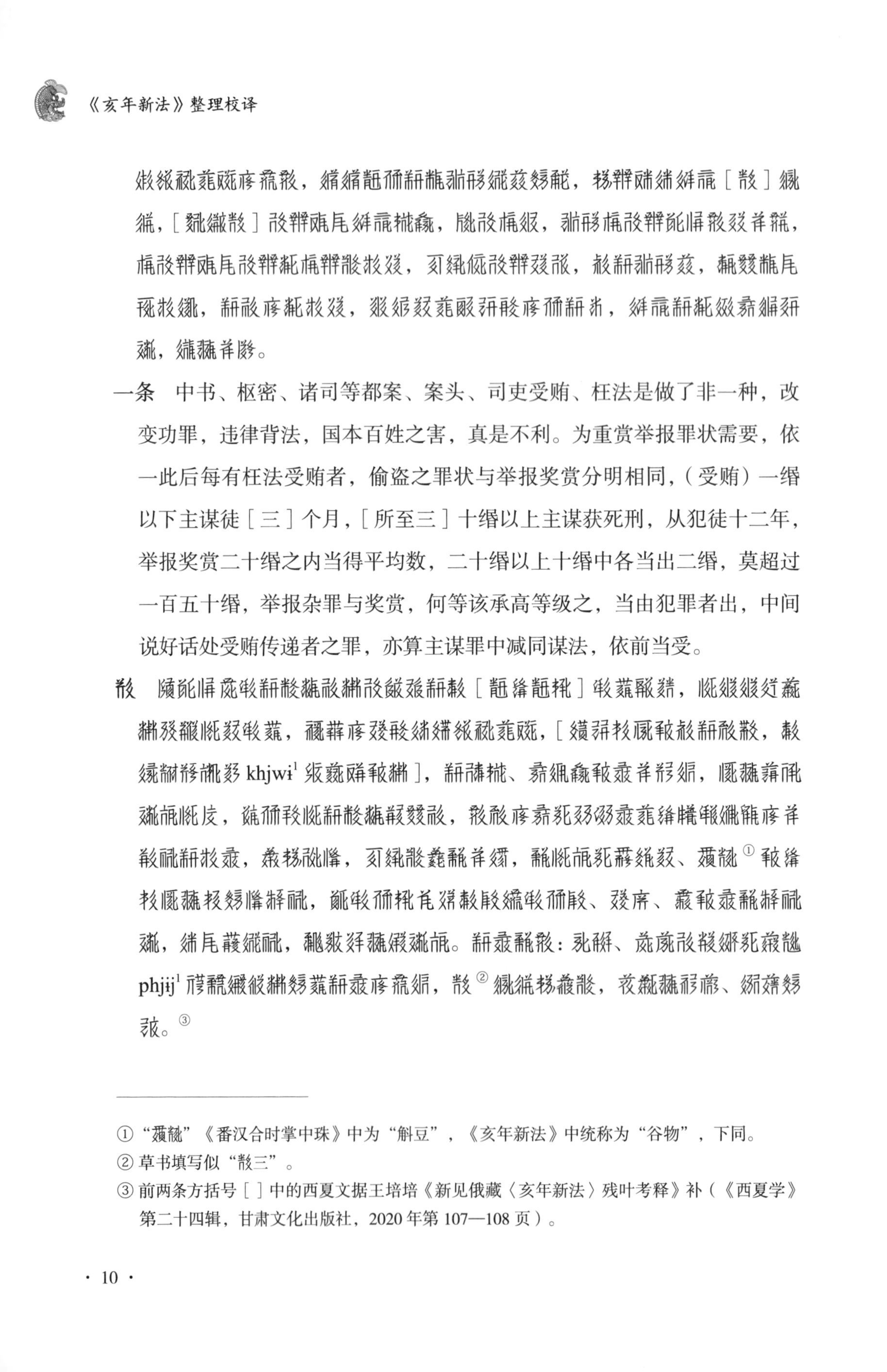

[illegible]

一条　中书、枢密、诸司等都案、案头、司吏受贿、枉法是做了非一种，改变功罪，违律背法，国本百姓之害，真是不利。为重赏举报罪状需要，依一此后每有枉法受贿者，偷盗之罪状与举报奖赏分明相同，（受贿）一缗以下主谋徒［三］个月，［所至三］十缗以上主谋获死刑，从犯徒十二年，举报奖赏二十缗之内当得平均数，二十缗以上十缗中各当出二缗，莫超过一百五十缗，举报杂罪与奖赏，何等该承高等级之，当由犯罪者出，中间说好话处受贿传递者之罪，亦算主谋罪中减同谋法，依前当受。

[illegible] khjwɨ[1] [illegible] ①[illegible] phjij[1] [illegible] ②[illegible] ③

---

① “[illegible]”《番汉合时掌中珠》中为“斛豆”，《亥年新法》中统称为“谷物”，下同。

② 草书填写似“[illegible]三”。

③ 前两条方括号［ ］中的西夏文据王培培《新见俄藏〈亥年新法〉残叶考释》补（《西夏学》第二十四辑，甘肃文化出版社，2020 年第 107—108 页）。

一条　国内犯种种罪中犯十恶谋逆罪及［贼现盗去］杀人放火，又打架斗殴中无处故意找岔杀人，执法者局分大小枉法贪赃，［卖售敕禁等大小杂罪，及踩私曲酵酿饮曲酒等中］，本罪获死罪、长期徒刑当不允许赎，依法判决奉行以外，此之以后犯种种何等罪，数少者欲各愿意赎则当令寻找知信担保者可赎罪，铁一斤量，当为各一百铜钱，钱不行处置金银、谷物等依现卖法量价令缴纳，庶人之去徒役及有官人之官、职位、军等令纳钱赎法，高低已使明，依据条下而奉行。赎罪钱数：边中、京师因辖属处近便赏物续工中有无该赎杀罪者，三个月各一遍，依文武当告中书、枢密。

（[illegible]）[illegible]，[illegible]，[illegible]，[illegible]，[illegible]，[illegible]。[illegible]，[illegible]①[illegible]，[illegible] tshew^{1} ŋwe^{2}②（[illegible]）[illegible]，[illegible]；[illegible]，[illegible] giụ^{1} phjii^{2} [illegible]，[illegible]，[illegible]，[illegible]。[illegible]、[illegible]，[illegible]。

（一）应赎罪钱一日上算一百，一年三十六缗，依次递增，六年徒役以上三种长期徒刑，一律算十二年上及无期徒刑十三年两种，死罪一律当算十八年上等可赎。又有官犯罪人应黜官中，授御印有官者，自训练以上至拒邪一官二十七缗钱，及自察访至真舍一官二十一缗三百七十五钱；未授御印有官者，自狱辟以下至十骑一官九钱，罚一马二十缗钱，因罪随大棒杖一，一百许钱等。确定本罪轻重、官品高

---

①《天盛律令》与《亥年新法》中一般均在“[illegible]圣”字前空一格以示尊敬，下同。

②“训练”西夏文刻本《天盛律令》中为“[illegible]”，本义是“调伏”“训服”，在《天盛律令》中指职官名“训练官”；《亥年新法》中有写为“[illegible] tshew^{1} ŋwe^{2}（曹尉）”，“[illegible] tshew^{1}”音“曹、操”，“[illegible] ŋwe^{2}”动词“作为”音“为”，是“操练”的意思，故译为“训练”。

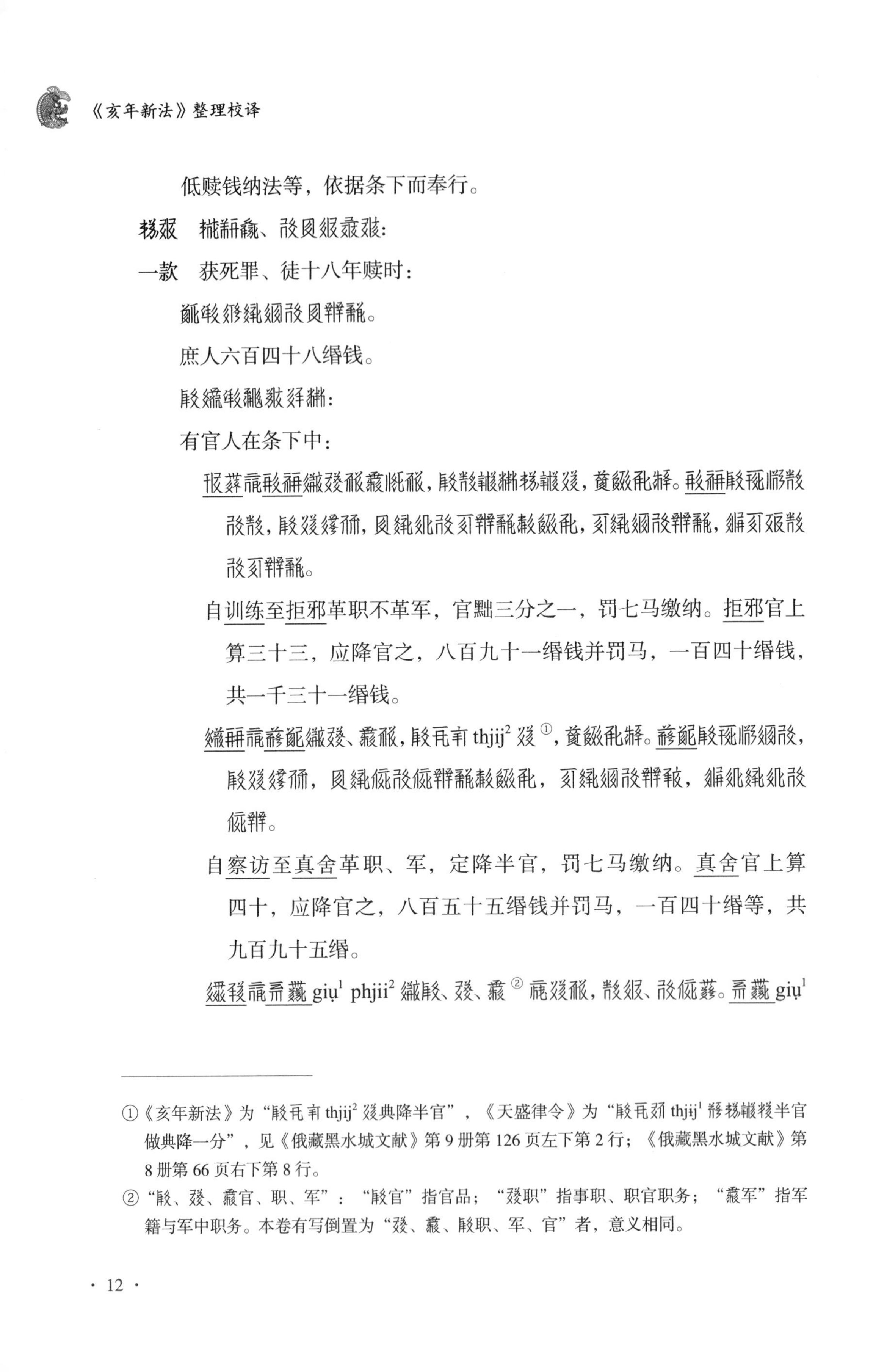

低赎钱纳法等，依据条下而奉行。

[illegible]

一款　获死罪、徒十八年赎时：

[illegible]

庶人六百四十八缗钱。

[illegible]

有官人在条下中：

[illegible]

自训练至拒邪革职不革军，官黜三分之一，罚七马缴纳。拒邪官上算三十三，应降官之，八百九十一缗钱并罚马，一百四十缗钱，共一千三十一缗钱。

[illegible] thjij[2] [illegible][①]，[illegible]

自察访至真舍革职、军，定降半官，罚七马缴纳。真舍官上算四十，应降官之，八百五十五缗钱并罚马，一百四十缗等，共九百九十五缗。

[illegible] giụ[1] phjii[2] [illegible][②] [illegible] giụ[1]

---

①《亥年新法》为“[illegible] thjij[2] [illegible]典降半官”，《天盛律令》为“[illegible] thjij[1] [illegible]半官做典降一分”，见《俄藏黑水城文献》第9册第126页左下第2行；《俄藏黑水城文献》第8册第66页右下第8行。

②“[illegible]、[illegible]、[illegible]官、职、军”：“[illegible]官”指官品；“[illegible]职”指事职、职官职务；“[illegible]军”指军籍与军中职务。本卷有写倒置为“[illegible]、[illegible]、[illegible]职、军、官”者，意义相同。

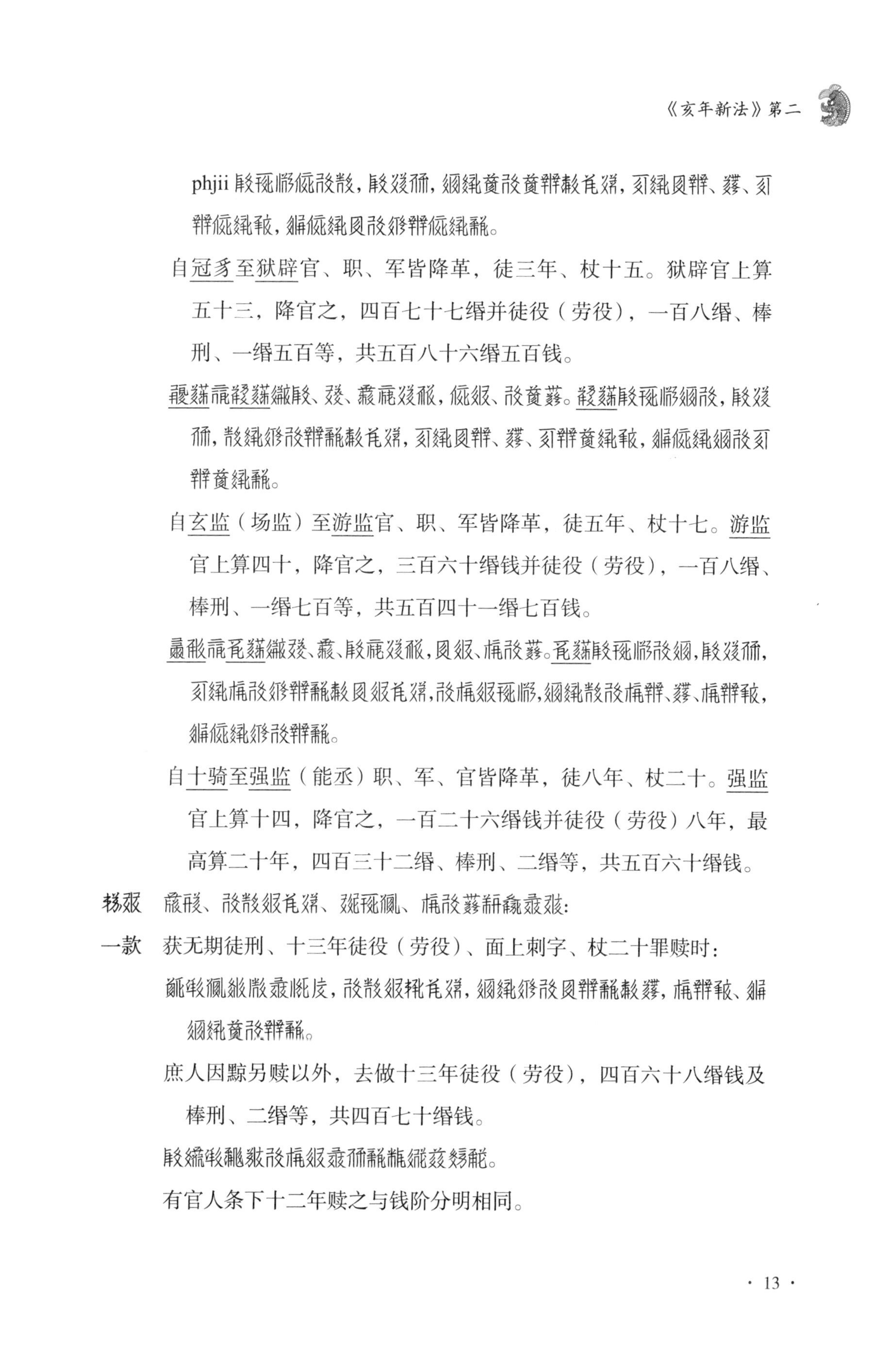

phjii [illegible]

自冠豸至狱辟官、职、军皆降革，徒三年、杖十五。狱辟官上算五十三，降官之，四百七十七缗并徒役（劳役），一百八缗、棒刑、一缗五百等，共五百八十六缗五百钱。

[illegible]

自玄监（场监）至游监官、职、军皆降革，徒五年、杖十七。游监官上算四十，降官之，三百六十缗钱并徒役（劳役），一百八缗、棒刑、一缗七百等，共五百四十一缗七百钱。

[illegible]

自十骑至强监（能丞）职、军、官皆降革，徒八年、杖二十。强监官上算十四，降官之，一百二十六缗钱并徒役（劳役）八年，最高算二十年，四百三十二缗、棒刑、二缗等，共五百六十缗钱。

[illegible] [illegible]

一款 获无期徒刑、十三年徒役（劳役）、面上刺字、杖二十罪赎时：

[illegible]

庶人因黥另赎以外，去做十三年徒役（劳役），四百六十八缗钱及棒刑、二缗等，共四百七十缗钱。

[illegible]

有官人条下十二年赎之与钱阶分明相同。

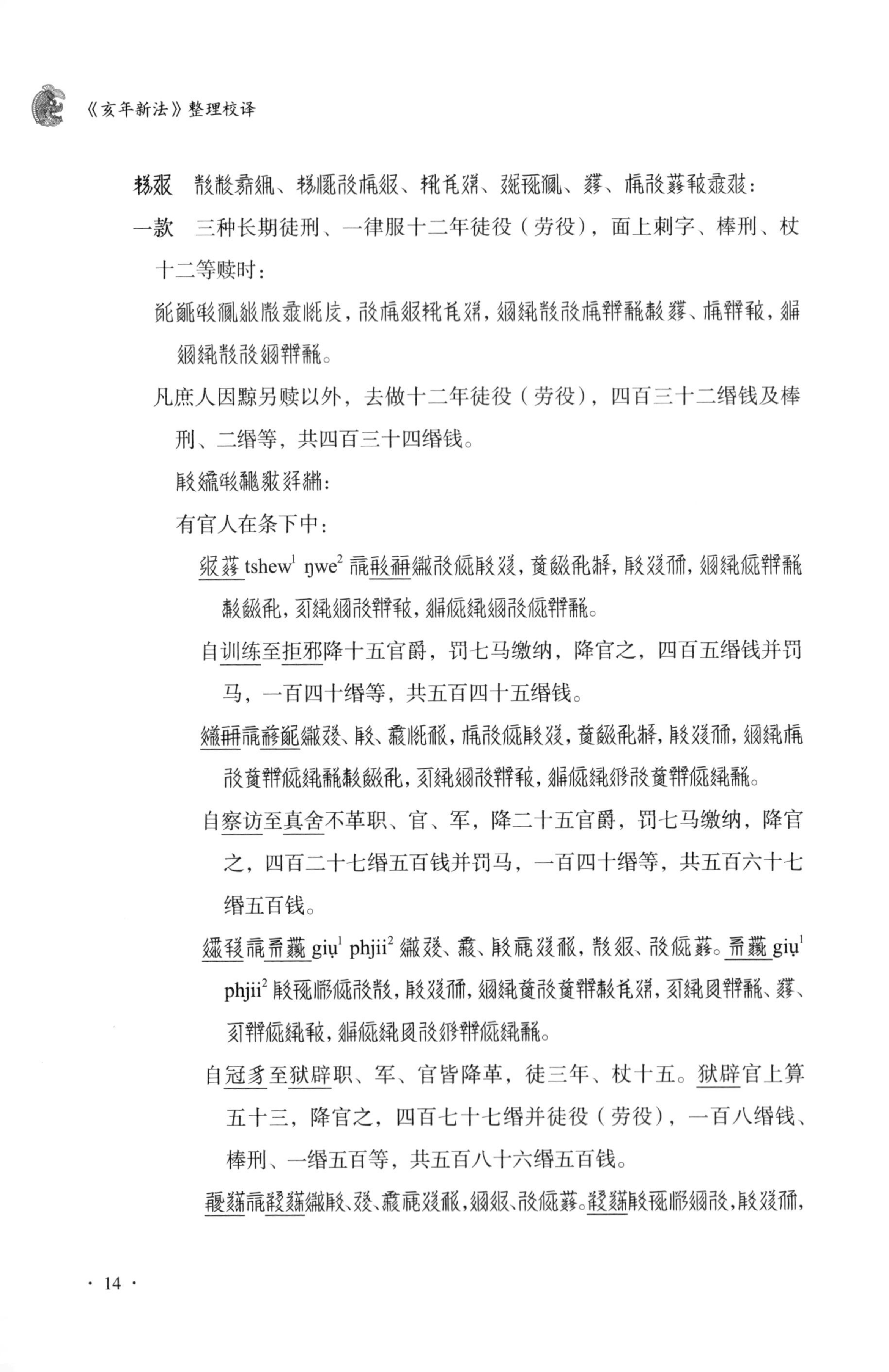

[illegible]

一款　三种长期徒刑、一律服十二年徒役（劳役），面上刺字、棒刑、杖十二等赎时：

[illegible]

凡庶人因黥另赎以外，去做十二年徒役（劳役），四百三十二缗钱及棒刑、二缗等，共四百三十四缗钱。

[illegible]

有官人在条下中：

[illegible] tshew[1] ŋwe[2] [illegible]

自训练至拒邪降十五官爵，罚七马缴纳，降官之，四百五缗钱并罚马，一百四十缗等，共五百四十五缗钱。

[illegible]

自察访至真舍不革职、官、军，降二十五官爵，罚七马缴纳，降官之，四百二十七缗五百钱并罚马，一百四十缗等，共五百六十七缗五百钱。

[illegible] giụ[1] phjii[2] [illegible] giụ[1] phjii[2] [illegible]

自冠豸至狱辟职、军、官皆降革，徒三年、杖十五。狱辟官上算五十三，降官之，四百七十七缗并徒役（劳役），一百八缗钱、棒刑、一缗五百等，共五百八十六缗五百钱。

[illegible]

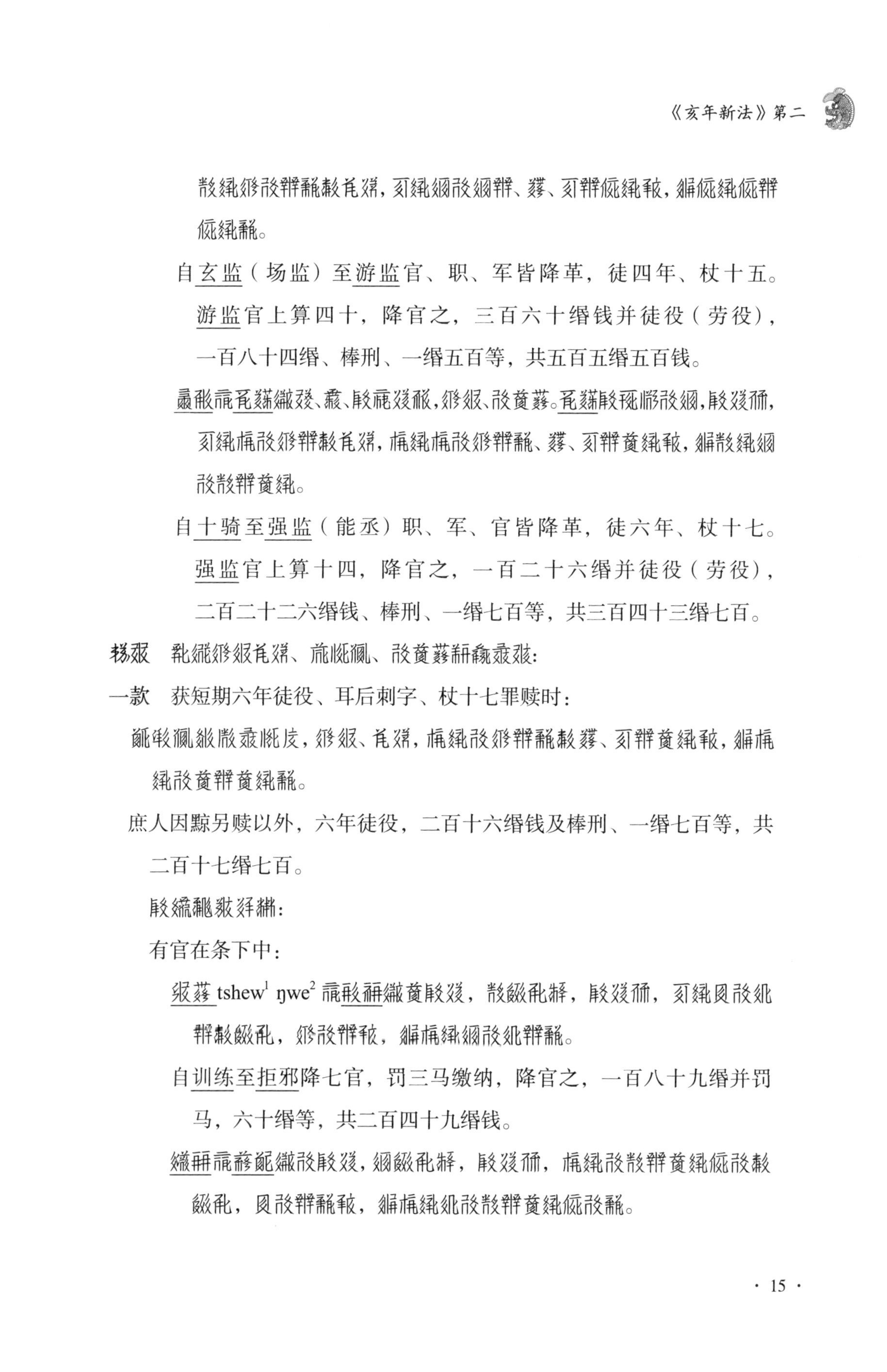

[illegible]

自玄监（场监）至游监官、职、军皆降革，徒四年、杖十五。游监官上算四十，降官之，三百六十缗钱并徒役（劳役），一百八十四缗、棒刑、一缗五百等，共五百五缗五百钱。

[illegible]

自十骑至强监（能丞）职、军、官皆降革，徒六年、杖十七。强监官上算十四，降官之，一百二十六缗并徒役（劳役），二百二十二六缗钱、棒刑、一缗七百等，共三百四十三缗七百。

[illegible]

一款　获短期六年徒役、耳后刺字、杖十七罪赎时：

[illegible]

庶人因黥另赎以外，六年徒役，二百十六缗钱及棒刑、一缗七百等，共二百十七缗七百。

[illegible]

有官在条下中：

[illegible] tshew[1] ŋwe[2] [illegible]

自训练至拒邪降七官，罚三马缴纳，降官之，一百八十九缗并罚马，六十缗等，共二百四十九缗钱。

[illegible]

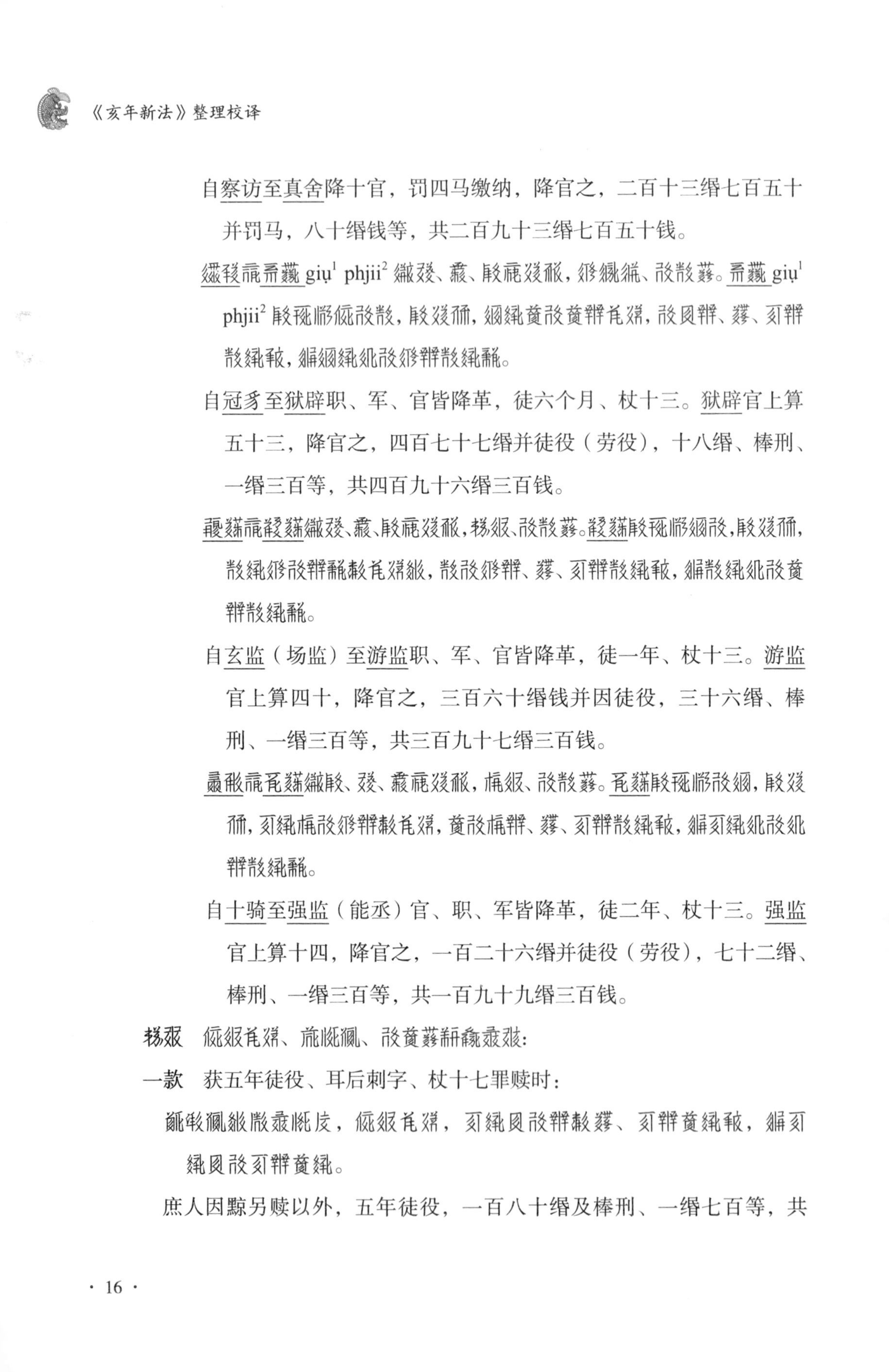

自察访至真舍降十官，罚四马缴纳，降官之，二百十三缗七百五十并罚马，八十缗钱等，共二百九十三缗七百五十钱。

[illegible] giụ^{1} phjii^{2} [illegible] giụ^{1} phjii^{2} [illegible]

自冠豸至狱辟职、军、官皆降革，徒六个月、杖十三。狱辟官上算五十三，降官之，四百七十七缗并徒役（劳役），十八缗、棒刑、一缗三百等，共四百九十六缗三百钱。

[illegible]

自玄监（场监）至游监职、军、官皆降革，徒一年、杖十三。游监官上算四十，降官之，三百六十缗钱并因徒役，三十六缗、棒刑、一缗三百等，共三百九十七缗三百钱。

[illegible]

自十骑至强监（能丞）官、职、军皆降革，徒二年、杖十三。强监官上算十四，降官之，一百二十六缗并徒役（劳役），七十二缗、棒刑、一缗三百等，共一百九十九缗三百钱。

[illegible] [illegible]：

一款　获五年徒役、耳后刺字、杖十七罪赎时：

[illegible]

庶人因黥另赎以外，五年徒役，一百八十缗及棒刑、一缗七百等，共

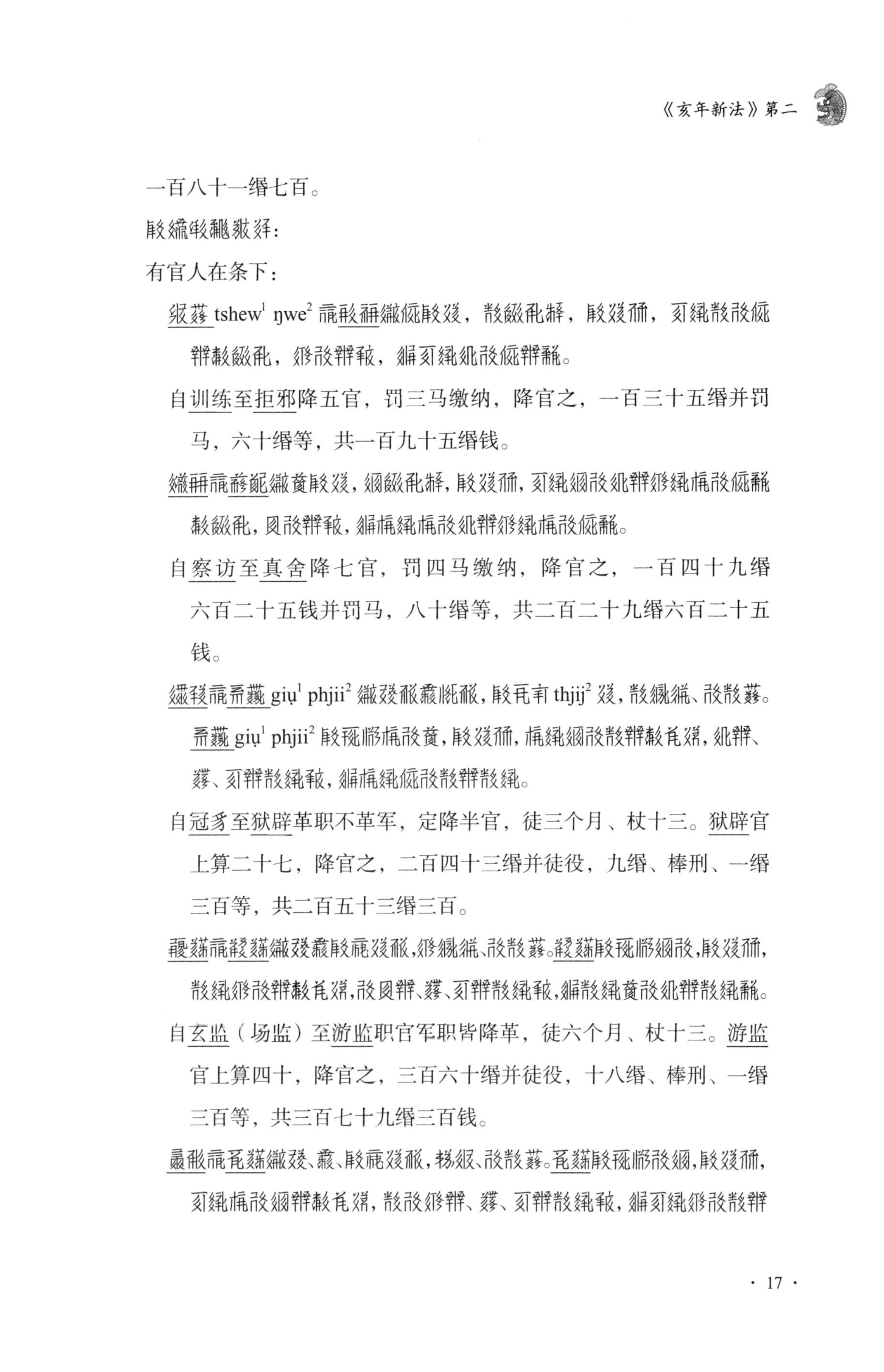

一百八十一缗七百。

[illegible]：

有官人在条下：

[illegible] tshew¹ ŋwe² [illegible]

自训练至拒邪降五官，罚三马缴纳，降官之，一百三十五缗并罚马，六十缗等，共一百九十五缗钱。

[illegible]

自察访至真舍降七官，罚四马缴纳，降官之，一百四十九缗六百二十五钱并罚马，八十缗等，共二百二十九缗六百二十五钱。

[illegible] giụ¹ phjii² [illegible] thjij² [illegible]

[illegible] giụ¹ phjii² [illegible]

自冠冕至狱辟革职不革军，定降半官，徒三个月、杖十三。狱辟官上算二十七，降官之，二百四十三缗并徒役，九缗、棒刑、一缗三百等，共二百五十三缗三百。

[illegible]

自玄监（场监）至游监职官军职皆降革，徒六个月、杖十三。游监官上算四十，降官之，三百六十缗并徒役，十八缗、棒刑、一缗三百等，共三百七十九缗三百钱。

[illegible]

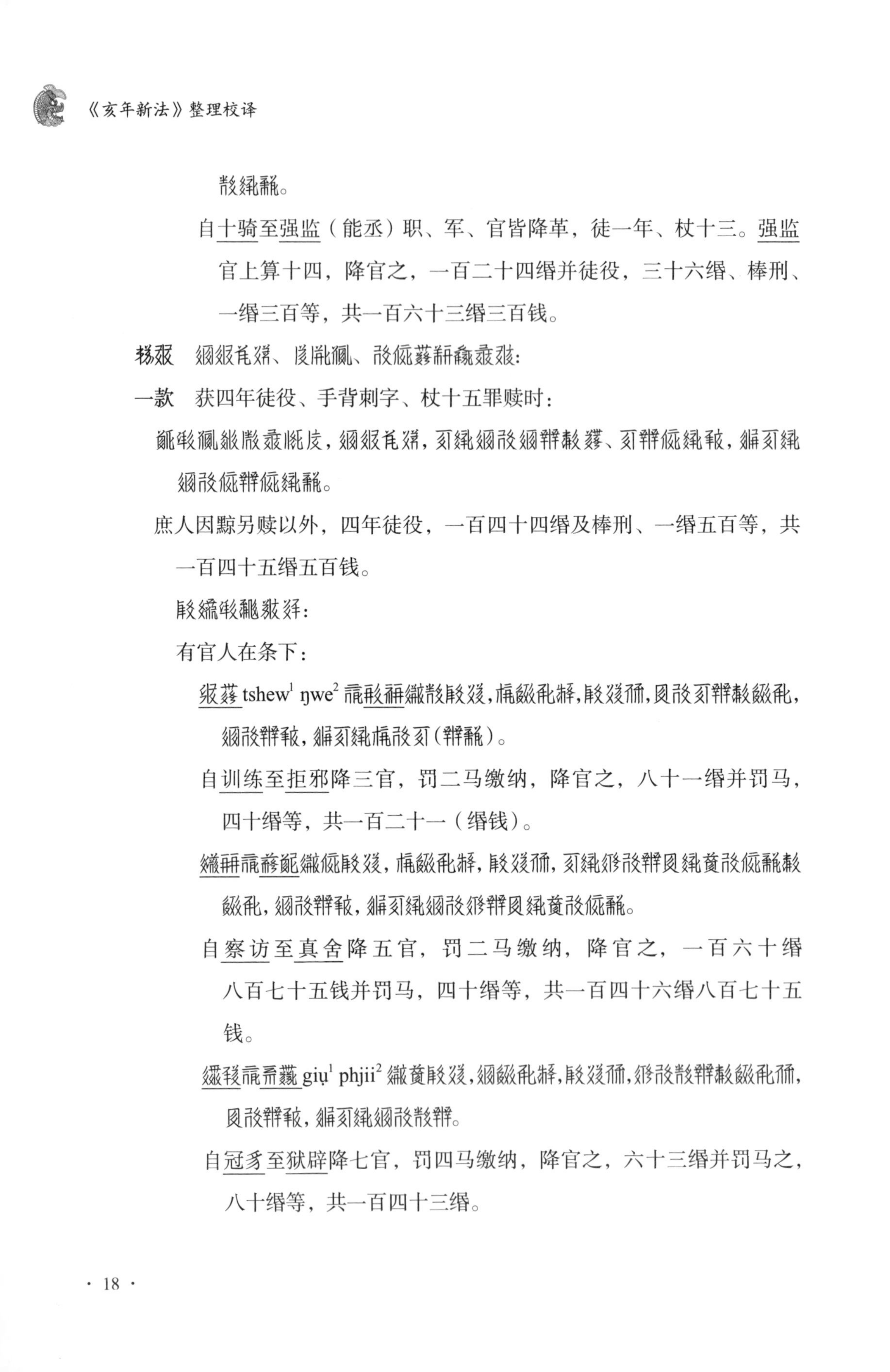

[illegible]。

自十骑至强监（能丞）职、军、官皆降革，徒一年、杖十三。强监官上算十四，降官之，一百二十四缗并徒役，三十六缗、棒刑、一缗三百等，共一百六十三缗三百钱。

[illegible]

一款　获四年徒役、手背刺字、杖十五罪赎时：

[illegible]。

庶人因黥另赎以外，四年徒役，一百四十四缗及棒刑、一缗五百等，共一百四十五缗五百钱。

[illegible]：

有官人在条下：

[illegible] tshew^{1} ŋwe^{2} [illegible]。

自训练至拒邪降三官，罚二马缴纳，降官之，八十一缗并罚马，四十缗等，共一百二十一（缗钱）。

[illegible]。

自察访至真舍降五官，罚二马缴纳，降官之，一百六十缗八百七十五钱并罚马，四十缗等，共一百四十六缗八百七十五钱。

[illegible] giụ^{1} phjii^{2} [illegible]。

自冠豸至狱辟降七官，罚四马缴纳，降官之，六十三缗并罚马之，八十缗等，共一百四十三缗。

[illegible]，[illegible] thjij[2] [illegible]，[illegible]、[illegible]。[illegible]，[illegible]，[illegible]，[illegible]、[illegible]、[illegible]，[illegible]。

自玄监（悬监）至游监革职不革军，定降半官，徒三个月、杖十三。游监官上算二十，降官之，一百八缗并徒役，九缗、棒刑、一缗三百等，共一百九十缗三百钱。

[illegible]、[illegible]、[illegible]。[illegible]，[illegible]，[illegible]，[illegible]、[illegible]、[illegible]，[illegible]。

自十骑至强监（能丞）职、军、官皆降革，徒三个月、杖十三。强监官上算十四，降官之，一百二十六缗并徒役，十八缗、棒刑、一缗三百等，共一百四十五缗三百钱。

[illegible] [illegible]、[illegible]、[illegible]：

一款 获三年徒役、手背刺字、杖十五罪赎时：

[illegible]，[illegible]，[illegible]、[illegible]，[illegible]。

庶人因黥另赎以外，三年徒役，一百八缗及棒刑、一缗五百等，共一百九十五缗钱。

[illegible]：

有官人在条下：

[illegible] tshew[1] ŋwe[2] [illegible]，[illegible]，[illegible]，[illegible]，[illegible]。

自训练至拒邪降二官，罚二马缴纳，降官之，五十四缗并罚马，四十缗等，共九十四缗钱。

[illegible]，[illegible]，[illegible]，[illegible]，[illegible]，[illegible]。

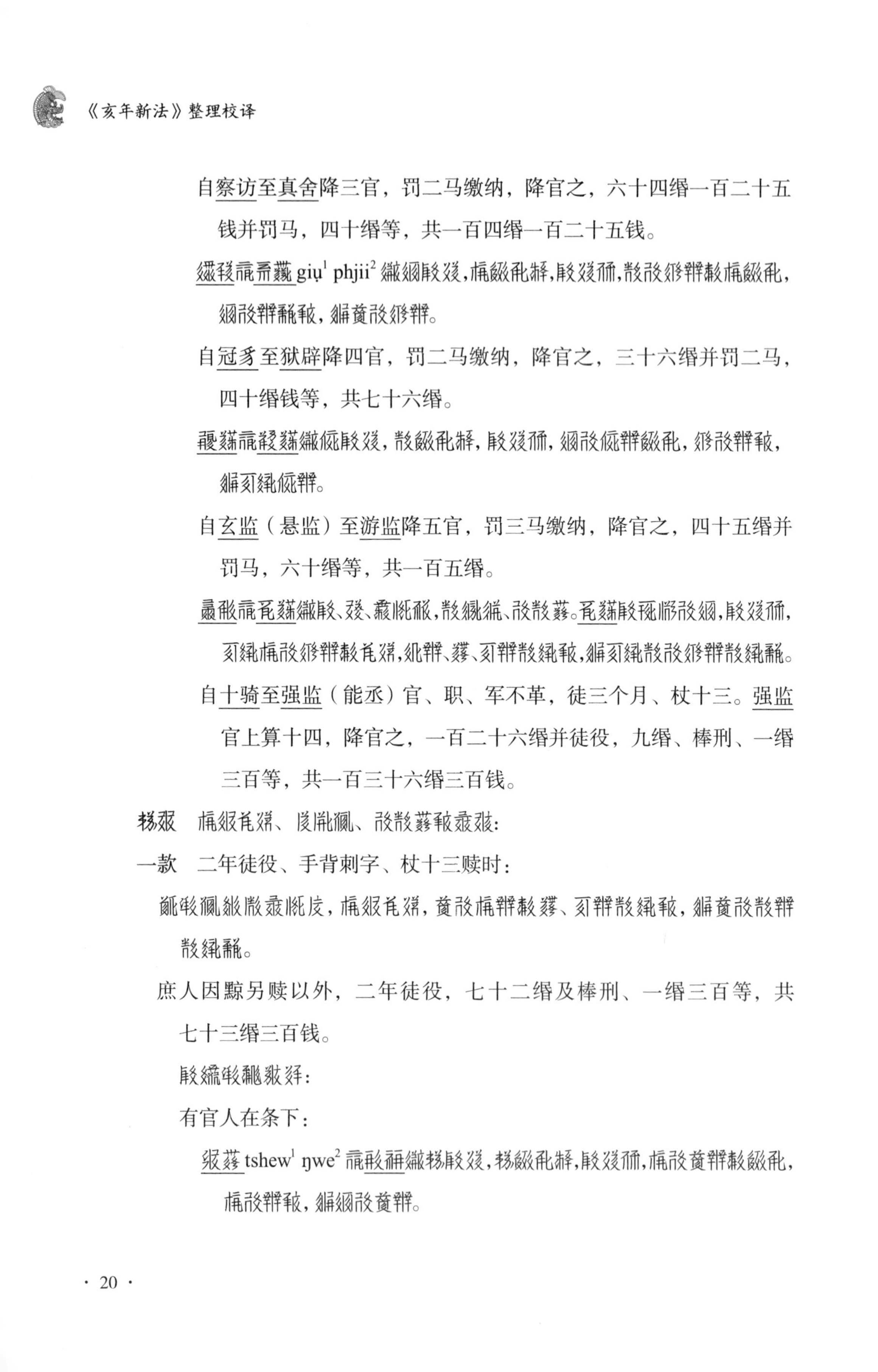

自察访至真舍降三官，罚二马缴纳，降官之，六十四缗一百二十五钱并罚马，四十缗等，共一百四缗一百二十五钱。

[illegible] giụ[1] phjii[2] [illegible]

自冠冢至狱辟降四官，罚二马缴纳，降官之，三十六缗并罚二马，四十缗钱等，共七十六缗。

[illegible]

自玄监（悬监）至游监降五官，罚三马缴纳，降官之，四十五缗并罚马，六十缗等，共一百五缗。

[illegible]

自十骑至强监（能丞）官、职、军不革，徒三个月、杖十三。强监官上算十四，降官之，一百二十六缗并徒役，九缗、棒刑、一缗三百等，共一百三十六缗三百钱。

[illegible]

一款　二年徒役、手背刺字、杖十三赎时：

[illegible]

庶人因黥另赎以外，二年徒役，七十二缗及棒刑、一缗三百等，共七十三缗三百钱。

[illegible]：

有官人在条下：

[illegible] tshew[1] ŋwe[2] [illegible]

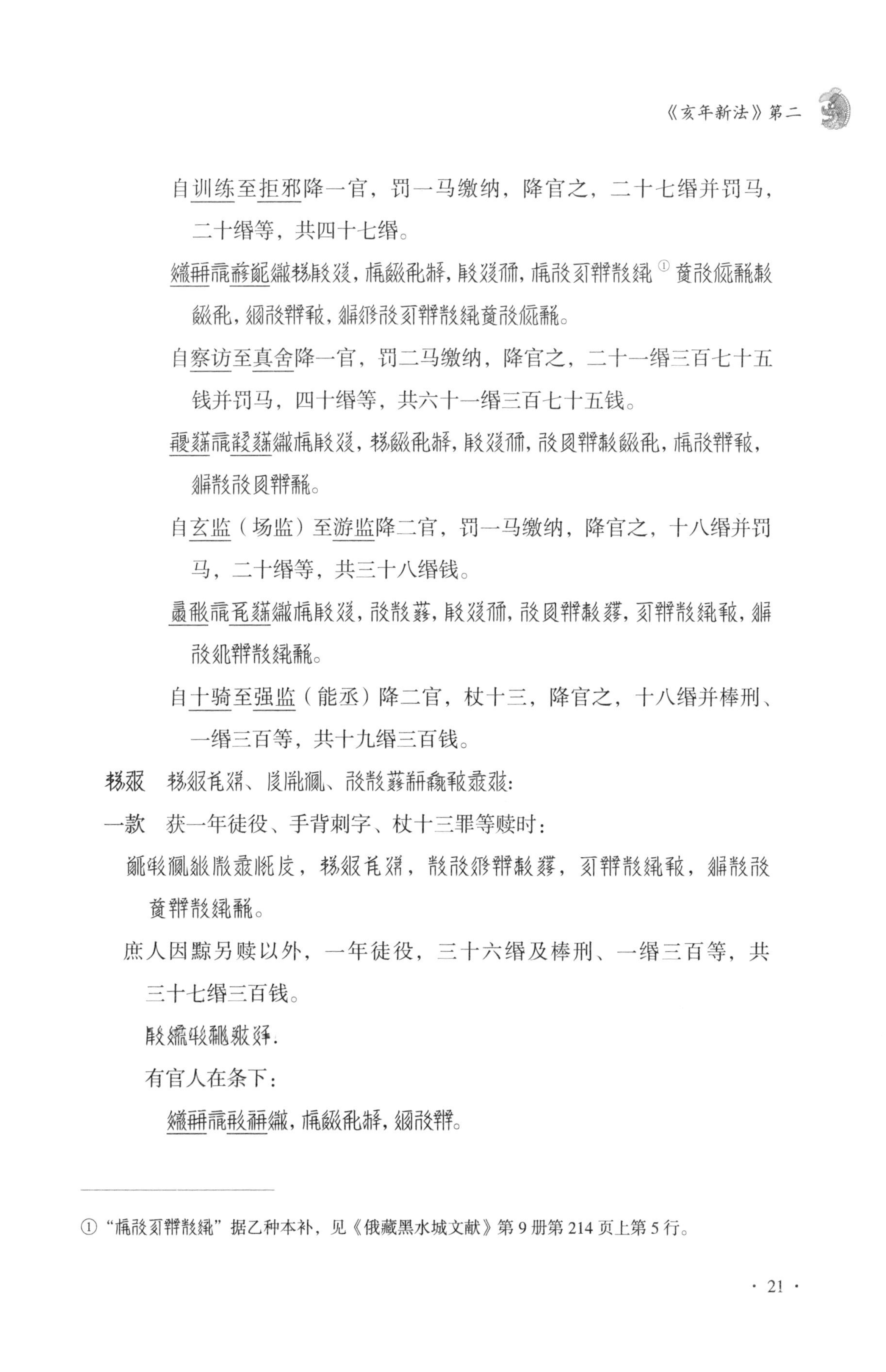

自训练至拒邪降一官，罚一马缴纳，降官之，二十七缗并罚马，二十缗等，共四十七缗。

[illegible][1][illegible]

自察访至真舍降一官，罚二马缴纳，降官之，二十一缗三百七十五钱并罚马，四十缗等，共六十一缗三百七十五钱。

[illegible]

自玄监（场监）至游监降二官，罚一马缴纳，降官之，十八缗并罚马，二十缗等，共三十八缗钱。

[illegible]

自十骑至强监（能丞）降二官，杖十三，降官之，十八缗并棒刑、一缗三百等，共十九缗三百钱。

[illegible]

一款　获一年徒役、手背刺字、杖十三罪等赎时：

[illegible]

庶人因黥另赎以外，一年徒役，三十六缗及棒刑、一缗三百等，共三十七缗三百钱。

[illegible]

有官人在条下：

[illegible]

---

① “[illegible]”据乙种本补，见《俄藏黑水城文献》第9册第214页上第5行。

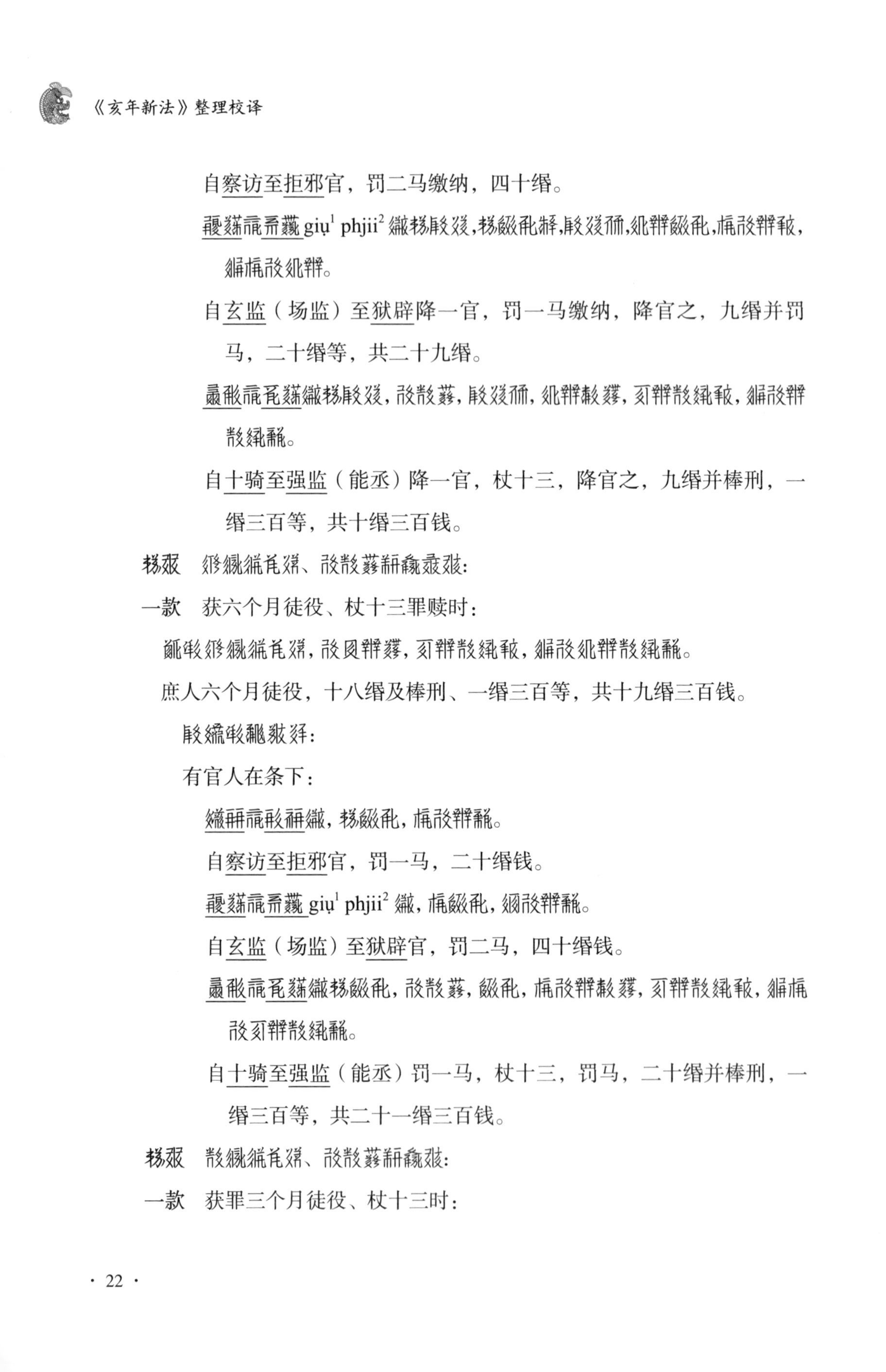

自察访至拒邪官，罚二马缴纳，四十缗。

[illegible] giụ[1] phjii[2] [illegible]

自玄监（场监）至狱辟降一官，罚一马缴纳，降官之，九缗并罚马，二十缗等，共二十九缗。

[illegible]

自十骑至强监（能丞）降一官，杖十三，降官之，九缗并棒刑，一缗三百等，共十缗三百钱。

[illegible]

一款　获六个月徒役、杖十三罪赎时：

[illegible]

庶人六个月徒役，十八缗及棒刑、一缗三百等，共十九缗三百钱。

[illegible]

有官人在条下：

[illegible]

自察访至拒邪官，罚一马，二十缗钱。

[illegible] giụ[1] phjii[2] [illegible]

自玄监（场监）至狱辟官，罚二马，四十缗钱。

[illegible]

自十骑至强监（能丞）罚一马，杖十三，罚马，二十缗并棒刑，一缗三百等，共二十一缗三百钱。

[illegible]

一款　获罪三个月徒役、杖十三时：

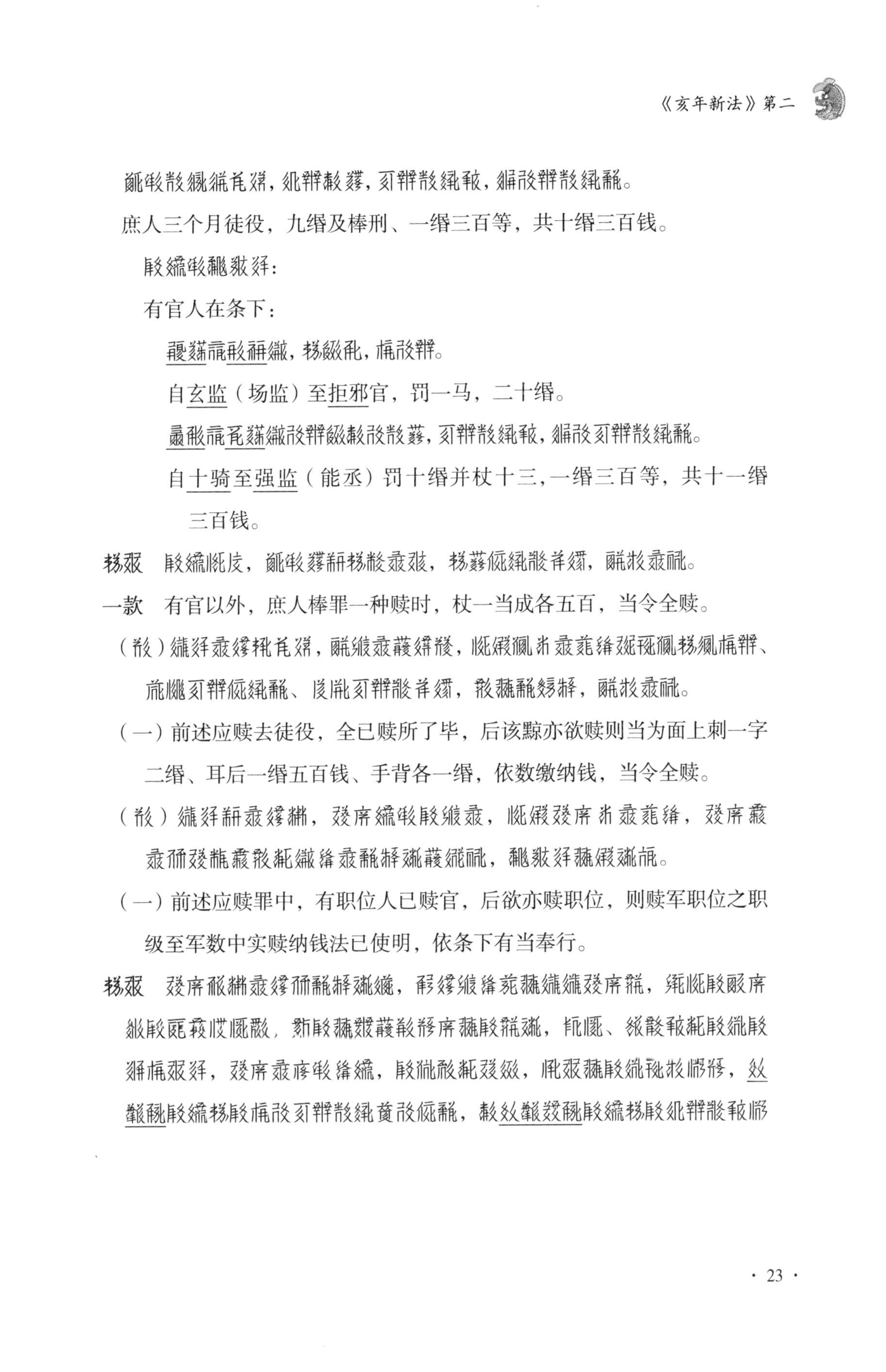

[illegible]

庶人三个月徒役，九缗及棒刑、一缗三百等，共十缗三百钱。

[illegible]

有官人在条下：

[illegible]

自玄监（场监）至拒邪官，罚一马，二十缗。

[illegible]

自十骑至强监（能丞）罚十缗并杖十三，一缗三百等，共十一缗三百钱。

[illegible]

一款　有官以外，庶人棒罪一种赎时，杖一当成各五百，当令全赎。

（[illegible]）[illegible]

（一）前述应赎去徒役，全已赎所了毕，后该黥亦欲赎则当为面上刺一字二缗、耳后一缗五百钱、手背各一缗，依数缴纳钱，当令全赎。

（[illegible]）[illegible]

（一）前述应赎罪中，有职位人已赎官，后欲亦赎职位，则赎军职位之职级至军数中实赎纳钱法已使明，依条下有当奉行。

[illegible]

[illegible]，[illegible]，[illegible]，[illegible] kow^{1}① [illegible] śja^2 [illegible]，[illegible]［[illegible]］② [illegible]，[illegible]，[illegible]，[illegible] śja^2 [illegible]。

一款　革职位中应赎之纳钱法，依语义所实且先前得其职位，其后因赐官位是随官确定法规，故依官相比所寻找依位得官法，本法、律令中有上官、下官二品，赎职位者有本人，官大小中莫测，按司等可算为上官，有授御印一官二十一缗三百七十五钱，及未授御印有官以一官算九缗许等，期限明以内令缴纳钱赎，纳钱未完此间在内宫中及往职上，不许依官赊等，纳钱毕后应报告［管事］处，当寻谕文，然后往职上，来内宫中可允许依官赊等。

[illegible]、[illegible]，[illegible]，[illegible]，[illegible]。

次等司正审明受信及得察访、刚雳等以内中头品，刚雳上算，御印十四官及以下五十三等，共六十七官，七百七十六缗二百五十钱。

[illegible]、[illegible]，[illegible]、[illegible]、[illegible] giụ^1 phjii^2 [illegible]，[illegible] giụ^1 phjii [illegible]，[illegible]。

中等司正、次等司承旨等，得威臣、慧臣及冠豸、狱辟等以内中头品，狱辟上算，五十三官四百七十七缗。

[illegible]、[illegible]、[illegible]、[illegible]、[illegible]③ [illegible]，[illegible] phjii^2、[illegible] phjii^2 [illegible] bju^1 [illegible]、[illegible]，[illegible]，[illegible]。

---

① “[illegible] kow^1”为汉语借词“公”或“官”，在《天盛律令》与《亥年新法》中，一般均在“[illegible] kow^1”字前空一格以示尊敬，下同。

② 甲种本原写为“[illegible]”，后涂改写草书不识。

③ “[illegible]”为“都案”，其中“[illegible] lju^2”为“[illegible] lju^2”之音借，属通假，下同。

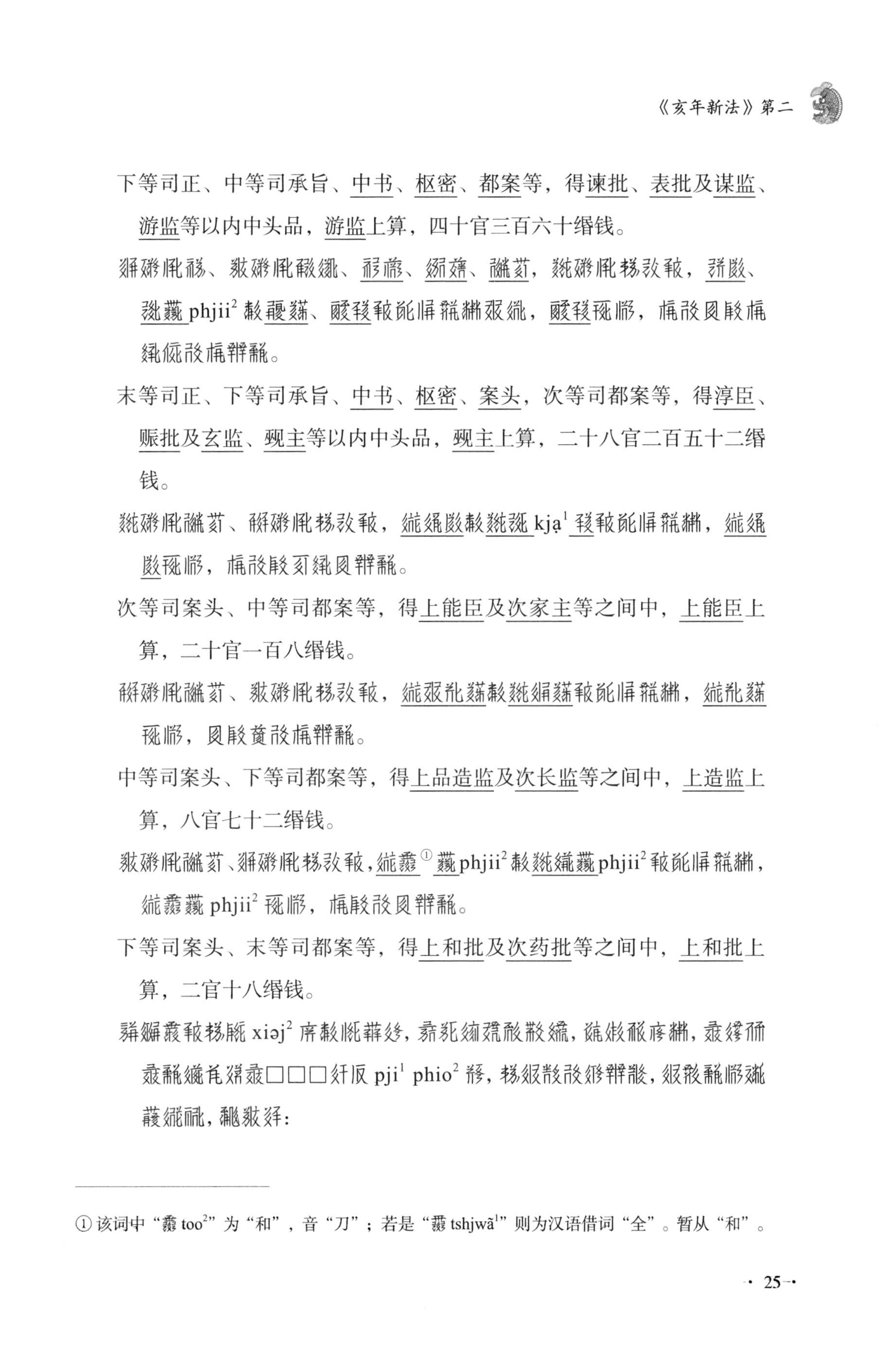

下等司正、中等司承旨、中书、枢密、都案等，得谏批、表批及谋监、游监等以内中头品，游监上算，四十官三百六十缗钱。

[illegible] phjii^{2} [illegible]

末等司正、下等司承旨、中书、枢密、案头，次等司都案等，得淳臣、赈批及玄监、觋主等以内中头品，觋主上算，二十八官二百五十二缗钱。

[illegible] kja̱^{1} [illegible]

次等司案头、中等司都案等，得上能臣及次家主等之间中，上能臣上算，二十官一百八缗钱。

[illegible]

中等司案头、下等司都案等，得上品造监及次长监等之间中，上造监上算，八官七十二缗钱。

[illegible]① [illegible] phjii^{2} [illegible] phjii^{2} [illegible] phjii^{2} [illegible]

下等司案头、末等司都案等，得上和批及次药批等之间中，上和批上算，二官十八缗钱。

[illegible] xiəj^{2} [illegible]□□□[illegible] pji^{1} phio^{2} [illegible]

---

① 该词中“[illegible] too^{2}”为“和”，音“刀”；若是“[illegible] tshjwã^{1}”则为汉语借词“全”。暂从“和”。

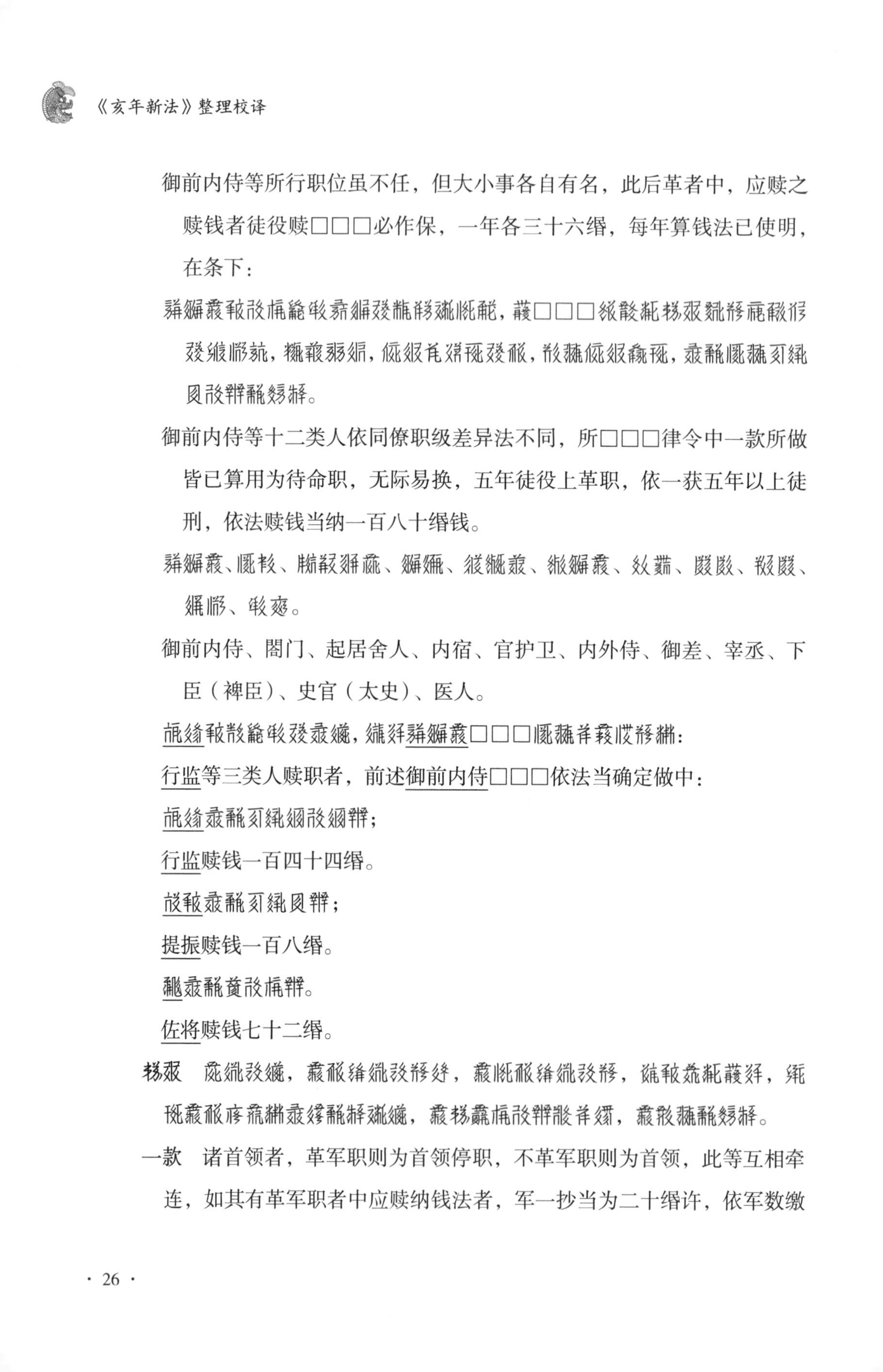

御前内侍等所行职位虽不任，但大小事各自有名，此后革者中，应赎之赎钱者徒役赎□□□必作保，一年各三十六缗，每年算钱法已使明，在条下：

[illegible]，[illegible]□□□[illegible]

御前内侍等十二类人依同僚职级差异法不同，所□□□律令中一款所做皆已算用为待命职，无际易换，五年徒役上革职，依一获五年以上徒刑，依法赎钱当纳一百八十缗钱。

[illegible]

御前内侍、閤门、起居舍人、内宿、官护卫、内外侍、御差、宰丞、下臣（裨臣）、史官（太史）、医人。

[illegible]□□□[illegible]：

行监等三类人赎职者，前述御前内侍□□□依法当确定做中：

[illegible]；

行监赎钱一百四十四缗。

[illegible]；

提振赎钱一百八缗。

[illegible]。

佐将赎钱七十二缗。

[illegible]

一款　诸首领者，革军职则为首领停职，不革军职则为首领，此等互相牵连，如其有革军职者中应赎纳钱法者，军一抄当为二十缗许，依军数缴

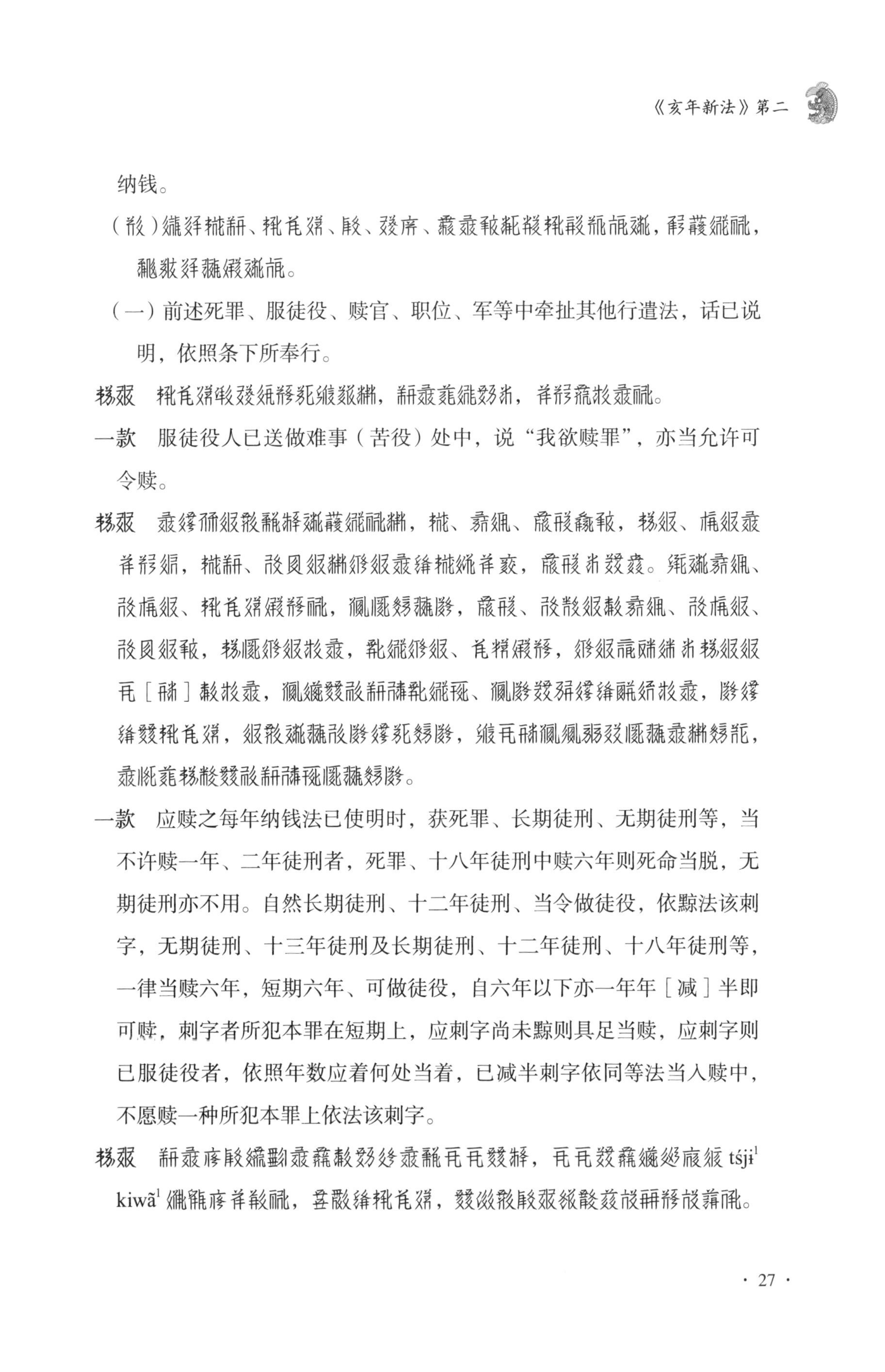

纳钱。

（[illegible]）[illegible]，[illegible]。

（一）前述死罪、服徒役、赎官、职位、军等中牵扯其他行遣法，话已说明，依照条下所奉行。

[illegible]，[illegible]，[illegible]。

一款　服徒役人已送做难事（苦役）处中，说“我欲赎罪”，亦当允许可令赎。

[illegible]，[illegible]。

一款　应赎之每年纳钱法已使明时，获死罪、长期徒刑、无期徒刑等，当不许赎一年、二年徒刑者，死罪、十八年徒刑中赎六年则死命当脱，无期徒刑亦不用。自然长期徒刑、十二年徒刑、当令做徒役，依黥法该刺字，无期徒刑、十三年徒刑及长期徒刑、十二年徒刑、十八年徒刑等，一律当赎六年，短期六年、可做徒役，自六年以下亦一年年［减］半即可赎，刺字者所犯本罪在短期上，应刺字尚未黥则具足当赎，应刺字则已服徒役者，依照年数应着何处当着，已减半刺字依同等法当入赎中，不愿赎一种所犯本罪上依法该刺字。

[illegible] tśjɨ¹ kiwã¹ [illegible]。

一款　赎罪者说虽然有官爵能赎已纳一半钱，但一半不能者再令寻只关担保者，是实则去服徒役，所余数应判决官品与律令可作抵。

[illegible]：[illegible]、[illegible][1]、[illegible]，[illegible]，[illegible]、[illegible]，[illegible]、[illegible]，[illegible]，[illegible]，[illegible]，[illegible]。

一款　赎罪纳钱者之给期限法：获死罪、无期徒刑、长期徒刑等，自六个月及六年至四年，三个月至三年、二年，自五十日、一年至棒罪，一个月等之内当令纳，逾期不纳时，当在前述罪上增加一等判决，增加将或及死罪。

[illegible]，[illegible]，[illegible]。[illegible]，[illegible] lā¹ [illegible]。

一款　不能赎罪送做徒役处，每有贪贿有官人允许放任何处，尔后不许放人。本人以长时当做难事（苦役），其处他人当不许拦趋等。

[illegible]，[illegible]，[illegible]，[illegible]，[illegible]，[illegible] kwā¹ [illegible]，[illegible]，[illegible]，[illegible]。

一款　前述职官军官应赎罪等中，虽然是能赎，但意可在他司地方中不同处出工，其说“我缴纳”，则京师辎运附近远及买卖可寻利益，是对官有利益等则所示处送管事司中，期限明以内（短期内）令缴纳，地程已远，对官无利益则不用缴纳。

[illegible]　[illegible]、[illegible]，[illegible]，[illegible]，[illegible]，[illegible]

① 甲种本、乙种本均写为“[illegible]”，丁种本“[illegible]”旁边改为“[illegible]”。

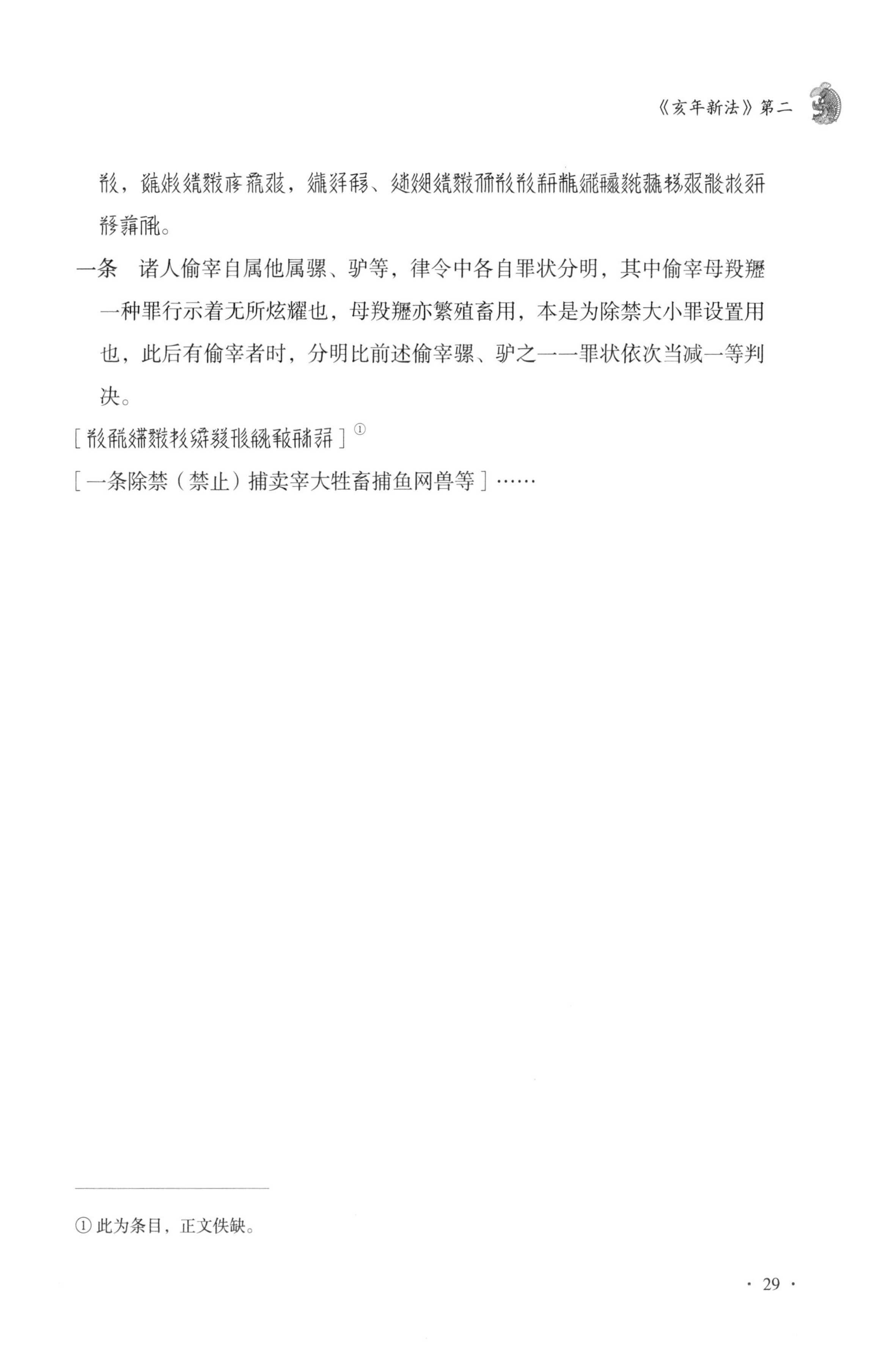

[illegible]，[illegible]，[illegible]、[illegible]。

一条　诸人偷宰自属他属骡、驴等，律令中各自罪状分明，其中偷宰母羖攊一种罪行示着无所炫耀也，母羖攊亦繁殖畜用，本是为除禁大小罪设置用也，此后有偷宰者时，分明比前述偷宰骡、驴之一一罪状依次当减一等判决。

[[illegible]][1]

[一条除禁（禁止）捕卖宰大牲畜捕鱼网兽等]……

① 此为条目，正文佚缺。

[illegible]
《亥年新法》第三

《亥年新法》第三有甲、乙两个抄本，编号为俄 Инв.No.2565 *3818 6098* 与俄 Инв.No.2819。甲种本有 3 个编号，从笔迹看说明至少出自三人之手，其中第十四条为草书，第十七条前与第十八条之后笔迹不同，而且有残缺，《俄藏黑水城文献》刊布的《亥年新法》第三甲种本实际上是一个拼接本。甲种本与乙种本均有条目，乙种本从条目至各条内容都较为完整，卷首有“亥年新法第三”全称卷名，卷尾有“新法第三终”字样，并抄写有年月日，即“光定蛇年五月初九写毕”，最后为抄写者的姓名。本书以乙种本为底本，以甲种本为补充，参见《俄藏黑水城文献》第 9 册第 141 页下—153 页上、第 218 页下—234 页上。

《亥年新法》第三是保存最完整、补充条文最多的一卷，共二十四条，其中第十三条“盗罪依恩解脱不解脱”与第十四条“贼犯二种杂罪”合写在一起，但其内容分为两条。《亥年新法》第三实际上就是对《天盛律令》第三的补充条款。《天盛律令》第三计十五门，分别是盗亲门、杂盗门、群盗门、重盗门、妄劫他人畜辎骑门、分拿盗畜物门、贼赔还给门、自首赔偿送还免罪减半议和门、追赶捕贼举赏门、搜贼踪迹门、审贼门、买盗畜人拾得门、盗毁佛神地墓门、当铺门与催索债利门。从《亥年新法》第三所列条目与实际内容可以看出，与《天盛律令》第三有关门类条款有一定的对应关系：第一条“持工具强盗及偷人”、第三条“偷常住借分用减免罪”、第八条“同头监互盗”、第九条“下面点察巡检审贼”、第十条“都巡检处局分不做审案”、第十三条“盗罪依恩解脱不解脱”、第十四条“贼犯二种杂罪”、第十七条“库局分盗官物同伙举报”、第十八条“为寺属人犯盗罪遣送”、第二十四条“偷人罪依恩解脱亦应追踪卖人”是对《天盛律令》第三之“杂盗门”的补充条文；第二条“闻知群盗增加罪”与第四条“偷官钱寺物算群盗”是对《天盛律令》第三之“群盗门”的补充条文；第五条“节亲互相抢夺畜物”与第七条“父母等盗取子孙之畜物与减”是对《天盛律令》第三之“盗亲门”的补充条文；第六条“贼互相告举报奖赏法”与第十一条“追踪贼有钱物处”是对《天盛律令》第三之“追赶捕贼举赏门”的补充条文；第十二条“盗窃敌人赔偿”是对《天盛律令》第三之“贼赔还给门”的补充条文；第十六条“贼人谋智清人”是对《天盛律令》第三之“审贼门”的补充条文；第十九条“父母丧子年幼索债务”、第二十一条“不能还债不出工”与第二十二条“借债典者逃跑借者互给期限”是有关《天盛律令》第三之“催索债利门”的补充条文；第二十条“借债典当不确定期限”与第二十三条“典当屋舍畜田畴做回报”是对《天盛律令》第三之“当铺门”的补充条文。

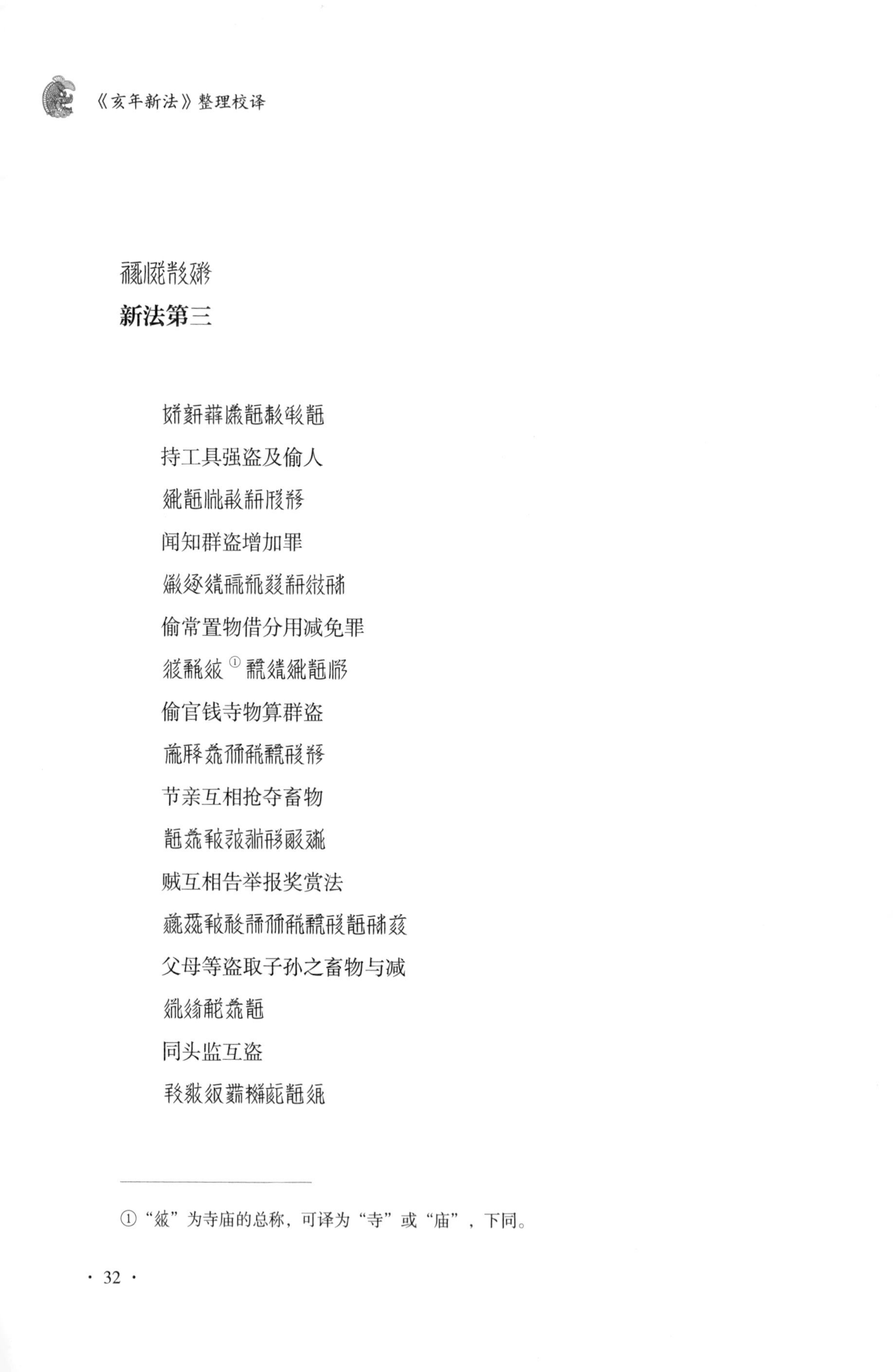

[illegible]

新法第三

[illegible]

持工具强盗及偷人

[illegible]

闻知群盗增加罪

[illegible]

偷常置物借分用减免罪

[illegible][1] [illegible]

偷官钱寺物算群盗

[illegible]

节亲互相抢夺畜物

[illegible]

贼互相告举报奖赏法

[illegible]

父母等盗取子孙之畜物与减

[illegible]

同头监互盗

[illegible]

---

①“[illegible]”为寺庙的总称，可译为“寺”或“庙”，下同。

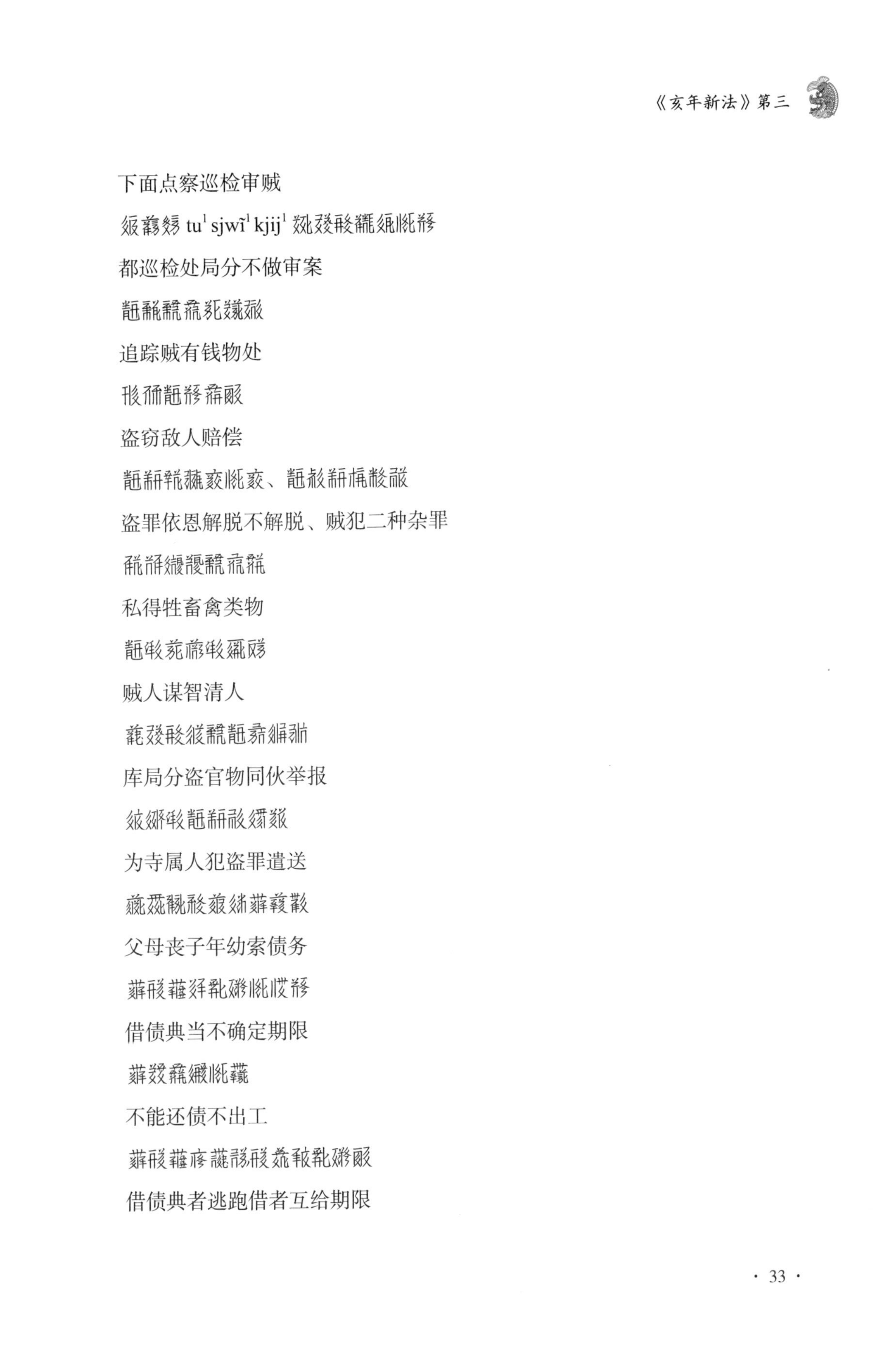

下面点察巡检审贼

[illegible] tu^{1} sjwĩ^{1} kjij^{1} [illegible]

都巡检处局分不做审案

[illegible]

追踪贼有钱物处

[illegible]

盗窃敌人赔偿

[illegible]

盗罪依恩解脱不解脱、贼犯二种杂罪

[illegible]

私得牲畜禽类物

[illegible]

贼人谋智清人

[illegible]

库局分盗官物同伙举报

[illegible]

为寺属人犯盗罪遣送

[illegible]

父母丧子年幼索债务

[illegible]

借债典当不确定期限

[illegible]

不能还债不出工

[illegible]

借债典者逃跑借者互给期限

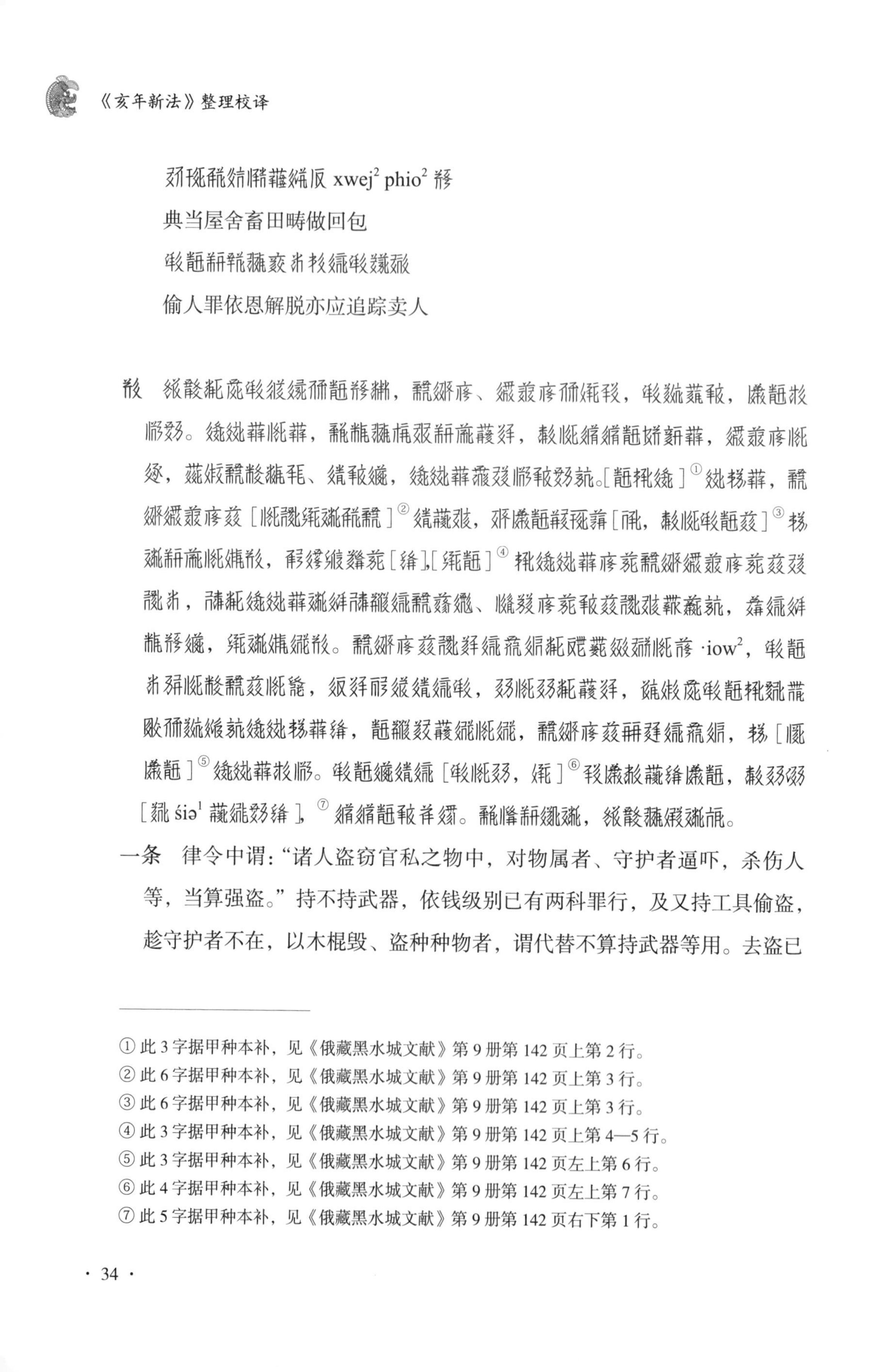

[illegible] xwej^{2} phio^{2} [illegible]

典当屋舍畜田畴做回包

[illegible]

偷人罪依恩解脱亦应追踪卖人

[illegible][①][illegible][②][illegible][③][illegible][④][illegible] ·iow^{2} [illegible][⑤][illegible][⑥][illegible] śiə^{1} [illegible][⑦][illegible]

一条　律令中谓："诸人盗窃官私之物中，对物属者、守护者逼吓，杀伤人等，当算强盗。"持不持武器，依钱级别已有两科罪行，及又持工具偷盗，趁守护者不在，以木棍毁、盗种种物者，谓代替不算持武器等用。去盗已

① 此 3 字据甲种本补，见《俄藏黑水城文献》第 9 册第 142 页上第 2 行。

② 此 6 字据甲种本补，见《俄藏黑水城文献》第 9 册第 142 页上第 3 行。

③ 此 6 字据甲种本补，见《俄藏黑水城文献》第 9 册第 142 页上第 3 行。

④ 此 3 字据甲种本补，见《俄藏黑水城文献》第 9 册第 142 页上第 4—5 行。

⑤ 此 3 字据甲种本补，见《俄藏黑水城文献》第 9 册第 142 页左上第 6 行。

⑥ 此 4 字据甲种本补，见《俄藏黑水城文献》第 9 册第 142 页左上第 7 行。

⑦ 此 5 字据甲种本补，见《俄藏黑水城文献》第 9 册第 142 页右下第 1 行。

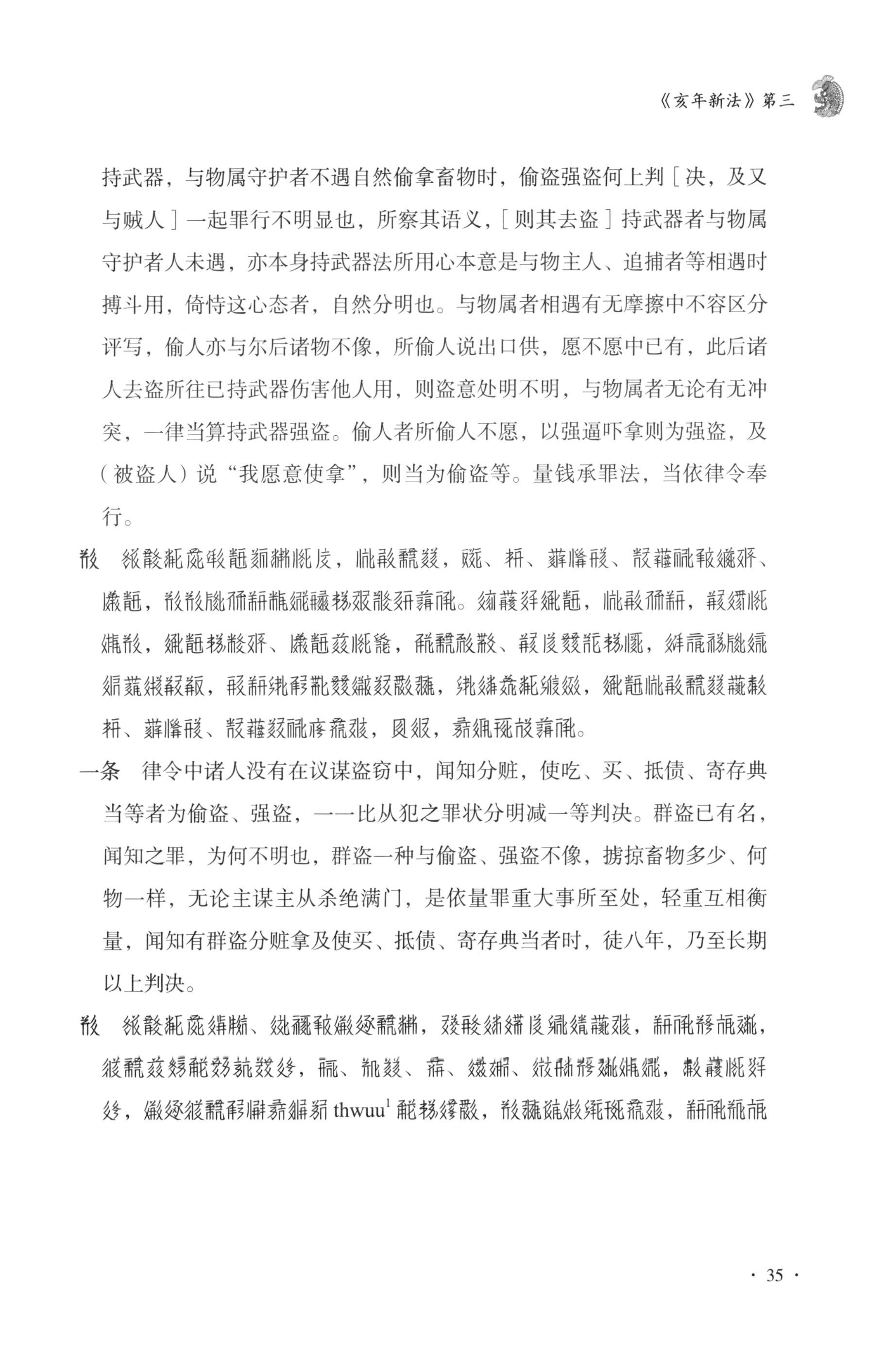

持武器，与物属守护者不遇自然偷拿畜物时，偷盗强盗何上判［决，及又与贼人］一起罪行不明显也，所察其语义，［则其去盗］持武器者与物属守护者人未遇，亦本身持武器法所用心本意是与物主人、追捕者等相遇时搏斗用，倚恃这心态者，自然分明也。与物属者相遇有无摩擦中不容区分评写，偷人亦与尔后诸物不像，所偷人说出口供，愿不愿中已有，此后诸人去盗所往已持武器伤害他人用，则盗意处明不明，与物属者无论有无冲突，一律当算持武器强盗。偷人者所偷人不愿，以强逼吓拿则为强盗，及（被盗人）说"我愿意使拿"，则当为偷盗等。量钱承罪法，当依律令奉行。

[illegible]

一条　律令中诸人没有在议谋盗窃中，闻知分赃，使吃、买、抵债、寄存典当等者为偷盗、强盗，一一比从犯之罪状分明减一等判决。群盗已有名，闻知之罪，为何不明也，群盗一种与偷盗、强盗不像，掳掠畜物多少、何物一样，无论主谋主从杀绝满门，是依量罪重大事所至处，轻重互相衡量，闻知有群盗分赃拿及使买、抵债、寄存典当者时，徒八年，乃至长期以上判决。

[illegible] thwuu[1] [illegible]

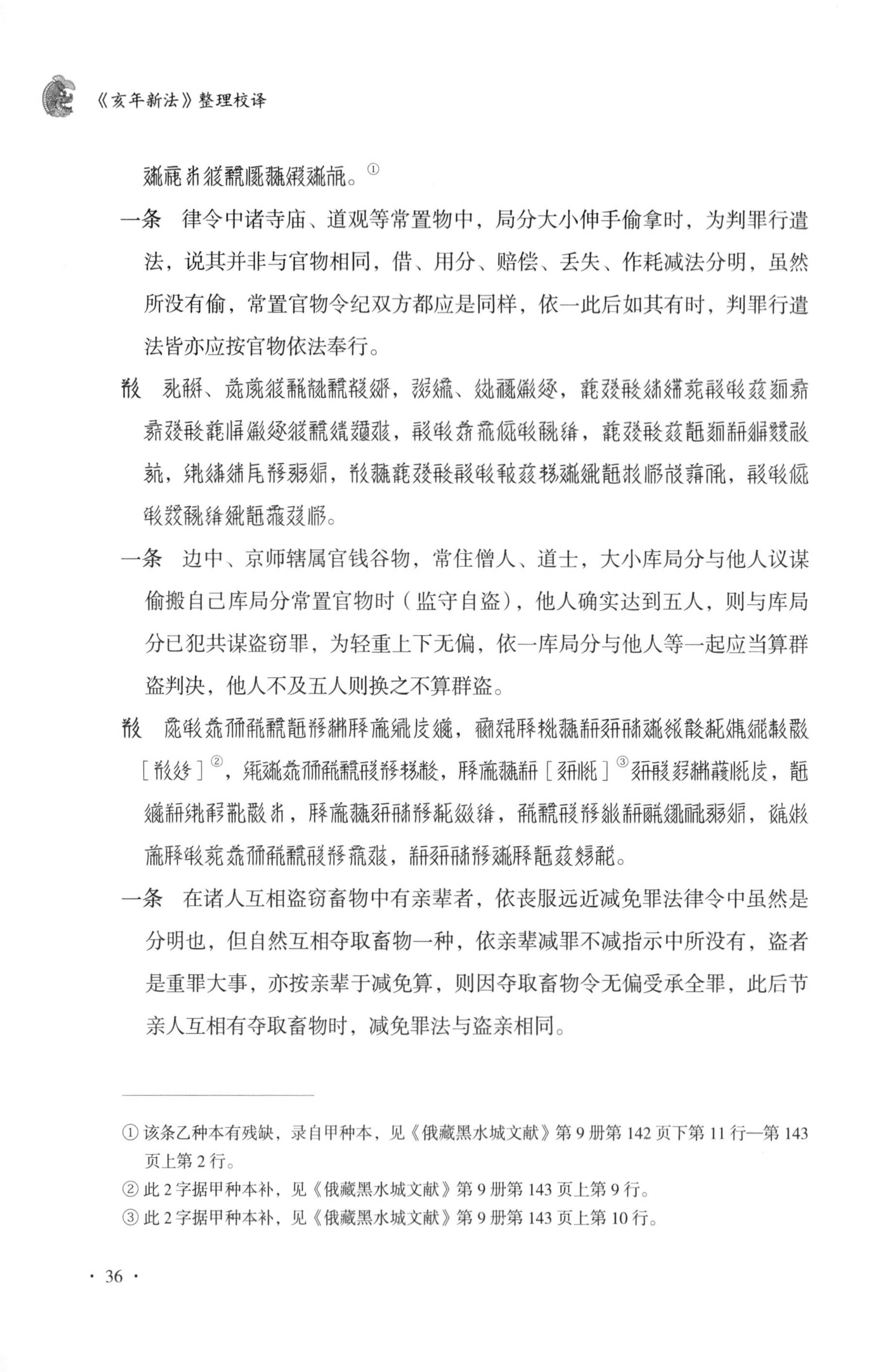

[illegible]。[1]

一条　律令中诸寺庙、道观等常置物中，局分大小伸手偷拿时，为判罪行遣法，说其并非与官物相同，借、用分、赔偿、丢失、作耗减法分明，虽然所没有偷，常置官物令纪双方都应是同样，依一此后如其有时，判罪行遣法皆亦应按官物依法奉行。

[illegible]

一条　边中、京师辖属官钱谷物，常住僧人、道士，大小库局分与他人议谋偷搬自己库局分常置官物时（监守自盗），他人确实达到五人，则与库局分已犯共谋盗窃罪，为轻重上下无偏，依一库局分与他人等一起应当算群盗判决，他人不及五人则换之不算群盗。

[illegible] [2] [illegible] [3] [illegible]

一条　在诸人互相盗窃畜物中有亲辈者，依丧服远近减免罪法律令中虽然是分明也，但自然互相夺取畜物一种，依亲辈减罪不减指示中所没有，盗者是重罪大事，亦按亲辈于减免算，则因夺取畜物令无偏受承全罪，此后节亲人互相有夺取畜物时，减免罪法与盗亲相同。

---

① 该条乙种本有残缺，录自甲种本，见《俄藏黑水城文献》第9册第142页下第11行—第143页上第2行。

② 此2字据甲种本补，见《俄藏黑水城文献》第9册第143页上第9行。

③ 此2字据甲种本补，见《俄藏黑水城文献》第9册第143页上第10行。

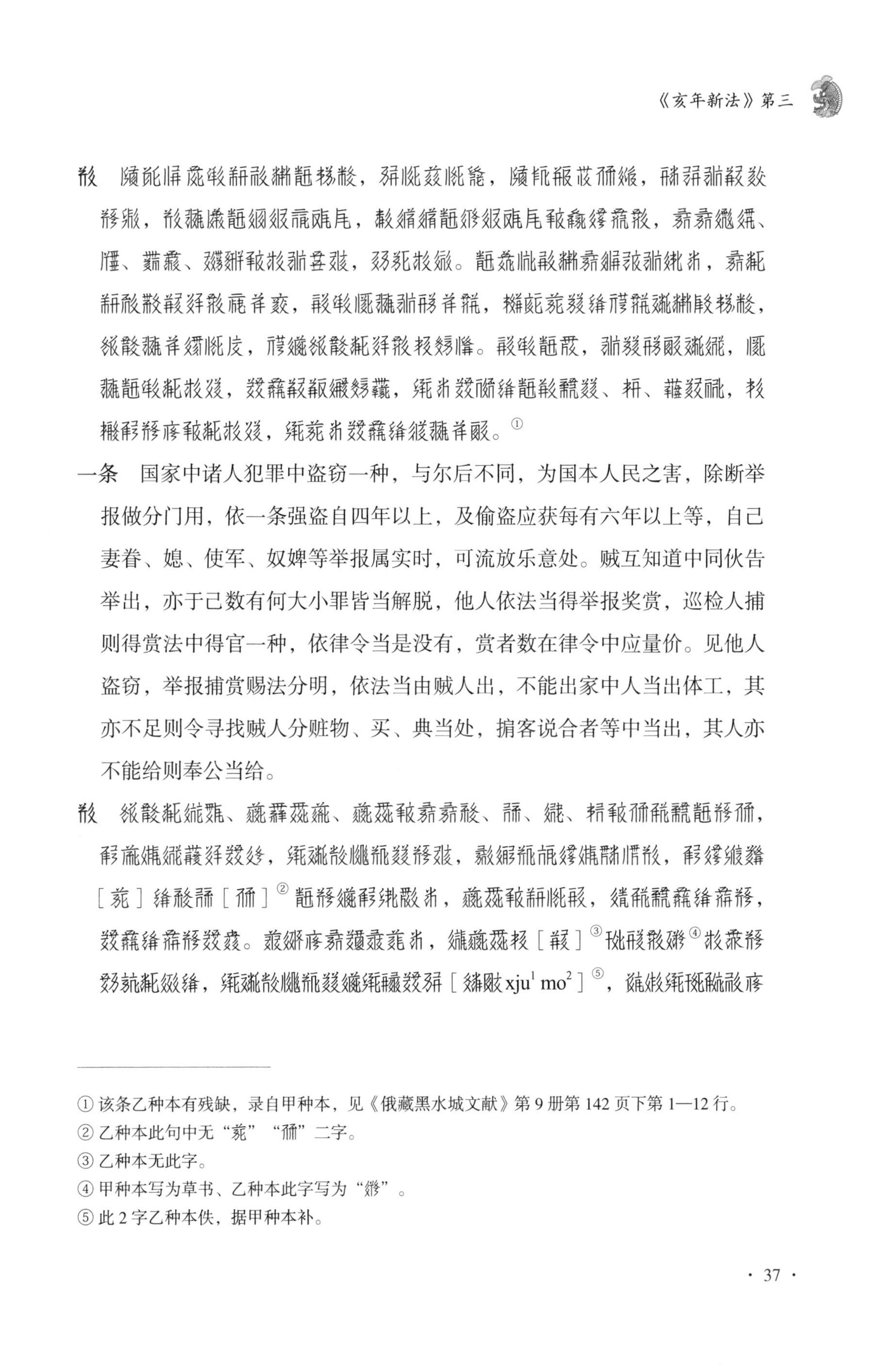

[illegible] ①

一条 国家中诸人犯罪中盗窃一种，与尔后不同，为国本人民之害，除断举报做分门用，依一条强盗自四年以上，及偷盗应获每有六年以上等，自己妻眷、媳、使军、奴婢等举报属实时，可流放乐意处。贼互知道中同伙告举出，亦于己数有何大小罪皆当解脱，他人依法当得举报奖赏，巡检人捕则得赏法中得官一种，依律令当是没有，赏者数在律令中应量价。见他人盗窃，举报捕赏赐法分明，依法当由贼人出，不能出家中人当出体工，其亦不足则令寻找贼人分赃物、买、典当处，掮客说合者等中当出，其人亦不能给则奉公当给。

[illegible] ［[illegible]］[illegible] ［[illegible]］② [illegible] ［[illegible]］③ [illegible] ④ [illegible] ［[illegible] xju¹ mo²］⑤，[illegible]

① 该条乙种本有残缺，录自甲种本，见《俄藏黑水城文献》第 9 册第 142 页下第 1—12 行。

② 乙种本此句中无“[illegible]”“[illegible]”二字。

③ 乙种本无此字。

④ 甲种本写为草书、乙种本此字写为“[illegible]”。

⑤ 此 2 字乙种本佚，据甲种本补。

[illegible]，[illegible]，[illegible]，[illegible]，[illegible]，[illegible][[illegible]][1][illegible]。

一条　律令中高祖、祖父母、父母等盗窃自己子、孙、曾孙、玄孙等之畜物的，并非已有明显情节，自然背地分用时，云何应行遣非显耀也，所察其语义则盗窃子孙之者是重事，亦父母等不量罪，偷畜物能赔则赔偿，不能则不用赔偿。若属者自搬欲赎，亦先量父母取与何价数，说该用于还给，则自然比其背地分用者尚未虚冒，此后如其有犯逆者时，情形与互相盗相同，其中父母等已分用处，价未取一种，不用赎赏给，自然该催促子孙之并做嘱咐。

[illegible]　[illegible]、[illegible]，[illegible][[illegible]][2][illegible]，[illegible]，[illegible]，[illegible]，[illegible]，[illegible]，[illegible]。

一条　同头监使军、奴婢同伙互相盗窃一种，律令中虽然没有分白，但盗处物属者使军等，本人当偷卖亦算于头监之应嘱咐中已有，则对使军盗窃物情形都应是牵涉于头监，不偏向算代替盗窃他人之，对盗窃头监当依法奉行。

[illegible]　[illegible]，[illegible][[illegible]][3][illegible]，[illegible]，[illegible]，[illegible]，[illegible][[illegible]][illegible]，[illegible][[illegible]][illegible]，[illegible]，[illegible]，[illegible] tu¹ sjwĩ¹ kjij¹ [illegible]，[illegible]，[illegible]。[illegible] tśjɨ¹ kiwã¹ [illegible]，[illegible]，[illegible]，[illegible]，[illegible] thwuu¹ [illegible]

① 乙种本无此字。
② 乙种本无此字。
③ 本条方括号中的字乙种本佚，据甲种本补，下同。

[illegible]，[illegible]，[illegible]，[illegible]，[illegible]，[illegible]，[illegible]，[illegible]，[illegible]，[illegible]，[illegible]，[illegible] tu^1 sjwĩ^1 kjij^1 [illegible]［[illegible]］[illegible]。[illegible] kow^1 śiə^1 [illegible]，[illegible]，[illegible]，[illegible]，[illegible]，[illegible]。[illegible]，[illegible]，[illegible] po^1 [illegible]，[illegible]。[illegible]，[illegible]，[illegible]［[illegible]］，[illegible] tśjɨ^1 kiwã^1 [illegible]，[illegible]，[illegible]，[illegible]，[illegible]，[illegible]，[illegible]，[illegible]，[illegible]，[illegible]、[illegible]。

一条　小巡检及以下点察等，无贪贿非盗窃拷打死人时，罪轻重是何，律令中不明显，依法按差人打杀当事人判决，人及自然与所差人不像，地方内是除断盗贼者，律令中亦该捕贼人，三日以内当送都巡检处，若互捕贼有所指示时，不算作迟缓。诸人等有只关者不捕时，已指示作用于罪行高低等中衡量，则令受承全罪，暂所用重者，与已定诸司使相同司品中算，超过问棒谓当为依法，且亦小巡检以下点察等乃多小人已多避罪，自约者有几何不明，因谋私受贿做人情，以恃随轻罪度量，横妄捕人拘禁拷打，侵犯居民者为多，相当贼人逮捕不审，将送都巡检处及贼一种。尔后公使与公事不同，恨爱中像为敌人，毁坏他人家宅，不义盗抢永储宝物，对如此不道邪恶贪恋之人，应该以重快降伏除断。原先已捕擒，当时尚未查审有无同贼，则贼同伙依次互报告堡失火失踪逃跑，查审决断中半有半无延误了根本。盗贼泛滥不安，该有所思患，此后诸人已有盗贼逃跑，有告状只关者，及疑心不识捕擒等，一律按律令中明确期限内，小巡检以下点察谁是盗贼同伙，当审问何方盗贼盗有何物在何处等范围，应仔细追其踪迹，应令受问棒亦当令受承，其超过问棒死人时，比诸司超过问棒杀人罪，以下点察依次当加一等、小巡检依次当加二等。

[illegible] [illegible] tu¹ sjwĩ¹ kjij¹ [illegible]、[illegible]，[illegible]，[illegible]、[illegible]、[illegible]，[illegible]，[illegible]，[illegible]，[illegible]，[illegible] lwã² lwã² [illegible]，[illegible] tśjɨj¹ thew² [illegible]，[illegible]，[illegible] tu¹ sjwĩ¹ kjij¹ [illegible] tsjij² tshə¹ [illegible]，[illegible]，[illegible]，[illegible] tu¹ sjwĩ¹ kjij¹ [illegible]、[illegible]，[illegible]、[illegible]、[illegible]、[illegible] śiə¹ [illegible]，[illegible] lwã² lwã² [illegible] kwã¹ [illegible]，[illegible]，[illegible]，[illegible]，[illegible]，[illegible] khji² thow¹ [illegible]，[illegible] lwã²，[illegible]，[illegible]。[illegible]，[illegible]，[illegible]，[illegible]，[illegible]，[illegible]、[illegible]、[illegible]，[illegible]，[illegible]，[illegible]，[illegible]，[illegible]，[illegible]，[illegible]，[illegible]，[illegible]，[illegible]，[illegible] tu¹ sjwĩ¹ kjij¹，[illegible] wjụ¹ [illegible]，[illegible]［[illegible]］①[illegible]，[illegible]、[illegible]，[illegible]，[illegible] tśjɨj¹ thew² [illegible]、[illegible]，[illegible]，[illegible]，[illegible]。[illegible]。

一条　牵涉于都巡检管辖之小巡检、都监人，直接催促捕送管制盗贼干连

① 甲种本写为"[illegible] mər²"、乙种本写为"[illegible] mə²"，属同音通假。

人，及每个局分都监、案头、司吏依所属大人指挥，令立遣送当事人，分析入状，行遣文书，是受理者等中无大人处指挥命令，自己擅自胡乱催促唤人者，正头谕文指挥等，何所（怎么）传行，律令中自己都巡检司品级次职位依何任，虽然承罪法分明，但因原本起盗窃言论，在都巡检处指挥习贯语中随局分都监、巡检等，盗畜钱物何已典当、已卖、分用、需要使用处，胡乱私自催促管事大人，令当面区分本意不服，自然本人行遣之罪大小若尚未确立，则因小人贪利，随催促贼赔中寻求用作突破受贿，有义无义逼迫侵扰其他劳苦皆至往，律法杂乱，欺诈泛滥，使人民离弃做活业与修造铠甲、养马等。贼赔畜物实依是非道理，踪迹有无不明，已有所思患，依圣旨与法需除断，诸司分析者，因对干连人中打架争斗、索债、争大小事，被告已拘，局分处做审案时，违法承罪已有名，审问案法非已决断，逼供法大小棒令所受承，亦成为罪上而算则催促贼赔，头项局分人等横妄侵扰百姓，自己行遣断半一种，是比其重，此后贼赔畜物何所取处该催促都巡检，本人面前当令悟，应区分互相本心当令服，假若局分、都监、巡检等所属大人有指示在习惯事上为近，催促贼赔畜物中所有欺骗唤人侵扰，自己行遣妄横骚扰百姓及正头诈骗中依律令没有重罪、有微罪等时，审问案依法对违法判三年徒刑，受贿与枉法贪脏罪，何等应从重判决，望奉行。

[illegible] [illegible]，[illegible]，[illegible]、[illegible]，[illegible]、[illegible]、[illegible]，[illegible]，[illegible]，[illegible]，[illegible]，[illegible] tu^{1} sjwĩ^{1} kjij^{1} [illegible]，[illegible]，[illegible] śiew^{2} khjã^{1} [illegible]，[illegible] kji^{1} gjĩ^{1} [illegible]，[illegible]、[illegible]，[illegible]，[illegible] xiəj^{2} [illegible]。[illegible]、[illegible]、[illegible]，[illegible]，[illegible]

[illegible]，[illegible] śiə1 [illegible]，[illegible]，[illegible]，[illegible]。

一条　律令中实有盗物并已用分，能赔偿修理等以外，于诸人处所寄存、已卖，所典当、借债、抵债已还给等，说已指示各当催促而并没用，应催促钱一种，是非分明非真不纯，贼人盗畜物取盐卖价钱，肉酒已吃喝，一切已分用等，亦都巡检将其钱已用分何处，令催促而来者钱一种，尔后使诸钱犹如黑白色钱分明，不肯知处做记证难，局分、盗贼横敛百姓，谋智催促赔钱中使突出寻求吃贿赂，为行本不安也。此后所盗现钱于他人处所寄存、已借出、已放债等，依法当催促以外，尔后盗畜物与已卖价钱一起之肉酒价所还给，自然已用分需使用等所指示处不用催促追踪，直令贼人当来处，真不能则他人应另催促寻其踪迹，当依已定律令奉行。

[illegible]　[illegible]，[illegible]。[illegible]，[illegible][1][illegible]，[illegible]，[illegible]、[illegible]、[illegible]，[illegible]、[illegible]，[illegible]，[illegible]，[illegible]。

一条　律令中本国人互相盗窃中不能赔偿时令家中人出体工，所登记其名。有盗窃敌之畜物不能赔偿则令与本国人相同，令敌方出工无际，依一此后盗窃敌人畜物中实有以外，所说死、丢亦实有皮、头蹄及赔量能还给等，所没有、有不能赔数（每有不能赔），贼人之家中于番人处该做典，赏典工价得何数，当入还给敌人赔偿量中。

[illegible]　[illegible]，[illegible] xiəj2 [illegible]，[illegible]，[illegible]，[illegible]，[illegible]，[illegible]

① "[illegible]"指敌国之地域或领域，本书简译"敌方"，下同。

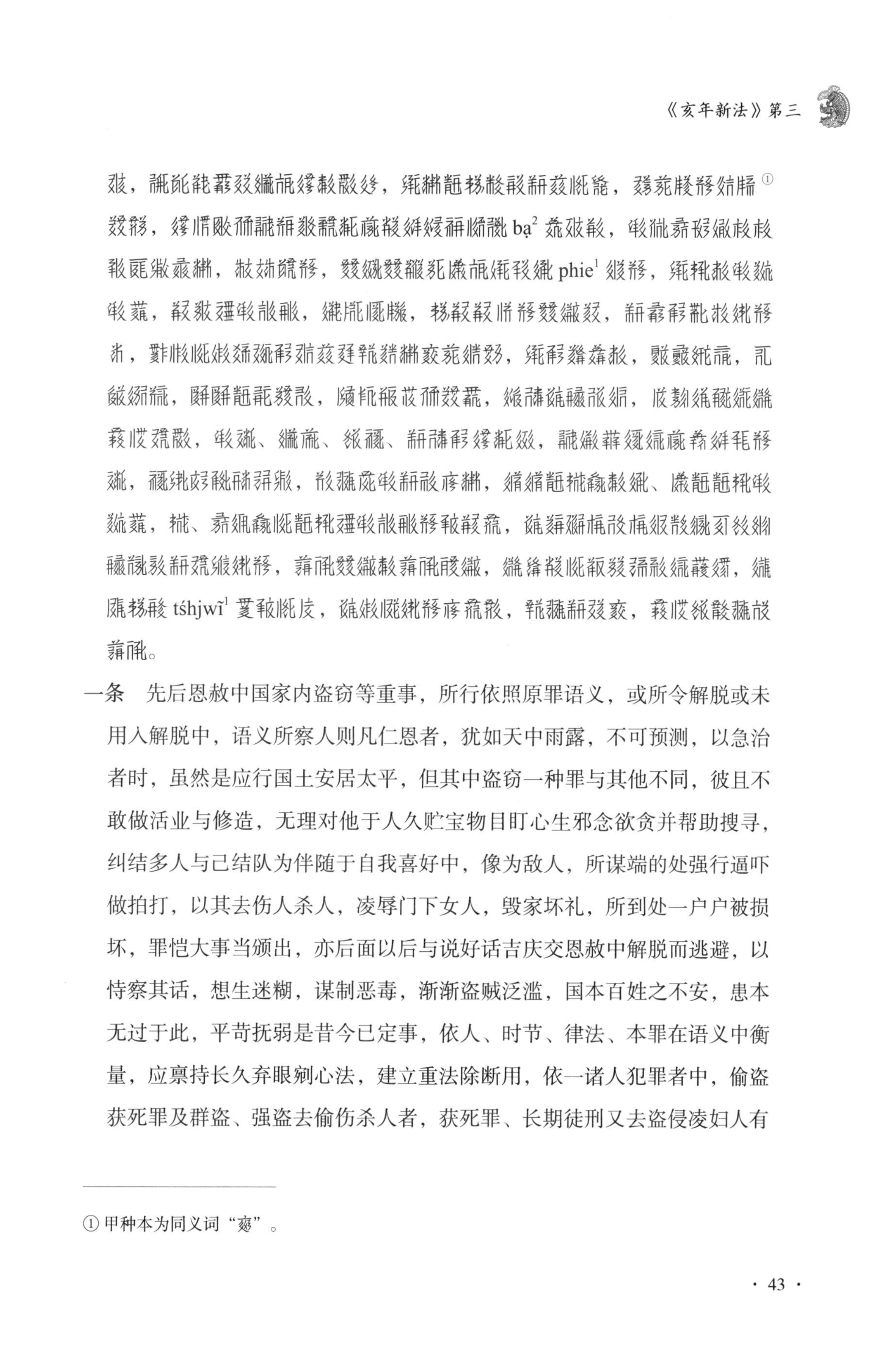

[illegible][1] [illegible] bạ² [illegible] phie¹ [illegible] tśhjwĩ¹ [illegible]。

一条　先后恩赦中国家内盗窃等重事，所行依照原罪语义，或所令解脱或未用入解脱中，语义所察人则凡仁恩者，犹如天中雨露，不可预测，以急治者时，虽然是应行国土安居太平，但其中盗窃一种罪与其他不同，彼且不敢做活业与修造，无理对他于人久贮宝物目盯心生邪念欲贪并帮助搜寻，纠结多人与己结队为伴随于自我喜好中，像为敌人，所谋端的处强行逼吓做拍打，以其去伤人杀人，凌辱门下女人，毁家坏礼，所到处一户户被损坏，罪恺大事当颁出，亦后面以后与说好话吉庆交恩赦中解脱而逃避，以恃察其话，想生迷糊，谋制恶毒，渐渐盗贼泛滥，国本百姓之不安，患本无过于此，平苛抚弱是昔今已定事，依人、时节、律法、本罪在语义中衡量，应禀持长久弃眼剜心法，建立重法除断用，依一诸人犯罪者中，偷盗获死罪及群盗、强盗去偷伤杀人者，获死罪、长期徒刑又去盗侵凌妇人有

① 甲种本为同义词“𗁅”。

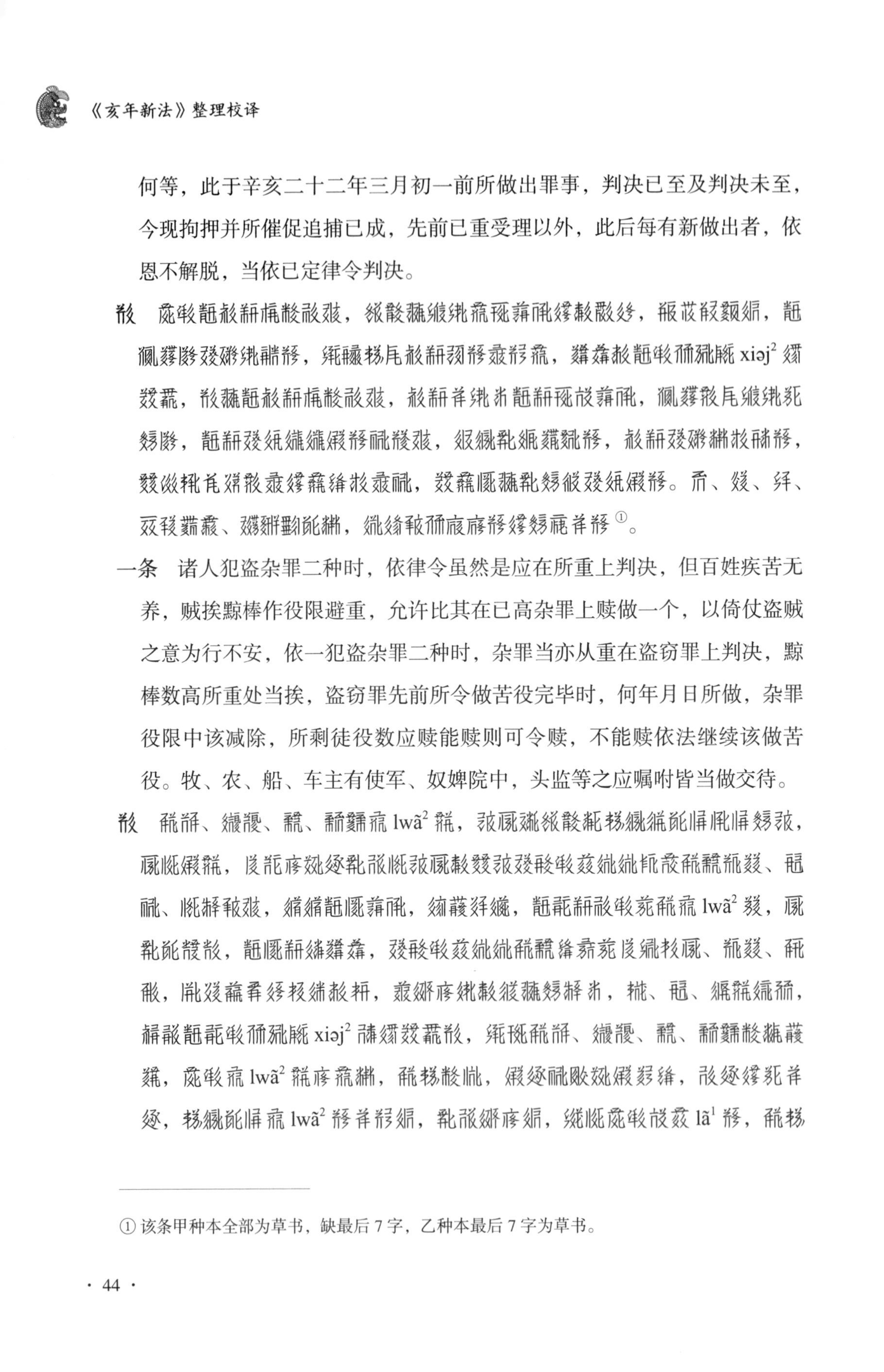

何等，此于辛亥二十二年三月初一前所做出罪事，判决已至及判决未至，今现拘押并所催促追捕已成，先前已重受理以外，此后每有新做出者，依恩不解脱，当依已定律令判决。

[illegible] xiəj² [illegible][1]。

一条　诸人犯盗杂罪二种时，依律令虽然是应在所重上判决，但百姓疾苦无养，贼挨黥棒作役限避重，允许比其在已高杂罪上赎做一个，以倚仗盗贼之意为行不安，依一犯盗杂罪二种时，杂罪当亦从重在盗窃罪上判决，黥棒数高所重处当挨，盗窃罪先前所令做苦役完毕时，何年月日所做，杂罪役限中该减除，所剩徒役数应赎能赎则可令赎，不能赎依法继续该做苦役。牧、农、船、车主有使军、奴婢院中，头监等之应嘱咐皆当做交待。

[illegible] lwã² [illegible] lwã² [illegible] xiəj² [illegible] lwã² [illegible] lwã² [illegible] lã¹ [illegible]

① 该条甲种本全部为草书，缺最后 7 字，乙种本最后 7 字为草书。

[illegible] lã^{1} [illegible]、[illegible]，[illegible]，[illegible]、[illegible]、[illegible] boo^{1} śiew^{2} [illegible] xew^{1} [illegible]。[illegible]、[illegible] piã^{1} phu^{1} [illegible]，[illegible] khew^{2} [illegible]，[illegible] lã^{1} [illegible]，[illegible] phjɨj^{1} [illegible]，[illegible]，[illegible]、[illegible]、[illegible]，[illegible]、[illegible]，[illegible]，[illegible]，[illegible]，[illegible]，[illegible]。[illegible] lã^{1} [illegible]，[illegible]，[illegible]，[illegible]，[illegible] lã^{1} [illegible]，[illegible] kwã^{1} [illegible]，[illegible]，[illegible]，[illegible]，[illegible]，[illegible]。

一条　私得（不正当所得）牲畜、家禽、物、财产，告验法律令中规定一个月以内当告司中，勘验后当得，在擒者处逾期不告验及已报告与局分人知道藏文本用分畜物、使丢失、不缴纳等时，依法按偷盗判决，所公布其名，犯盗窃罪人乱（私）捕畜，验期宽窄（宽限）满，倚仗盗法轻罪，与局分人知道畜物本人伸手偷售卖、用分、辎骑，造成畜脊坠膘瘦而以降价买，若属者出将奉公当缴，亦死亡、丢失所获利微，诈骗盗贼人之意行本为不安也，如其牲畜、禽、物、种种财产已失，有诸人私得者中，知畜一种，应该在他人处当说，则应在何处当在何处，令一个月之内不许为私，逾期无属者，然后诸人当拦，已拦畜时期及自种种禽、物已得中，一个月之内并报告附近有司处，验畜三日以内当使明驮畜齿、膘状、毛色、印号等。与种种禽、物一起在班簿中登记于册，一面在榷场司门口等处张悬告文有畜者，阻拦者不用伸手，官之借近便牧场当做交待，与牧人做登记名册，死亡、丢失、赔修查验法等与官畜相同，禽、物等得者当伸手拿，官畜物三个月，私属一年以内等，局分人属者等出则当还给，过期实无当缴

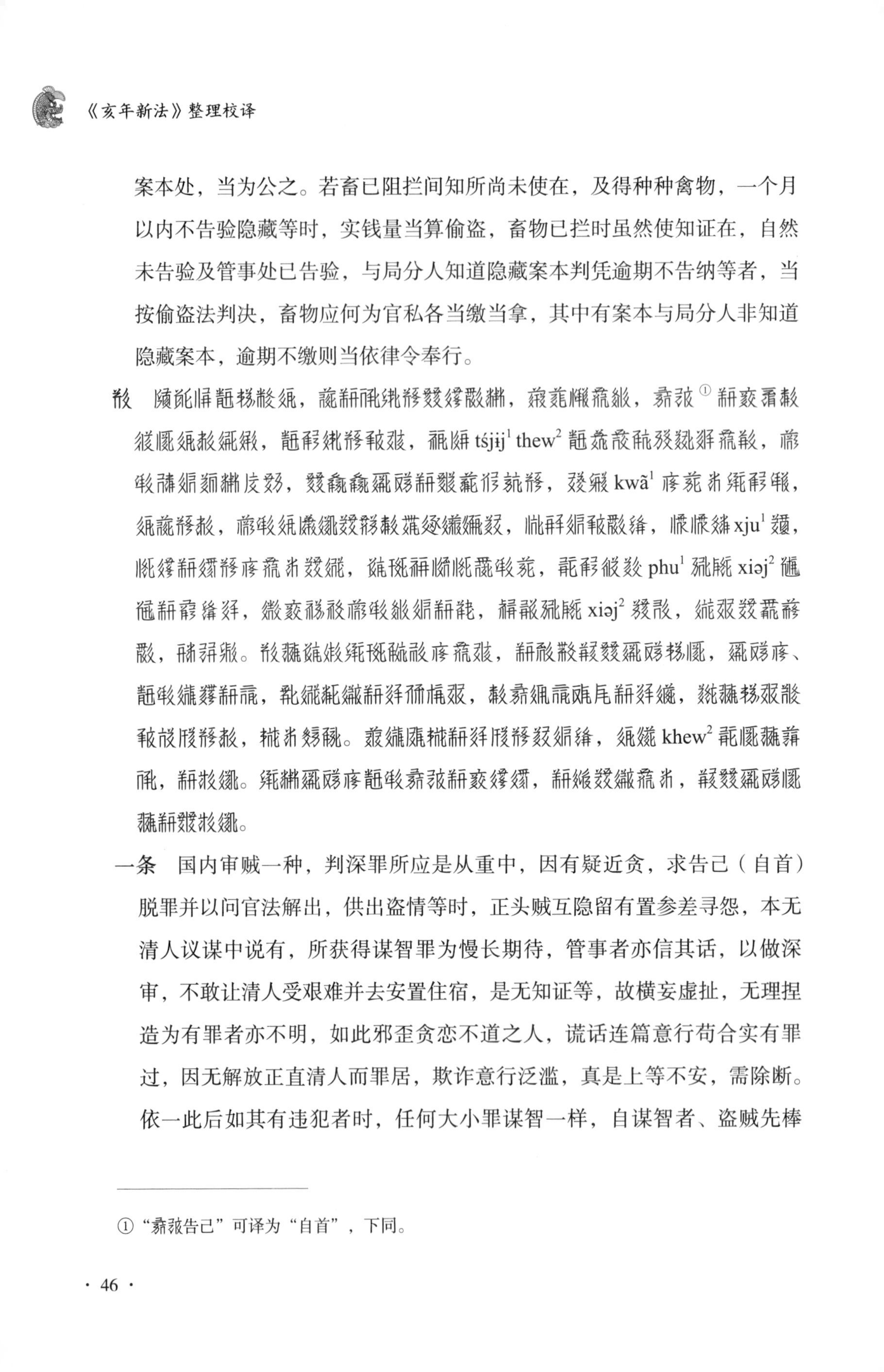

案本处，当为公之。若畜已阻拦间知所尚未使在，及得种种禽物，一个月以内不告验隐藏等时，实钱量当算偷盗，畜物已拦时虽然使知证在，自然未告验及管事处已告验，与局分人知道隐藏案本判凭逾期不告纳等者，当按偷盗法判决，畜物应何为官私各当缴当拿，其中有案本与局分人非知道隐藏案本，逾期不缴则当依律令奉行。

[illegible]① [illegible] tśjɨj^{1} thew^{2} [illegible] kwã^{1} [illegible] xju^{1} [illegible] phu^{1} [illegible] xiəj^{2} [illegible] xiəj^{2} [illegible] khew^{2} [illegible]

一条 国内审贼一种，判深罪所应是从重中，因有疑近贪，求告已（自首）脱罪并以问官法解出，供出盗情等时，正头贼互隐留有置参差寻怨，本无清人议谋中说有，所获得谋智罪为慢长期待，管事者亦信其话，以做深审，不敢让清人受艰难并去安置住宿，是无知证等，故横妄虚扯，无理捏造为有罪者亦不明，如此邪歪贪恋不道之人，谎话连篇意行苟合实有罪过，因无解放正直清人而罪居，欺诈意行泛滥，真是上等不安，需除断。依一此后如其有违犯者时，任何大小罪谋智一样，自谋智者、盗贼先棒

① "[illegible]告已"可译为"自首"，下同。

罪，至短期中有罪之加二等，及自长期徒刑以上有罪者，依次各当以增加一等，亦至死罪。若先前有死罪不可增加，则口供伪依法判决，当承罪。其中谋智者贼人自首应为脱罪，有未至伤害罪，亦比较何所谋智依法当承罪。

[illegible] [illegible]，[illegible]，[illegible]，[illegible]，[illegible]。

一条 库局分自己局分官钱物中伸手偷搬罪行明以外，其中同伙举报出时，脱罪法当依有律令中奉行，其他同伙举报杂盗脱罪法犹如贼同伙互盗，所不入受得举报奖赏中。

[illegible] [illegible]、[illegible]，[illegible]，[illegible]。

一条 常住使军、奴仆盗所属寺中判决时，遣送法对盗窃他人官私物当依法判决，当送做苦役处。

[illegible] [illegible]、[illegible]、[illegible]、[illegible]，[illegible]，[illegible]，[illegible]。[illegible]，[illegible]，[illegible]、[illegible]、[illegible]，[illegible]，[illegible] xju^1 [illegible]，[illegible]，[illegible]、[illegible]，[illegible]，[illegible]。[illegible] $xiəj^2$ [illegible]，[illegible]，[illegible]，[illegible]，[illegible]，[illegible]，[illegible]、[illegible]、[illegible]，[illegible]，[illegible]、[illegible]、[illegible]，[illegible]，[illegible]，[illegible]、[illegible]、[illegible]、[illegible] $tśjɨ^1$ $kiwã^1$，[illegible]，[illegible] xju^1 [illegible]。

一条 诸人已买、借债他人地、人、畜物已还给，又当欲为主人所得利，所做凭据，已有知证死亡，又该继子或年幼或于尔时不在，不知根聒，门下（家中）使军、奴婢、他人等虽有知者，亦物主人非得受者，谓受承罪所虚不善，实持凭据算代替空话，故且诸人买卖、欠借债，凭据每有知证，所做无功不为所取用。诈骗人之意为行门，屡屡互谋智者多，如此父母死丧，儿子年幼不知根聒数，舍弃人者，物属者常储宝物，死后非理妄罚他人无际掌之，依一继子不知诸人买他人地、人、畜物，现未到手，借债给息、卖价、寄存物与其他自然有相似等，有死者时，继子虽不知，亦自己使军、奴婢、节亲亲戚、其他人等知根聒诉讼只关，有凭据知证则依法当检审，虚时当承罪。

[illegible] [illegible]，[illegible]、[illegible]、[illegible]、[illegible]，[illegible]，[illegible]，[illegible]，[illegible]，[illegible]，[illegible] guu² [illegible]，[illegible]，[illegible]，[illegible] śiə¹ xia¹ [illegible]，[illegible]，[illegible]，[illegible]，[illegible]，[illegible] xiəj² [illegible]，[illegible]，[illegible]，[illegible]，[illegible]、[illegible]、[illegible]、[illegible]、[illegible]，[illegible]，[illegible]。

一条　诸人借债，地、人、舍屋、种种物等，指示实物卖于典当处，做凭据中期限不明，钱主人何时用至何日，不给本利住滞时，典物丢，做有语约依已有凭据算语约，并且放债者人因超量好物已贪污，计划至何时点给尚未使明，以暴索取逼吓时，借债者使限时以内意无力用于支付，不得已不住滞，因世存宝物本少，超量受拿有亏损，利平正不平以后互相取则，意行泛滥，寻衅大争者多有不安，依已有所思患，此后诸种种事做凭据中，因欠债借寄存地、人、舍屋、畜物做典等，期限不明一种当不允许算语约，确定本利依法当还给。

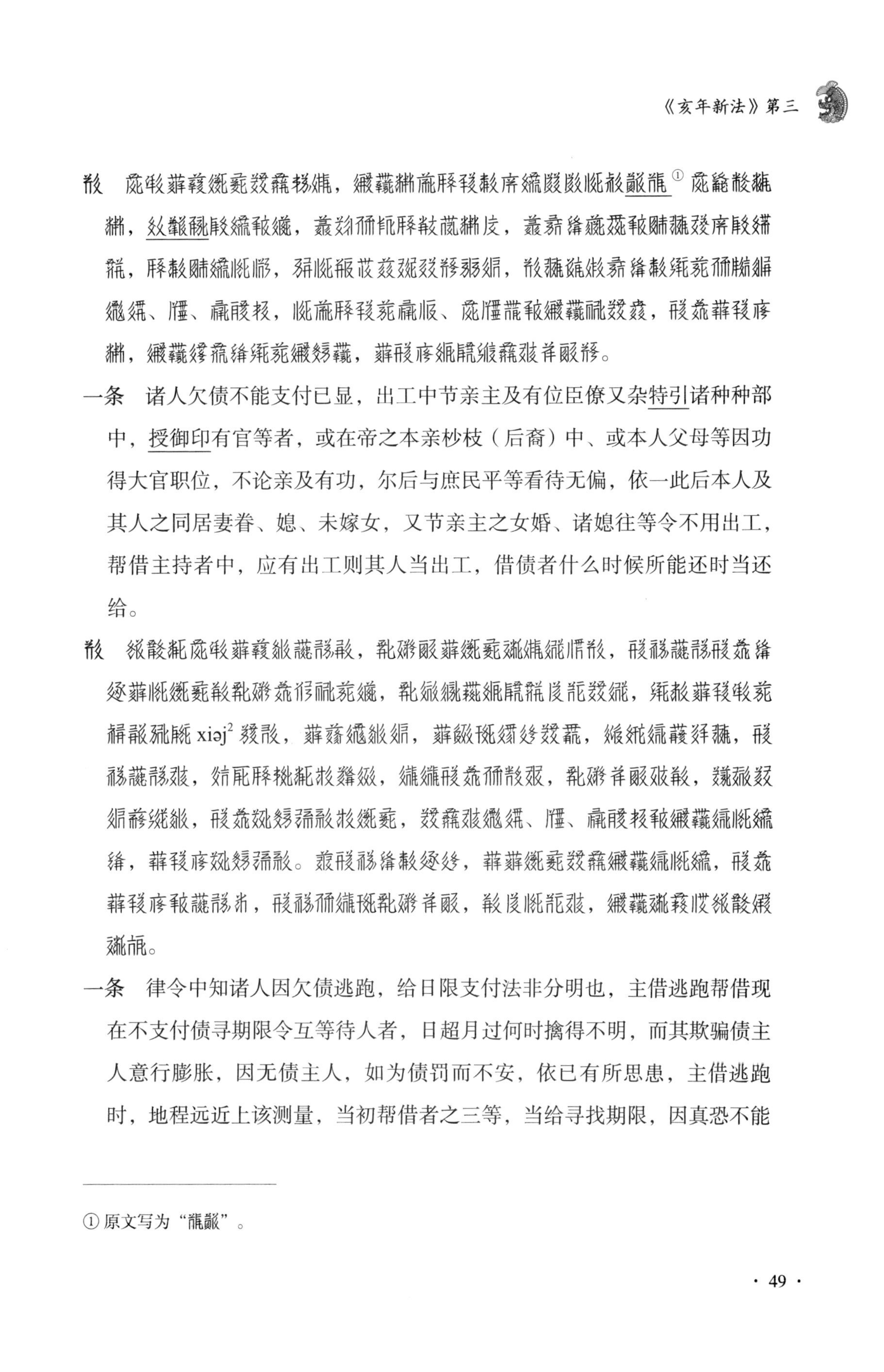

[illegible][1] [illegible]

一条　诸人欠债不能支付已显，出工中节亲主及有位臣僚又杂特引诸种种部中，授御印有官等者，或在帝之本亲杪枝（后裔）中、或本人父母等因功得大官职位，不论亲及有功，尔后与庶民平等看待无偏，依一此后本人及其人之同居妻眷、媳、未嫁女，又节亲主之女婚、诸媳往等令不用出工，帮借主持者中，应有出工则其人当出工，借债者什么时候所能还时当还给。

[illegible] xiəj^{2} [illegible]

一条　律令中知诸人因欠债逃跑，给日限支付法非分明也，主借逃跑帮借现在不支付债寻期限令互等待人者，日超月过何时擒得不明，而其欺骗债主人意行膨胀，因无债主人，如为债罚而不安，依已有所思患，主借逃跑时，地程远近上该测量，当初帮借者之三等，当给寻找期限，因真恐不能

[1] 原文写为“[illegible]”。

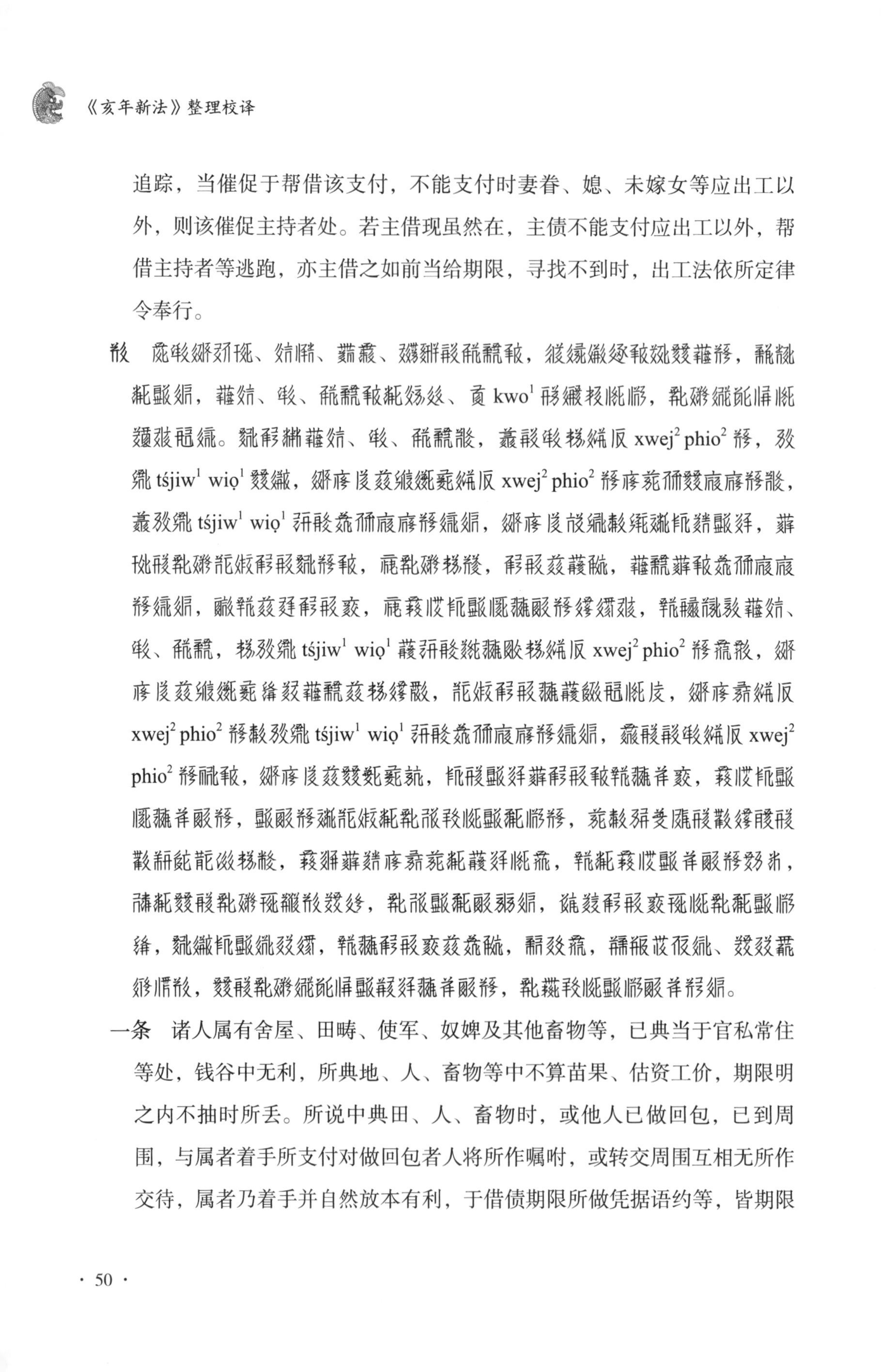

追踪，当催促于帮借该支付，不能支付时妻眷、媳、未嫁女等应出工以外，则该催促主持者处。若主借现虽然在，主债不能支付应出工以外，帮借主持者等逃跑，亦主借之如前当给期限，寻找不到时，出工法依所定律令奉行。

[illegible] kwo[1] [illegible] xwej[2] phio[2] [illegible] tśjiw[1] wiọ[1] [illegible] xwej[2] phio[2] [illegible] tśjiw[1] wiọ[1] [illegible] tśjiw[1] wiọ[1] [illegible] xwej[2] phio[2] [illegible] xwej[2] phio[2] [illegible] tśjiw[1] wiọ[1] [illegible] xwej[2] phio[2] [illegible]

一条　诸人属有舍屋、田畴、使军、奴婢及其他畜物等，已典当于官私常住等处，钱谷中无利，所典地、人、畜物等中不算苗果、估资工价，期限明之内不抽时所丢。所说中典田、人、畜物时，或他人已做回包，已到周围，与属者着手所支付对做回包者人将所作嘱咐，或转交周围互相无所作交待，属者乃着手并自然放本有利，于借债期限所做凭据语约等，皆期限

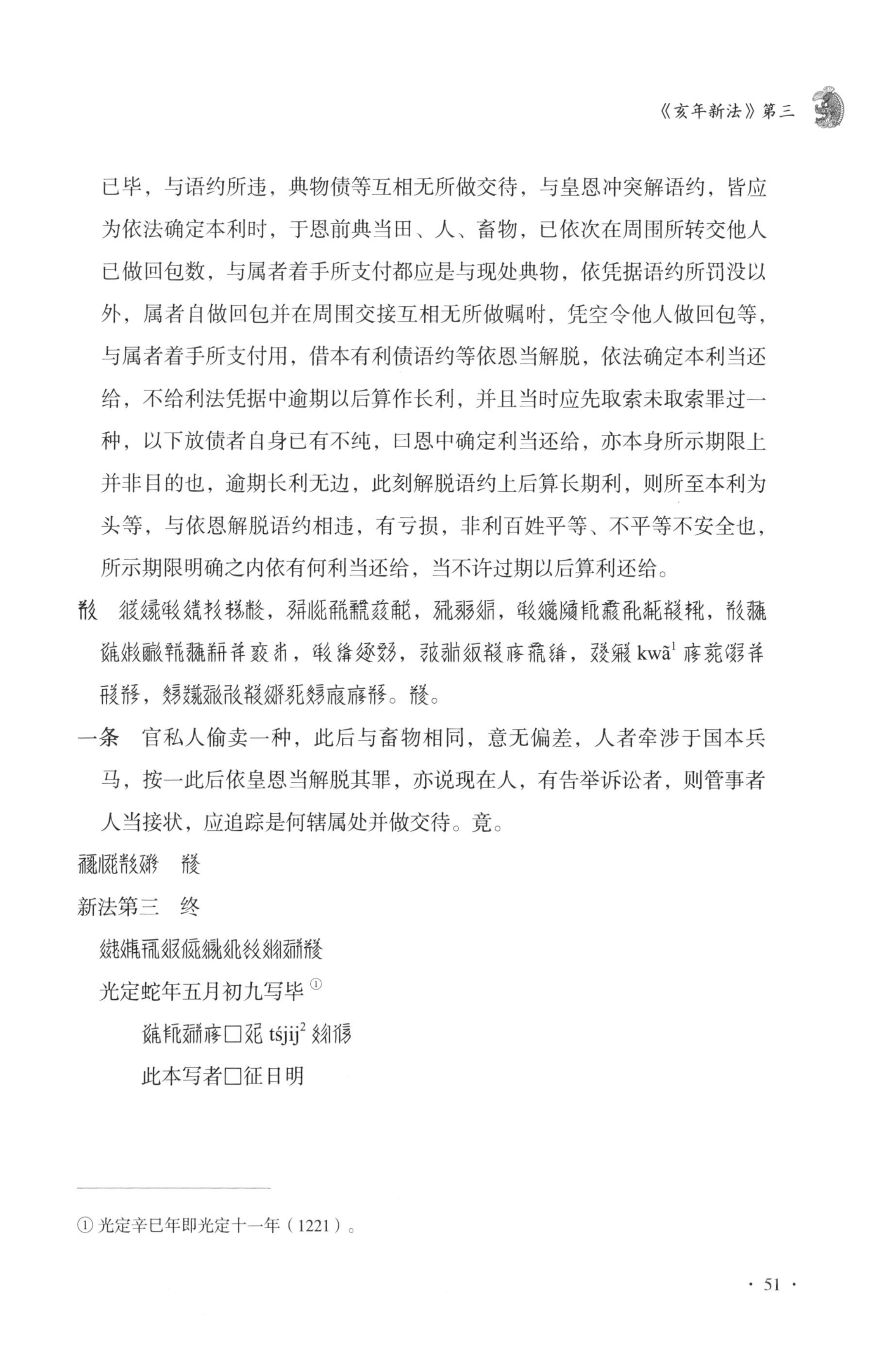

已毕，与语约所违，典物债等互相无所做交待，与皇恩冲突解语约，皆应为依法确定本利时，于恩前典当田、人、畜物，已依次在周围所转交他人已做回包数，与属者着手所支付都应是与现处典物，依凭据语约所罚没以外，属者自做回包并在周围交接互相无所做嘱咐，凭空令他人做回包等，与属者着手所支付用，借本有利债语约等依恩当解脱，依法确定本利当还给，不给利法凭据中逾期以后算作长利，并且当时应先取索未取索罪过一种，以下放债者自身已有不纯，曰恩中确定利当还给，亦本身所示期限上并非目的也，逾期长利无边，此刻解脱语约上后算长期利，则所至本利为头等，与依恩解脱语约相违，有亏损，非利百姓平等、不平等不安全也，所示期限明确之内依有何利当还给，当不许过期以后算利还给。

[illegible] [illegible] kwã^{1} [illegible]

一条　官私人偷卖一种，此后与畜物相同，意无偏差，人者牵涉于国本兵马，按一此后依皇恩当解脱其罪，亦说现在人，有告举诉讼者，则管事者人当接状，应追踪是何辖属处并做交待。竟。

[illegible]

新法第三　终

[illegible]

光定蛇年五月初九写毕[1]

[illegible]□[illegible] tśjij^{2} [illegible]

此本写者□征日明

---

① 光定辛巳年即光定十一年（1221）。

《亥年新法》第四

《亥年新法》第四有甲种本、乙种本两个抄本，编号为俄 Инв.No.6092 与俄 Инв.No.5946　*6549*，见《俄藏黑水城文献》第 9 册第 153 页左下—164 页右上、第 235 页左上—239 页右上。甲种本为草书，有一些文字漫漶不清，保存较全，条目应有十七条，现存十六条，其中第十六条佚缺后半部分，第十七条全佚。乙种本从第五条中间之前与第十四条之后佚。

《亥年新法》第四是相对比较完整的一卷，实际上是对《天盛律令》第四的补充条款。第一条“派边点监察（间谍）”是对《天盛律令》第四“边塞哨门”之“边点察派法”的补充条文；第二条“迁畜不超过”是对《天盛律令》第四“边塞哨门”之“家主迁院不去敌擒畜人”“迁越舆地敌擒”与“迁畜越舆地边点察等知见不抑”的补充条文；第三条“不遣军班主”疑是对《天盛律令》第四“边塞哨门”之“哨长不去哨位”的补充条文；第四条“统边点察做轮换”参考《天盛律令》第四“边塞哨门”之“哨换班互不待”条；第五条“逃人越过界口主量罪”是对《天盛律令》第四“边塞哨门”之“逃者穿过哨队守者等罪”的补充条款；第六条“无谕文盗窃女真”疑与《天

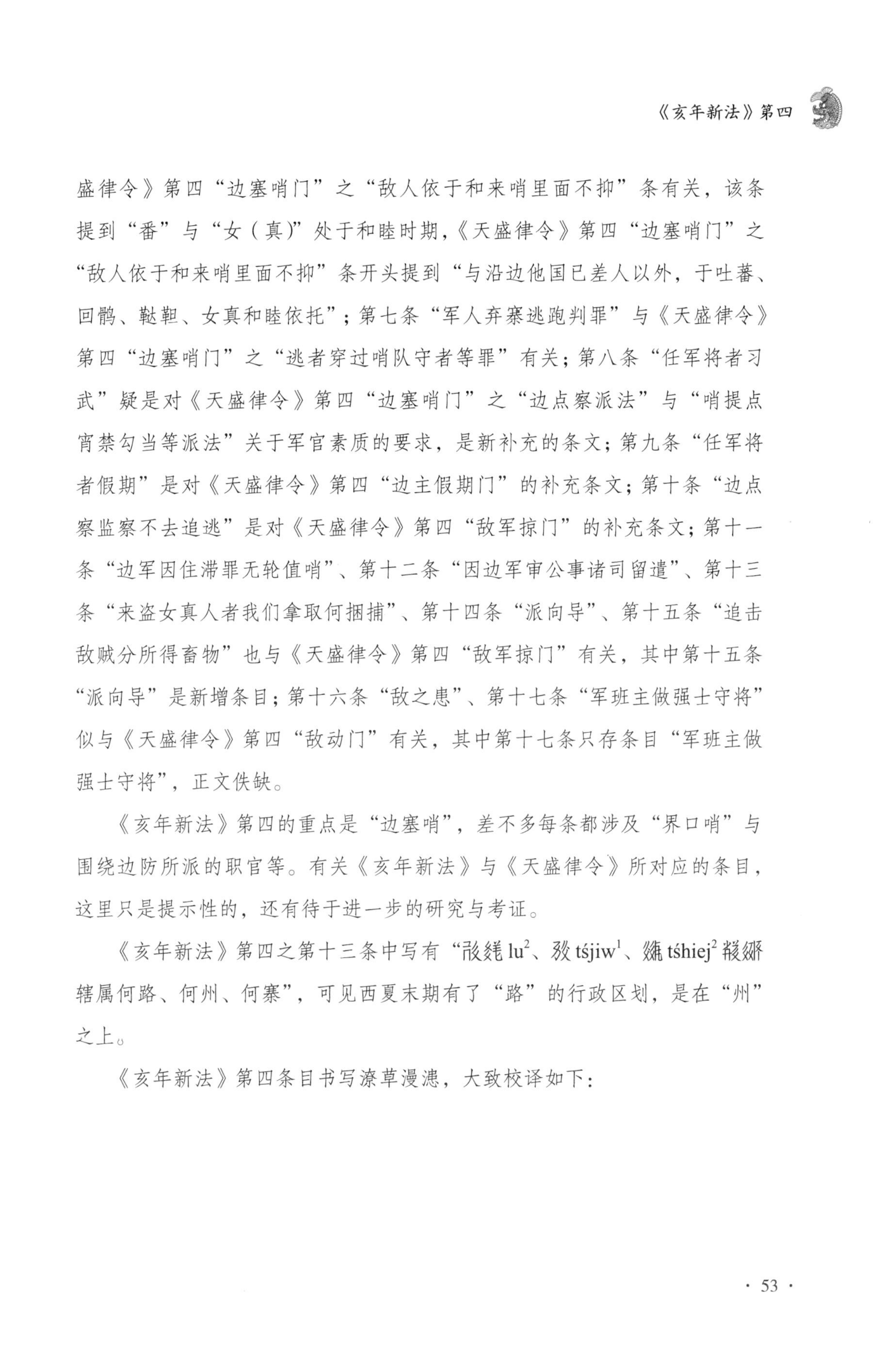

盛律令》第四“边塞哨门”之“敌人依于和来哨里面不抑”条有关，该条提到“番”与“女（真）”处于和睦时期，《天盛律令》第四“边塞哨门”之“敌人依于和来哨里面不抑”条开头提到“与沿边他国已差人以外，于吐蕃、回鹘、鞑靼、女真和睦依托”；第七条“军人弃寨逃跑判罪”与《天盛律令》第四“边塞哨门”之“逃者穿过哨队守者等罪”有关；第八条“任军将者习武”疑是对《天盛律令》第四“边塞哨门”之“边点察派法”与“哨提点宵禁勾当等派法”关于军官素质的要求，是新补充的条文；第九条“任军将者假期”是对《天盛律令》第四“边主假期门”的补充条文；第十条“边点察监察不去追逃”是对《天盛律令》第四“敌军掠门”的补充条文；第十一条“边军因住滞罪无轮值哨”、第十二条“因边军审公事诸司留遣”、第十三条“来盗女真人者我们拿取何捆捕”、第十四条“派向导”、第十五条“追击敌贼分所得畜物”也与《天盛律令》第四“敌军掠门”有关，其中第十五条“派向导”是新增条目；第十六条“敌之患”、第十七条“军班主做强士守将”似与《天盛律令》第四“敌动门”有关，其中第十七条只存条目“军班主做强士守将”，正文佚缺。

《亥年新法》第四的重点是“边塞哨”，差不多每条都涉及“界口哨”与围绕边防所派的职官等。有关《亥年新法》与《天盛律令》所对应的条目，这里只是提示性的，还有待于进一步的研究与考证。

《亥年新法》第四之第十三条中写有“[illegible] lu^2、[illegible] tśjiw^1、[illegible] tśhiej^2 [illegible]辖属何路、何州、何寨”，可见西夏末期有了“路”的行政区划，是在“州”之上。

《亥年新法》第四条目书写潦草漫漶，大致校译如下：

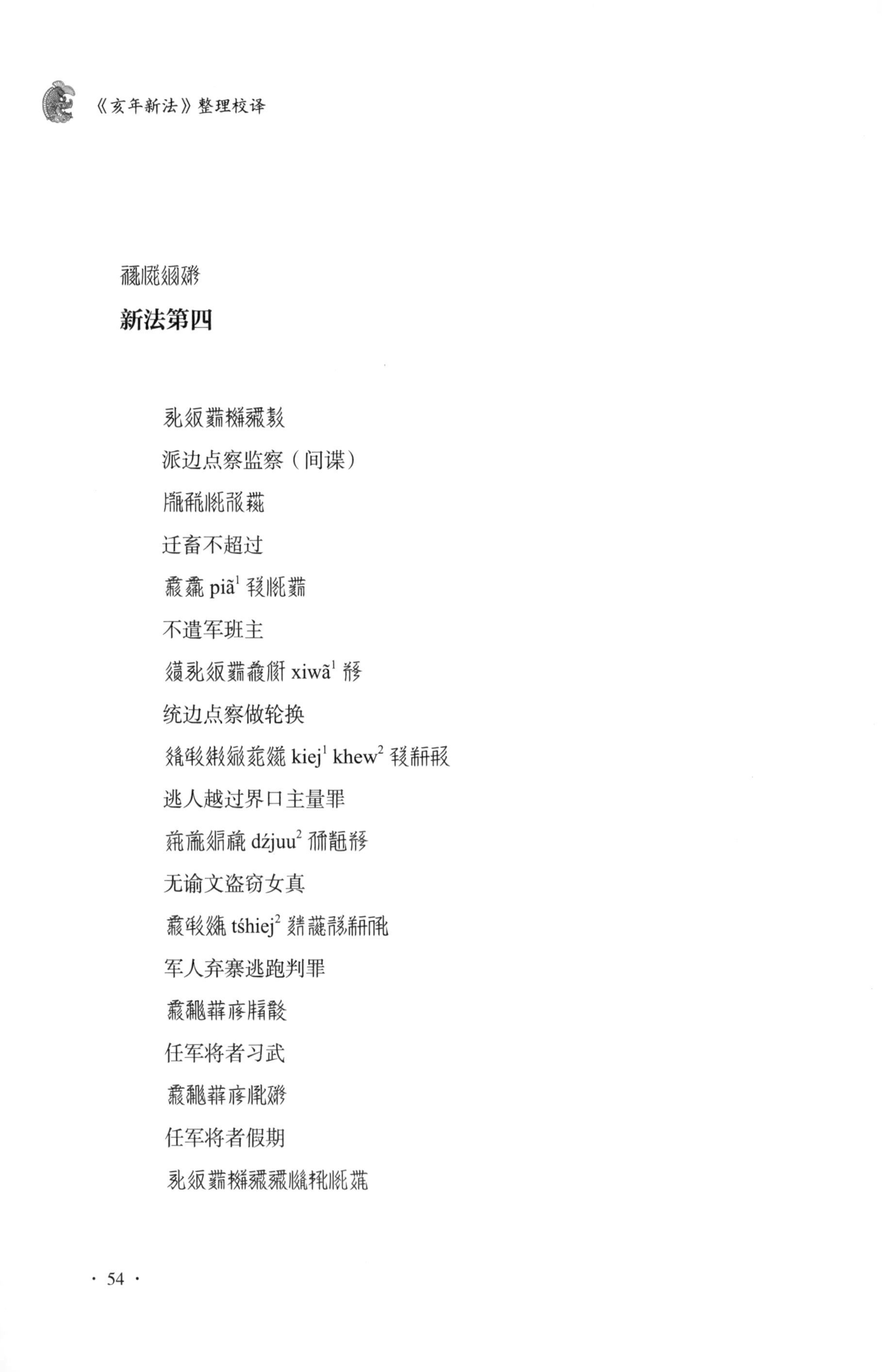

[illegible]

新法第四

[illegible]

派边点察监察（间谍）

[illegible]

迁畜不超过

[illegible] piã^1 [illegible]

不遣军班主

[illegible] xiwã^1 [illegible]

统边点察做轮换

[illegible] kiej^1 khew^2 [illegible]

逃人越过界口主量罪

[illegible] dźjuu^2 [illegible]

无谕文盗窃女真

[illegible] tśhiej^2 [illegible]

军人弃寨逃跑判罪

[illegible]

任军将者习武

[illegible]

任军将者假期

[illegible]

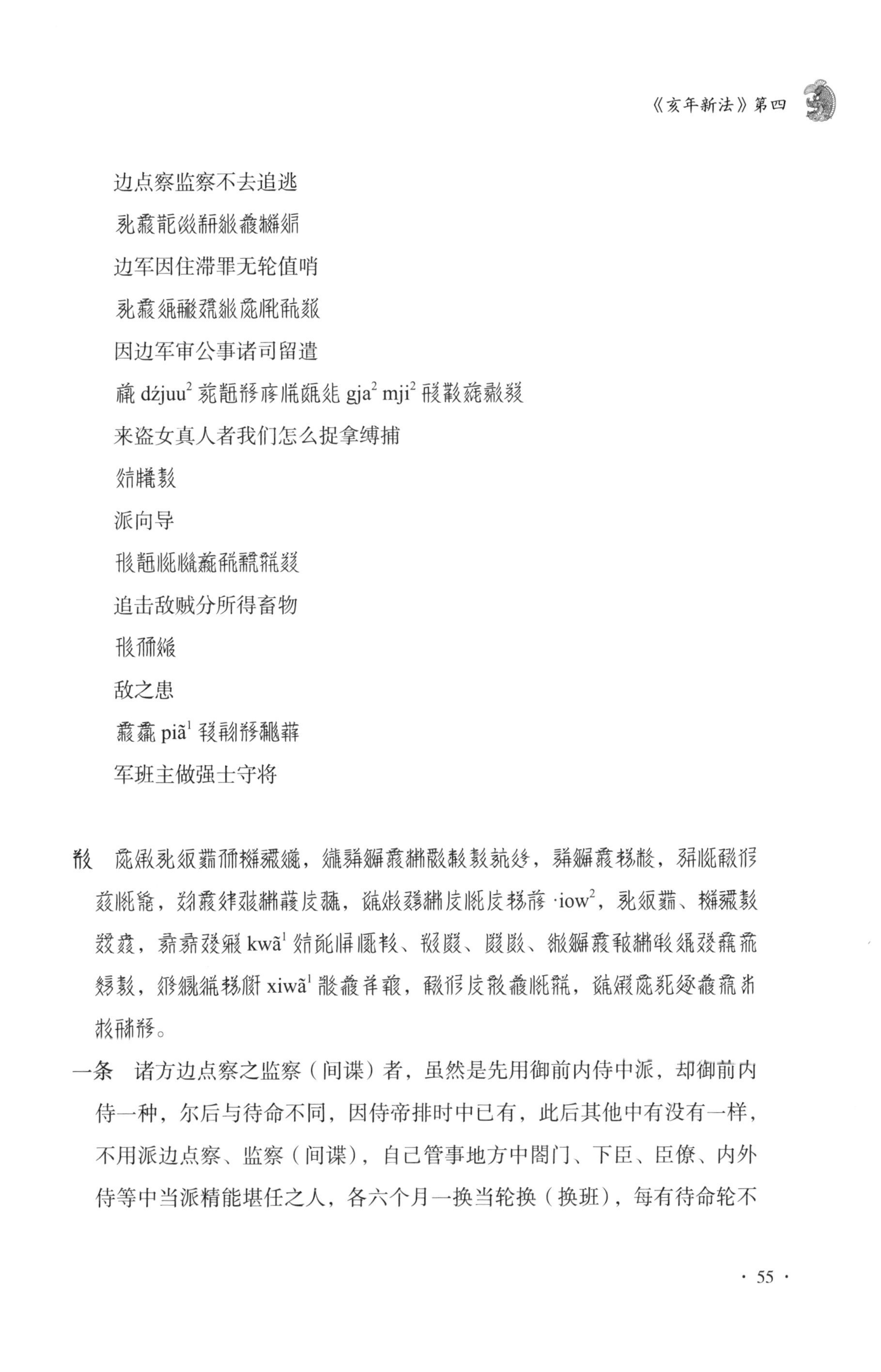

[illegible]

边点察监察不去追逃

[illegible]

边军因住滞罪无轮值哨

[illegible]

因边军审公事诸司留遣

[illegible] dźjuu^{2} [illegible] gja^{2} mji^{2} [illegible]

来盗女真人者我们怎么捉拿缚捕

[illegible]

派向导

[illegible]

追击敌贼分所得畜物

[illegible]

敌之患

[illegible] piã^{1} [illegible]

军班主做强士守将

[illegible] ·iow^{2}，[illegible] kwã^{1} [illegible] xiwã^{1} [illegible]。

一条　诸方边点察之监察（间谍）者，虽然是先用御前内侍中派，却御前内侍一种，尔后与待命不同，因侍帝排时中已有，此后其他中有没有一样，不用派边点察、监察（间谍），自己管事地方中閤门、下臣、臣僚、内外侍等中当派精能堪任之人，各六个月一换当轮换（换班），每有待命轮不到，此可在诸处值班亦当酌减。

[illegible] [illegible]，[illegible] kiej^{1} khew^{2} [illegible]，［[illegible]］[illegible]，[illegible]，[illegible]［[illegible]］[illegible] ljij^{1} [illegible]，[illegible]，[illegible]，[illegible] tśjij^{1} tow^{1} [illegible]，[illegible]，[illegible]，[illegible]，[illegible]，[illegible]，[illegible]。

一条　诸边已归居民迁畜，哨军将界口里面自己地域步里明以内去者，［牧］民寻找水草迁畜中哨军将有使超过者时，不能失畜物，畜属者等知统领者，违法徒三年，管事禁止迁回者，自己舆地短期以内整多不行选择，迁畜增加闻见不回所延伸时，令与畜属者违法罪相等，受贿则与枉法罪相等，何等从重判决，不慎不牢未闻见所通过则有官罚马一，庶人杖十三。

[illegible] [illegible] rar^{1} phiow^{1} ljwij^{2}、[illegible] ·ow^{2} rar^{1} njaa^{1} [illegible] kiej^{1} khew^{2} phow^{1} [illegible]，[illegible] kiej^{1} khew^{2} [illegible]，[illegible] piã^{1} [illegible]、[illegible]，[illegible]，[illegible]。

一条　啰庞岭、卧啰娘等二处司所属界口旁边因正军数很少，守界口者边军之能办，共班主中迁队、点察及获罪人多少等当为不许派，与先已派亦当减，应派其他部中当派。

[illegible] [illegible] xiwã^{1} [illegible]，[illegible]，[illegible]。[illegible] xiwã^{1} [illegible]、[illegible] xiwã^{1} [illegible]，[illegible] xiwã^{1} [illegible]。[illegible] kwã^{1}。

一条　边塞所归统边点察做轮换（值班），先秋冬两季一处已用偏，需做均匀。依一此后自从六月初一至十一月尽一换、自二月初一至五月尽一换等，依次当做轮换。其中与月过遇亦当由现在人管。

[illegible] [illegible]，[illegible] kiej^{1} khew^{2} [illegible]，[illegible]，[illegible]，[illegible]，[illegible]；[illegible]，[illegible]，[illegible]；[illegible]、[illegible]；[illegible]、[illegible]；[illegible]，[illegible]，[illegible]。[illegible] kiej^{1} khew^{2} [illegible]，[illegible]，[illegible]，[illegible]，[illegible] ① [illegible]，[illegible]，[illegible] kwã^{1} [illegible]，[illegible]，[illegible] ② kiej^{1} khew^{2} [illegible]，[illegible]，[illegible]，[illegible]，[illegible] kwã^{1} [illegible]，[illegible] ③ [illegible]，[illegible]，[illegible]，[illegible] kwã^{1} [illegible]，[illegible]，[illegible]，[illegible]，[illegible] gja^{2} mji^{2} [illegible]，[illegible]，[illegible]，[illegible]，[illegible] kwã^{1} śie^{1} [illegible]，[illegible]，[illegible]，[illegible] thji^{2} [illegible] kiej^{1} khew^{2} [illegible] kwã^{1} [illegible] phjịj^{1} [illegible]，[illegible]、[illegible]，[illegible]，[illegible]、[illegible]、[illegible]，[illegible]，[illegible]，[illegible]，[illegible]，[illegible]，[illegible]。

一条　本国逃人越过敌方，界口主缺失监察，未闻见者依律令，逃人十以上至三十穿过时，哨勾当徒三个月，哨兵杖十；所到人数很多，当越过千以上亦罪超过所到处哨长获刑六年，哨兵获刑五年；哨队提点、宵禁勾当等获刑四年；将、提振获刑三年；边点察获刑二年；副行统获刑一年，正统获六个月徒刑等不过也。界口主逃敌方通过，缺监察一种，则没有量轻罪，

① 此后参见《俄藏黑水城文献》第9册第235页左上乙种本。

② 甲种本“[illegible]”误写为“[illegible]”。

③ 乙种本写为“[illegible]”。

逃人捕回之以赏功少等，过去今后其局其分不做，自尚未进值住上，管事者亦懈怠放松中值住，轻心无所做（不重视），界口上出住滞法，其上已有令纪，逃者叛变本国自投他邦而算是为敌添力，则是上等重要大事，边防大小管事之承罪法，暂已用轻，此后逃人越过及捕捉等时，依人数物数等，边防大小管事之受罪功法，与敌寇入侵相同，因其逃人居外，已流来敌界，我们内部迁居中因已通过用需，外远处上值哨者之构成重罪无偏，令边点察受承，亦一边点察中自四五将至超十将，其数所管束多地时，宽窄操心不到，将提振品勾当者，守地界口军管法等是比较近便，罪功所重将、提振品勾当该受承，哨勾当者，比将、提振品勾当等当降一品，及比哨兵、哨队提点、宵禁勾当降二品，比边点察降三品，比副行统等降四品，又比正统住附近之当降五品，若他人闻见先做通知及自已捕捉等，亦依法按举报敌贼当得赏功。

[illegible] [illegible]、[illegible] dźjuu² [illegible] gja² mji² [illegible] dźjuu² [illegible]，[illegible] tsjij² tshə¹ [illegible]，[illegible]，[illegible]，[illegible]，[illegible]，[illegible]，[illegible] gja² mji² [illegible] dźjuu² [illegible]，[illegible]、[illegible]、[illegible]，[illegible]，[illegible] ɣiwəj¹ [illegible]，[illegible]，[illegible]，[illegible]，[illegible]，[illegible]，[illegible]，。

一条　番、女（真）和睦时期我们人盗窃女真国畜人物时，依律令看贼人总数高下以定级次而承罪者，暂所用轻，尚未以重严判决，则依仗轻罪频频盗骗不停，因小生大和睦语中出差惹烦，其不能思量所有，此后我们人盗窃女之时，当量已掳掠畜、人、种种物何数，当依法按律令中偷盗判决，不用黥横拷打，贼总数及五人亦不算群盗，其中敌之杀人者不踏白土（地），违法徒三年，罪上当加一等，与前述掳掠畜物钱量罪，何等当从重判决。

[illegible] [illegible]①[illegible]，[illegible] gja² mji² [illegible]，[illegible]，[illegible] phej² [illegible] xiwã¹ [illegible]，[illegible]，[illegible]、[illegible]、[illegible]、[illegible]，[illegible]，[illegible]，[illegible]，[illegible]，[illegible] tśhiej² [illegible]，[illegible]，[illegible]，[illegible]，[illegible]，[illegible]，[illegible] khwə¹ [illegible]，[illegible]，[illegible]，[illegible]、[illegible]，[illegible] kwã¹ [illegible]，[illegible]，[illegible]，[illegible] twee² twee² [illegible]，[illegible]②[illegible]。[illegible]，[illegible]，[illegible]。

一条　国内所行遣中，自利专哉，谋消灭他人战法，无比设置统令为正事等重要，我方军民与他未曾交战，年日为久中间敌人动乱，派军自多少旧值换新所混编，边塞驻军当值中逃跑搁置职者已有很多，律令中军卒擅自军情逃跑徒六年，并统领进攻中避战、逃匿、走北、打杀断等徒二年，已有令其兵马自通知为混值法，必有敌方消息争斗处，因所出不明，令边塞准备许多所值，如夜间来年何时来到受命交战，军力一种真是需要，擅自弃

① 甲种本有“[illegible]”，乙种本无。
② 甲种本为“[illegible]”，乙种本为“[illegible]”。

寨逃跑，则战时用日无得利，胜败成毁一时之间，尚未有不明处，军民依仗轻罪依次避战惜命（怕死）互相取法结伙合群逃跑逃匿者多，设阵斗争处意图上不着，毁坏国威军律，实是上等利事，本亏先人因顺时节设置重法判决，杀断事上枷缚百姓入心眼里，闻见用意，依一此后诸边发兵马通知守边时，为混值准备很多令值中有擅自逃跑、逃匿时，边塞管事者统军等火速而当敕牌追捕，仔细当审，其处当察，一对对败走者中当分主谋同谋，所大自从一二至四五以内应按军令当杀绝。尔后每亦以重紧急应如何判决，告奏京师当寻谕文，前述混值住边准备中军粮已为断，应有补给则在官之军粮中速当给救济（济赈）。

[illegible] [illegible]，[illegible]，[illegible] kiej¹ khew² [illegible]，[illegible] śiə¹ [illegible]，[illegible] ·iow² [illegible] śjĩ¹ [illegible]，[illegible] kjow¹ [illegible] xiwã¹ [illegible]，[illegible]，[illegible] śioow¹ kiwã¹ [illegible]，[illegible]，[illegible] kwã¹ [illegible]，[illegible] thji² [illegible]，[illegible]，[illegible]① [illegible]，[illegible] ·iow² [illegible]，[illegible]，[illegible]② [illegible]，[illegible]，[illegible]。

一条　国内所行遣中无比练习武艺重要，斗争交战处所不明，胜败成毁实是国本兵马中牵扯上等重要大事，诸边守界口者按照每月值班，穿铠甲马上置铜跳跃，使用矛剑木盾，战样进退箭上短令量身，弓弩等已换上，是安

① 据甲种本补“[illegible]”，乙种本无。

② 甲种本“[illegible]征”，乙种本为“[illegible]用”。

定时则自从一次至三次云何闲暇中看，自己才艺队上当做，练习熟关在已成中，当使明姓名，依照季时当报告于管事统边点察处，所有正番统边点察不同队法，谓当往实地上该做查验，并且屡犯军民劳苦不安，依一中间一队上各二三四五以内，当招来至统边点察住处面前速当察其艺，并做战样，不许使互相碍言人多聚集，若与不安定时相交则东西所需征招不明，官马军辎为脊损膘瘦已有患，练习武艺谋权莫急。

[illegible] tśhiej[2]、[illegible] po[1]、[illegible] tśhiej[2] [illegible]①[illegible] po[1] [illegible] kwã[1] [illegible] tśhiej[2] [illegible] kiej[1] khew[2] [illegible]② [illegible] tśhjow[1] [illegible] kiej[1] khew[2] [illegible] kwã[1] [illegible] khiew[2] [illegible]。

一条 诸边营垒、寨、堡、城军将等守者中，大小首领、营监、押队、军卒（士兵）、寨妇等，假期法依律令，边点察并报告城主（州主）、堡主等处所管事处，地程远近行寻等中应估量，给假期逾期不来时，罪行高低虽然已作指示，但城寨军将守界口者夜间与来日长住，逃贼接敌寇会盟、守边护城战具装备是守护要事大事，假期法事例范围暂所用有宽窄（弹性），一一尚未详示，姑且彼此间不应欺诈，假期多者，边塞城及放松界口窜贼

① “[illegible]”在《六韬》中为“旬”，见《六韬·兵征》，《俄藏黑水城文献》第11册第195页下左第2行，此处“[illegible]”译为“假期”。

② 甲种本“[illegible]”后写有“[illegible]”。

入侵出住滞不安也，律令上六品待命值班守者，按礼亲父母、子、兄弟、妻眷等死，嫁女娶媳，及因每此所有丧葬等是实，则管事者当所应估量地程远上时当给假期，此已示，以后辈近而往，谓族姻亲戚中牵扯其他行寻多少中欺骗一种不用批假期。

[illegible] [illegible]①[illegible]，[illegible] ·ji² [illegible]，[illegible]。[illegible] kwã¹ [illegible] tśjɨj¹ tow¹ [illegible]②[illegible]，[illegible]③[illegible]，[illegible] tśhjow¹ [illegible]，[illegible]④[illegible]，[illegible]，[illegible]。

一条　敌寇来掠去逃者等，边点察已通告应及不往做懈怠者徒五年，以用边点察之监察（间谍）不去追逃时，罪行不显也。因敌逃去追敌贼间不引则管事边点察整多战自己不进，边塞兵马事中松紧入住滞无罪事务受理者，统中不安定行时上名等之军间战斗长不随时按军令已在应杀绝中，迟滞则边点察之监察不去追逃之亦罪状需确定，依一此后监察已通告有不去者时，边点察罪当依法判决。

[illegible] [illegible] kiej¹ khew² [illegible]，[illegible]，[illegible] tśhjow¹ [illegible]，[illegible] tśjɨj¹ [illegible]。

一条　边塞界口任哨将者每因隶属职上住滞，有获徒役者能赎以外，不能赎则无长值班当令守哨，期毕满中当为正（转正）。

[illegible] [illegible]、[illegible]、[illegible] kiej¹ khew² [illegible]

---

① 乙种本误写为“[illegible]”。

② 乙种本无“[illegible]”，据甲种本补。

③ 甲种本为“[illegible] dạ²”、乙种本为“[illegible] dạ²”，属同音通假。

④ 乙种本漏写“[illegible]”，据甲种本补。

[illegible]，[illegible] kiej^1 khew^2 [illegible]、[illegible]，[illegible]①[illegible]，[illegible]②[illegible]，[illegible] kiej^1 khew^2 [illegible] tã^1 [illegible]，[illegible]，[illegible]、[illegible]，[illegible]、[illegible]，[illegible] kiej^1 khew^2 [illegible]。[illegible]，[illegible]，[illegible]，[illegible]，[illegible]，[illegible] xia^1 xiwã^1 [illegible]。

一条　边中（内地）、京师诸司人、边塞界口主现在值守者中罪事（当事人）已拘遣送来，及守界口者逃跑、搁置职事未来值班，去催促其处诸司所分析被告等一样，边防是要事大事，界口军数为单不安，依一轻重互相掂量，因盗罪大小及种种量罪中，死刑、长期徒刑以外，尔后杂罪、短期六年徒刑以内已拘者，当留界口上不遣送。或因前述所示大小罪不应值守，军人到处遣送及所拘守被告处留滞等时，有官罚马一，庶人杖十三，受贿则与枉法贪赃相同，何等从重判决，轮值毕相换归时当依所拘被告去执行。

[illegible]　[illegible]、[illegible] dźjuu^2 [illegible]，[illegible] gja^2 mji^2 [illegible] kiej^1 khew^2 [illegible] gja^2 mji^2 [illegible]，[illegible]③[illegible]，[illegible] kiej^1 khew^2 [illegible] kjij^1 [illegible]，[illegible] ljɨ^2 ljɨ^2 [illegible]，[illegible]，[illegible] kiej^1 khew^2 [illegible]？[illegible]？[illegible] lu^2、[illegible] tśjiw^1、[illegible] tśhiej^2 [illegible]？[illegible]，[illegible]。[illegible] dźjuu^2 [illegible] xwej^2 [illegible]，[illegible]，[illegible] thji^2 [illegible]。

---

① 乙种本误写为“[illegible]”。

② 甲种本为“[illegible] dạ^2”、乙种本为“[illegible] dạ^2”，属同音通假。

③ 乙种本无“[illegible]”，据甲种本补。

一条　番、女（真）虽是和睦，但我们人逃敌界及于我方界口主处盗贼抢畜人物等时，其处何所不用捕，何界口上踪迹经置处以柔当呼二三遍，容易（立即）还给则安也，若彼此推委不肯，则将一宗宗事应当验证分明，邻敌界口主呼唤者姓名是谁？任何职位？辖属何路、何州、何寨？因尚未还给按情由云何当令仔细查看，并告京师。尔时女国内部当应回令拿，所记怎么捕捉等应何情况，从地下看依时节将另计划行遣。

[illegible]　[illegible]、[illegible] rar[1] phiow[1] ljwij[2]、[illegible] ·ow[2] rar[1] njaa[1] [illegible] kiej[1] khew[2] [illegible] ta[1] ta[1] [illegible]，[illegible][①] [illegible]，[illegible]、[illegible]，□□[illegible]□[illegible]□[illegible]，[illegible]□[illegible]，[illegible] xiwã[1] [illegible]□[illegible] kwã[1] [illegible]，□□[illegible]□□[illegible]，[illegible]，[illegible]，[illegible]、[illegible] xiwã[1] [illegible] thjij[2] [illegible]。

一条　黑水、啰庞岭、卧啰娘等三监军司与界口夷部鞑靼接边令向导住用，依一住军队处按照一队中需用各二人，统、监军司等共同当面可选斗士速做确定，□□追□贼□搜寻边地搏斗消息，敌军多少中追□出处等，轮换值班□此是管职位者应有做计划时，□□还□□选搏斗人数，出入敌方因命牵扯死，依一该减抄院杂役赋敛，死、丢数有缺亦按照轮换做增定当令值住。

[illegible]　[illegible][②] [illegible]，[illegible]［[illegible]］[illegible]，[illegible] sã[1] [illegible]，[illegible] gja[2] mji[2] [illegible]，[illegible]，[illegible]，[illegible]□□□□□[illegible] tsjij[2] tshə[1] [illegible]，□□□□□□[illegible]，[illegible] gja[2]

① 以下乙种本佚。

② “[illegible]统法”指《贞观统鉴玉》，见《俄藏黑水城文献》第9册第345—365页。

mji^2 [illegible]。[illegible]，[illegible]、[illegible]［[illegible]］[illegible]，[illegible]、[illegible]，□□[illegible]，[illegible]，[illegible]，[illegible]、[illegible] thjij^2 [illegible]，[illegible]□[illegible]，[illegible]。

一条 《统法》中进攻战斗中，敌人破［城］擒掳畜物，制分散法另明以外，敌寇掠我们畜物，追击抢者中，有得畜人物亦云何分拿区分决定数，依一□□□□□所做级次，□□□□□□得何数，我们畜物丢失者之赔何当还给。以后留何所数而去者人中，边点察、行监［等］人进者，队首领、军卒等，□□分何宝当量，尔后所说用战，自不进赶驱畜物者，队首领、军卒共定当分，其中有杀他□人者，各官赏亦依《统法》中所属另当受承。

[illegible] [illegible] dźjuu^2 [illegible]，[illegible] phə^1 [illegible]，[illegible] ta^1 ta^1、[illegible] tśjɨ^1 ŋwe^2、[illegible] ɣwej^1 ɣwə^1 [illegible]，[illegible]，[illegible] gja^2 mji^2 [illegible] kiej^1 khew^2 [illegible]，[illegible]□[illegible]，[illegible]□[illegible]，[illegible]，[illegible] kwã^1 [illegible]，[illegible]，[illegible]，[illegible]，[illegible]，[illegible]……

一条 女真边以外，因西北是蕃地，鞑靼、只嵬、回鹘夷族不同人数，边界有骗贼时，我们界口主守哨战者强，因边之人骑射用，追辖属及夺取其办法同，罪□夷族之患等，为赏功多少得何，边管事者应火速告奏京师，行遣者少，日期长迟滞而观边人心力，行追而及捕，与敌交战中趋功无自进者，已有患……

（最后一条之条目为“[illegible] piã^1 [illegible]军班主做强士守将”，止文佚缺。）

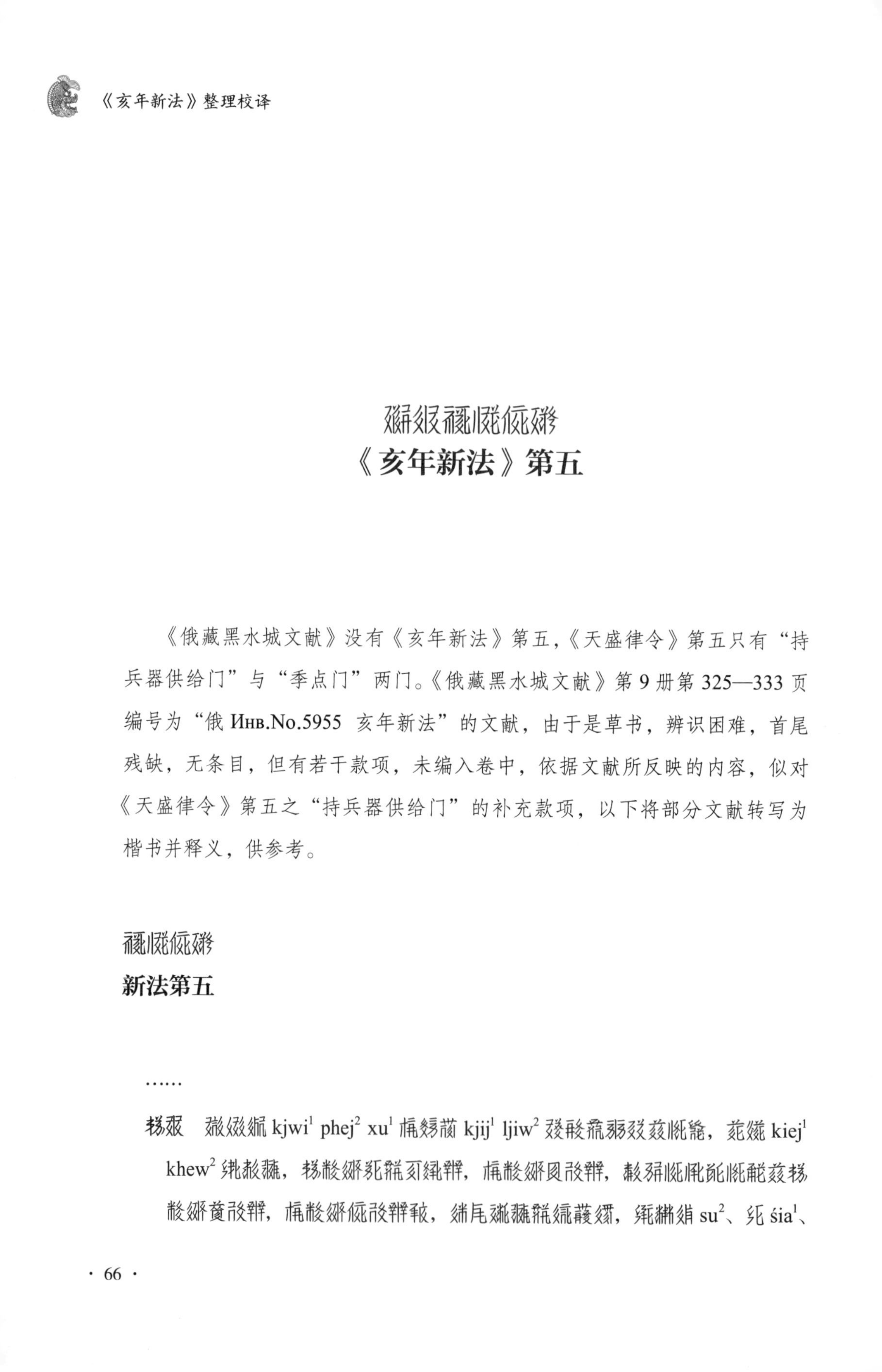

[illegible]
《亥年新法》第五

《俄藏黑水城文献》没有《亥年新法》第五，《天盛律令》第五只有“持兵器供给门”与“季点门”两门。《俄藏黑水城文献》第9册第325—333页编号为“俄 Инв.No.5955 亥年新法”的文献，由于是草书，辨识困难，首尾残缺，无条目，但有若干款项，未编入卷中，依据文献所反映的内容，似对《天盛律令》第五之“持兵器供给门”的补充款项，以下将部分文献转写为楷书并释义，供参考。

[illegible]
新法第五

……

[illegible] [illegible] kjwi[1] phej[2] xu[1] [illegible] kjij[1] ljiw[2] [illegible]，[illegible] kiej[1] khew[2] [illegible]，[illegible]，[illegible]，[illegible]，[illegible]，[illegible]，[illegible] su[2]、[illegible] śia[1]、

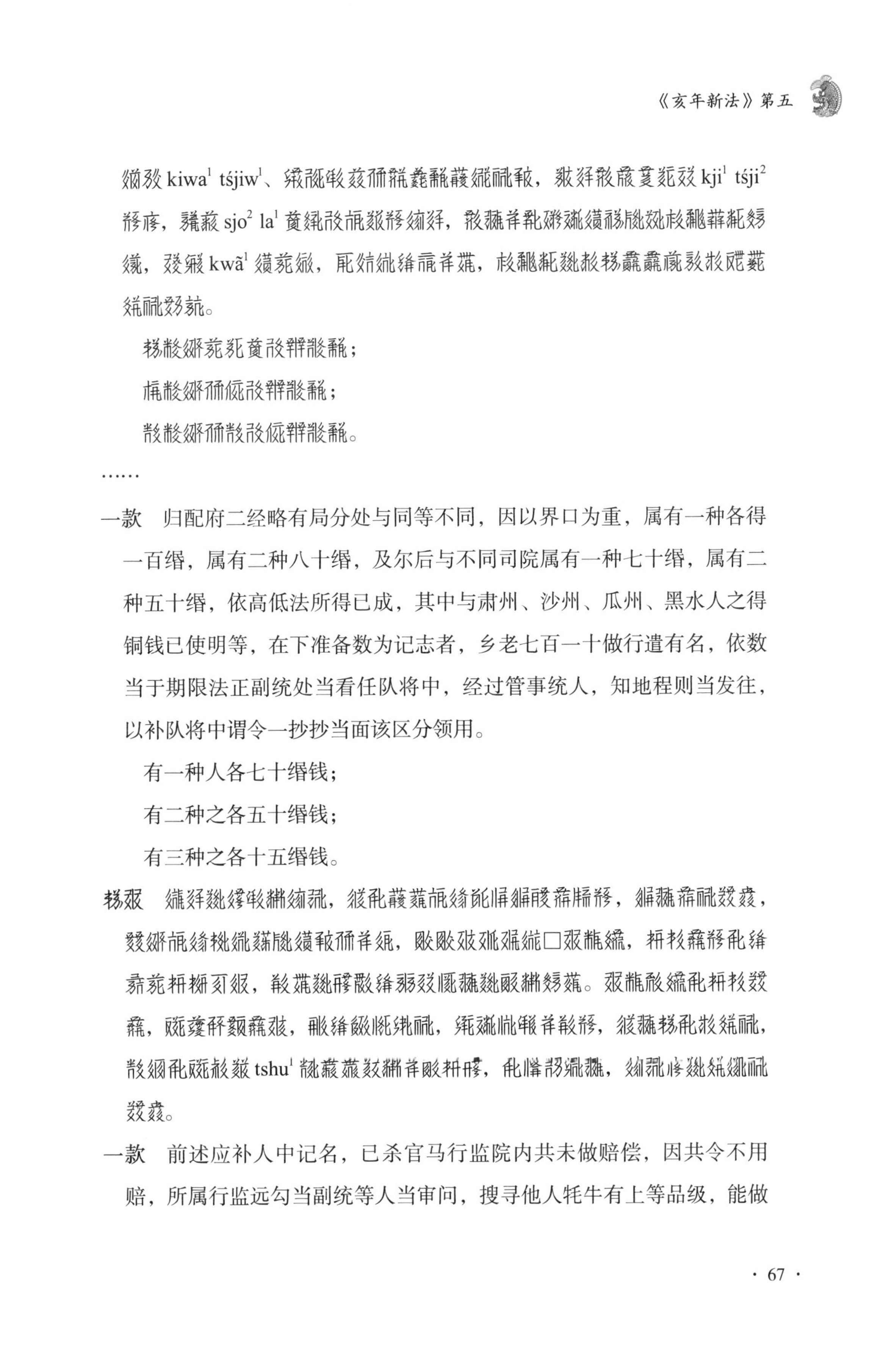

[illegible] kiwa¹ tśjiw¹、[illegible]，[illegible] kji¹ tśji² [illegible]，[illegible] sjo² la¹ [illegible]，[illegible]，[illegible] kwã¹ [illegible]，[illegible]，[illegible]。

[illegible]；

[illegible]；

[illegible]。

……

一款　归配府二经略有局分处与同等不同，因以界口为重，属有一种各得一百缗，属有二种八十缗，及尔后与不同司院属有一种七十缗，属有二种五十缗，依高低法所得已成，其中与肃州、沙州、瓜州、黑水人之得铜钱已使明等，在下准备数为记志者，乡老七百一十做行遣有名，依数当于期限法正副统处当看任队将中，经过管事统人，知地程则当发往，以补队将中谓令一抄抄当面该区分领用。

有一种人各七十缗钱；

有二种之各五十缗钱；

有三种之各十五缗钱。

[illegible]　[illegible]，[illegible]，[illegible]，[illegible]□[illegible]，[illegible]，[illegible]。[illegible]，[illegible]，[illegible]，[illegible]，[illegible]，[illegible] tshu¹ [illegible]，[illegible]，[illegible]。

一款　前述应补人中记名，已杀官马行监院内共未做赔偿，因共令不用赔，所属行监远勾当副统等人当审问，搜寻他人牦牛有上等品级，能做

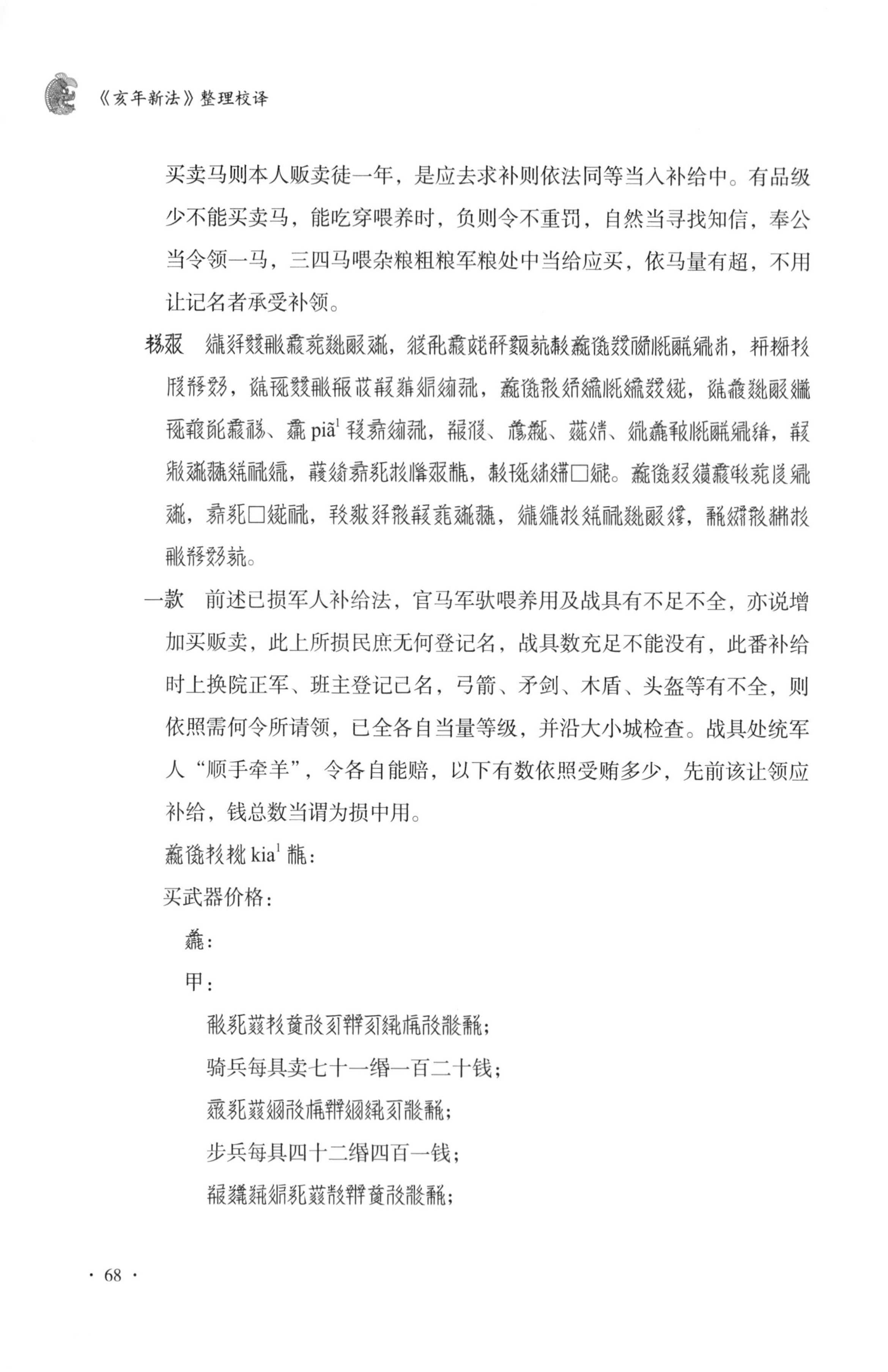

买卖马则本人贩卖徒一年，是应去求补则依法同等当入补给中。有品级少不能买卖马，能吃穿喂养时，负则令不重罚，自然当寻找知信，奉公当令领一马，三四马喂杂粮粗粮军粮处中当给应买，依马量有超，不用让记名者承受补领。

[illegible] [illegible]

一款　前述已损军人补给法，官马军驮喂养用及战具有不足不全，亦说增加买贩卖，此上所损民庶无何登记名，战具数充足不能没有，此番补给时上换院正军、班主登记已名，弓箭、矛剑、木盾、头盔等有不全，则依照需何令所请领，已全各自当量等级，并沿大小城检查。战具处统军人“顺手牵羊”，令各自能赔，以下有数依照受贿多少，先前该让领应补给，钱总数当谓为损中用。

[illegible] kia[1] [illegible]：

买武器价格：

[illegible]：

甲：

[illegible]；

骑兵每具卖七十一缗一百二十钱；

[illegible]；

步兵每具四十二缗四百一钱；

[illegible]；

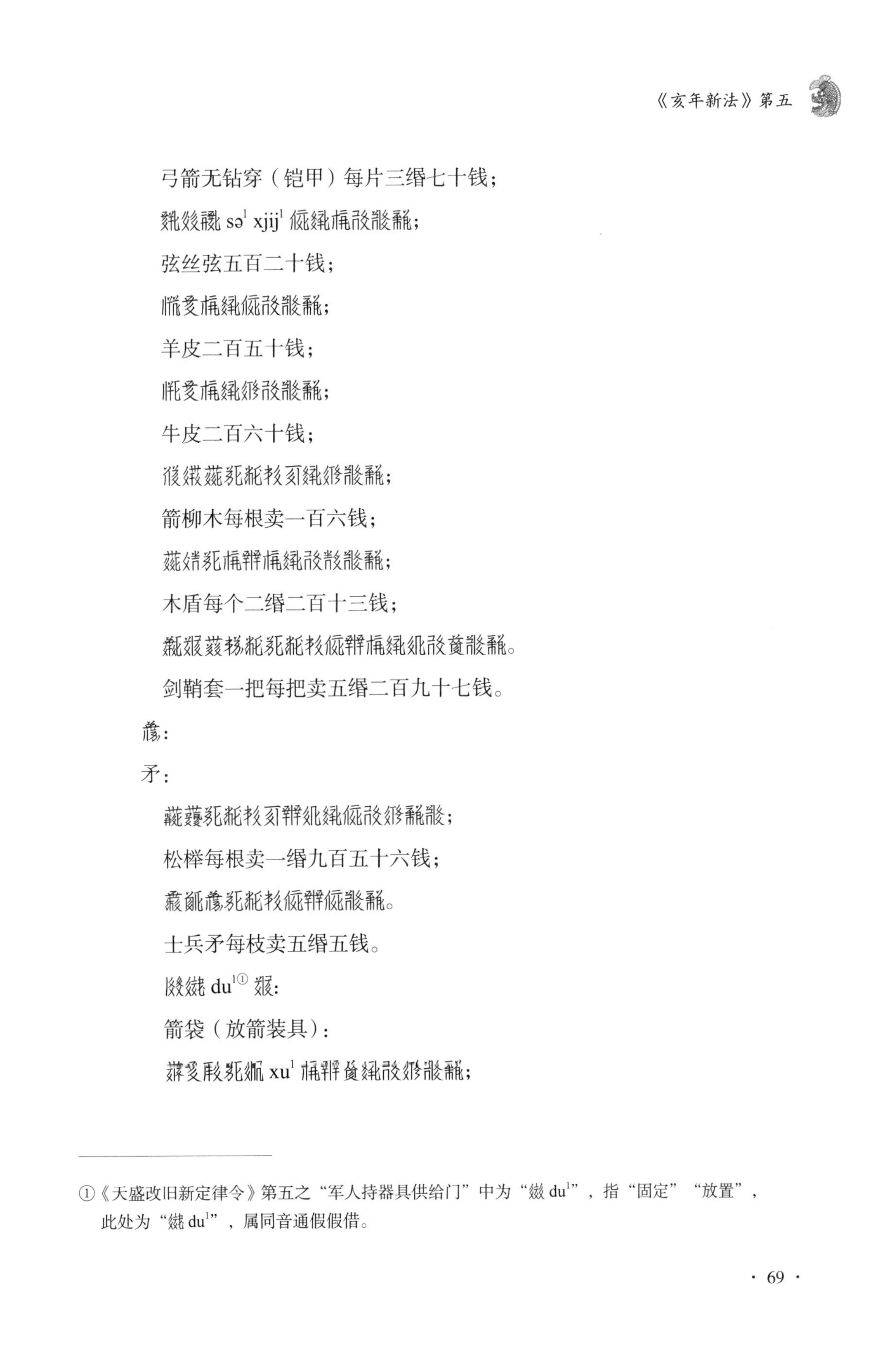

弓箭无钻穿（铠甲）每片三缗七十钱；

[illegible] sə[1] xjij[1] [illegible]；

弦丝弦五百二十钱；

[illegible]；

羊皮二百五十钱；

[illegible]；

牛皮二百六十钱；

[illegible]；

箭柳木每根卖一百六钱；

[illegible]；

木盾每个二缗二百十三钱；

[illegible]。

剑鞘套一把每把卖五缗二百九十七钱。

[illegible]：

矛：

[illegible]；

松桦每根卖一缗九百五十六钱；

[illegible]。

士兵矛每枝卖五缗五钱。

[illegible] du[1]① [illegible]：

箭袋（放箭装具）：

[illegible] xu[1] [illegible]；

---

①《天盛改旧新定律令》第五之“军人持器具供给门”中为“[illegible] du[1]”，指“固定”“放置”，此处为“[illegible] du[1]”，属同音通假假借。

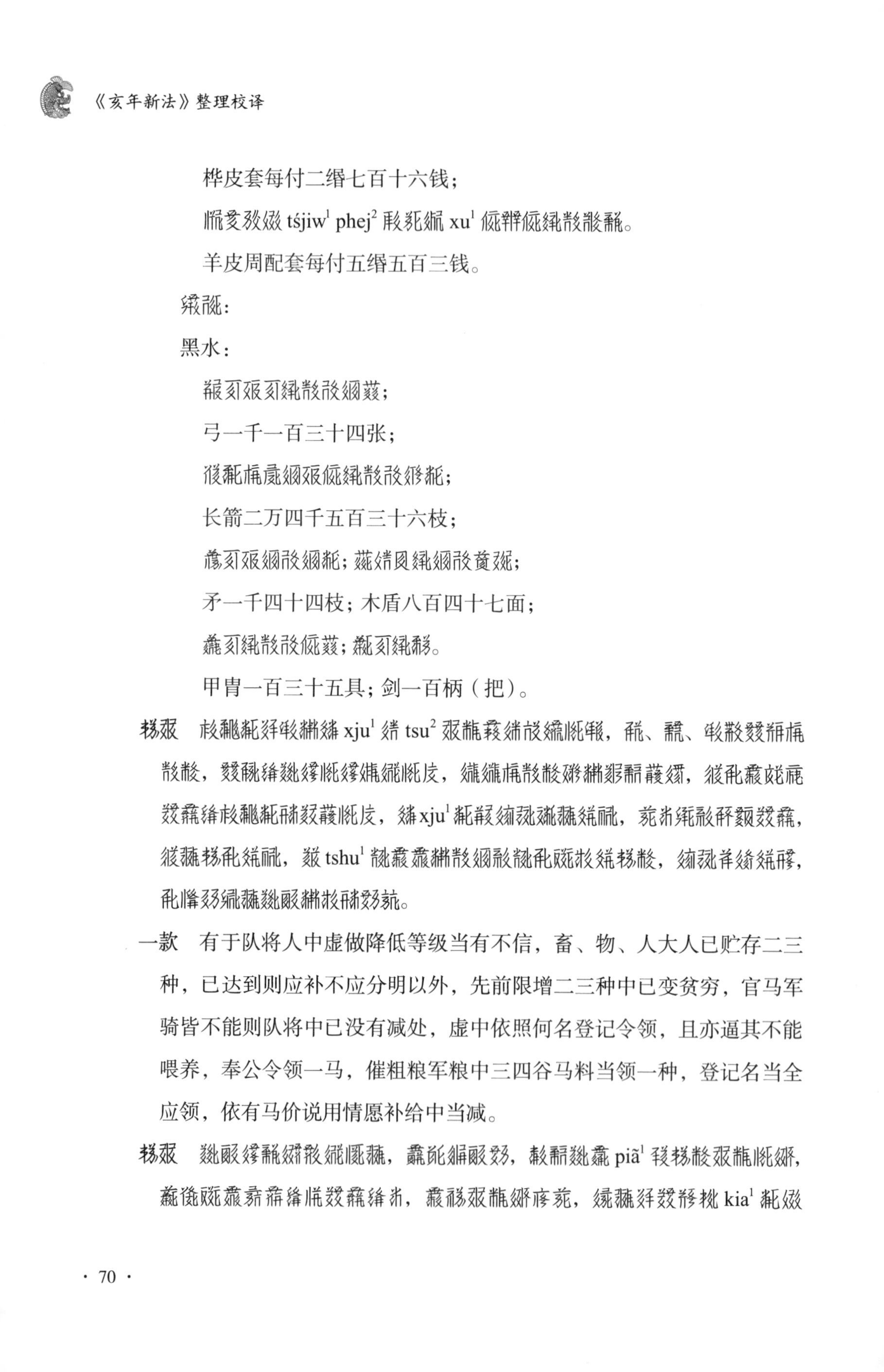

桦皮套每付二缗七百十六钱；

[illegible] tśjiw[1] phej[2] [illegible] xu[1] [illegible]。

羊皮周配套每付五缗五百三钱。

[illegible]：

黑水：

[illegible]；

弓一千一百三十四张；

[illegible]；

长箭二万四千五百三十六枝；

[illegible]；[illegible]；

矛一千四十四枝；木盾八百四十七面；

[illegible]；[illegible]。

甲胄一百三十五具；剑一百柄（把）。

[illegible] [illegible] xju[1] [illegible] tsu[2] [illegible]，[illegible]、[illegible]、[illegible]，[illegible]，[illegible]，[illegible] xju[1] [illegible]，[illegible]，[illegible]，[illegible] tshu[1] [illegible]，[illegible]，[illegible]。

一款　有于队将人中虚做降低等级当有不信，畜、物、人大人已贮存二三种，已达到则应补不应分明以外，先前限增二三种中已变贫穷，官马军骑皆不能则队将中已没有减处，虚中依照何名登记令领，且亦逼其不能喂养，奉公令领一马，催粗粮军粮中三四谷马料当领一种，登记名当全应领，依有马价说用情愿补给中当减。

[illegible] [illegible]，[illegible]，[illegible] piã[1] [illegible]，[illegible]，[illegible]，[illegible] kia[1] [illegible] phej² [illegible]，[illegible]，[illegible]，[illegible] piã¹ [illegible] piã¹ [illegible]，[illegible] xu¹ [illegible] piã¹ [illegible]，[illegible]，[illegible] kwã¹ [illegible] kwã¹ [illegible]，[illegible]。

一款　依法应补给钱总数明确，及补穷班主一种不享有品级，武器粮食自实配不能来，则亦正军享有品级者，有因私不作价赔中，则自身应分是尚未应得，钱数需作高低，抄院共不共，穷班主中对正班主补十缗，副班主无红白褐一条，则当得七缗钱等，除去不管已管钱数有品级者该拿，有共同品级属共者当分。

[illegible]　[illegible]，[illegible]，[illegible] piã¹ [illegible] śiə¹ [illegible]，[illegible] piã¹ [illegible]，[illegible]，[illegible]。[illegible] piã¹ [illegible]，[illegible] xu¹ [illegible]，[illegible]，[illegible] śiə¹ [illegible] piã¹ [illegible]，[illegible] khã¹ [illegible]，[illegible]。

一款　属有三种畜人物与实有地量数同等不像，提升品级不应补及前述已交马不能配备，奉公领马补给十缗，除此二等人之穷班主明数说尚未施救，及一二种之穷班主之依高下得钱已有名，穷兵皆一义，或得或失均不安也。依同等法补正班主十缗，补副班主七缗，所得钱等已取，有抄院有使限班主数令明艰难，依一院品设坎而去分钱物，传近处队将说用以所实中当入每人眼前给中。

[illegible]　[illegible]，[illegible]，[illegible] thji² [illegible]，[illegible] khjow¹ [illegible]，[illegible] khjow¹ [illegible]，[illegible]，[illegible]，[illegible]。

一款　有队上人中在抄院死亡且有十恶罪，亦使用少数为行统行监，依照迁地方同，缺人长愚及强，穷兵等中是留勇强有大善精为身增高者，缺雅人少数愚所入，依前后劳苦所没有，谓用此续补给中已减。

[illegible] [illegible]，[illegible] śiə^{1} [illegible] piã^{1} [illegible]，[illegible] khja^{2} [illegible]，[illegible]□[illegible]，[illegible] śiə^{1} [illegible] piã^{1} [illegible] tśjɨj^{1} tow^{1} [illegible]。

一款　抄官队将交接时没有寡妇儿子，有应及品级数依高低领辎马补十缗，能给吃穿穷勇士等当领。以后有队将上人中享有品级者，本人已死续根已断莫嫁寡妇丈夫，依照官马军辎登记名，共抄使班主往军取官虽然有名，但寡妇一种毁汲已至，于正副统处认真检讨，及局分行监被勾当（头监）与吃喝贿赂，使班主亦能对军马整多不做喂养而妄杀，谓以其贫穷唉叹中到往用，认真做者多已有一切给养需用。前述已交寡妇，先前领穷勇士领有名传让其领，及以后在队上人中本人死亡续根已断寡妇已嫁，与此后有一起为来之寡妇、辎马、武器登记其名，数有好精当令来，与手当作分离。共不共抄留穷勇士是有重要大事，能给吃穿且当领二三种中各一种，登记名中当作减。依领者本人所情愿当去卖盐，众院依同等法分，登记名、喂养辎马、武器、用草等当做，奉公补给中该减一种属有数依同等法谓当入补给中用。

[illegible] khjow[1] [illegible] khja[2] [illegible] kiej[1] khew[2] [illegible]

一款　至弃小抄亦不及强以内毁汲不至也，应登记名辎马武器数，前述谓依法寡妇与手分离令他人能给穷勇士领吃穿，当令本人领，登记其人名者一种应卖盐及补法等使与同等法相同。若不贪使军强共不共抄为穷勇士放某处，贪则下放某处，辎马自当伸手牵，界口减值当做减，直往大军上放何人谓当入告发中用。

[illegible] piã[1] [illegible] piã[1] [illegible]

一款　品级低者本人已死续根断，妻子、畜、谷物、田畴与官马、军粮一起皆死亡、丢失，相当共不共抄补班主不少数，当令领官马，亦为所不能喂养妄丢已有患，领不用抄头品，行统行监同院，补班主数缺多处应该增添□，依同等法该入补给中。

[illegible]

一款　共自一种至二三种当登记名，以后穷少所不能买数，虽奉公领马补领吃穿中超扣减，但叫不传人有宫门，能给吃穿养育，则有所愿已寻当寻找，查畜、谷物寻物、舍屋，田畴、人所有已穷尽，宫门已变没有，搜寻四海为足是实，则官马当分食，亦告为所丢，依来利所没有，因行统行监迁院同，人数及已达到有穷兵等中，及品级另能出当令立，补不到正军行旧之，诸主当为，超额过增数同行监院，诸主数缺多当增添，依同等法当入补给自七缗至十缗中。

[illegible]

一款　行监死勾当（头监）亦依品级中应不应补，当依法按同等军人奉行。

……

以下有十二款字迹潦草，辨认困难，见《俄藏黑水城文献》第9册第329页左下—333页右下。

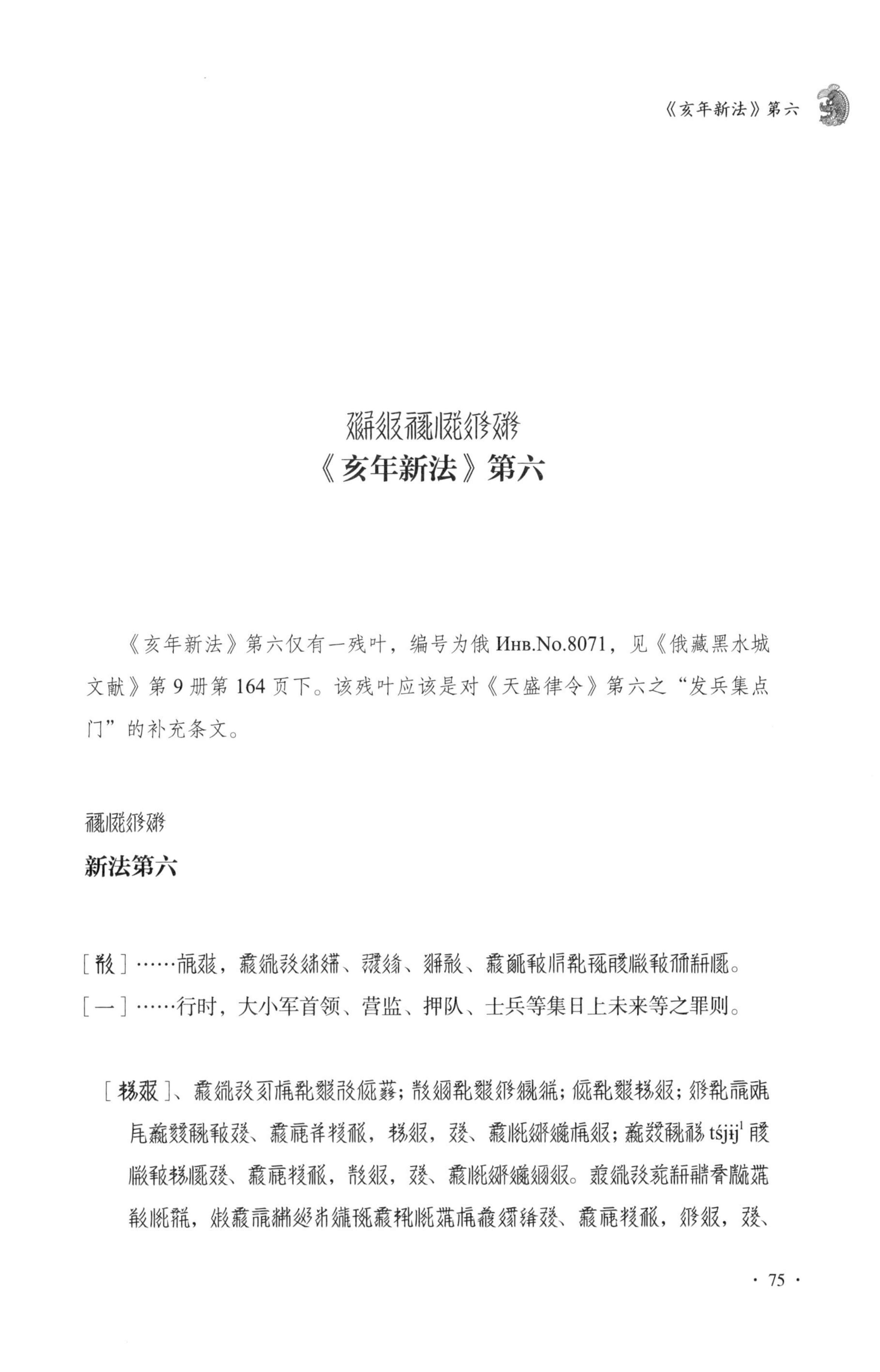

[illegible]
《亥年新法》第六

《亥年新法》第六仅有一残叶，编号为俄 Инв.No.8071，见《俄藏黑水城文献》第 9 册第 164 页下。该残叶应该是对《天盛律令》第六之“发兵集点门”的补充条文。

[illegible]

新法第六

[[illegible]] ……[illegible]

[一] ……行时，大小军首领、营监、押队、士兵等集日上未来等之罪则。

[[illegible]] [illegible] tśjij^{1} [illegible]

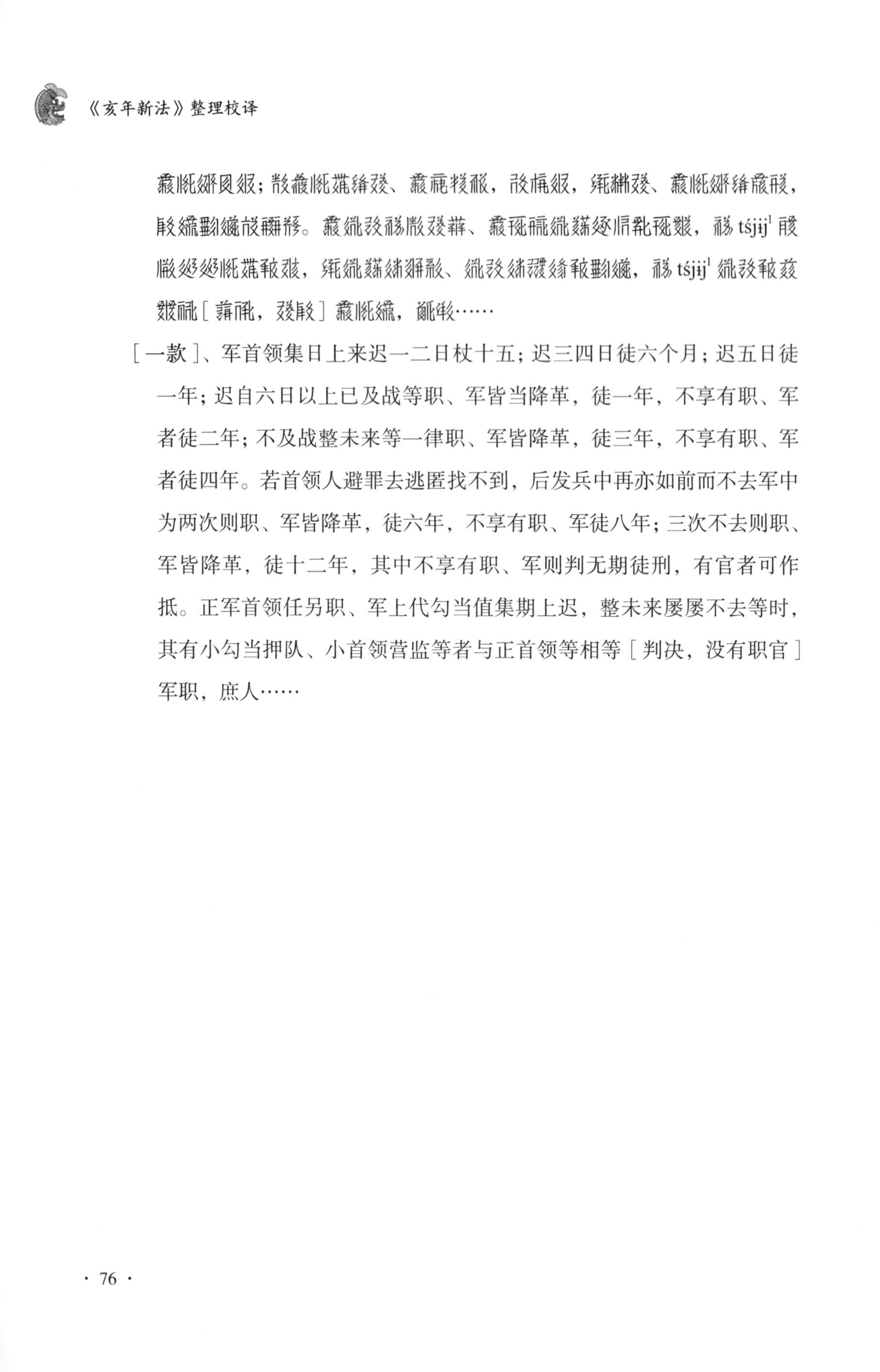

[illegible]；[illegible]、[illegible]，[illegible]，[illegible]、[illegible]，[illegible]。[illegible]、[illegible]，[illegible] tśjɨj[1] [illegible]，[illegible]、[illegible]，[illegible] tśjɨj[1] [illegible]［[illegible]，[illegible]］[illegible]，[illegible]……

［一款］、军首领集日上来迟一二日杖十五；迟三四日徒六个月；迟五日徒一年；迟自六日以上已及战等职、军皆当降革，徒一年，不享有职、军者徒二年；不及战整未来等一律职、军皆降革，徒三年，不享有职、军者徒四年。若首领人避罪去逃匿找不到，后发兵中再亦如前而不去军中为两次则职、军皆降革，徒六年，不享有职、军徒八年；三次不去则职、军皆降革，徒十二年，其中不享有职、军则判无期徒刑，有官者可作抵。正军首领任另职、军上代勾当值集期上迟，整未来屡屡不去等时，其有小勾当押队、小首领营监等者与正首领等相等［判决，没有职官］军职，庶人……

[illegible]
《亥年新法》第七

《亥年新法》第七有甲种本、乙种本、丙种本三个抄本，编号为俄 Инв. No.2549、俄 Инв.No.4930 *5210 5448 6084 7387*、俄 Инв.No.826，见《俄藏黑水城文献》第 9 册第 165 页上—166 页上、第 239 页下—254 页下、第 263 页下—279 页上。其中甲种本较残，仅存两叶四面文献，本书主要以乙种本与丙种本互相对勘。

从《亥年新法》第七的实际内容看，是相对完整的一卷，从条目得知有四条，应该是对《天盛律令》第七的补充条款。第一条“断敌人投诚者根等”是对《天盛律令》第七“为投诚者隐遣安置门”的补充条文；第二条“换卖敕禁罪”是对《天盛律令》第七“敕禁门”新制定的补充条文，其中涉及对外贸易与周边各民族边界商贸交往中关于禁止敕禁物换卖，规定了边塞与守界口者把好“敕禁物换卖”关口的职责，以及违反规定应承担的法律责任。第二条“换卖敕禁罪”制定得较为详细，是《亥年新法》第七的核心内容，其中有西夏与周边关系特别是商贸的新材料，这一条下有二十九款，是西夏所有法律中款项最多的条文，另有一条附加条文。第二条中可见

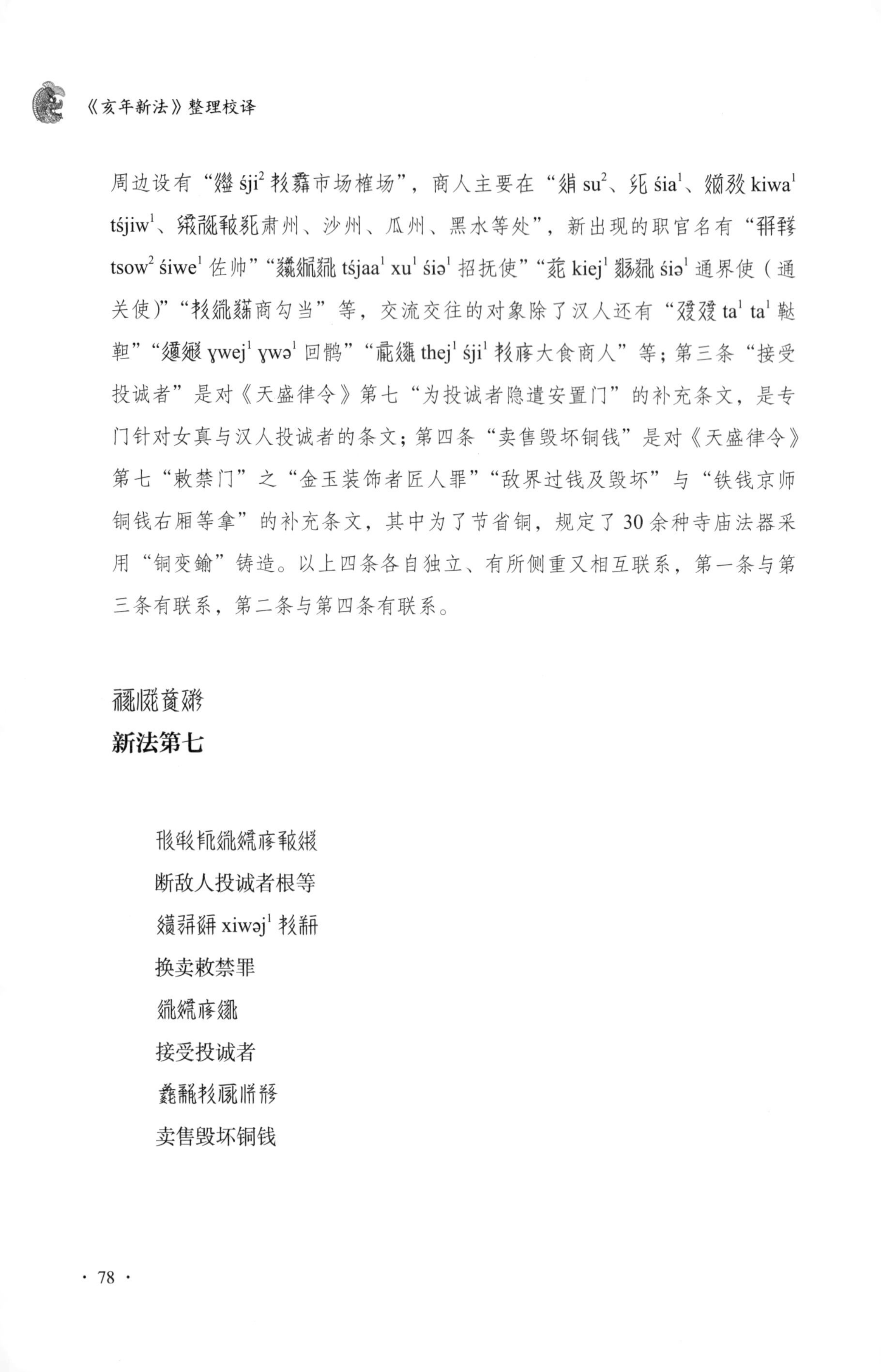

周边设有“[illegible] śji^{2} [illegible]市场榷场”，商人主要在“[illegible] su^{2}、[illegible] śia^{1}、[illegible] kiwa^{1} tśjiw^{1}、[illegible]肃州、沙州、瓜州、黑水等处”，新出现的职官名有“[illegible] tsow^{2} śiwe^{1} 佐帅”“[illegible] tśjaa^{1} xu^{1} śiə^{1} 招抚使”“[illegible] kiej^{1} [illegible] śiə^{1} 通界使（通关使）”“[illegible]商勾当”等，交流交往的对象除了汉人还有“[illegible] ta^{1} ta^{1} 鞑靼”“[illegible] ɣwej^{1} ɣwə^{1} 回鹘”“[illegible] thej^{1} śji^{1} [illegible]大食商人”等；第三条“接受投诚者”是对《天盛律令》第七“为投诚者隐遣安置门”的补充条文，是专门针对女真与汉人投诚者的条文；第四条“卖售毁坏铜钱”是对《天盛律令》第七“敕禁门”之“金玉装饰者匠人罪”“敌界过钱及毁坏”与“铁钱京师铜钱右厢等拿”的补充条文，其中为了节省铜，规定了30余种寺庙法器采用“铜变鍮”铸造。以上四条各自独立、有所侧重又相互联系，第一条与第三条有联系，第二条与第四条有联系。

[illegible]

新法第七

[illegible]

断敌人投诚者根等

[illegible] xiwəj^{1} [illegible]

换卖敕禁罪

[illegible]

接受投诚者

[illegible]

卖售毁坏铜钱

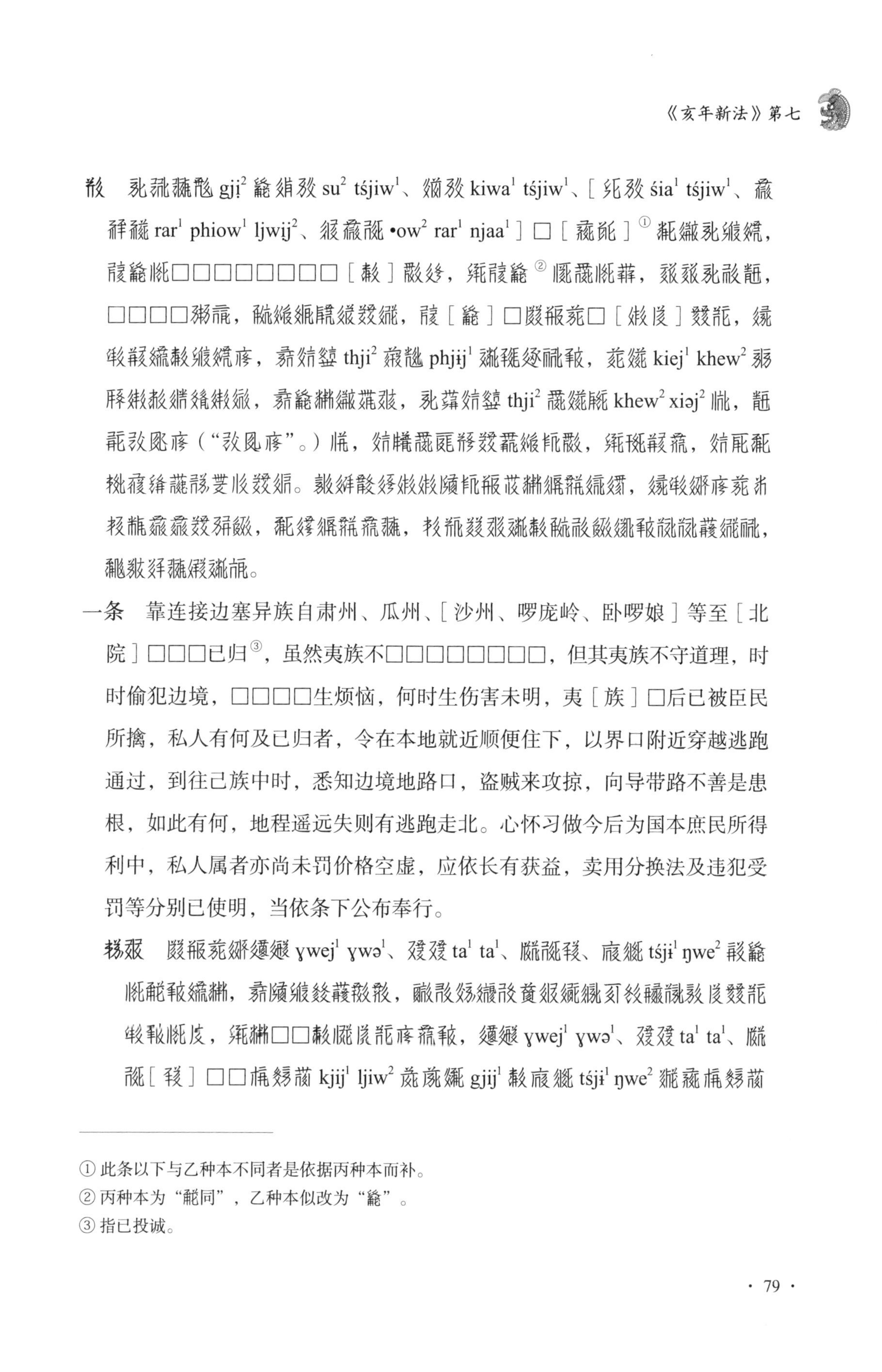

[西夏文] [西夏文] gji̠² [西夏文] su² tśjiw¹、[西夏文] kiwa¹ tśjiw¹、[[西夏文] śia¹ tśjiw¹、[西夏文] rar¹ phiow¹ ljwij²、[西夏文] •ow² rar¹ njaa¹] □ [[西夏文]] [1] [西夏文]，[西夏文]□□□□□□□□□ [[西夏文]] [西夏文]，[西夏文] [2] [西夏文]，[西夏文]，□□□□[西夏文]，[西夏文]，[西夏文] [[西夏文]] □[西夏文]□ [[西夏文]] [西夏文]，[西夏文]，[西夏文] thji² [西夏文] phjij¹ [西夏文]，[西夏文] kiej¹ khew² [西夏文]，[西夏文]，[西夏文] thji² [西夏文] khew² xiəj² [西夏文]，[西夏文]（“[西夏文]”。）[西夏文]，[西夏文]，[西夏文]，[西夏文]。[西夏文]，[西夏文]，[西夏文]，[西夏文]，[西夏文]。

一条　靠连接边塞异族自肃州、瓜州、[沙州、啰庞岭、卧啰娘] 等至 [北院] □□□已归[3]，虽然夷族不□□□□□□□□□，但其夷族不守道理，时时偷犯边境，□□□□生烦恼，何时生伤害未明，夷 [族] □后已被臣民所擒，私人有何及已归者，令在本地就近顺便住下，以界口附近穿越逃跑通过，到往己族中时，悉知边境地路口，盗贼来攻掠，向导带路不善是患根，如此有何，地程遥远失则有逃跑走北。心怀习做今后为国本庶民所得利中，私人属者亦尚未罚价格空虚，应依长有获益，卖用分换法及违犯受罚等分别已使明，当依条下公布奉行。

[西夏文]　[西夏文] ɣwej¹ ɣwə¹、[西夏文] ta¹ ta¹、[西夏文]、[西夏文] tśjɨ¹ ŋwe² [西夏文]，[西夏文]，[西夏文]，[西夏文]，□□[西夏文]，[西夏文] ɣwej¹ ɣwə¹、[西夏文] ta¹ ta¹、[西夏文] [[西夏文]] □□[西夏文] kjij¹ ljiw² [西夏文] gjij¹ [西夏文] tśjɨ¹ ŋwe² [西夏文]

---

① 此条以下与乙种本不同者是依据丙种本而补。

② 丙种本为“[西夏文]同”，乙种本似改为“[西夏文]”。

③ 指已投诚。

kjij¹ ljiw² □□[illegible]，[illegible]［[illegible]］。

一款　属有臣民回鹘、鞑靼、黑羊主、只嵬有其他不同族等中，本国出生所长数，比天盛乙酉十七年正月初一前被擒人等以外，其中□□及有新擒获者等，回鹘、鞑靼、黑羊主□□二经略京畿及只嵬东北二经略□□等逃跑未到远，分别当卖［用分］。

[illegible]　[illegible]，[illegible]，[illegible]，[illegible]，[illegible]①[illegible]。[illegible]：[illegible]，[illegible]，[illegible]。

一款　前述所卖用分人数，此自从辛亥年三月初一，各自一百日以内当卖用分，若不卖留藏，诸人告举时，罚所卖人，当为官之，应送枢密所是应注册，按时间奏中，当受理，当依出何敕谕奉行。举报奖赏：举报一人之奖赏五十缗，举报二人之奖赏一百缗，铁钱属者中该出当给。

[illegible]　[illegible] phjij¹ [illegible]，[illegible]，[illegible]。

一款　已卖人数被买者再卖遣分原所来处近便时，罚人举赏出法依前，不卖用分人留藏者依法判决。

[illegible]　[illegible]，[illegible] phjij¹ [illegible]，[illegible] thji² [illegible]，[illegible]②[illegible]。

一款　先后所来投诚及强行捕捉等，令住边塞则逃跑而近便不安，依一应改换地方当改换，不同司院该登记名当登记名。

[illegible]　[illegible]，[illegible] xiwəj¹ [illegible]，[illegible]

---

① “[illegible]”指皇家敕令，在《天盛律令》与《亥年新法》中一般均在“[illegible]”字前空一格以示尊敬，下同。

② “[illegible]”乙种本佚，据丙种本补。

[illegible]。

一条　诸边已归顺，换卖敕禁者判除断罪行遣法，情节当依条下公布奉行。

[illegible]　[illegible][1][illegible]，[illegible] xiəj^{2} [illegible] tśjɨ^{1} kiwã^{1} [illegible]，[illegible]，[illegible]，kiej^{1} khew^{2} [illegible]，tśjɨ^{1} kiwã^{1} [illegible]，[illegible]，[illegible]，[illegible]。

一款　卖售敕禁令纪，出入牵扯敌方，与办本国公事当同，有知有证上掌置所尚未有，院内互相告举贼等，事重所行怀疑不知有只关者，则因是无知证允许接状查问，因敌方售卖敕禁，界口主及其他诸人等疑心不识有诉讼告举者时，敢只关则无知证亦何所放处，当仔细查问，审问开亦当入查问中，判罪行遣法当依律令中有关条款奉行。

[illegible]　[illegible]，kiej^{1} khew^{2} [illegible]，[illegible] kiej^{1} khew^{2} [illegible]，[illegible]，[illegible]，[illegible]。[illegible]、[illegible]，[illegible]、[illegible]，[illegible]、[illegible] sjwĩ^{1} kjij^{1}、[[illegible]] [illegible]，[illegible]。[illegible][[illegible]][illegible]，[illegible]，[illegible][[illegible]][illegible]。[illegible]，[illegible][[illegible]]，[illegible] kiej^{1} khew^{2} [illegible]，[illegible] xjow^{2}[[illegible]] [illegible]，[illegible] sew^{1} sew^{1} [illegible]，[[illegible] kwã^{1} [illegible]] [illegible]、[illegible]、[illegible]、[illegible]，[illegible][[illegible]] [illegible] kiej^{1} khew^{2} [illegible]，[illegible] kiej^{1} khew^{2} [illegible]，[illegible]。[illegible]

① 疑为“[illegible]出”之误写。

kiej[1] khew[2] [illegible]，[illegible]，[illegible]；[illegible]；[illegible]，[illegible]，[illegible]、[illegible]。[illegible]，[illegible] kiej[1] khew[2] [illegible]，[illegible] thji[2] kju[1] [illegible]，[illegible]，[illegible]，[illegible]、[illegible]。①

一款　因卖售敕禁，界口主之罪，律令中守界口者知道贪而徇情放松时，与有罪人相等，知见无徇情为懈怠不捕时，说比从犯当减一等用者，罪状情理相等，其当为依法。于其未知见、缺失监视则获死罪之，军将、哨勾当等一律徒六个月，间谍、巡检（巡警）、[哨队提点] 徒三个月，哨兵杖十三。获三种长期徒刑在前述罪上依次当各减一等，及是短期，则再当依次减一等判决。令纪已公布，虽无意贪 [但用亲近]，依院地边守界口者本场轻心（不重视），[集边防风梁上风吹草] 动，有何不同消息，[告知管事者皆] 是军将、提振、哨勾当、哨兵等，彼人 [每] 夜 [在自己] 属 [地] 界口追踪尚未筑道，量罪轻以依靠界口放松入法，此乃已有。此后自己属地界口上未闻见，售卖敕禁量罪出一次时，比在律令中当加一等，出两次之当加二等，出三次以上一律依次各当加三等，三次上不应革官军职，则将、提振当革原先职。因徒役与官品可做抵，边点察亦界口主之在值上，是为提举者，先量承罪中所没有，此当入补量承罪中，比将、提振当减一等判决。

[illegible]　[illegible] kwã[1] [illegible]、[illegible]、[illegible] tsow[2] śiwe[1]、[illegible] tśjaa[1] xu[1] śiə[1]、[illegible]、[illegible] tshə[1] śiə[1]、[illegible]、[illegible] thow[1] phã[1]、[illegible]、[illegible]、[illegible] tsha[2] boo[2]、[illegible] tsew[1] biaa[2]、[illegible]、[illegible]、[illegible]、[illegible] thwuu[1] [illegible]、[illegible]、[illegible]，[illegible]、[illegible]、[illegible]、[illegible] kwã[1] [illegible]，[illegible]

① 此款用《亥年新法》乙种本与丙种本对勘，见《俄藏黑水城文献》第 9 册第 241、266 页。

[illegible]，[illegible]。[illegible] kwã^{1} [illegible]，[illegible]，[illegible]，[illegible]，[illegible] kiej^{1} khew^{2} [illegible]、[illegible]、[illegible]、[illegible]、[illegible]，[illegible] tśjij^{1} thew^{2} [illegible] kiej^{1} khew^{2} [illegible]，[illegible] kiej^{1} [illegible]，[illegible]、[illegible]、[illegible]、[illegible]、[illegible]、[illegible]、[illegible]，[illegible]，[illegible]，[illegible]，[illegible] kwã^{1} [illegible]。

一款　边塞管事者、正副统、佐帅、招抚使、副行统、刺史、监军司、同判、签判、承旨、参谋、教马、军间、州主、城守、通判、边点察、行监，其人随都案、案头、司吏、大小管事人卖售敕禁时，律令中比他人罪各当加二等，直至死罪。大小管事有不应革职位者，亦死罪及三种长期等，职位依次当降一等，从二年徒刑至六年徒刑犯一次不降职，犯二次则徒一年以上可谓降职，守边塞者界口主、军将、提振、哨勾当、提点及哨兵，亦正头边塞界口是监视者，又沿通界，勾当、库局分、监察（间谍）、都案、案头、司吏、巡检等，此各卖售敕禁时，获罪状承法律令中明显所没有，此后革职降爵比他人罪增加罪状法等，皆与前述边防大小管事者相同。

[illegible]　[illegible] kiej^{1} khew^{2} [illegible]，[illegible]，[illegible]、[illegible]、[illegible]、[illegible]，[illegible]，[illegible]，[illegible]、[illegible]、[illegible] ① [illegible]，[illegible]、[illegible]、[illegible]，[illegible]、[illegible]、[illegible]、[illegible]，[illegible]，[illegible]，[illegible]，[illegible]，[illegible]，[illegible]，[illegible]

① 丙种本有“[illegible]”，乙种本无。

[illegible]，[illegible]。

一款　卖售敕禁守界口者闻见受贿做人情放松，及又闻见无受贿徇情懈怠不捕，又军将、提振、大小首领、哨长等，因本人卖售敕禁越过已卖等，犯罪并共同属下人及他人等，谋官、职、军告举实者，依律法应为革官、职、军，则其告举人当得军将、提振、首领、抄官，军一种十抄以内者，举报全者之当为，十抄以上有军则前述数明，以后当不许超额得，不应降官革军，及诸人自然互相举报等，得举赏法当依同等法奉行，举报人中有敕禁罪，亦因自首当入脱罪中。

[illegible]　[illegible]：[illegible]，[illegible]、[illegible]、[illegible]，[illegible]、[illegible]、[illegible] mja¹ [illegible]，[illegible]、[illegible]，[illegible]，[illegible]、[illegible]①，[illegible]，[illegible]，[illegible]，[illegible]。[illegible]：[illegible]，[illegible]、[illegible]、[illegible]，[illegible]、[illegible]，[illegible]，[illegible]，[illegible]。[illegible] khjwɨ¹ [illegible]，[illegible]、[illegible]、[illegible]、[illegible]、[illegible]，[illegible]，[illegible] gja² mji² [illegible]，[illegible] kjij¹ [illegible]，[illegible]，[illegible]，[illegible]，[illegible]，[illegible]、[illegible]、[illegible]、[illegible]、[illegible]、[illegible]、[illegible]，[illegible]，[illegible]：[illegible] thwuu¹ [illegible]，[illegible]、[illegible]、[illegible]、[illegible]、[illegible]，[illegible]。

一款　诸人售卖敕禁承罪法：售卖人者故意杀人法，牛、骆驼、马不论大小，售卖铠甲、铜、麻等时，庶人、主谋以剑斩杀，从犯无期徒刑，尔

① 丙种本有“[illegible]”，乙种本无。

后售卖杂畜物、武器等，当量本国价格，是武器则以强盗持器械（兵戈）依法判决，杂畜物者依法按不持器械判决，谓从犯者依次当减一等。告举法：是别人则大小罪一律允许举报，使军、奴婢死罪、长期徒刑上举报流出，比其罪小及家中妻眷、媳等应告举中所没有，本国互相盗窃中，偷盗徒六年，强盗徒四年。饮曲酒制踩私曲酵，短期、徒役等依法家中使军、奴婢、妻眷、媳等允许告举中考虑，则敌方售卖敕禁者与本国语言不同，我方（我们）人自属畜货及盗窃他人与敌知道，别国售卖贾人（商贾）心归他国，贪利频频出入敌方，给庙堂伏敌间谍，不断欺诈售卖敕禁，语义中所思考敌国律法已有不安也，此后售卖敕禁时已通过敌界，则牛、骆驼、马、铜、铠甲、武器、其他杂物等罪，依律令当是，举报流出法：举报流出法令与本国强盗同，获四年徒役，则当允许妻眷、媳、使军、奴婢等举报，举报实则可去情愿处。

[illegible]　[illegible]：[illegible] thwuu[1] [illegible]，[illegible]；[illegible]；[illegible]；[illegible]；[illegible]①[illegible]；[illegible]。[illegible]、[illegible]。[illegible]，[illegible]②[illegible]，[illegible]，[illegible]，[illegible]，[illegible]，[illegible]。

一款　售卖敕禁之举报奖赏法：当应与举报流出盗法相同，敕禁已售卖按强盗判四年徒刑赏九十缗；徒五年之赏一百缗；徒六年之赏一百一十缗；徒八年之赏一百三十缗；徒十年之赏一百五十缗；徒十二年之赏一百七十缗。获无期、死罪之当为赏二百缗。敕禁已预防未流出，则已

① 丙种本有“[illegible]”，乙种本无。
② 乙种本此处有“[illegible]”，丙种本无。

行动未行动一样，在举赏杂罪基础上分明各当加一份，已至本罪处徒八年至长期徒刑上赏不超过八十缗，举赏一种皆当由犯罪者支出，实不能然后罚敕禁，应为官之中当赐给。

[illegible] [illegible] kiej^{1} khew^{2} [illegible]，[illegible] xiwəj^{1} [illegible]，[illegible]，[illegible] kiej^{1} khew^{2} [illegible]①[illegible]，[illegible]、[illegible]、[illegible]，[illegible] kwã^{1} [illegible] lwã^{2} lwã^{2} [illegible]，[illegible] kiej^{1} khew^{2} [illegible]，[illegible]，[illegible] kiej^{1} khew^{2} [illegible]，[illegible]，[illegible]，[illegible]，[illegible]，[illegible]。

一款　守界口者中出入敌方，先后换卖敕禁者，犯罪不停有疑罣，则界口上值班时，军将、提振在处短缺首领、哨长等当管制，不跟随管事者当不许擅自胡乱巡值，非轮值人中有疑罣及其他界口尚未有，自然买卖者存在疑罣，亦来边塞界口上通行出入住宿等依院（按地方）当不允许，应除断，内地所辖属迁院中当去巡值，此后犯罪不停，则谓比在律法中欲将在重处执行，当严格指挥。

[illegible] [illegible] kiej^{1} khew^{2} [illegible]，[illegible] kiej^{1} khew^{2} [illegible]，[illegible] xwej^{2} pjịj^{1} [illegible]，[illegible]，[illegible] tśhjwĩ^{1} [illegible]，[illegible]，[illegible]、[illegible]、[illegible] phjịj^{1} [illegible]，[illegible]，[illegible]，[illegible] tśjị^{1} kiwã^{1} [illegible]，[illegible] tśjị^{1} kiwã^{1} [illegible]，[illegible] kiej^{1} khew^{2} [illegible]，[illegible]，[illegible]。[illegible]，[illegible] kiej^{1} khew^{2} [illegible]，[illegible] tśhjwĩ^{1} [illegible]。[illegible]，[illegible]

① “[illegible]”字面为“续住”，实际上指“轮值”，本书译“值班”“轮值”是同一意义，下同。

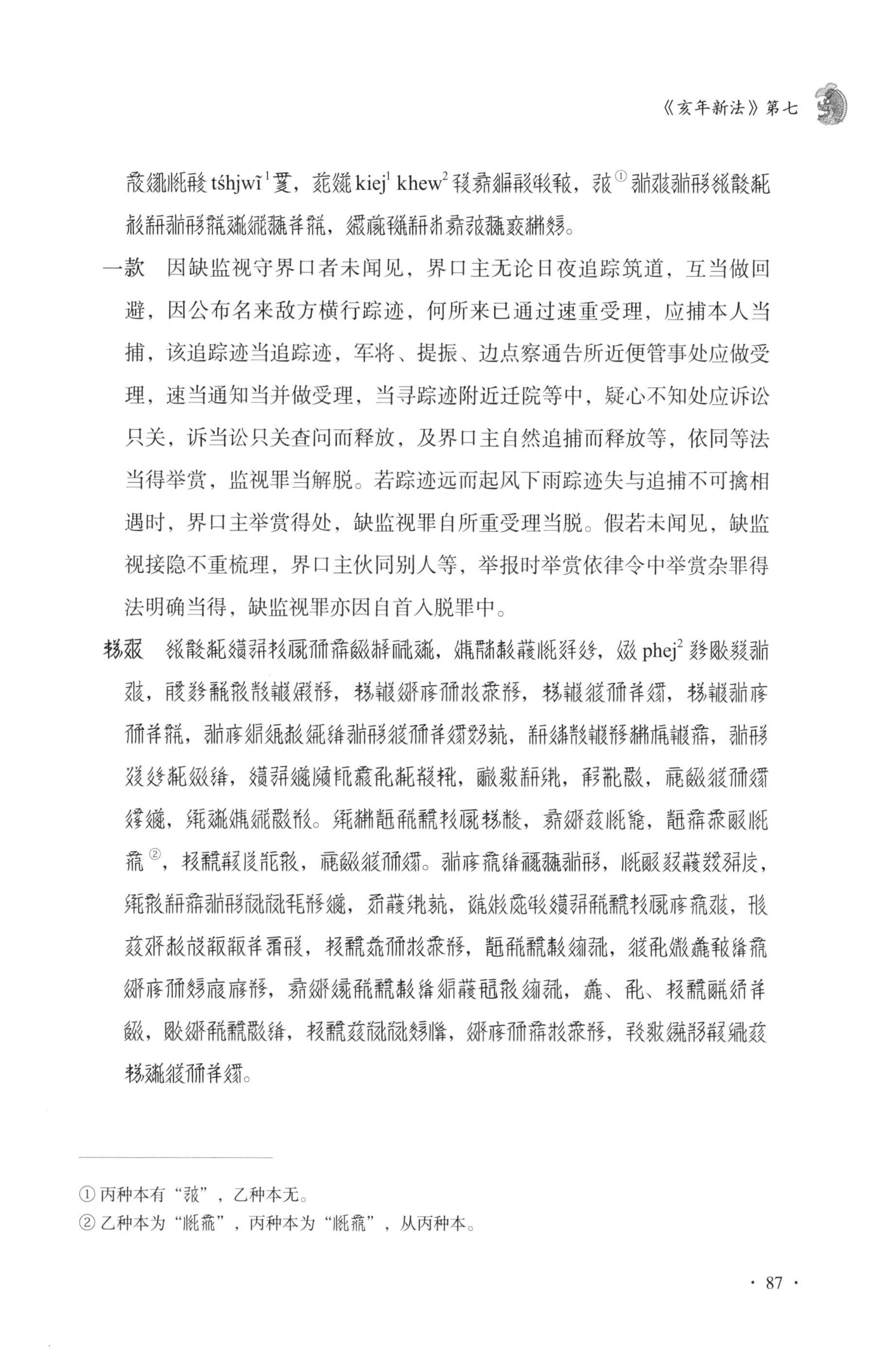

[illegible] tśhjwĩ[1] [illegible]，[illegible] kiej[1] khew[2] [illegible]，[illegible][①] [illegible]。

一款　因缺监视守界口者未闻见，界口主无论日夜追踪筑道，互当做回避，因公布名来敌方横行踪迹，何所来已通过速重受理，应捕本人当捕，该追踪迹当追踪迹，军将、提振、边点察通告所近便管事处应做受理，速当通知当并做受理，当寻踪迹附近迁院等中，疑心不知处应诉讼只关，诉当讼只关查问而释放，及界口主自然追捕而释放等，依同等法当得举赏，监视罪当解脱。若踪迹远而起风下雨踪迹失与追捕不可擒相遇时，界口主举赏得处，缺监视罪自所重受理当脱。假若未闻见，缺监视接隐不重梳理，界口主伙同别人等，举报时举赏依律令中举赏杂罪得法明确当得，缺监视罪亦因自首入脱罪中。

[illegible]　[illegible]，[illegible] phej[2] [illegible]，[illegible][②]，[illegible]。

---

① 丙种本有“[illegible]”，乙种本无。

② 乙种本为“[illegible]”，丙种本为“[illegible]”，从丙种本。

一款　律令中售卖敕禁之令赔罚缴法虽然所没有显耀，举报派税捕人时，未纳税钱数设为三份，一份当还给属者之，一份当为官之，一份举报者当得之，无举报者以问而解则谓举赏当为官用之，轻罪为三份中赔偿二份，但在举赏出中算，故敕禁者是牵涉于国本兵马，天下重罪，是大事，皆应罚为官之者，自然是分白也。其中盗畜物售卖一种，与自属不同，贼赔没有还给，货物拿到何数，皆罚为官之。有举报者则依法举赏，不给处所尚未有，其数罪赔偿举赏分别折扣者，暂时取为重，此后诸人有售卖敕禁畜物者时，与敌当以柔招呼索取，货物互相当还给，盗畜物并登记名，官马坚甲等现有属者之当做交待，自属私畜物及现无已丢失数登记其名，铠甲、马、货物具足当罚，是他人属畜货，则与货物分别当计量，当赔还给属者之，与以下有何超额一起当为官之。

[illegible]　[illegible] kiej^{1} khew^{2} [illegible]① [illegible]：[illegible]，[illegible] kwã^{1} [illegible]，[illegible] lwã^{2} lwã^{2} [illegible]，[illegible] kiej^{1} khew^{2} [illegible]，[illegible] ɣwa^{1} [illegible] kiej^{1} khew^{2} [illegible]，[illegible] kiej^{1} [illegible]，[illegible]，[illegible]，[illegible] kiej^{1} khew^{2} [illegible] tśjɨj^{1} tow^{1} [illegible]，[illegible] ka^{2} gjị^{2} [illegible] lwã^{2} lwã^{2} [illegible]，[illegible] xiwəj^{1} [illegible]，[illegible] xiwəj^{1} [illegible]，[illegible]，[illegible] xiwəj^{1} [illegible]、[illegible] xiwəj^{1} [illegible]，[illegible]，[illegible] kiej^{1} khew^{2} [illegible]，[illegible]，[illegible] xiwəj^{1} [illegible]，[illegible] kiej^{1} khew^{2} [illegible]、[illegible] kwã^{1} [illegible]，[illegible] kwã^{1} [illegible] kwã^{1} [illegible]。

一款　诸边塞守界口法：不利安定，边塞大小管事观察哨巡值，敌混乱相

① 乙种本无“[illegible]”，丙种本有。

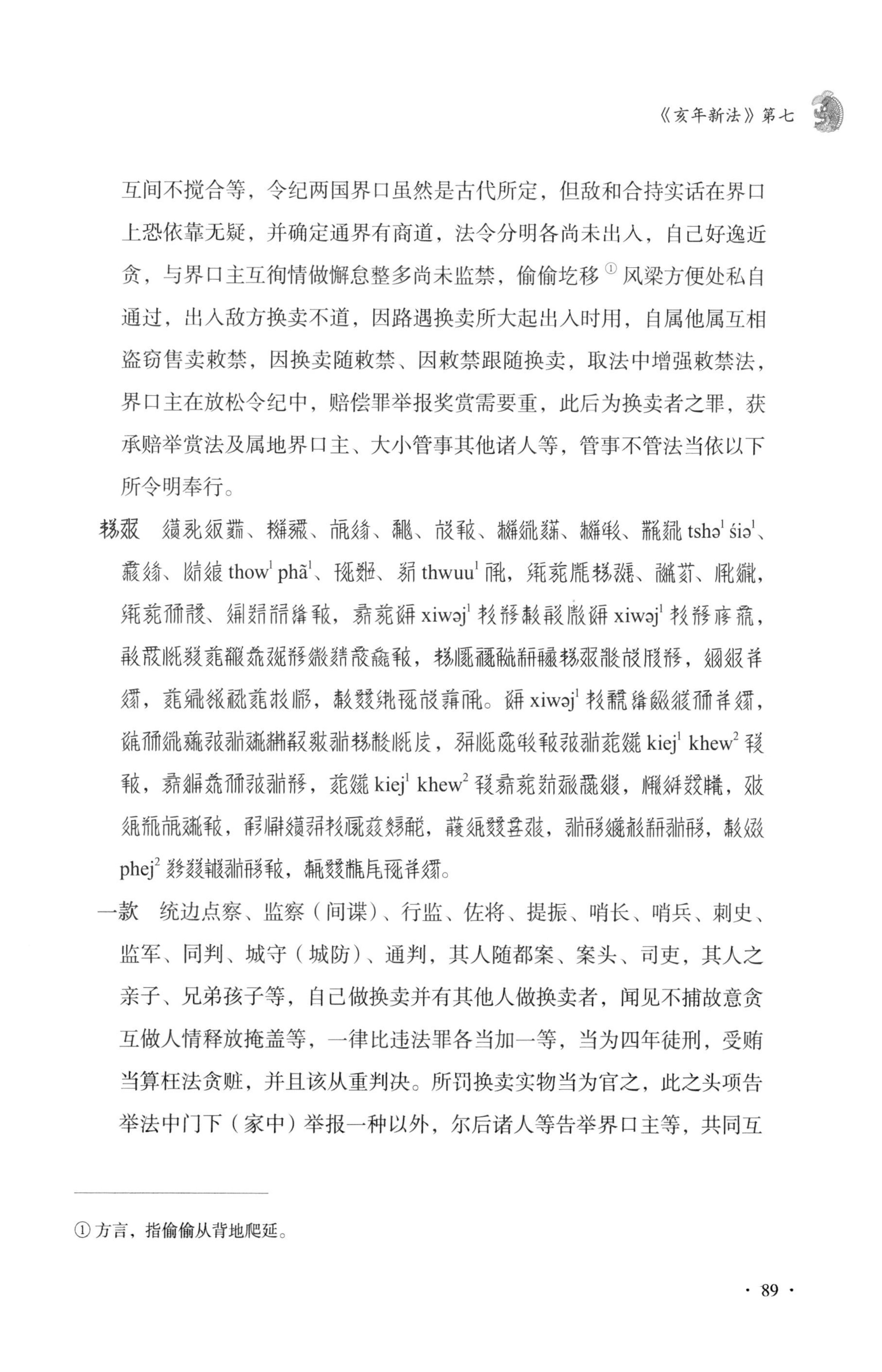

互间不搅合等，令纪两国界口虽然是古代所定，但敌和合持实话在界口上恐依靠无疑，并确定通界有商道，法令分明各尚未出入，自己好逸近贪，与界口主互徇情做懈怠整多尚未监禁，偷偷圪移[1]风梁方便处私自通过，出入敌方换卖不道，因路遇换卖所大起出入时用，自属他属互相盗窃售卖敕禁，因换卖随敕禁、因敕禁跟随换卖，取法中增强敕禁法，界口主在放松令纪中，赔偿罪举报奖赏需要重，此后为换卖者之罪，获承赔举赏法及属地界口主、大小管事其他诸人等，管事不管法当依以下所令明奉行。

[illegible] tshə¹ śiə¹、[illegible] thow¹ phã¹、[illegible] thwuu¹ [illegible] xiwəj¹ [illegible] xiwəj¹ [illegible] xiwəj¹ [illegible] kiej¹ khew² [illegible] kiej¹ khew² [illegible] phej² [illegible]。

一款　统边点察、监察（间谍）、行监、佐将、提振、哨长、哨兵、刺史、监军、同判、城守（城防）、通判，其人随都案、案头、司吏，其人之亲子、兄弟孩子等，自己做换卖并有其他人做换卖者，闻见不捕故意贪互做人情释放掩盖等，一律比违法罪各当加一等，当为四年徒刑，受贿当算枉法贪赃，并且该从重判决。所罚换卖实物当为官之，此之头项告举法中门下（家中）举报一种以外，尔后诸人等告举界口主等，共同互

[1] 方言，指偷偷从背地爬延。

相告举，界口主自己稽道踪迹，疑心不识，查问行遣法等，令纪与售卖敕禁相同，所审问已实时，举赏者举赏杂罪，及派税分配举赏等，何等当为在高阶上。

[illegible] kiej^{1} khew^{2} [illegible]，[illegible] xiwəj^{1} [illegible]，[illegible]，[illegible] phej^{2} [illegible]，[illegible]。[illegible]，[illegible]，[illegible] kiej^{1} khew^{2} [illegible] kwã^{1} [illegible]。[illegible]，[illegible]、[illegible]，[illegible] kiej^{1} khew^{2} [illegible]，[illegible]，[illegible] kiej^{1} khew^{2} [illegible]，[illegible]，[illegible] xiwəj^{1} [illegible]，[illegible]，[illegible]、[illegible]，[illegible]，[illegible]。

一款　非属地界口主，其他诸人出入敌方换卖者，因是自属物，举赏一种依法派税，当做三份。无论大小罪者一样，违法者当为三年徒刑，界口大小管事之罪。没有受贿放松，未闻见、缺监视者，界口主之罪，承法前律令中显遍所没有，界口懈怠放松住滞事中，与未闻见售卖敕禁是一理，依一因未闻见换卖，依承罪法，军将、哨勾当徒三个月，哨兵杖十三，边点察比哨兵当减一等。

[illegible] xiwəj^{1} [illegible]，[illegible]，[illegible]，[illegible]、[illegible]，[illegible]。

一款　售卖敕禁及又为换卖者等，本人有待命官以外，其他及免依官品有所做减免数，有依仗高位大官之节亲子、兄弟，依一当不许全部减免。

[illegible]，[illegible]。[illegible] tsjij^{2} ŋa^{2}，[illegible]，[illegible] tśjij^{1} tow^{1} [illegible] mo^{2}，[illegible] kiej^{1} khew^{2} [illegible]，[illegible]，[illegible]，[illegible]。[illegible]

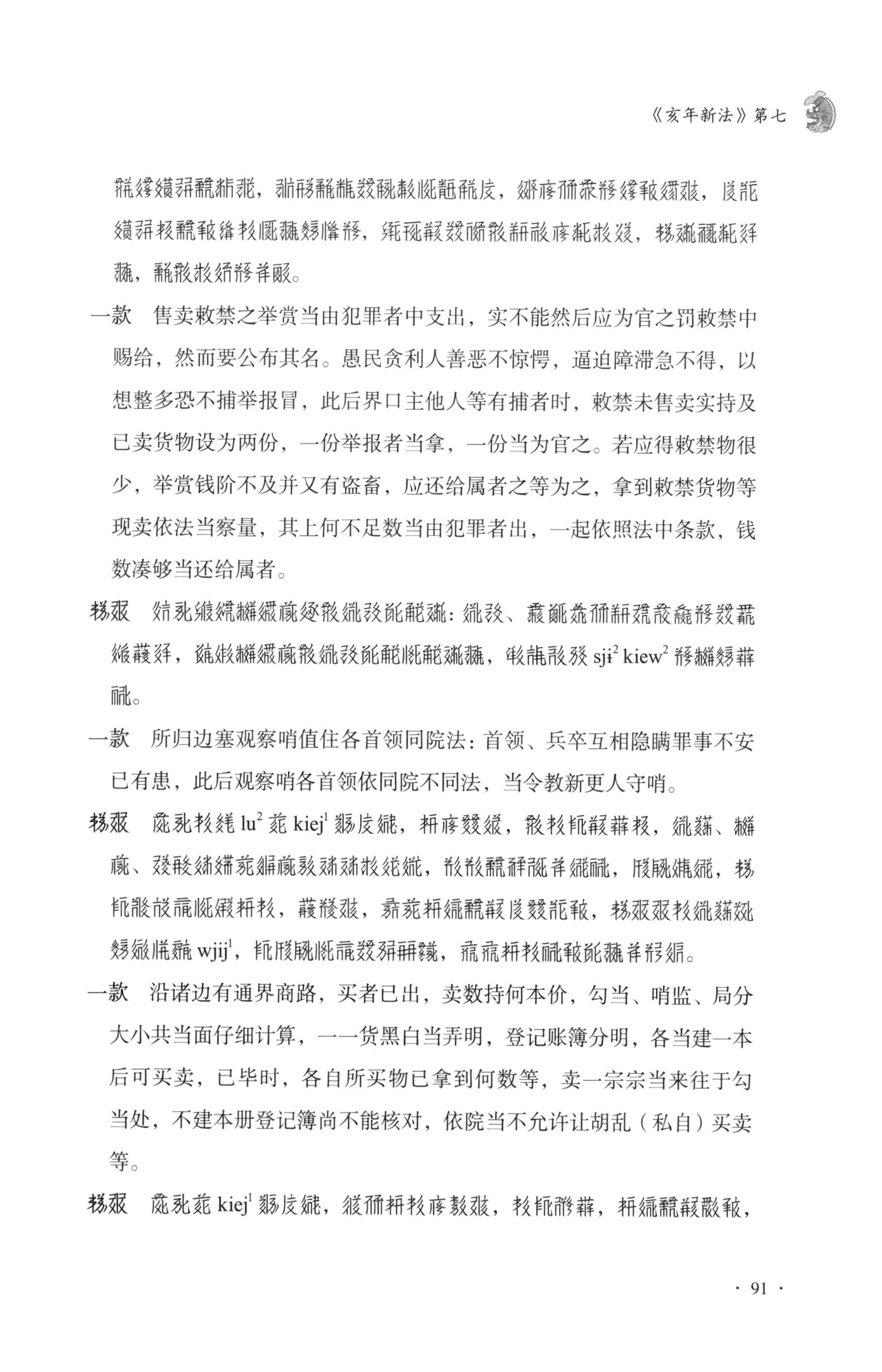

[illegible]

一款　售卖敕禁之举赏当由犯罪者中支出，实不能然后应为官之罚敕禁中赐给，然而要公布其名。愚民贪利人善恶不惊愕，逼迫障滞急不得，以想整多恐不捕举报冒，此后界口主他人等有捕者时，敕禁未售卖实持及已卖货物设为两份，一份举报者当拿，一份当为官之。若应得敕禁物很少，举赏钱阶不及并又有盗畜，应还给属者之等为之，拿到敕禁货物等现卖依法当察量，其上何不足数当由犯罪者出，一起依照法中条款，钱数凑够当还给属者。

[illegible] sjɨ[2] kiew[2] [illegible]

一款　所归边塞观察哨值住各首领同院法：首领、兵卒互相隐瞒罪事不安已有患，此后观察哨各首领依同院不同法，当令教新更人守哨。

[illegible] lu[2] [illegible] kiej[1] [illegible] wjij[1] [illegible]

一款　沿诸边有通界商路，买者已出，卖数持何本价，勾当、哨监、局分大小共当面仔细计算，一一货黑白当弄明，登记账簿分明，各当建一本后可买卖，已毕时，各自所买物已拿到何数等，卖一宗宗当来往于勾当处，不建本册登记簿尚不能核对，依院当不允许让胡乱（私自）买卖等。

[illegible] kiej[1] [illegible]

[illegible]，[illegible]，[illegible]。[illegible]，[illegible]，[illegible]，[illegible] kwã^1 [illegible] kiej^1 [illegible]，[illegible]，[illegible] śiəj^2 [illegible] śiəj^2，[illegible]，[illegible] kiej^1 [illegible] śiə^1 [illegible]，[illegible] xiwəj^1 [illegible]，[illegible]。

一款　沿诸边有通界，派官之买卖者时，商本持几何，所买是何物等，本无谕文自然遣做者买卖者人少应长，因不思于利爱当官，随私货疑已有患非真利。依一此后派官之买卖者时，商本货黑白多少持多久，敌方所买是何，自己当弄明，管事者所属通界处分明，各当遣谕文一本，买卖完毕还时，买卖剩不剩，所买货都拿到多少等，通界使等当报告京师分白一本，其官之买卖者中有售卖敕禁隐税换卖者时，搜捕查问法当依法中条款奉行。

[illegible]　[illegible]，[illegible] kiej^1 khew^2 [illegible]、[illegible]、[illegible]、[illegible]、[illegible]、[illegible]，[illegible]，[illegible]，[illegible]，[illegible]，[illegible] kiej^1 [illegible] śiə^1、[illegible]、[illegible]，[illegible]，[illegible]，[illegible]、[illegible] kiej^1 khew^2 [illegible]、[illegible] kwã^1 [illegible]，[illegible]、[illegible] xiwəj^1 [illegible]，[illegible]。

一款　售卖敕禁等时，界口主、军将、哨兵、哨长、哨队提点、边点察等知道中，受贿做人情而释放，及闻见无受贿徇情懈怠不捕，自然缺失监视等时，依高低获承罪状降革官职法等，各自明白以外，通界使、商勾当、局分大小受贿释放，闻见无受贿徇情不捕，自然做懈怠缺失监视时，罪状高低获承法，与前述边点察、界口主、管事大小相同，搜捕、计算中换卖敕禁到手放弃，亦依法中当得举赏。

[illegible] xiwəj¹ [illegible]，[illegible]，[illegible]。

一款　诸人换卖售卖敕禁等中，同谋罪互告举亦赔偿当脱罪，依同等法当入得受举赏中。

[illegible] ta¹ ta¹、[illegible] ɣwej¹ ɣwə¹ [illegible] xiəj² [illegible]，[illegible]，[illegible] khow¹ [illegible]，[illegible] thji² [illegible]，[illegible] śjɨ² [illegible]，[illegible] gja² mji² [illegible]，[illegible] śjɨ² [illegible]，[illegible] kiej¹ khew² [illegible] xwej² [illegible]，[illegible]、[illegible]，[illegible]，[illegible]，[illegible] kwã¹ [illegible]，[illegible]，[illegible]。[illegible]，[illegible] xiəj² [illegible]，[illegible]，[illegible]。

一款　诸边鞑靼、回鹘父子一行依附本国，辖属夷族之愍恤以思米面，所赐给商道，买卖者不空所出，地方居民双方情愿买卖，及中间于他人处遣为使人互中出入，在敌人混合时，我方（我们）军民贪利不思大事，依赖轻罪而为使者，其处辎马超额拿过，及敌人买卖时偷偷通过界口背面以草丛茂盛间其处会盟，谓敌方已有卖骆驼、马者不断，有如此违犯者时，增加罪状举赏，门下告举边管事大小，一宗宗承罪法等，与同等售卖敕禁相同。此后让敌人售卖敕禁不便，行放派人，因迎送经过辎人计算行遣法已使明，当奉行。

[illegible] ta¹ ta¹ [illegible]，[illegible]，[illegible] ta¹ ta¹ [illegible]，[illegible]、[illegible]、[illegible]，[illegible] lhjɨ¹ [illegible]，[illegible]，[illegible]、[illegible]

[illegible]，[illegible]，[illegible]，[illegible]，[illegible]，[illegible] xiwəj¹ [illegible]，[illegible]。[illegible]，[illegible] tshə¹ śiə¹、[illegible]、[illegible]、[illegible]、[illegible]，[illegible]，[illegible]，[illegible]，[illegible]。[illegible] gja² mji² [illegible]① [illegible]，[illegible]。[illegible]，[illegible]，[illegible]，[illegible] kjij¹ [illegible]，[illegible] phej² [illegible]，[illegible]，[illegible]，[illegible]。[illegible] kjij¹ [illegible]，[illegible]，[illegible]，[illegible] kia¹ [illegible]，[illegible]，[illegible] kiej¹ [illegible]，[illegible]，[illegible]，[illegible]，[illegible]，[illegible] gja² mji² [illegible]。[illegible]，[illegible]，[illegible] xwej² pjij¹ [illegible]，[illegible]，[illegible]，[illegible]。

一款　依靠韃靼人每年所出买卖者时，本身所定属地迎送边点察虽有名，但其韃靼商人不为多，所出四十、五十、一百以内一种，命令点察累及住滞出处，并且尚未有敕，假若比其以上百、二百跟随排队人数为很多时，一个人考虑不到，无以禁止赶回者，因算各自所情愿处，与行走其远而安定居民，没有换卖敕禁者，不得已不安也。此后为何时来敌商人时，刺史、监军、转运司、主法大人、承旨当值中，以共同轮值各当派一人，当接待名事该接，与边点察当共职，多多准备当值。我们长哨监视人如亦来到地域，接待该为小心。敌商人已出时，多少辎骑范围时当使明，以快速通告，先经边点察并轮值处，接商人等应陪骑时当引导，立即当去长哨背面，迎接商人，辎脚人总数当实使明。经勾当私自令不

① 乙种本只写一个“[illegible]”。

巡值，尚未搅和敌人，不售卖敕禁法，当派大小监管者监，其局其分互相同以执鞭商贾当入城内，通界商勾当之当做嘱咐，有注册文本依法当令买卖，毕时再亦一宗宗如前，勾当以节制当送迎处，长哨背面番人远未至，当驱敌方，我方监察哨等之以重要紧急而指挥。不搅和敌人，不流通敕禁法，过去今后追踪筑道当为回避，当不允许使一畜一人通过出入，有违犯住滞时，按法中条款奉行。

[illegible] [illegible] gja^2 mji^2 [illegible] ta^1 ta^1 [illegible] śjɨ^2 [illegible]，[illegible] phej^2 [illegible]，[illegible] kwã^1 [illegible]，[illegible] kwã^1 [illegible]，[illegible]，[illegible] boo^1 śiew^2、[illegible]① [illegible]，[illegible]，[illegible] xew^1 [illegible]，[illegible]，[illegible]。[illegible]，[illegible]② [illegible]，[illegible]，[illegible]，[illegible]。

一款　我方派鞑靼族中为使者，及其所跟随陪骑等辎脚人应往何，管事者安顿当看地程远近上所应该时当去该派遣，其人所牵辎马比管事者已做计划总数明确，不许超额牵骑一畜一人，其应牵辎马亦属地统边点察当使明毛色、总数，当建册本登记簿标明，没有官马骑私马数当面应置印号，去回迎送管制法依前，敌商人依法当是。后还时辎脚人总数当应先置册本上核对，有已杀已丢亦是否实，当寻找知信人，其处有违犯售卖敕禁者时，当依法中条款奉行。

[illegible] [illegible] thji^2 [illegible]，[illegible]，[illegible]、[illegible]，[illegible] thji^2 [illegible]

① 丙种本佚“[illegible]”二字，据乙种本补。

② 乙种本无“[illegible]”，据丙种本补。

[illegible] $thji^{2}$ [illegible] ① [illegible] $tśjịj^{1}$ $thew^{2}$ [illegible] $thji^{2}$ [illegible] $thji^{2}$ [illegible] $phə^{1}$ [illegible] $tsjiir^{2}$ [illegible]。

一款　售卖敕禁中黑水地等获免死无期徒刑时，为发配黑水无期徒刑而入做苦役中者，与住家户尚未分离、与获不获罪一样，地方依仗族院敕禁不断法，其中已有不利也。此后售卖敕禁中获死罪、免死无期徒刑一种，非黑水地家主，司院不同人买卖以远处出入行驿，违犯黑水边防敕禁等时遣送服无期徒刑做苦役法，当依前所定奉行以外，正头黑水地主及司院不同人中，亦本身是家住黑水地方内等，则一律如前留黑水地，不用发配，当发配蕃地道情，依同等法当入服无期徒刑做苦役中。

[illegible] ② [illegible] $xiwəj^{1}$ [illegible]。

一款　接待商人者入所属松紧事务中，售卖敕禁换卖受贿做人情释放，闻见、无贪徇情不捕为懈怠，自然缺监视等及搜捕计划已牢，放弃敕禁等承罪得功法，与边点察相同，当奉行。

[illegible] ta^{1} ta^{1} [illegible] gja^{2} mji^{2} [illegible] ③ [illegible] xju^{1} [illegible]。

---

① 丙种本多写一“[illegible]”字，乙种本将“[illegible]”写为“[illegible]”。

② 乙种本倒写为“[illegible]”。

③ 丙种本写为“[illegible]”。

一款　前述依靠与鞑靼族买卖时及我方遣使敌中等时，迎送、管制、辎脚人、搜捕、建册本登记簿等，头项行遣应有何，住边副统之事纲纪是实，阶（等级）一种以下应经过副统处，其中有违犯造虚杂者时，由管事监军司引送，当依法中条款奉行。

[illegible]　[illegible] phə¹ [illegible]，[illegible][1] phə¹ [illegible]、[illegible]，[illegible]，[illegible]，[illegible] dźjuu²、[illegible]，[illegible] thow¹ [illegible] mjɨ² njaa² [illegible] śjɨ² [illegible]，[illegible]，[illegible] śiə¹ [illegible]，[illegible][2]，[illegible]，[illegible]，[illegible] gja² mji² [illegible]，[illegible]，[illegible]，[illegible]。[illegible] phə¹、[illegible] ɣwej¹ ɣwə¹ [illegible]，[illegible]，[illegible] phə¹ [illegible]，[illegible] phjɨj¹ [illegible]、[illegible]，[illegible] wjij¹ [illegible]，[illegible] tśjɨ̃¹ ɣjwã¹ tśjiw¹ [illegible][3] tsjiir² [illegible] kjwi¹ te¹ tśjiw¹ [illegible] phə¹ [illegible]，[illegible]。[illegible] kwã¹ [illegible]、[illegible] kiej¹ khew² [illegible][4] [illegible]，[illegible][5] [illegible]，[illegible] ljwij² [illegible] khew²，[illegible] lu² [illegible]，[illegible]，[illegible]，[illegible] phjɨj¹ [illegible] phə¹ [illegible]，[illegible]，[illegible]，[illegible]，[illegible] kwã¹ [illegible]，[illegible]，[illegible] phə¹、[illegible] ɣwej¹ ɣwə¹ [illegible]，[illegible]，[illegible]，[illegible] kwã¹ [illegible]，[illegible]

---

① 丙种本将“[illegible]”讹写，下同。

② 乙种本为“[illegible]战争”。

③ 乙种本似“[illegible]道情”，丙种本似“[illegible]性情”。

④ 乙种本误写为“[illegible]”。

⑤ 乙种本写为“[illegible] rer²”是因为与“[illegible] rer²”同音，属通假。

[illegible]。[illegible] kjij^1 ljiw^2 [illegible] xiəj^2 [illegible]，[illegible]，[illegible] thji^2 [illegible]，[illegible]，[illegible]，[illegible]，[illegible]，[illegible]、[illegible] phə^1 [illegible] tśjiw^1 [illegible] śji^2 [illegible]，[illegible]，[illegible] ① [illegible]，[illegible]，[illegible] tśhjow^1 [illegible]，[illegible]，[illegible] kwã^1 [illegible] ② [illegible]，[illegible]，[illegible]，[illegible]，[illegible]，[illegible] ③。

一款　西隅蕃地等边已归，敌方吐蕃僧人水里水外、边疆内地一样，何所利处依次以买卖马，说已有汉人出入贩卖者不少万数，本国与女（真）、汉不同，驼背连续弥娘骑乘轻省，因依与疾暴性气骑驭一种，为行使处很多，巧计之后设阵于争斗处战骑，是行军处上需要，储积增长足于黑暗中，我方百姓之依命用，斩伐骑辎，他国拿过者上等不安，所谋算已有很多，需抓紧做除断（禁止）。依一如其敌方吐蕃、回鹘人不同，贩卖马者人已多，辖属蕃地水里水外，敌方中及近便南、西院等处寻找不买，不得已来往出入道，亦镇原州道情归德州等中间不同蕃族等中，尚未有不过处。管事统边点察、界口主等与边塞监察哨前不同，慎察当系盾于他人出入所有处，十岭一关口，要路干道上接待者当令值住，互相间应抓紧，无论昼夜应巡值，一面应沿近便蕃地部搜寻，应以寻找知信人所贯通方便观处，没有障碍，来往分明，及管事处所过见用，有谕文等依法该出入以外，敌方吐蕃、回鹘不同僧人，牵马过无知觉者，存在疑罣者当捕，该报告管事处来纳，售卖敕禁捕举赏依法当得功赏。其上

---

① “[illegible]”二字丙种本佚，据乙种本补。

② 丙种本写为“[illegible]”。

③ 乙种本为“[illegible]不许”，丙种本为“[illegible]许”。

经略人亦知中间夷族道情行互说了解，他人谋略放弃，得察底下当派能胜任能人，恐有贩买敕禁马于边内，所疑处以专心致志，当接待一宗宗地查寻，过去今后其局其分该做，沿都南、西院蕃地州有市场榷场，多少买马者有何，悄悄派人作为监察，其中敌方不同人，频频买马所长所重，有怀疑不觉时应当捕审，管事大小人对此事应查问行遣，头项懈怠放松当值释放入不肖中，及假若进来处明知觉没有疑罣，对人操横要斜门，怕其寻吃贿贿，来往出入者当不允许依院筑道。

[illegible] [illegible] su^{2}、[illegible] śia^{1}、[illegible] kiwa^{1} tśjiw^{1}、[illegible]，[illegible]，[illegible]、[illegible]、[illegible]，[illegible]，[illegible] kwã^{1} [illegible]，[illegible]，[illegible]。

一款　肃州、沙州、瓜州、黑水等处每有买卖者出入，自己需所行，有种种金银器物、辔鞍、腰带等中者以外，尔后自然恐有拿出金银者，司隶属管理者当派人搜查，如其有则当依法按违法判决，实物当令还内地。

[illegible] [illegible]，[illegible]①[illegible]，[illegible] tśhjow^{1} [illegible]，[illegible]，[illegible]。

一款　边中沿市场敌方不同人，买卖寻利中频频多买金，所长且重，有怀疑不认识等，则该捕并审问。

[illegible] [illegible] su^{2}、[illegible] śia^{1}、[illegible] kiwa^{1} tśjiw^{1} [illegible] thej^{1} śji^{1} [illegible]，[illegible]，[illegible]，[illegible]。

一款　肃州、沙州、瓜州每个住大食商人，当慎察管制牢靠，敌人混杂，当不许售卖敕禁物等。

（[illegible]）[illegible] gja^{2} mji^{2} [illegible] thew^{1} [illegible] sew^{1} sew^{1} [illegible]，[illegible]

① 《亥年新法》第七此前甲种本佚缺，以下有。

[illegible] kiej^1 khew^2 [illegible] xwej^2·iow^2，[illegible]，[illegible] kiej^1 khew^2 [illegible]，[illegible]，[illegible]，[illegible] gja^2 mji^2 [illegible] kiej^1 khew^2 [illegible]，[illegible]，[illegible]、[illegible]，[illegible] sew^1 sew^1 [illegible] kwã^1，[illegible]① [illegible] kiej^1 khew^2 [illegible]② [illegible]，[illegible]。

（一）我们透过（渗透）人往敌方搜寻消息（情报）时，边点察与界口主不回应，擅自入敌地纵深地域沿风梁等与敌遇撤退，亦与哨界口主互所未见，偷偷溜过出入者，敕禁流漏已有患，我方透过人所应出入不同界口处，当依次经过属地边点察处，应该嘱咐搜地哨兵之，透过人持拿何武器、敕禁物总数当使明，应往何处所出发与归期，亦从何处来当归，该计算先持物数，边事消息亦边点察处该管，提振易透过人不经属地界口主处不许私自出入，有违犯者时徒三年。

[illegible] [illegible] dźjuu^2 [illegible] xwej^2·iow^2 [illegible]，[illegible]，[illegible]，[illegible] sew^1 sew^1 [illegible]，[illegible]，[illegible]，[illegible]，[illegible]，[illegible]，[illegible] xwej^2 ·iow^2 [illegible]，[illegible] xwej^2 ·iow^2 [illegible]，[illegible]，[illegible] lhjɨ^1 [illegible]，[illegible] gja^2 mji^2 [illegible]，[illegible]、[illegible] dźjuu^2 [illegible]，[illegible] śiã^1 [illegible]，[illegible] gjɨ^2 mji^2 [illegible]，[illegible] po^1 [illegible]，[illegible] sew^1 sew^1 [illegible] lji^1 xej^1 [illegible]，[illegible]

---

①职官名“[illegible]”甲种本误写为“[illegible]”，从乙、丙种本；甲种本异写为“[illegible]”，乙、丙种本为“[illegible]”。

②甲种本误写。

[illegible]，[illegible]，[illegible] kjij^{1} tha^{2}① [illegible]，[illegible]，[illegible] sew^{1} sew^{1} [illegible] lji^{1} xej^{1} [illegible]，[illegible]，[illegible] kiej^{1} khew^{2} [illegible]，[illegible]，[illegible]，[illegible] gjɨ^{2} mji^{2} [illegible]，[illegible]，[illegible] po^{1} [illegible]，[illegible]，[illegible]，[illegible]，[illegible]，[illegible]，[illegible] gjɨ^{2} mji^{2} [illegible]，[illegible] ② [illegible]，[illegible]，[illegible] śjow^{1} [illegible]，[illegible]，[illegible]，[illegible]，[illegible] gjɨ^{2} mji^{2} [illegible]，[illegible]，[illegible]，[illegible] tśhjwã^{1} xwej^{2}。

一条　女人（女真人）来本国投诚者中，预先通知人回应话习惯迟钝者，敌人何人根，投番国有何目的，不同消息话知何等，于投诚者处该仔细查问，则以长所设期限，一面是否应承接，应告奏京师，受回应依何时节没有计算用行，若无回应话，以速来投诚及已回应所设期限，又该心悔先期来做等时，告奏待寻谕文不累及，则当令我们哨口上值住，番、女（真）属谁应立即查找，其中番人及番国旧投诚汉山主等来索取者，则说是我方人该还给，拒做禀告真敌人中，知兵马秘事消息有利害掌大事者情况当使明，遂以火速告奏，敌人来索取者，亦告达（彼此）中以推委很久，等待京师谕文，尔后有不知消息利害尚未掌事者，敌人不知寻有无索取者一样，投诚人在界口上当做遣发，应该遇踪迹，敌人来取者，则该说你们未曾来我方处再还，若是你们人中已经用应追踪，又报投诚者纵火，敌人闻见追者，应为随后亦其处着手者，因非真与心眼契合，以后招摄投诚途中

① 疑“[illegible] kjij^{1} tha^{2}”为“[illegible]彼此”之误写。

② 甲种本仅存第2条最后两款至第3条，此处见《俄藏黑水城文献》第9册第165页上—166页上。

不利，因已有所思患，追索者随之谓恐是我们的人，寻找人是你们人，则依和合道理还给人，常守处有何而应说相当长，投诚者人如前该做遣发，当遇踪迹立便与追敌人者引导相遇，你们人来我们处还给，将还中所逃跑再归你们中所逃遁，若说是踪迹应令见，该以温柔传回。

（[illegible]）[illegible] tśhjɨ^{1} tã^{1}、[illegible] śiã^{1} [illegible] xiəj^{2}，[illegible]，[illegible] njaa^{1} mja^{1}·jiw^{2} tsjij^{2} [illegible]，[illegible] ·ã^{1} phie^{1} [illegible]，[illegible] śiã^{1} [illegible]、[illegible]①xã^{1} dźjiw^{2} [illegible]，[illegible] lej^{1} xã^{1} xã^{1} [illegible]，[illegible] piã^{1} tśjɨj^{1} [illegible]，[illegible] xã^{1} dźjiw^{2} [illegible]，[illegible] śjɨj^{1} [illegible]，[illegible]，[illegible]、[illegible]、[illegible]，[illegible]②·jijr^{1} [illegible]，[illegible]、[illegible]、[illegible]，[illegible]，[illegible]、[illegible]、[illegible]，[illegible] tã^{1} śjĩ^{1} [illegible]，[illegible]、[illegible]，[illegible]，[illegible]，[illegible] piã^{1} [illegible] tśjɨj^{1}，[illegible] kwã^{1} [illegible]，[illegible]，[illegible]□，[illegible]，[illegible] xã^{1} dźjiw^{2} [illegible] xiəj^{2} [illegible] xã^{1} xã^{1} [illegible]，[illegible] kwã^{1} [illegible]。

（一）国内投诚者中契丹、汉山主已行，从前沿南西院下来让住，后到南院娘妈窑井采金（淘金），体工一院一千六百人已做安排，时山主投诚者大狗、汉牛仔（憨脑子）等，汉投诚者赖憨憨等二类人借采金虽

---

① “[illegible]”本义是汉年，指过年、除夕，此处应是人名译音。

② “[illegible] ·jijr^{1}”为借“[illegible] ·jijr^{1}”音，表其义，“[illegible]”字面为软硬，表示偷盗与强盗。

然入体工中，但整籍簿班簿所无，其汉牛仔等所躲避他国劳苦而图安乐近便，已投诚本国此刻入采金重役中，则养投诚不成无利，该有所思患，此后边塞、内地、京师获罪所判决中，有危害及谋逆中牵扯偷盗强盗，使军、奴婢及有官及免、酌减，之后长期徒刑人等以外，尔后犯罪中应获死罪、免死、无期徒刑三种长期徒刑有多少等，孤独一人单身无担保者等当减，家中有妻眷有知信担保者则获免死一种，依法该受黥棒，获无期、长期徒刑黥棒数当免，与自己妻眷结伴贪污，应送于采金勾管处并入采金体工中，籍簿班簿当正，获罪人数到往管事处，则今后所莫入因恩解脱中，定数一千六百人，人数不足时，汉牛仔等一行类及又该与憨憨等一起排队采金体工中应过，先为自己管处当往明处。

[illegible] [illegible]，[illegible]，[illegible]，[illegible]，[illegible]，[illegible] lu[2] [illegible]① [illegible] thew[2]，[illegible] kjwi[1] [illegible] tshja[2]，[illegible]，[illegible]，[illegible]，[illegible]，[illegible]。

一条　国家中所需用中铜银一种，至万物之价值算作是本源，匠人凡民等大理大事，大小不思所贪利，敌界偷偷贩卖损坏，铸锻不同法物诸器皿，熔炉先铸铜变鍮，依次先制变卖求利而钱贵物贱，民庶互处为牧灌靠基艰难，重罚罪状建立除断需要，依一门下举报出承罪行遣法，情况已弄明，当依条下公布款项奉行。

[illegible]　[illegible]，[illegible]，[illegible]，[illegible]，[illegible] śiə[1] [illegible] thew[2]，[illegible] swej[1] [illegible]

① 乙种本、丙种本所写字书未见，以“[illegible]”字代替。

tśjij^{1} [illegible]

一款　诸寺臣民等有需用，诸物数已使明，条下所示以外，其他不同法物诸器皿，新铸打造隐造不使用铜变鍮，先制有旧碎当不许不做整全，若违犯他人告举时，不论多少徒三年，举报奖赏二十缗钱，门下举报则三两以上一样，当妻眷、媳、使军、奴婢举报出，承罪法与其他人相同。

[illegible]、[illegible]①、[illegible] dźiew^{1} phã^{1}、[illegible]、[illegible]、[illegible]②lo^{1} [illegible] ljɨ^{1} nju^{1}、、[illegible] ·iow^{2} tsjɨ^{1}、[illegible] tśhjụ^{1} tśhjụ^{1} [illegible]、[illegible] mja^{1} dźji^{1} tsjij^{2} ljij^{1}、[illegible] xa^{1} tsjɨ^{1}、[illegible] xã^{1} ljij^{1}、[illegible] śjiw^{2} thew^{2} ljɨɨ^{1} tsjɨ^{1}、[illegible] tjij^{1} śiəj^{1} phã^{1} tsjɨ^{1}、[illegible] mẽ^{1} phã^{1} dźjiw^{1}·jã^{1}、[illegible] xu^{1} ɣew^{1} [illegible]、[illegible] gjaa^{1} djii^{1}、[illegible]、[illegible] tjij^{1} khjwã^{1}、[illegible] xiow^{2} sjwi^{1} thã^{1} thew^{2}、[illegible] phã^{1}、[illegible] mã^{1} djaa^{1} ·ja^{2}、[illegible]、[illegible]、[illegible] śiəj^{1} xwo^{2} boo^{2} [illegible]、[illegible]、[illegible] tśhiej^{2} xiow^{2} xwo^{2} tsjwi^{1}、[illegible]、[illegible]、[illegible]、[illegible] phia^{1} [illegible] źu^{2} tjij^{1} [illegible] tjij^{1}。

功德佛像、磬钟、铙钹、净瓶、香炉、郎烈女（罗宝女）、铸佛像样子、金刚铃金刚杵处处用碟子、佛前神及各种供养、摩尼殿帘、香盒子、宝塔寺及其中寒林、兽头幡子（兽头檩子）、定生盘子、门襻纽掩、富豪布满二桌、严泥、长寿灯、具鼓定郡、祥瑞抬头、施食用盘、曼荼野、镜子、大小金鼓、身具上及生火木等、辔鞍用、柴巷火賸、刀剑种种武器上用、农筋匙治眼用、印、盘发冠上衣褥垫帐垫。

① 本应为"[illegible]"，乙、丙种本均写为"[illegible]"。

② 乙、丙种本"[illegible]"字似误写。

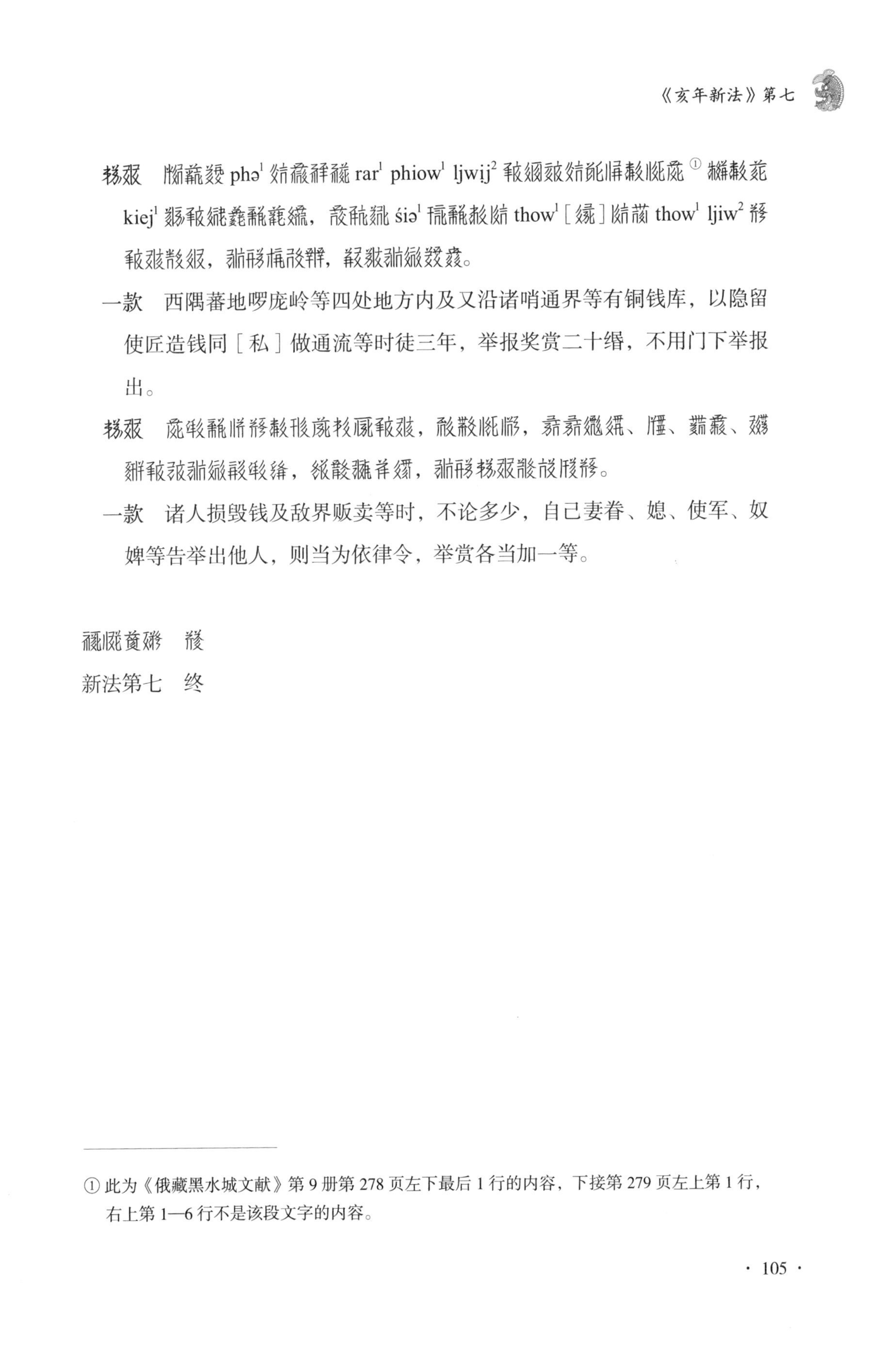

[illegible] [illegible] phə^{1} [illegible] rar^{1} phiow^{1} ljwij^{2} [illegible]① [illegible] kiej^{1} [illegible]，[illegible] śiə^{1} [illegible] thow^{1}［[illegible]］[illegible] thow^{1} ljiw^{2} [illegible]，[illegible]，[illegible]。

一款　西隅蕃地啰庞岭等四处地方内及又沿诸哨通界等有铜钱库，以隐留使匠造钱同［私］做通流等时徒三年，举报奖赏二十缗，不用门下举报出。

[illegible] [illegible]，[illegible]，[illegible]、[illegible]、[illegible]、[illegible]，[illegible]，[illegible]。

一款　诸人损毁钱及敌界贩卖等时，不论多少，自己妻眷、媳、使军、奴婢等告举出他人，则当为依律令，举赏各当加一等。

[illegible]　[illegible]

新法第七　终

① 此为《俄藏黑水城文献》第 9 册第 278 页左下最后 1 行的内容，下接第 279 页左上第 1 行，右上第 1—6 行不是该段文字的内容。

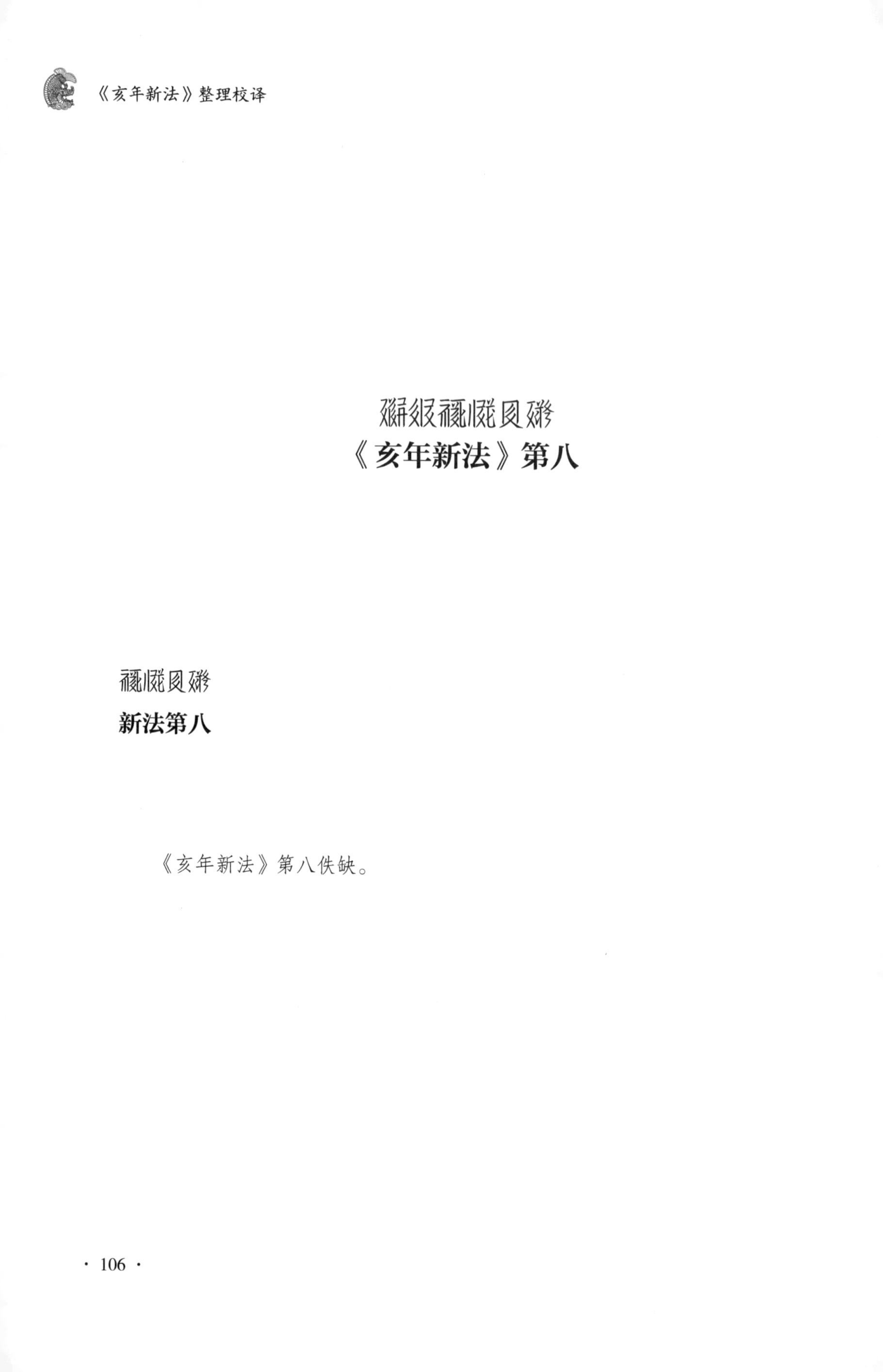

[illegible]

《亥年新法》第八

[illegible]

新法第八

《亥年新法》第八佚缺。

《亥年新法》第九

《亥年新法》第九有甲种本残卷二十三叶，抄写潦草难辨，编号为俄Инв.No.3809，见《俄藏黑水城文献》第9册第166页下—177页下。

《俄藏黑水城文献》第9册第167页左下与《俄藏黑水城文献》第9册第291页左下第4—9行为同一文献，似《亥年新法》第九之内容，疑是对《天盛律令》第九“事过问本迟门”的补充条款；《俄藏黑水城文献》第9册第168页右上，与《俄藏黑水城文献》第9册第287页右下A面为同一文献；《俄藏黑水城文献》第9册第169页左上最后1行与右下第1—5行《亥年新法》（甲种本）第九的内容，与编为《俄藏黑水城文献》第9册第288页下《亥年新法》（丁种本）第十（16-9）与第289页上《亥年新法》（丁种本）第十（16-10）第1-6行的内容相同，这些条文不是《亥年新法》第十的内容，两个抄本可互补；《俄藏黑水城文献》第9册第170页上第11—14行与《俄藏黑水城文献》第9册第289页上第7—10行为同一文献；《俄藏黑水城文献》第9册第289页上第11—15行编为《亥年新法》（丁种本）第十（16-10）的内容，与《俄藏黑水城文献》第9册第170页下第1—5行编为《亥年新法》

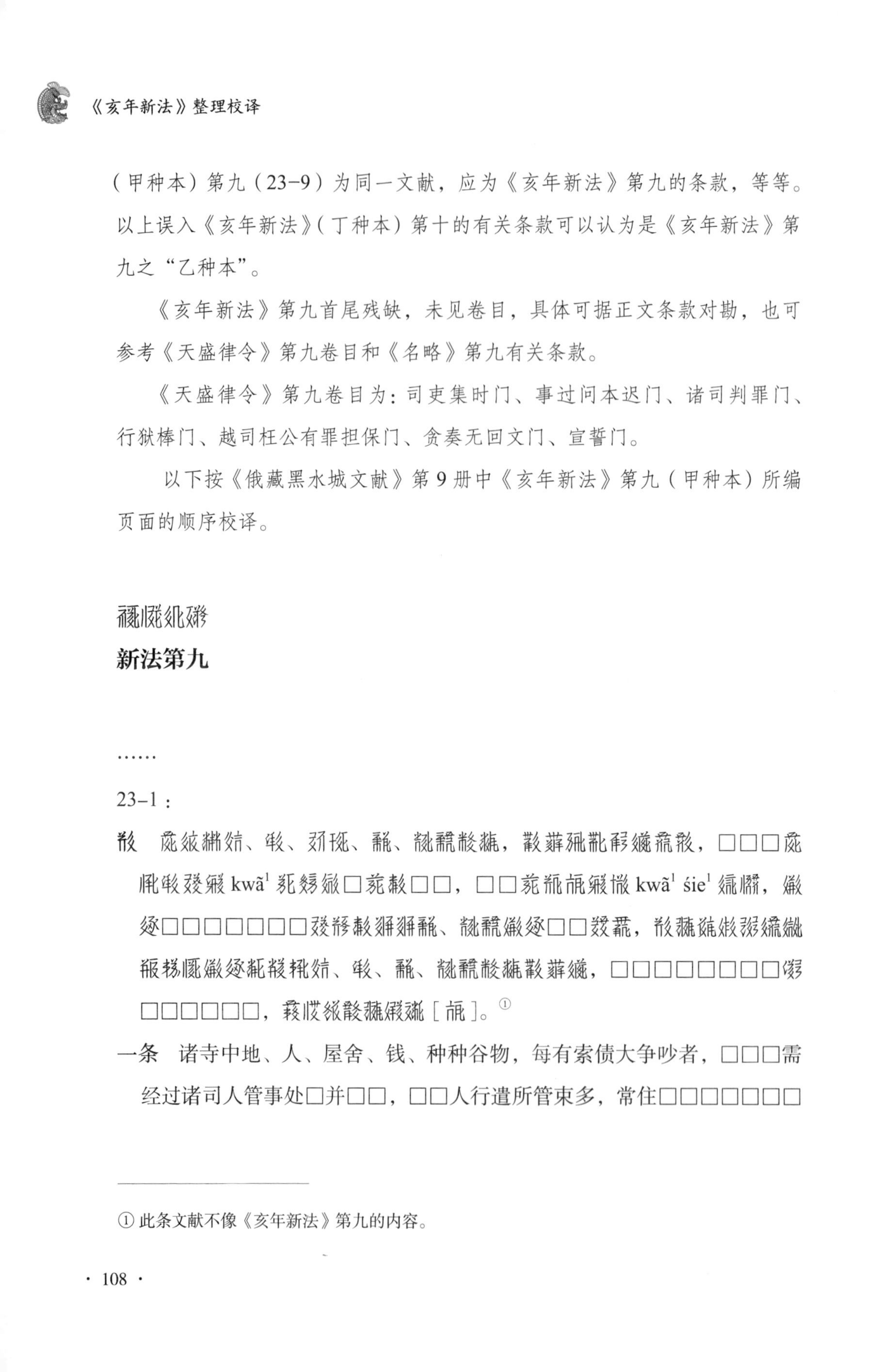

（甲种本）第九（23-9）为同一文献，应为《亥年新法》第九的条款，等等。以上误入《亥年新法》（丁种本）第十的有关条款可以认为是《亥年新法》第九之“乙种本”。

《亥年新法》第九首尾残缺，未见卷目，具体可据正文条款对勘，也可参考《天盛律令》第九卷目和《名略》第九有关条款。

《天盛律令》第九卷目为：司吏集时门、事过问本迟门、诸司判罪门、行狱棒门、越司枉公有罪担保门、贪奏无回文门、宣誓门。

以下按《俄藏黑水城文献》第9册中《亥年新法》第九（甲种本）所编页面的顺序校译。

[illegible]

新法第九

……

23-1：

[illegible]　[illegible]，□□□[illegible] kwã¹ [illegible]□[illegible]□□，□□[illegible] kwã¹ śie¹ [illegible]，[illegible]□□□□□□□□[illegible]□□[illegible]，[illegible]，□□□□□□□□□[illegible]□□□□□□□，[illegible]［[illegible]］。[1]

一条　诸寺中地、人、屋舍、钱、种种谷物，每有索债大争吵者，□□□需经过诸司人管事处□并□□，□□人行遣所管束多，常住□□□□□□□□

① 此条文献不像《亥年新法》第九的内容。

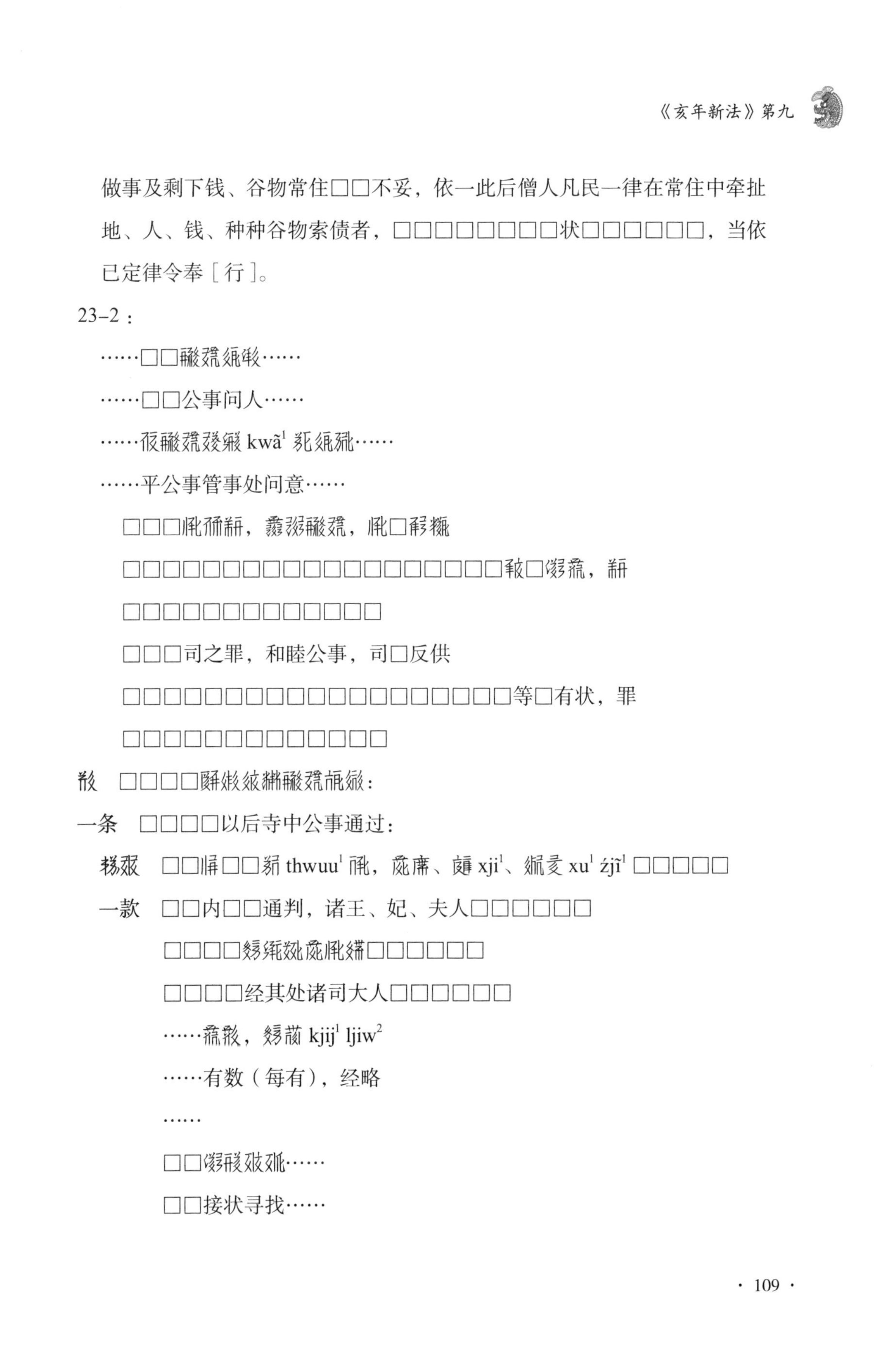

做事及剩下钱、谷物常住□□不妥，依一此后僧人凡民一律在常住中牵扯地、人、钱、种种谷物索债者，□□□□□□□□状□□□□□□□，当依已定律令奉［行］。

23–2：

……□□[illegible]……

……□□公事问人……

……[illegible] kwã^{1} [illegible]……

……平公事管事处问意……

□□□[illegible]，[illegible]，[illegible]□[illegible]

□□□□□□□□□□□□□□□□□□□[illegible]□[illegible]，[illegible]

□□□□□□□□□□□□□

□□□司之罪，和睦公事，司□反供

□□□□□□□□□□□□□□□□□□□□等□有状，罪

□□□□□□□□□□□□□□

[illegible]　□□□□[illegible]：

一条　□□□□以后寺中公事通过：

[illegible]　□□[illegible]□□[illegible] thwuu^{1} [illegible]，[illegible]、[illegible] xji^{1}、[illegible] xu^{1} źjĩ^{1} □□□□□

一款　□□内□□通判，诸王、妃、夫人□□□□□□

□□□□[illegible]□□□□□□

□□□□经其处诸司大人□□□□□□

……[illegible]，[illegible] kjij^{1} ljiw^{2}

……有数（每有），经略

……

□□[illegible]……

□□接状寻找……

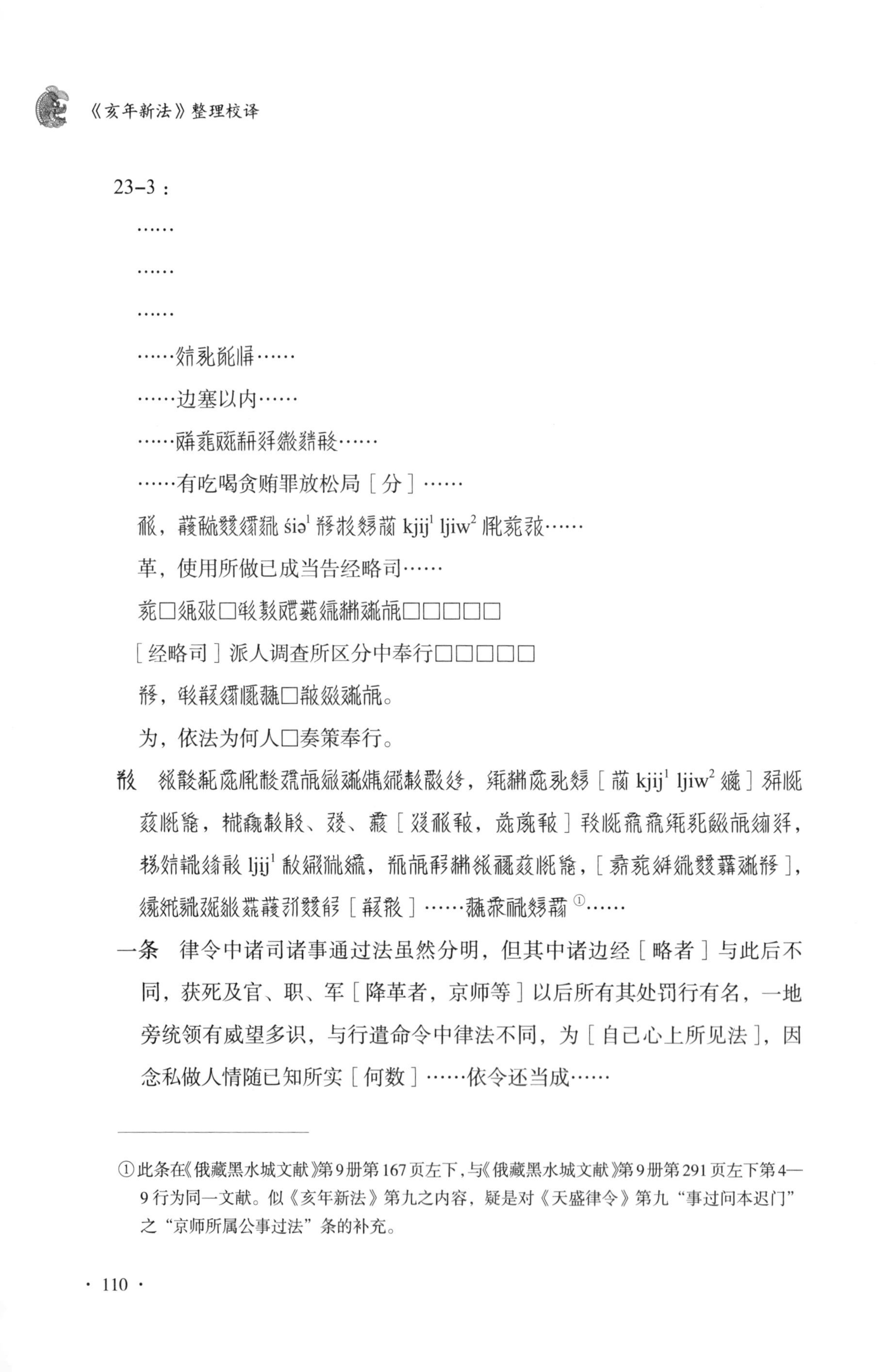

23-3：

……

……

……

……[illegible]……

……边塞以内……

……[illegible]……

……有吃喝贪贿罪放松局［分］……

[illegible]，[illegible] śiə¹ [illegible] kjij¹ ljiw² [illegible]……

革，使用所做已成当告经略司……

[illegible]□[illegible]□[illegible]□□□□□

［经略司］派人调查所区分中奉行□□□□□

[illegible]，[illegible]□[illegible]。

为，依法为何人□奏策奉行。

[illegible]　[illegible]，[illegible]［[illegible] kjij¹ ljiw² [illegible]］[illegible]、[illegible]、[illegible]［[illegible]，[illegible]］[illegible]，[illegible] ljij¹ [illegible]，[illegible]，［[illegible]］，[illegible]［[illegible]］……[illegible][1]……

一条　律令中诸司诸事通过法虽然分明，但其中诸边经［略者］与此后不同，获死及官、职、军［降革者，京师等］以后所有其处罚行有名，一地旁统领有威望多识，与行遣命令中律法不同，为［自己心上所见法］，因念私做人情随已知所实［何数］……依令还当成……

---

① 此条在《俄藏黑水城文献》第9册第167页左下，与《俄藏黑水城文献》第9册第291页左下第4—9行为同一文献。似《亥年新法》第九之内容，疑是对《天盛律令》第九“事过问本迟门”之“京师所属公事过法”条的补充。

23–4：

……［[illegible]］[illegible]，[illegible]［[illegible]］：

……［法］已使明，［当］依以下公布款项［奉行］：

［[illegible]］□□[illegible]，[illegible]……[illegible] kjij¹ ljiw²、[illegible] tshə¹ śiə¹ [illegible]……[illegible]……□□［[illegible]］[illegible] ① [illegible]，[illegible]（[illegible]）② [illegible]，[illegible]、[illegible]、[illegible]（[illegible]）③ [illegible] thji² kju¹ [illegible]，[illegible] □□□□□[illegible]，[illegible] śjij¹ [illegible]、[illegible]，[illegible]、[illegible] tshə¹ śiə¹ [illegible]，[illegible]，[illegible] ④……

［一款］□□司所调查诸事中，或……所告经略、刺史……或当为仔细问话，……□□接状中查阅怠慢，及所冤枉事没有则因告者添言，罪当解除当还，若所怠慢是实，则局分都案、案头、司吏当依律法做判决，情形依旧当随送为提举，若已冤枉则□□□□□令使明，当报告文武臣中书、枢密，中书、枢密大人于刺史处做换司审问，令另派人查问等，安……

[illegible] [illegible]□□□□□□□[illegible]□[illegible] kjij¹ ljiw² [illegible]，[illegible]□□□[illegible]［[illegible]］[illegible]，[illegible] kjij¹ ljiw²［[illegible]］[illegible]。

---

① 此前为《俄藏黑水城文献》第 9 册第 168 页右上的内容，之后与《俄藏黑水城文献》第 9 册第 287 页右下文献互补。

② “待”：《俄藏黑水城文献》第 9 册第 168 页右上为“[illegible]”、《俄藏黑水城文献》第 9 册第 287 页右下为“[illegible]”。

③《俄藏黑水城文献》第 9 册第 168 页右上为“[illegible]令”、《俄藏黑水城文献》第 9 册第 287 页右下为“[illegible]法”。

④ 此条在《俄藏黑水城文献》第 9 册第 168 页右上，与《俄藏黑水城文献》第 9 册第 287 页右下 A 面为同一文献，此处将二者缀合，似《亥年新法》第九之内容，疑是对《天盛律令》第九“事过问本迟门”之“告中添言”条的补充。

一款　状处索文依律法当查问并告□□□□□□□诉讼语皆于经略诉讼，以下诸司局分大小□□□每有所枉怠慢吃喝行贿者，当不许经略处所行接状审问。

23–5：

[illegible]　[illegible] phə^{1} [illegible]，[illegible] ·ã^{1} phie^{1} kwã^{1} [illegible]，[illegible]、[illegible] lwã^{1} [illegible] kwã^{1} [illegible]，[illegible] ljɨj^{1} ljɨj^{1} [illegible]，[illegible] kwã^{1} [illegible] tśhjow^{1} [illegible]，[illegible] kjij^{1} ljiw^{2} [illegible]□[illegible]［[illegible]］，［[illegible]］[illegible] tsjij^{2} tshə^{1} [illegible] ·ã^{1} phie^{1} kwã^{1} [illegible]。[illegible]［[illegible]］□□□□[illegible]，[illegible] xju^{1} [illegible]，[illegible]，[illegible]，[illegible]，[illegible]，[illegible]□[illegible]，［[illegible]］[illegible] kjij^{1} ljiw^{2}、[illegible]［[illegible]］ tshə^{1} śiə^{1} □□□[illegible]。

一款　东南西北蕃地边，安排管官谷物所放工院，为勾管者通乱管帐下军粮、地人等实数，虽然是另外酷职，但管派法于职事处常长住很久，与确定司一样在隶属经略中明确，则按中等司序级次经过安排管等。其中□□□□饮酿酒私造踩曲，官谷物掺虚杂，所催促赔等，所多于本人处枷拘应决断，有不知所为遮掩过尚未入通行中，则局分大小释放懈怠拘囚长民庶劳苦不安也，此后□劝，有［一］二寒冷酷热则拘囚经略、刺史□□□依一款遮掩过作为入通行中。

[illegible]　[illegible] kjij^{1} ljiw^{2} [illegible] tśjɨj^{1} [illegible]，[illegible]，[illegible] kwã^{1} [illegible]□[illegible]□[illegible]，[illegible] tśjɨj^{1} tow^{1} [illegible]，[illegible]□□[illegible]，[illegible]，[illegible]，[illegible]。

一款　经略正统本人及其之不依他人说兄弟孩子者等，有没有做工量者时，已告管事诸司详裁已至而作住滞，局分大小人谋行淫而整多不区分，有陈告状□□者，及又无陈告者，亦如其知见何等，知情乃遇一宗宗通京师告奏。

23-6：

[illegible] [illegible] ·ã^{1} phie^{1} kwã^{1} [illegible]，[illegible]、[illegible]［[illegible]］[illegible]，[illegible]［[illegible]］□□□□[illegible]，[illegible]，[illegible] kjij^{1} ljiw^{2} [illegible]［[illegible]］[illegible]，[illegible]。

一款　安排管官谷物所放工院，军粮、帐下地人勾管者已枉所迟滞，当接状□□□□有告者时，依接状审问法显明，经略司人中牵扯行遣法，分明当依法奉行。

[illegible] [illegible] tshə^{1} śiə^{1}、[illegible]□□□□[illegible] xju^{1} [illegible]，[illegible]，[illegible] tshə^{1} śiə^{1} [illegible]，[illegible]……[illegible] xju^{1} [illegible]，[illegible]□□[illegible]，[illegible]，[illegible]。

一款　刺史、局分所区分诸事中位□□□□虚已拘，因有官大获罪不招出，刺史人当看于情节轻重，并非审问干连人（当事人）……一面臣僚中审问虚已拘，大事不招不逼供□□，则依法当枷拘，事小及状少有线索等当不许被枷拘。

23-6-7、23-8：

[illegible] [illegible] ·ã^{1} phie^{1} [illegible]［[illegible]］，[illegible]，[illegible]［[illegible]］[illegible]，[illegible]，[illegible]、[illegible]，[illegible]，[illegible]□□，

[illegible]，[illegible]，[illegible]①[illegible]，[illegible]、[illegible]，[illegible]，[illegible]，[illegible]（[illegible]）②[illegible]，[illegible]（[illegible]）③[illegible]，[illegible]，[illegible] ·ã[1] phie[1] [illegible]，[illegible]，[illegible] xwa[2] [illegible] ljij[1] ljij[1] [illegible]（[illegible]）④[illegible]，[illegible]。[illegible] śiə[1] [illegible]，[illegible] ·iow[2] [illegible]⑤[illegible]，[illegible]。[illegible]，[illegible]，[illegible]，[illegible]，[illegible] śiā[1] [illegible]，[illegible]，[illegible]，[illegible]。[illegible] śji[2] [illegible]，[illegible]、[illegible]、[illegible]、[illegible]。[illegible]，[illegible]，[illegible] tshə[1] śiə[1] [illegible]，[illegible] kjij[1] [illegible]（[illegible]）⑥[illegible]，[illegible]，[illegible] kwā[1] [illegible] xwej[2] ·iow[2] [illegible] xwej[2] ·iow[2]，[illegible]。

① 此前为《俄藏黑水城文献》第 9 册第 169 页左上最后 1 行与右下第 1—5 行《亥年新法》（甲种本）第九的内容，之后与编为《俄藏黑水城文献》第 9 册第 288 页下《亥年新法》（丁种本）第十（16-9）与第 289 页上《亥年新法》（丁种本）第十（16-10）第 1—6 行的内容相同，这些条文不是《亥年新法》第十的内容，两个抄本可互补。

②《俄藏黑水城文献》第 9 册第 169 页左下有“[illegible]”字，《俄藏黑水城文献》第 9 册第 288 页右下无此字。

③《俄藏黑水城文献》第 9 册第 169 页左下有“[illegible]”字，《俄藏黑水城文献》第 9 册第 288 页右下无此字。

④《俄藏黑水城文献》第 9 册第 169 页下第 11 行为“[illegible]”字，《俄藏黑水城文献》第 9 册第 288 页下第 6 行为“[illegible]”字。

⑤ 此字之前为《俄藏黑水城文献》第 9 册第 288 页右上编入《亥年新法》第十的内容，与第 288 页右下的内容相同。

⑥《俄藏黑水城文献》第 9 册第 170 页左第 1 行有“[illegible]”字，《俄藏黑水城文献》第 9 册第 289 页右上第 4 行无此字。

一款　安排分西官谷物，［亦］局分每年依公所需侍奉，牛羊秋毛织白黑粗褐需何数，因依时节量卖居民中谷物，虽双方情愿买者有名，但买者、局分大小应于治民而不思一样当办事，以贪贿所卖种种总数多□□，尚未算写，地院居民没有畜物贫富一样，对所有皆侵扰，以其吃喝受贿、伤害居民不安，已有所思患，此后每年因公所侍奉，织毛褐各种不同物以外，横事所准备有何数，居民寻找买卖者，愿不用派别人，做安排者，局分先前沿榷场买卖酥者，局分大小一伙许另令在已有处挂名所行，黑白货按总数明布榷场。一宗宗依法现卖诸物所需使用，能达到式样好精当给现钱该买，准备当处何时用时所买已无住滞。所说原罪先何数足被擒则说所没有，假若所买贱苦不但需要时间，并且榷场无卖者，因公急需，山里居民中是不得已不买等，则当派知信能人，能在有居民户者所有处现卖依法当给现钱，双方情愿当买。其中有识有敬可买卖，当不许贿贿而做人情释放、伤害贫民、压低价钱贱买者、彼此中知道而欺压、吃喝受贿。一面所派其局分大小人，高下不掺虚杂法，刺史大人亦派中间人，当令做监察，闻见何一宗宗当使明在上，与管事者应回应当回应，应告奏京师当立即告奏。

23–8：

[illegible]　[illegible] tshə[1] śiə[1] [illegible]、[illegible] kjij[1] ljiw[2] [illegible]，[illegible]，[illegible] kjij[1] ljiw[2] [illegible]，[illegible]，[illegible]，[illegible] kwã[1] [illegible]。[1]

一款　刺史大人、经略司有所送局分文本时，当使明情由，经略司当令送，彼此推委拒续，已报告不送则局分每人之近处当令传呼，一面应告

①《俄藏黑水城文献》第9册第170页上第11—14行与《俄藏黑水城文献》第9册第289页上第7—10行为同一文献，二者互补。

奏管事处当告奏。

23-9：

[illegible] kjij[1] ljiw[2] [illegible] śjij[1] [illegible][①] [illegible]

一款　中书、枢密并告诸司，以谕文、圣旨派人，令查问诸边经略地方中种种公事，其人中诉讼说所冤枉不服，有告喊者时当接状，其人接本莫急不服从，当使明情由，当告京师文武臣中书、枢密，应如何查问，当寻谕文。

[illegible] kjij[1] ljiw[2] [illegible] tshə[1] śiə[1] [illegible] tshə[1] śiə[1] [illegible] kjij[1] ljiw[2] [illegible] kjij[1] ljiw[2] [illegible]［[illegible] kjij[1] ljiw[2] [illegible]］[illegible]

一款　经略人所区分诸事中决断未出，谓枉上□而去做，因有刺史职告状者，先前接本行遣不便，刺史亲自当对经略人劝一二遍，依律法文枉法有情理应当说，是经略人接状者再区分律法义上决断，则当劝［经略人］，亦听闻不传，则接本行遣法先后颁出，当依所令明奉行。

[illegible] kjij[1] ljiw[2] [illegible] tshə[1] śiə[1] [illegible]（[illegible]）[illegible] tsjij[2] tshə[1] [illegible] kjij[1] ljiw[2] [illegible]

① 此前为《俄藏黑水城文献》第9册第289页上第11—15行编为《亥年新法》（丁种本）第十（16-10）的内容，与《俄藏黑水城文献》第9册第170页下第1—5行编为《亥年新法》（甲种本）第九（23-9）为同一文献，应为《亥年新法》第九的条款。

一款　经略刺史者司阶高低级次不高需确定，依一此后诸司本事至，因有遣送人所转交文本，次等司验文当传并报告经略司。

23-10A2—23-13A2：

[illegible]　[illegible] kjwi¹ xia¹ [illegible]，[illegible]。

一条　匦匣司人行遣法已使明，当依以下公布款项奉行。

[illegible]　[illegible]:[illegible]、

[illegible]，[illegible] kjwi¹ xia¹ [illegible]□[illegible]，[illegible] kjwi¹ xia¹ [illegible]，[illegible]□□□，[illegible]，[illegible] kjwi¹ xia¹ [illegible]，[illegible] kjwi¹ xia¹ [illegible]，[illegible]□[illegible]，[illegible] khã¹ thu¹① [illegible]。

一款　御前告法：官人、

王依法出，则匦匣多少前持□入内等，年年出亦匦匣司局分大小当验，告接状□□□，官人尚未出住内宫，则御前告状匦匣大内一起当入，匦匣司人一宗宗当奏，当依法区分并奉行，其他所有及刊图等接状。

[illegible]　[illegible]、[illegible]，[illegible]、[illegible] sã¹ kow¹、[illegible] xji¹、[illegible] xu¹ źjĩ¹、[illegible]［[illegible]］、[illegible]②、[illegible]、[illegible]、[illegible]［[illegible]、[illegible]］[illegible]，[illegible]，[illegible]，[illegible] kjwi¹ xia¹ [illegible]，[illegible] kjwi¹ xia¹ [illegible]，[illegible]，[illegible]，[illegible]。[illegible]、[illegible]，[illegible] kjwi¹ xia¹ [illegible]，[illegible]，[illegible] kjwi¹ xia¹ [illegible]，[illegible]，[illegible]。[illegible]［[illegible]］[illegible]□□[illegible]，[illegible]，[illegible]

① "[illegible] khã¹ thu¹"音译"刊图"，《西夏文词典》① 336 中译为"铃土"（封泥），可参考。

② "[illegible]"为职官名，暂意译为"有智"。

[illegible]，[illegible]。

一款　诸人说被中书、枢密等司等所枉迟滞，及自然相当诸王、三公、后妃、夫人、节亲［宰相］、有智、大臣其人对节亲依父、兄弟、子孙掌权、孩子实权，说诸人御前帐下侍命者等不应所做，有互相诉讼者等时，御前告匦匣入状等，当制有一款才能告奏匦匣司，本人处审问应决断当决断，诸司应行当行，应派别人当派人。其中诉讼于中书、枢密一种，先匦匣司已迟滞则再于本人处行遣无偏，当派别人区分，匦匣司未迟滞则当看有本置中，迟滞者局分人之罪，该罢黜。若谓无本置［则当］验送应有做□□，应快速决断，是冤枉则同等行遣决断，分明依法当为。

23-11B：

[illegible]　[illegible] kjwi^1 xia^1 [illegible]，[illegible]、[illegible]［[illegible]］[illegible]，[illegible]，[illegible] ljij^1 ljij^1 [illegible]，[illegible]，[illegible]□□□[illegible]，[illegible]，[illegible] kjwi^1 xia^1 [illegible] ljij^1 ljij^1 [illegible]，[illegible]，[illegible]，[illegible]，[illegible]。[illegible] ljij^1 ljij^1 [illegible]，[illegible]。

一款　匦匣司者及当与诸司不同，每有边中、京师内之失为轻患诬陷，是歪斜没有纠正者，另外派审问者，亦司法不明显，所有律令□□□应以见到，不应已有患等，先匦匣司内另外派人等，则二类人行遣迟滞者，当以优先奉行圣旨，有大官应伏罪不伏罪，亦当令枷拘近处。其中另外派审问者，告诸司内当寻谕文。

23-12：

[illegible]　[illegible] ljij^1 ljij^1 [illegible]［[illegible]］[illegible]，[illegible]，[illegible]，[illegible]，[illegible]、[illegible]，[illegible]□□□[illegible]，[illegible]

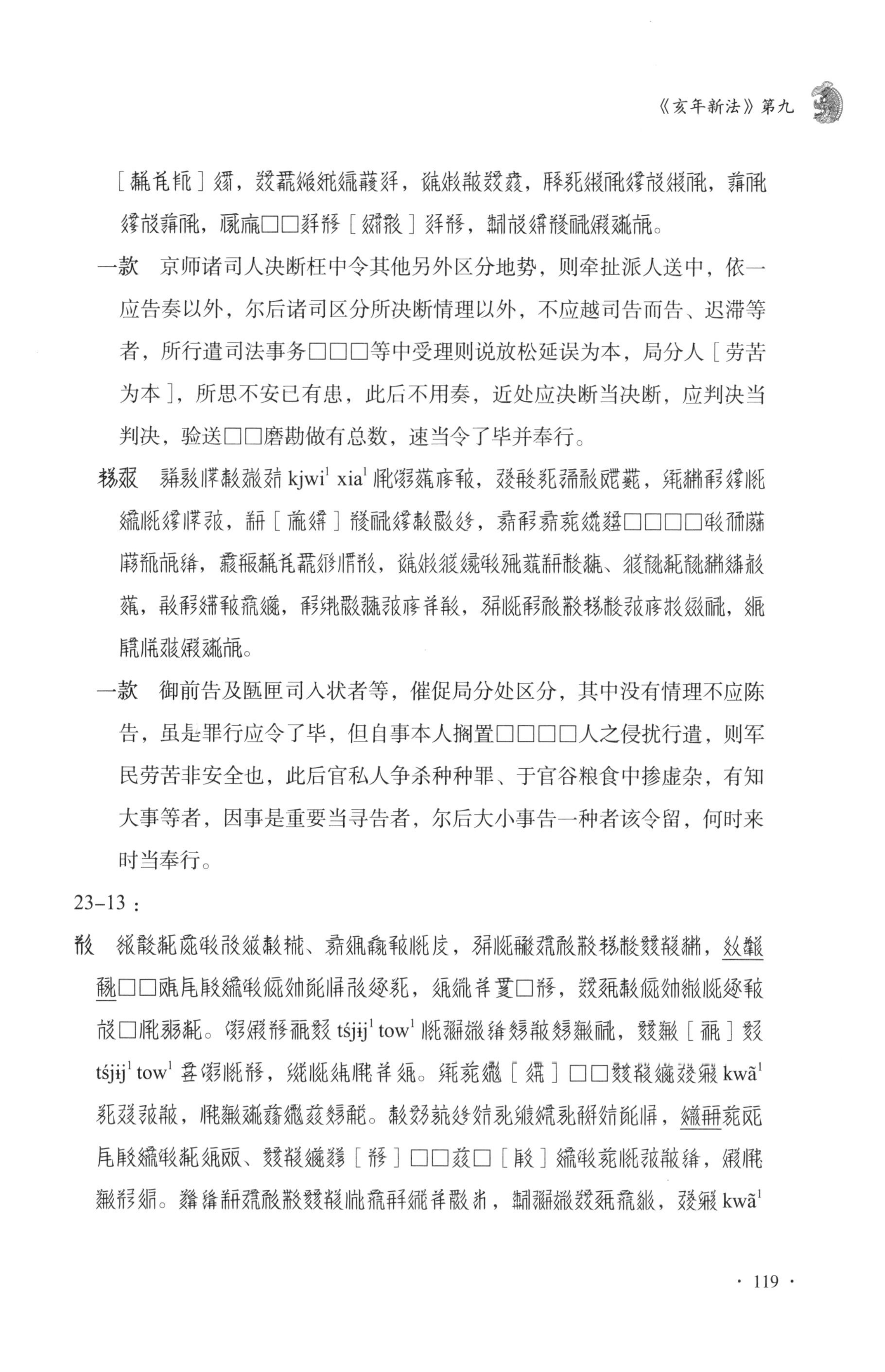

[illegible]

一款　京师诸司人决断枉中令其他另外区分地势，则牵扯派人送中，依一应告奏以外，尔后诸司区分所决断情理以外，不应越司告而告、迟滞等者，所行遣司法事务□□□等中受理则说放松延误为本，局分人［劳苦为本］，所思不安已有患，此后不用奏，近处应决断当决断，应判决当判决，验送□□磨勘做有总数，速当令了毕并奉行。

[illegible] kjwi^1 xia^1 [illegible]

一款　御前告及匭匣司入状者等，催促局分处区分，其中没有情理不应陈告，虽是罪行应令了毕，但自事本人搁置□□□□人之侵扰行遣，则军民劳苦非安全也，此后官私人争杀种种罪、于官谷粮食中掺虚杂，有知大事等者，因事是重要当寻告者，尔后大小事告一种者该令留，何时来时当奉行。

23–13：

[illegible] tśjɨj^1 tow^1 [illegible] tśjɨj^1 tow^1 [illegible] kwã^1 [illegible] kwã^1

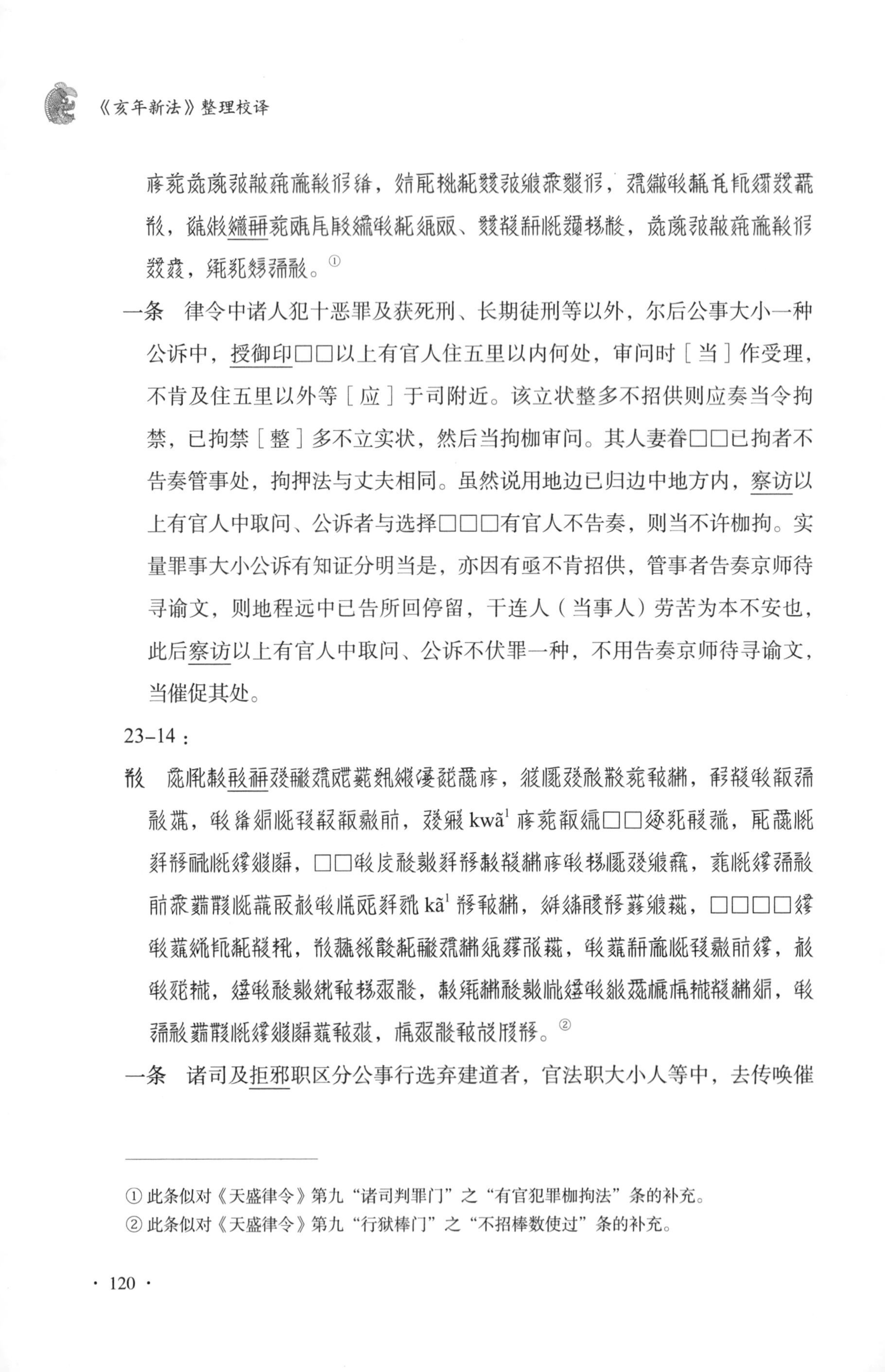

[illegible]。①

一条　律令中诸人犯十恶罪及获死刑、长期徒刑等以外，尔后公事大小一种公诉中，授御印□□以上有官人住五里以内何处，审问时［当］作受理，不肯及住五里以外等［应］于司附近。该立状整多不招供则应奏当令拘禁，已拘禁［整］多不立实状，然后当拘枷审问。其人妻眷□□已拘者不告奏管事处，拘押法与丈夫相同。虽然说用地边已归边中地方内，察访以上有官人中取问、公诉者与选择□□□有官人不告奏，则当不许枷拘。实量罪事大小公诉有知证分明当是，亦因有亟不肯招供，管事者告奏京师待寻谕文，则地程远中已告所回停留，干连人（当事人）劳苦为本不安也，此后察访以上有官人中取问、公诉不伏罪一种，不用告奏京师待寻谕文，当催促其处。

23–14：

[illegible] kwã¹ [illegible]□□[illegible]，□□[illegible] kã¹ [illegible]，□□□□[illegible]。②

一条　诸司及拒邪职区分公事行选弃建道者，官法职大小人等中，去传唤催

---

① 此条似对《天盛律令》第九“诸司判罪门”之“有官犯罪枷拘法”条的补充。

② 此条似对《天盛律令》第九“行狱棒门”之“不招棒数使过”条的补充。

促当事人（被告人），无本人又主赶门到处呼唤，管事者指示所传唤□□住处，令查不出线索不应拷打，有□□人检查怀孕及拘中者人一律所能办事，不应贪贿催促赶回差遣又近侧来杂人查吃贿贿被赶等中，未做不重视杖已过，应□□□□牵扯杀人命根中，依一律令中办公事问棒超过，杀人罪行又主应赶何处，闻杂人死，病人怀孕生出等各加一等，及其中因知怀孕病人母子双方无死拘枷，不应役使催促人拷打杀等时，各当加为二等等。

23–15、23–16A：

[illegible]，□□□□［[illegible]］[illegible]，[illegible]，［[illegible]］[illegible]，[illegible]，[illegible]［[illegible]］□□[illegible]，[illegible]、[illegible]□□，[illegible]，[illegible]、[illegible]，[illegible]□[illegible]，[illegible]，[illegible]，[illegible]。[illegible] kiej^1 khew^2 [illegible]，□□[illegible]□[illegible]，[illegible]，[illegible]，[illegible] kwã^1 [illegible]、[illegible] kiej^1 khã^1 [illegible]，[illegible] kwã^1 śie^1 [illegible] tśjɨj^1 [illegible]。[illegible]，[illegible]、[illegible]，[illegible]。[illegible]，[illegible]。[illegible]，[illegible]、[illegible]［[illegible]，[illegible]］[illegible]，[illegible]，[illegible]，[illegible]、[illegible]、[illegible]、[illegible]，[illegible]。

一条　诸司大人、承旨枉法贪赃一种，人民之害，功罪入杂邪，又查问所有种种公事，□□□□［眼］前不问（当面不问），令局分处其人语上做监视决断，为［不］公平不安已有患，此后诸司大人、承旨于被告人处吃贿贿做人情，枉滞公事使律法受损时，有告、诉讼者及若与告、诉讼者□□，受贿以做人情，轻者所送重上、重者已向轻上头决断不公，拘囚□

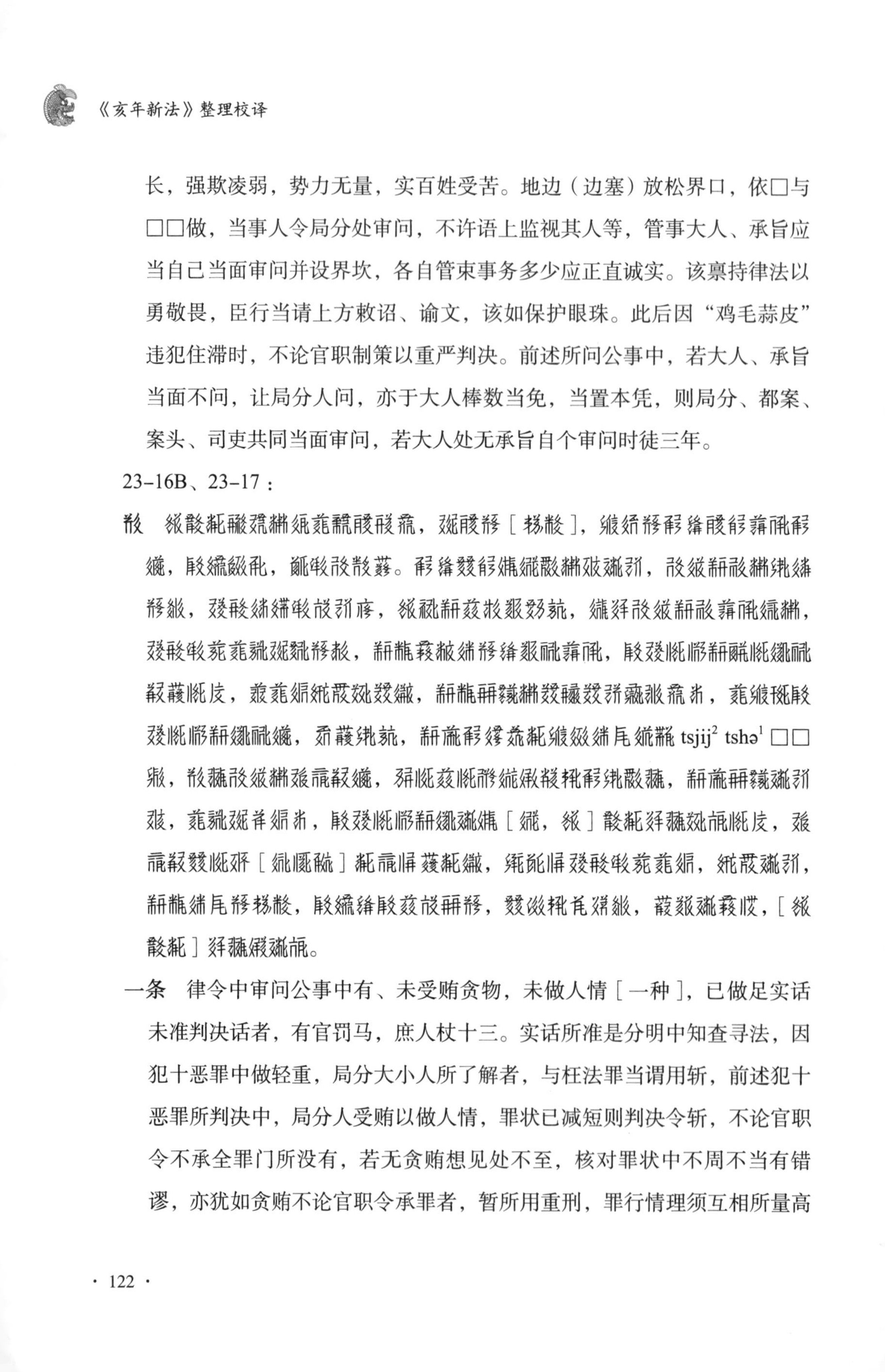

长，强欺凌弱，势力无量，实百姓受苦。地边（边塞）放松界口，依□与□□做，当事人令局分处审问，不许语上监视其人等，管事大人、承旨应当自己当面审问并设界坎，各自管束事务多少应正直诚实。该禀持律法以勇敬畏，臣行当请上方敕诏、谕文，该如保护眼珠。此后因“鸡毛蒜皮”违犯住滞时，不论官职制策以重严判决。前述所问公事中，若大人、承旨当面不问，让局分人问，亦于大人棒数当免，当置本凭，则局分、都案、案头、司吏共同当面审问，若大人处无承旨自个审问时徒三年。

23-16B、23-17：

[illegible] tsjij^{2} tshə^{1} □□ [illegible]

一条　律令中审问公事中有、未受贿贪物，未做人情［一种］，已做足实话未准判决话者，有官罚马，庶人杖十三。实话所准是分明中知查寻法，因犯十恶罪中做轻重，局分大小人所了解者，与枉法罪当谓用斩，前述犯十恶罪所判决中，局分人受贿以做人情，罪状已减短则判决令斩，不论官职令不承全罪门所没有，若无贪贿想见处不至，核对罪状中不周不当有错谬，亦犹如贪贿不论官职令承罪者，暂所用重刑，罪行情理须互相所量高下级次□□，依一十恶中谋逆门者，因是与尔后不多牵扯上方重事，了解罪行核对法时，当无受贿做人情，亦不论官职承罪法分明，依律令中有处奉行以外，谋逆门所又自失孝德礼至内乱中，其以内局分人无贪贿，知想见法，为罪状高下一种，有官则与官可做考量，故所余去服徒役，发配囚法已定，当依［律令中］有关条款奉行。

23-17B6—23-18：

[illegible] [illegible]，[illegible]，[illegible]，[illegible]，[illegible]，[illegible]。[illegible] khew² [illegible]，[illegible]，[illegible]，[illegible]［[illegible]］□□[illegible]，[illegible]，[illegible]，[illegible]，[illegible] phie¹ phie¹ [illegible]，□［[illegible]］[illegible]，[illegible]，[illegible]［[illegible]］□□[illegible]，[illegible] kjij¹ ljiw² [illegible]，[illegible] kjij¹ ljiw² [illegible]。[illegible]、[illegible]□□，□□[illegible]，[illegible] ljij¹ ljij¹ [illegible]，[illegible]，[illegible]，[illegible]，[illegible]，[illegible] khew² [illegible]。

一条　律令中诸人已枉说不服，有反供陈告者时，再所审问与前供词相同，因未做枉则有罪人不应陈告，在前有罪上徒五年以内各当加一等，自徒六年起不用增加。虽说问口（口供）伪当承棒刑，但因有谄诳人厌贱不避于己，有患不纯速判决，所不至［无］贪贿罪欲□□犯罪反供时徒六年，不遣当有比其以上重罪，亦增罪实无，今后反复越司反悔者，当事人知多处坦坦白白为所劳苦，［其不安］有所思患，为罪行重需要也，此后有陈告［者时］，因轻有前罪上辖属于经略徒五年，不辖属于经略徒三年。又其陈告中节亲宰相、在近有智之莫依兄弟掌权［偏袒］孩子，□□诉讼，直接

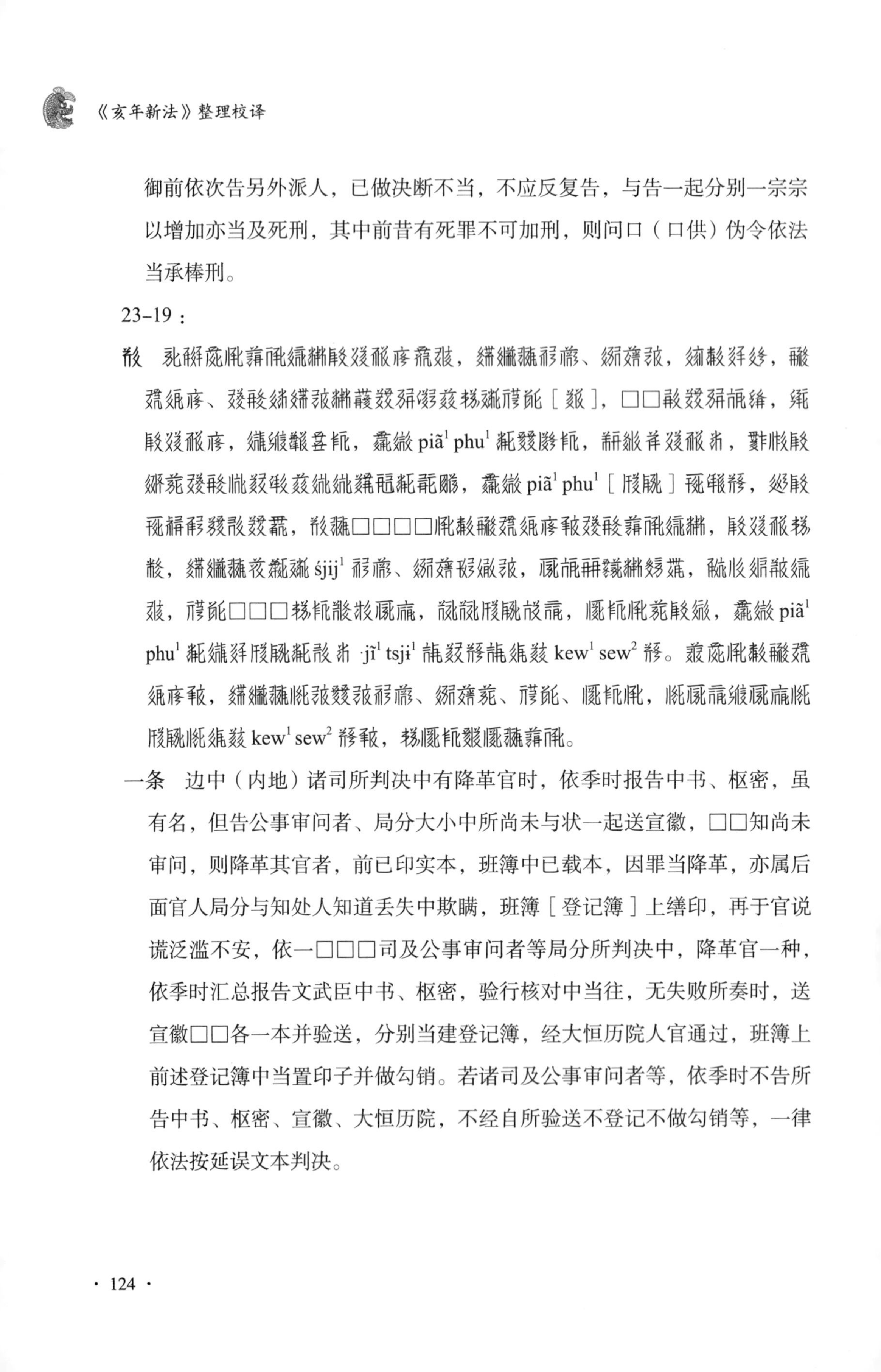

御前依次告另外派人，已做决断不当，不应反复告，与告一起分别一宗宗以增加亦当及死刑，其中前昔有死罪不可加刑，则问口（口供）伪令依法当承棒刑。

23–19：

[illegible] piã^1 phu^1 [illegible] piã^1 phu^1 [illegible] śjij^1 [illegible] piã^1 phu^1 [illegible] ·jĩ^1 tsjɨ^1 [illegible] kew^1 sew^2 [illegible] kew^1 sew^2 [illegible]

一条　边中（内地）诸司所判决中有降革官时，依季时报告中书、枢密，虽有名，但告公事审问者、局分大小中所尚未与状一起送宣徽，□□知尚未审问，则降革其官者，前已印实本，班簿中已载本，因罪当降革，亦属后面官人局分与知处人知道丢失中欺瞒，班簿［登记簿］上缮印，再于官说谎泛滥不安，依一□□□司及公事审问者等局分所判决中，降革官一种，依季时汇总报告文武臣中书、枢密，验行核对中当往，无失败所奏时，送宣徽□□各一本并验送，分别当建登记簿，经大恒历院人官通过，班簿上前述登记簿中当置印子并做勾销。若诸司及公事审问者等，依季时不告所告中书、枢密、宣徽、大恒历院，不经自所验送不登记不做勾销等，一律依法按延误文本判决。

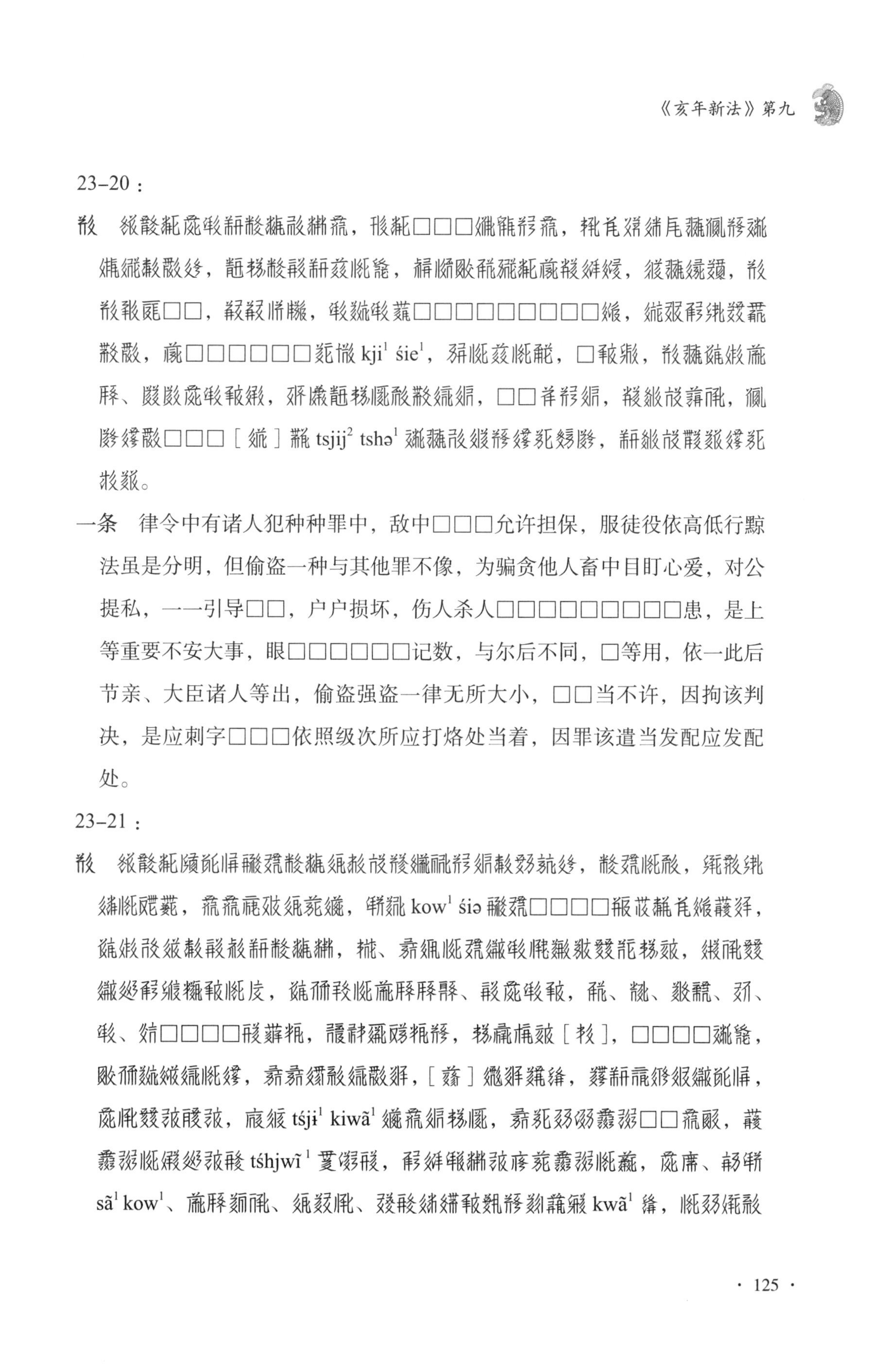

23-20：

[illegible] kji[1] śie[1]，[illegible] tsjij[2] tshə[1] [illegible]

一条　律令中有诸人犯种种罪中，敌中□□□允许担保，服徒役依高低行黥法虽是分明，但偷盗一种与其他罪不像，为骗贪他人畜中目盯心爱，对公提私，一一引导□□，户户损坏，伤人杀人□□□□□□□□□□患，是上等重要不安大事，眼□□□□□□□记数，与尔后不同，□等用，依一此后节亲、大臣诸人等出，偷盗强盗一律无所大小，□□当不许，因拘该判决，是应刺字□□□依照级次所应打烙处当着，因罪该遣当发配应发配处。

23-21：

[illegible] kow[1] śiə [illegible] tśjɨ[1] kiwã[1] [illegible] tśhjwĩ[1] [illegible] sã[1] kow[1]、[illegible] kwã[1] [illegible]

[illegible]，[illegible]，[illegible]，[illegible][[illegible]][illegible]，[illegible]。

一条　律令中国家内种种公事审问而虽说当不许用时，诸事不少，其数不区分轻重，所有皆查问者，公使公事□□□□民庶劳苦已有患，此后十恶及其他种种杂罪中，判死刑、长期徒刑及干连人（当事人）枷拘已下狱一处，决断已至再所反供以外，此之后节亲亲戚、其余诸人等，典押畜、粮、宝物、屋、人、地□□□□转借债，谋智改变婚姻，一女［嫁］两处，□□□□法像，不应所伤害他人，恐是为自己所逼，怕丈夫抛弃，则自棒罪至徒六年以内，已告未告诸司，有无只关者一样，各自情愿和睦赐有□□，已和合后当再告重受理接状，事心信中告者人议和不争，权势被诸王、三公、节亲宰相、审问处司、局分大小等实管，不愿依次逼迫找人情放人，本人寻找说好话处等让和睦，当不许依一种院，如其有亦和睦不算军争，当依已定律令奉行。

23-22A4-B4：

[illegible]　[illegible]、[illegible]，[illegible]，[illegible]。[illegible]，[illegible] tsjij^{2} tshə^{1} [illegible]，[illegible]□□□[illegible]，[illegible]、[illegible]□□□，[[illegible]、[illegible]]、[illegible]，[illegible]，□□□□[illegible]，[illegible]　[illegible]，[illegible]。[illegible]，[illegible] kwã^{1} [illegible]，[illegible]。

一条　出家僧人因诸司取问、公诉，尚未区分轻重罪，令与俗民同。依律法枷禁下狱者贵贱一样无偏，枷禁法级次允许需要，依一诸司□□□公诉时，十恶、盗中牵扯罪大小□□□［判死刑、无期徒刑］、长期徒刑以外，尔后棒罪分明不许等，□□□□枷禁各二遍，应当审问不招供，然后该枷禁。功德司者与此后不同，种种常住及为僧人因是禁管事者，事大小一样当依律令奉行。

23-22B5—23-23：

[illegible] [illegible]，[illegible]、[illegible]□[illegible]□，[illegible]、[illegible]、[illegible]、[illegible] dźjuu^{2} [illegible]、[illegible]，[illegible]，[illegible]，[illegible]，[illegible]，[illegible]，[illegible] kwã^{1} [illegible]［[illegible]］，［[illegible]］[illegible]，[illegible]，[illegible]、[illegible]，[illegible]□□□[illegible]，[illegible]、[illegible]、[illegible]□□□□□[illegible]。[illegible]，[illegible]□□□□[illegible]，[illegible]、[illegible]，[illegible]，[illegible] kwã^{1} [illegible]。[illegible]，[illegible] kwã^{1} [illegible]，[illegible]，[illegible]，[illegible]，[illegible]。

一条　诸司所区分事中取问、公诉人及□话□，使军、奴婢、妻子、女没说父母、丈夫为知上不来，指挥拷打等上一律做减棒事，事轻服徒役，已战急而牵扯上方，说有令时，审问者为知等，所闻实事则各自生惊恐，告奏局分处不听则该听他人之，服徒役与棒事分离，受贿而乱说话者不降法思患大事其中已有，此后前有公诉人诸司审问中及父母、丈夫为知等，指挥拷打□□□有乱说话者时，取问、公诉、指挥□□□□□当依法奉行。一面说事大何，诸司□□□□审问者局分大小共场当知，是父母、丈夫知道，则知证该令打，当来管事处告奏状。边中知证不在，管事大小都不知及为审问者知等中，有诉讼告举者，已故意处中说谎话等，当不许不肖拷打故意伤断命根，因击伤依律令判决。

……[illegible] tshə^{1} śiə^{1} [illegible]，[illegible] kwã^{1}……[illegible]。①

① 此为《俄藏黑水城文献》第 9 册第 292 页左上第 1—2 行的内容。

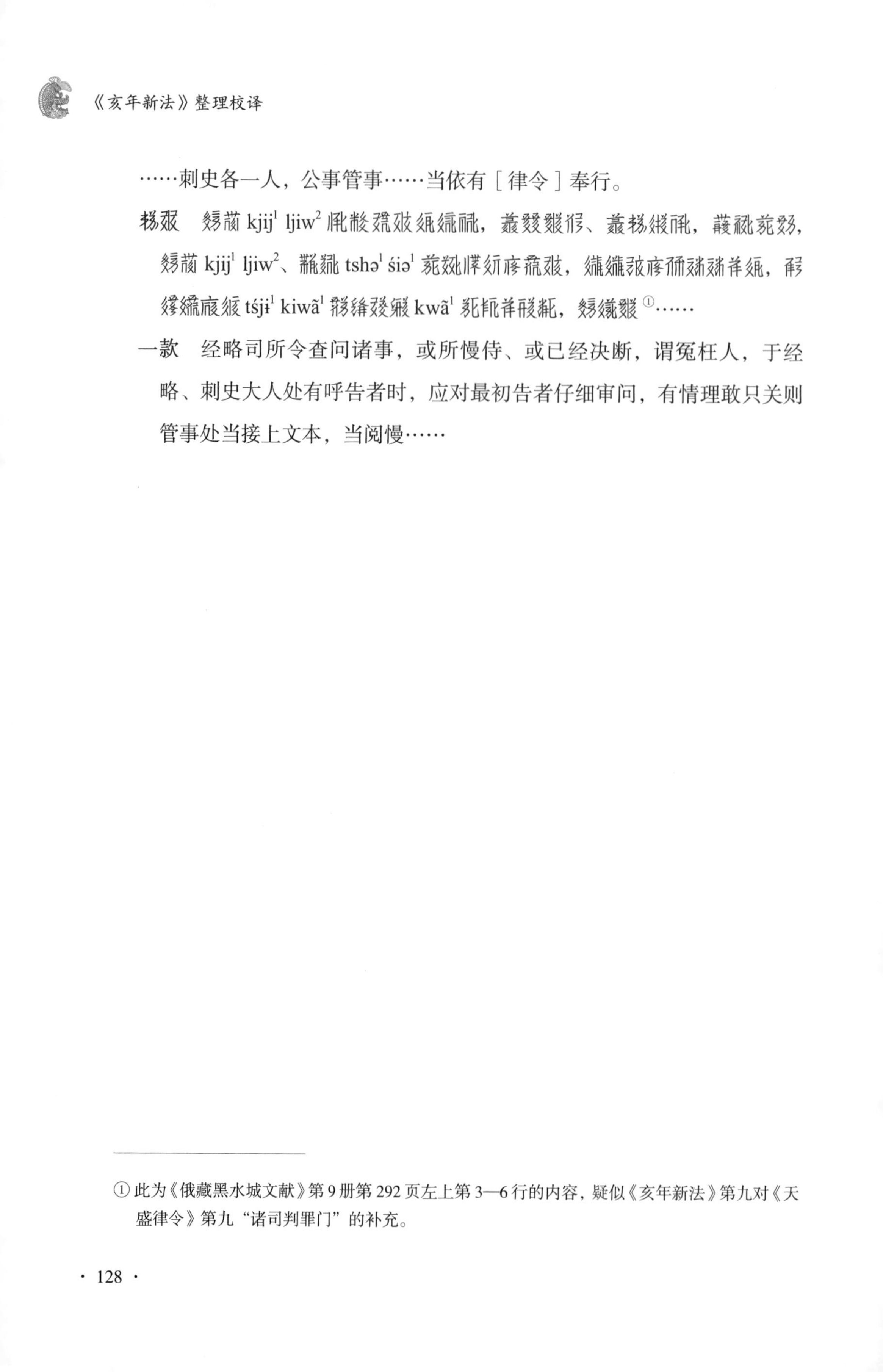

……刺史各一人，公事管事……当依有［律令］奉行。

[illegible] [illegible] kjij[1] ljiw[2] [illegible]，[illegible]、[illegible]，[illegible]，[illegible] kjij[1] ljiw[2]、[illegible] tshə[1] śiə[1] [illegible]，[illegible]，[illegible] tśjɨ[1] kiwã[1] [illegible] kwã[1] [illegible]，[illegible] ①……

一款　经略司所令查问诸事，或所慢侍、或已经决断，谓冤枉人，于经略、刺史大人处有呼告者时，应对最初告者仔细审问，有情理敢只关则管事处当接上文本，当阅慢……

① 此为《俄藏黑水城文献》第 9 册第 292 页左上第 3—6 行的内容，疑似《亥年新法》第九对《天盛律令》第九“诸司判罪门”的补充。

《亥年新法》第十

《亥年新法》第十有甲种本与丁种本，编号为俄 Инв.No.4794、俄 Инв.No.6240　*6739*，首尾残缺，图版拼接多处倒置，校译中以甲种本为底本，用乙种本补充。参见《俄藏黑水城文献》第 9 册第 178 页上—184 页上、第 284 页下—292 页上。

《俄藏黑水城文献》第 9 册所刊布的《亥年新法》第十之甲种本与丁种本中文献顺序有的地方编排倒置，现将顺序整理缀合如下，《亥年新法》第十之甲种本：第一条“大恒历院人轮换”为《俄藏黑水城文献》第 9 册《亥年新法》第十甲种本第 183 页左上第 1—2 行；第二条“袭转登记名置印子”为第 183 页左上第 3—8 行、第 183 页右下第 1—2 行；第三条“袭官军抄大姓小姓同法纪”为第 183 页右下第 3—8 行、第 183 页左下第 1—8 行、第 184 页右上第 1—7 行；第四条“诸司大人承旨行礼法”为第 184 页右上第 8 行，甲种本佚缺，第四条之第 1 款前面由丁种本补，即第 287 页右上第 1—7 行、第四条之第 1 款后面为甲种本，即第 178 页左上第 2—8 行、第 178 页右下第 1—8 行、第 178 页左下第 1—8 行、第 179 页右上第 1—8 行，第四条之第 2

款甲种本佚，由丁种本补，即第285页右上第1—4行；第五条“违犯礼事罚判法”为甲种本第179页左上第1—8行、第179页下第1—16行、第180页上第1—16行、第180页下第1—16行、第181页上第1—16行、第181页下第1—16行（这是第5条第3款的内容，其中出现了不同于以往体例的两个条目“[illegible]一条”），再接第182页上第1—16行、第182页下第1—16行、第183页右上第1—8行。

《亥年新法》第十之丁种本遗存文献整理缀合顺序：第四条“诸司大人承旨行礼法”《俄藏黑水城文献》第9册《亥年新法》第十丁种本第287页右上第1—8行、第286页左下第1—7行、第286页右下第1—7行、第287页左上第1—8行、第285页右上第1—4行；第五条“违犯礼事罚判法”《俄藏黑水城文献》第9册《亥年新法》第十丁种本第285页右上第5—8行、第284页左下第1—7行、第286页左上第1—8行、第285页左下第1—7行、第285页右下第1—7行、第286页左上第1—8行（以下佚缺三款）、第290页右下第1—8行、第290页左下第1—7行、第291页右上第1—5行。

《亥年新法》第十共五条：第一条“大恒历院人轮换”与第二条“袭转登记名置印子”条是对《天盛律令》第十“续转（轮换）赏门”之“大小吏轮换法”与“无住滞赏官”新补充的条文；第三条“袭官军抄大姓小姓同法纪”条是对《天盛律令》第十“官军敕门”之“抄官军袭法”新修改补充的条文；第四条“诸司大人承旨行礼法”条是对《天盛律令》第十“司序行文门”之“大人承旨坐法”的补充条文，之后又补充了一些新的职官礼仪款项；第五条“违犯礼事罚判法”是新制定的条文。

《亥年新法》第十之第五条中出现的职官名有“[illegible] ko^{1} lu^{2} thej^{1} xu^{1} 光禄大夫”“[illegible] phjij^{1} tśjwo^{1} śiə^{1} 平章事”“[illegible] khjwã^{1}kow^{1} 郡公”“[illegible] gjuu^{1} śiə^{1} thej^{1} xu^{1} 御史大夫”“[illegible] kwã^{1} wẽ^{1} thjij^{2} thej^{1} xiow^{2} śiə^{1} 观文殿大学士”等。

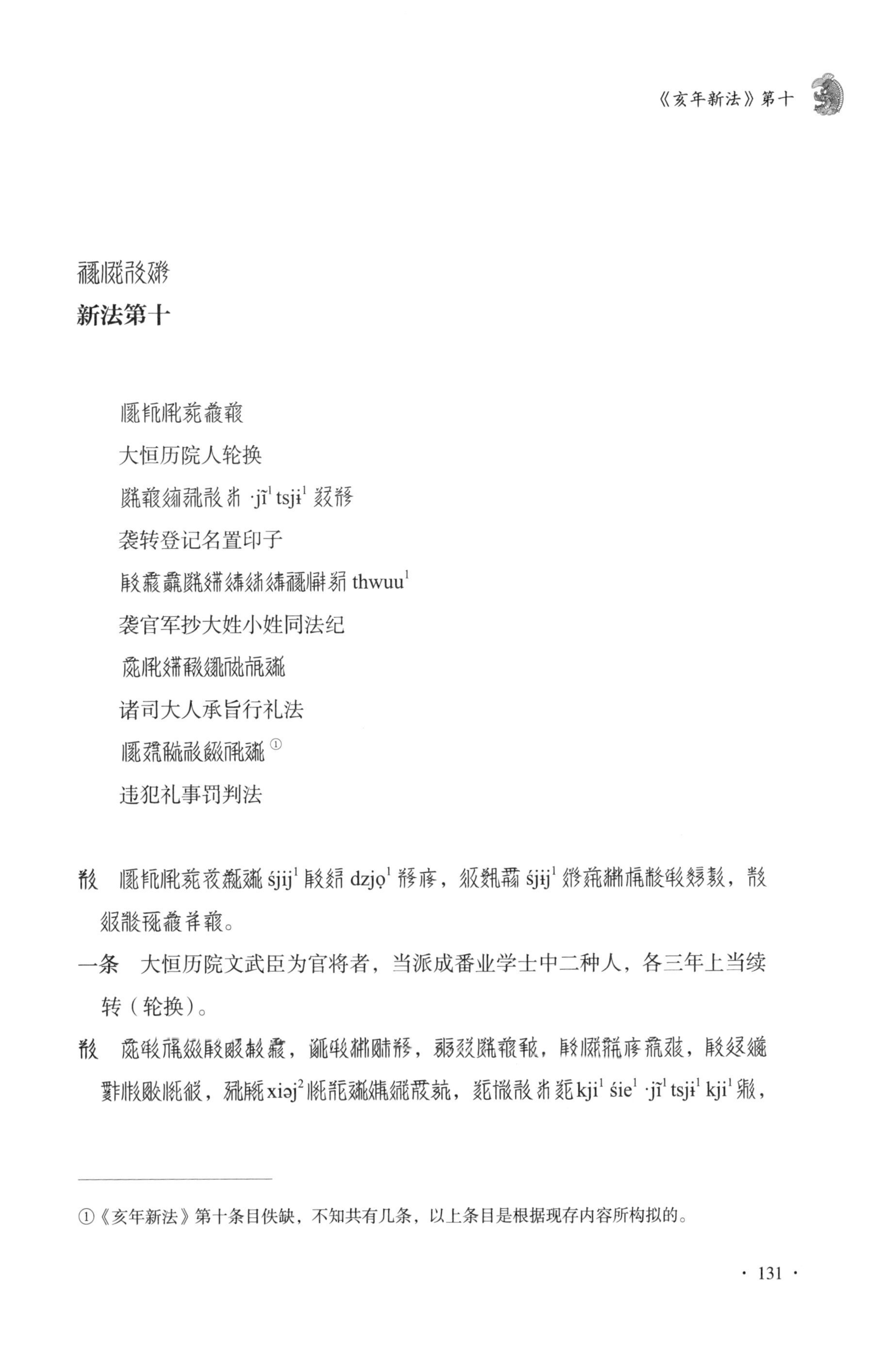

[illegible]

新法第十

[illegible]

大恒历院人轮换

[illegible] ·jĩ[1] tsjɨ[1] [illegible]

袭转登记名置印子

[illegible] thwuu[1]

袭官军抄大姓小姓同法纪

[illegible]

诸司大人承旨行礼法

[illegible] ①

违犯礼事罚判法

[illegible] śjij[1] [illegible] dzjọ[1] [illegible]，[illegible] śjɨj[1] [illegible]，[illegible]。

一条 大恒历院文武臣为官将者，当派成番业学士中二种人，各三年上当续转（轮换）。

[illegible]，[illegible]，[illegible]，[illegible]，[illegible]，[illegible] xiəj[2] [illegible]，[illegible] kji[1] śie[1] ·jĩ[1] tsjɨ[1] kji[1] [illegible]，

---

①《亥年新法》第十条目佚缺，不知共有几条，以上条目是根据现存内容所构拟的。

[illegible]，[illegible]，[illegible]，[illegible]，[illegible]，[illegible] piã^{1} phu^{1} [illegible]，[illegible] ·jĩ^{1} tsjɨ^{1} xew^{2} [illegible]，[illegible] ·jĩ^{1} tsjɨ^{1} [illegible]，[illegible]、[illegible]，[illegible]①。

一条　诸人拟制授官及军，庶人中立功者，同等袭转等，有得新官者时，旧官者今后不续他之，不入意行法分明见用，记数印子需记，依一因新官宣徽中所遇内侍，大恒历院所引送时，大恒历院官人遇新官时，旧官中登记官人名，于边上并记年月日，中间班簿上记人名等，三处置黑印子，违律不置印子，受贿该判决枉法贪脏罪、及无受贿当判决有官罚马、庶人杖十三。

[illegible]　[illegible]、[illegible]、[illegible]，[illegible]，[illegible]。[illegible]、[illegible]、[illegible]、[illegible]、[illegible]②[illegible]，[illegible]③[illegible]，[illegible]，[illegible]，[illegible]，[illegible]，[illegible]，[illegible]，[illegible]，[illegible]、[illegible]。[illegible]，[illegible]，[illegible]，[illegible] khiew^{2} [illegible]，[illegible]，[illegible] ljij^{1} [illegible]。[illegible]，[illegible]，[illegible]、[illegible]，[illegible]，[illegible]，[illegible]，[illegible] śjij^{1} [illegible]，[illegible]，[illegible]，[illegible]。[illegible] thwuu^{1} [illegible]，[illegible]，

① 前两条应是对《天盛律令》第十“[illegible]续转赏门”的补充条文，为《亥年新法》第十开头的内容，文献图版编排错后，见《俄藏黑水城文献》第9册第183页上B1第1行—第183页下第2行。

② 原文误写为“[illegible]”。

③ 原文或是写为“[illegible]”，则为“庶民无苦役”；或是左右写反则为“庶民苦而无乐”。

[illegible]，[illegible]、[illegible]，[illegible]，[illegible]、[illegible] thwuu[1]，[illegible]。[illegible] khiew[2] [illegible]，[illegible]。①

一条　律令中国内袭官、军、抄等子孙中大姓当袭，小姓不许袭。大姓乐意则同抄不同抄中虽然说当允许赐给父、伯叔、兄弟、侄、孙五亲之用，但庶民苦而无乐，不问大姓之，以背地遮掩其子，若大姓乐意与有已赐所袭一起过日月，知证半有半无已变，互相谋智诉讼者多，寻衅闭门，因公事欲除断，抄、军二种先后所没有入行裁断法中。为官不义，授者人免原罪因是大事，所裁事中已被捕者语义已察且对其不义，袭官中比五亲辈近而往及其他人等，大姓当乐意亦给袭，无统领中打算则与骗官一律入裁下无偏。五亲每有所袭，依律令在互相应袭中，与抄、军语义是一个，行裁断法时设置两种话者，寻衅闭门，民庶之治，给居法中一成一乱，军民劳苦，治理情理上不着不安，实是患。令用同法纪，国家中官一种，对大姓不问，小姓、五亲人等以背地遮掩，每有已袭所授，先后裁中抄、军首领与裁期相同，当为现授处。裁断五亲以后辈近而往已有袭者所不入裁断中，当依已定律令奉行。

[illegible]　[illegible]②

一条　律令中自次等司以上则案头者所属司都……

……[illegible]，[illegible]。

……行，正统亦当还礼。

[illegible]　[illegible] kjij[1] ljiw[2] [illegible]，[illegible] tśjij[1] kjij[1] ljiw[2] [illegible] thwuu[1] [illegible]，[illegible]，[illegible]，[illegible]，[illegible] kjij[1]

---

① 此条是对《天盛律令》第十“[illegible]官军敕门”的补充条文，其中的“[illegible]大姓”“[illegible]小姓”也指大族和小的部落。

② 以下佚缺。

ljiw²、[illegible] tśjɨj¹ [illegible]、[illegible] kjij¹ gjii¹ [illegible]，[illegible] tsjij² tshə¹ [illegible]，[illegible]，[illegible]，[illegible]，[illegible] tśjɨj¹ kjij¹ ljiw² [illegible]。①

一款　宰相为经略时，与正经略共职同僚签字，诸事共行遣，虽然是断半（部分），但已至宰相处是大臣位处要职，与经略、正统、谏议等职阶高下者，级次差多者下马（级别低者下马），坐次行礼法：如互相差别多用，按以下已使明当是，坐下处者正经略下处明确当坐下位。

[illegible] kjij¹ ljiw² [illegible]，[illegible] kjij¹ ljiw²、[illegible] tśjɨj¹ [illegible]、[illegible] kjij¹ gjii¹ [illegible]，[illegible]：

为宰相坐经略前时，经略、正统、谏议等下骑行礼，坐次法已使明时：

[illegible] kjij¹ ljiw² [illegible] tśjɨj¹ [illegible]，[illegible] kjij¹ ljiw² [illegible] tśjaa¹pji¹ [illegible]。[illegible] tśjɨj¹ kjij¹ ljiw² [illegible] kjij¹ ljiw² [illegible]，[illegible] kjij¹ ljiw² [illegible] kjij¹ gjii¹ [illegible]，[illegible] kjij¹ ljiw² [illegible]，[illegible] kjij¹ ljiw² [illegible]、[illegible] kjij¹ gjii¹ [illegible]。[illegible]，[illegible] tśjɨj¹ kjij¹ ljiw² [illegible] thej¹ [illegible]，[illegible] kjij¹ ljiw² [illegible] thej¹ [illegible]，[illegible] kjij¹ ljiw² [illegible]。[illegible]，[illegible] kjij¹ ljiw² [illegible] ②tśjɨj¹ kjij¹ ljiw² [illegible] kjij¹ ljiw² [illegible] khow¹ [illegible] ③ [illegible]。

正副经略等从正门中来，经略当招臂（抬臂）掩面回避宰相。副经略

---

① 此款开头甲种本只残留最后三字，即“[illegible]当坐下位”，故此款此段采用丁种本遗存文献，见《俄藏黑水城文献》第 9 册第 178 页左上第 1 行、第 287 页上第 2—7 行。以下应是对《天盛律令》第十“司序行文门”中职官礼仪的补充条文。

② 该处“[illegible]。[illegible]，[illegible] kjij¹ ljiw² [illegible] tśjɨj¹ kjij¹ ljiw² 当还半礼。坐时，正经略所与宰相经略之坐处”写重复，作者画圈删除。

③ 丁种本写有“[illegible]”，甲种本无。

在正经略下处，及谏议在副经略出入处门以前等下来行礼时，宰相经略者，前述对经略、谏议还礼。立处明确依法当立，正经略所肃立台侧，及副经略立台位中等而恭问并行两拜，宰相经略当还行半礼。坐时，正经略所坐处及副经略与宰相经略之坐处当为空两座位等而坐。

[illegible] kjij[1] ljiw[2] [illegible]，[illegible] tśjiw[1] [illegible] ①，[illegible]，[illegible]，[illegible] kjij[1] ljiw[2] [illegible]，[illegible] kjij[1] ljiw[2] [illegible]。[illegible] kjij[1] ljiw[2] [illegible] thej[1] [illegible]，[illegible] thej[1] [illegible]，[illegible]，[illegible]，[illegible] kjij[1] ljiw[2] [illegible]。[illegible]：[illegible] kjij[1] ljiw[2] [illegible] khow[1] [illegible]，[illegible]、[illegible] khow[1] [illegible] ɣiwəj[1] pji[1] [illegible]。

正统者与经略职位相等，权正统等一律当绕后方，当在指定下处下马，来到里面时，宰相经略在坐位上起，与经略人行授礼比其立处示一二步以上可立。与经略同职位正统职位在台侧，及权正统位当立于台阶下，各自恭问，各作两拜，宰相经略当还行半礼。坐次法：副经略之坐处比其现同职位正统所坐处以斜隔空一座，以及权正统、正统依次为空横臂当坐。

[illegible] kjij[1] gjii[1] [illegible]，[illegible] kjij[1] ljiw[2] [illegible]，[illegible] tśjij[1] [illegible]，[illegible] kjij[1] gjii[1] [illegible]，[illegible] kjij[1] ljiw[2] [illegible] ②。

谏议行拜礼时，宰相经略从坐处起，严整肃静当立其处，谏议该做恭

---

① 丁种本为“[illegible] tśjaa[1] [illegible]与权正统等一律掩面招臂（抬臂）”。

② 甲种本误写为“[illegible]”，丁种本正确，见《俄藏黑水城文献》第9册第179页右上第5行、第287页左上第6行。

问二拜，宰相经略稍时当行还礼。

[illegible] kjij^1 ljiw^2 [illegible]，[illegible] kjij^1 ljiw^2、[illegible] tśjaa^{1}pji^1 [illegible]，[illegible]。

宰相经略后来，亦经略、正统等招臂（抬臂）掩面当做回避，施礼坐次等当为按照依前所定。

[illegible] [illegible] kjij^1 gjii^1 [illegible]，[illegible]，[illegible]、[illegible]、[illegible]、[illegible] kjij^1 ljiw^2 [illegible] kjij^1 ljiw^2、[illegible] tshə^1 śiə^1 [illegible]，[illegible] kjij^1 ljiw^2、[illegible]，[illegible] kjij^1 ljiw^2 [illegible][1]。

一款　谏议行拜礼时，立处明以外，若中书、枢密、承旨、为谏议及又经略、刺史等，向经略、正统等处行拜礼时，比经略立处显示一二步时应当站立在面前行礼。

[illegible] [illegible]，[illegible]，[illegible]，[illegible][2] [illegible]，[illegible]，[illegible]，[illegible][3] [illegible]，[illegible]，[illegible]，[illegible][4] [illegible]，[illegible][5] [illegible]，[illegible]。

一条　国家中上下互敬，大小共主等是上等要务，不虑臣民国威大小礼事，因私以同伙互做人情，放松礼事者已增很多，上下无互敬心，诸事互无主，律法混乱，为本无安，除断患事需要，依一国家中大小禀持礼事违犯时判决，按行遣法等各各已使明应奉行。

---

① 此款甲种本佚，由丁种本补，见《俄藏黑水城文献》第 9 册第 285 页右上第 1—4 行。

② 丁种本为“[illegible]”。

③ 丁种本写为“[illegible] dạ^2”，与此处“[illegible] dạ^2”属同音通假。

④ 甲种本漏写“[illegible]”，据丁种本补。

⑤ 该条此处以上内容在《俄藏黑水城文献》第 9 册第 285 页上第 5—8 行，以下在第 284 页 B 面第 1—2 行。

[illegible]　[illegible]，[illegible]①[illegible]，[illegible]，[illegible]，[illegible]，[illegible]，[illegible]②[illegible]。

一款　任职之大小臣僚中，任职低对比己任职高者不敬，不下马行礼，坐次排立之上中，坐立先坐，已见不起来，失礼罚判法：

[illegible]，[illegible]，[illegible]③；[illegible]、[illegible] xu1 biaa2、[illegible]、[illegible] kjij1 ljiw2 [illegible]；[illegible]。

末等司正于下等司正处失礼时罚二缗，于中等司正处失礼时罚三缗，于次等司正处失礼时罚五缗；于内宫骐骥、驸马、殿上坐（相公）、经略等处违犯时罚七缗；于宰相处违犯时罚十缗。

[illegible]，[illegible]；[illegible]、[illegible] xu1 biaa2、[illegible]、[illegible] kjij1 ljiw2 [illegible]；[illegible]。

下等司正于中等司正处失礼时罚三缗，于次等司正处失礼时罚五缗；于内宫骐骥、驸马、殿上坐、经略等处失礼时罚七缗；于宰相处失礼时罚十缗。

[illegible]；[illegible]、[illegible] xu1 biaa2、[illegible]、[illegible] kjij1 ljiw2 [illegible]；[illegible]。

中等司正于次等司正处失礼时罚四缗；于内宫骐骥、驸马、殿上坐、经略等处失礼时罚六缗；于宰相处失礼时罚九缗。

[illegible]、[illegible]、[illegible]、[illegible]、[illegible]、[illegible] xu1 biaa2、[illegible]

---

① 甲种本漏写“[illegible]比己”二字，此款据丁种本补。

② “[illegible]”字面为“违法”，“[illegible]”有时指“礼教”，《亥年新法》第十中的“[illegible]”指相当于违法的失礼，广义指“违法”，具体指“失礼”。

③ 以下丁种本佚缺。

[illegible]；[illegible]、[illegible] kjij[1] ljiw[2] [illegible]；[illegible]①。

次等司正于中书、枢密、承旨、内宫骐骥、驸马、殿上坐等处失礼时罚五缗；于正统、经略等处失礼时罚六缗；于宰相处失礼时罚八缗。

[illegible]、[illegible]、[illegible] kjij[1] ljiw[2] [illegible] ko[1] lu[2] thej[1] xu[1]、[illegible]② [illegible]。

内宫骐骥、殿上坐、经略等于光禄大夫、宰相等处失礼时罚七缗。

[illegible]、[illegible] phjij[1] tśjwo[1] śiə[1] [illegible] khjwã[1]kow[1] [illegible]。[illegible]、[illegible]。

宰相平章事于郡公等处失礼时罚五缗。于皇子（太子）、诸王等处失礼时罚判法按奏策奉行。

[illegible] [illegible]，[illegible]，[illegible]，[illegible]。[illegible]，[illegible]③：

一款 任职大小臣僚中，任职高对比己任职低者不敬，不下马行礼不还礼，失礼之罚判法依前。任低职对比己任职高不下马行礼比不行礼之罪行令示相等判决，互相跳下马行礼法当依以下公布奉行：

[illegible]，[illegible]，[illegible]。[illegible]，[illegible]。

末等司正与下等司正相遇，下马行礼时，下等司正亦当下马还礼。自从与中等司正以上任职高者相遇下马行礼时，任职高人莫下马应为马上

① 此段之后丁种本有，见《俄藏黑水城文献》第 9 册第 285 页左上第 1—8 行。

② 甲种本无此二字。

③ 该款丁种本分刊于《俄藏黑水城文献》第 9 册第 285 页左上最后一行与第 286 页右上第 1—3 行。

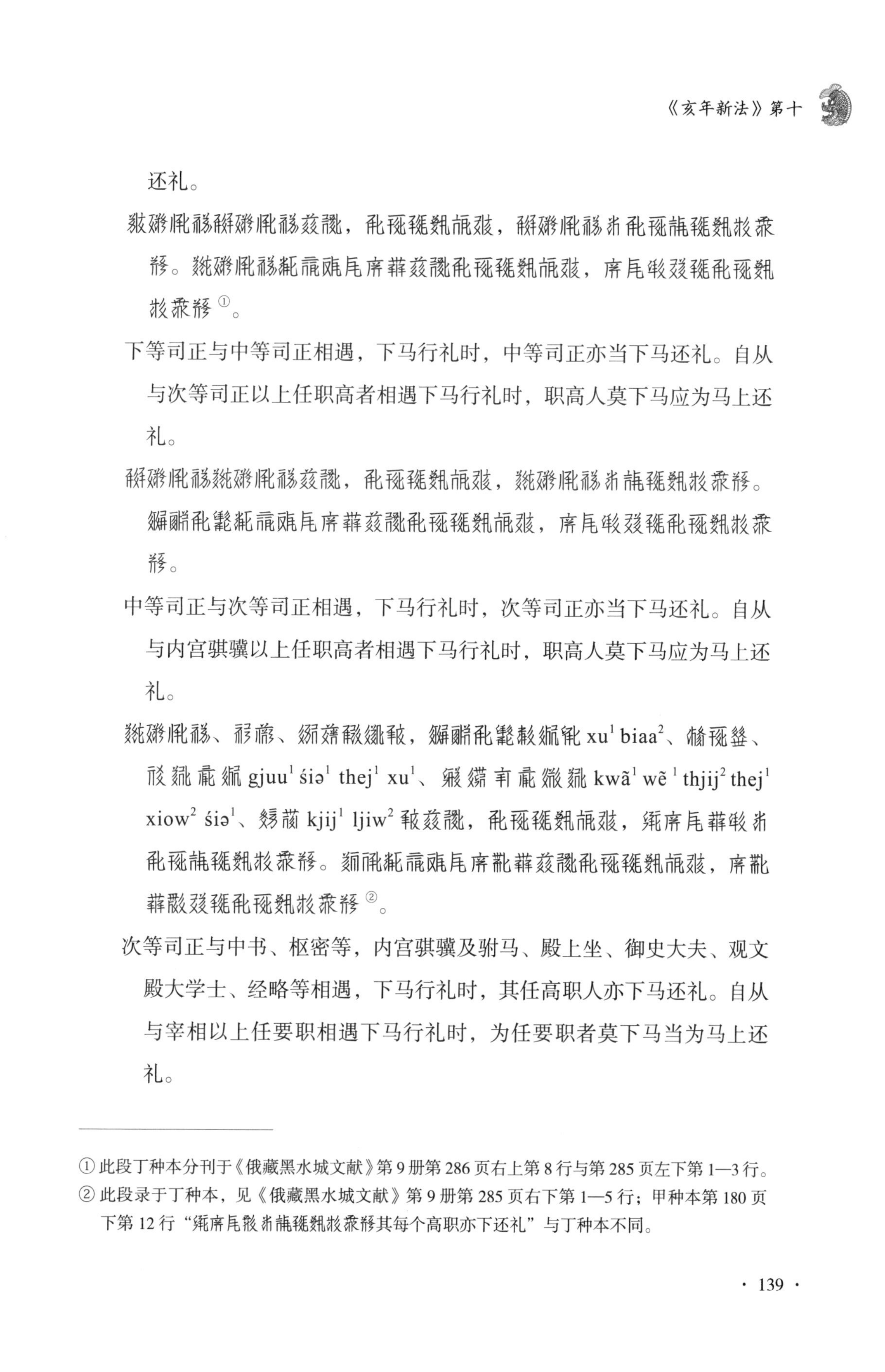

还礼。

[illegible]，[illegible]，[illegible]。[illegible]，[illegible][1]。

下等司正与中等司正相遇，下马行礼时，中等司正亦当下马还礼。自从与次等司正以上任职高者相遇下马行礼时，职高人莫下马应为马上还礼。

[illegible]，[illegible]，[illegible]。[illegible]，[illegible]。

中等司正与次等司正相遇，下马行礼时，次等司正亦当下马还礼。自从与内宫骐骥以上任职高者相遇下马行礼时，职高人莫下马应为马上还礼。

[illegible]、[illegible]、[illegible]，[illegible] xu¹ biaa²、[illegible]、[illegible] gjuu¹ śiə¹ thej¹ xu¹、[illegible] kwã¹ wẽ¹ thjij² thej¹ xiow² śiə¹、[illegible] kjij¹ ljiw² [illegible]，[illegible]，[illegible]。[illegible]，[illegible][2]。

次等司正与中书、枢密等，内宫骐骥及驸马、殿上坐、御史大夫、观文殿大学士、经略等相遇，下马行礼时，其任高职人亦下马还礼。自从与宰相以上任要职相遇下马行礼时，为任要职者莫下马当为马上还礼。

---

① 此段丁种本分刊于《俄藏黑水城文献》第9册第286页右上第8行与第285页左下第1—3行。

② 此段录于丁种本，见《俄藏黑水城文献》第9册第285页右下第1—5行；甲种本第180页下第12行“[illegible]其每个高职亦下还礼”与丁种本不同。

[illegible] xu^{1} biaa^{2}、[illegible]、[illegible] gjuu^{1} śiə^{1} thej^{1} xu^{1}、[illegible] kwã^{1} wẽ^{1} thjij^{2} thej^{1} xiow^{2} śiə^{1}、[illegible] kjij^{1} ljiw^{2} [illegible] ko^{1} lu^{2} thej^{1} xu^{1} [illegible]，[illegible]，[illegible] ko^{1} lu^{2} thej^{1} xu^{1} [illegible]。[illegible]，[illegible]，[illegible]、[illegible] kjij^{1} ljiw^{2}、[illegible] kwã^{1} wẽ^{1} thjij^{2} thej^{1} xiow^{2} śiə^{1}、[illegible] gjuu^{1} śiə^{1} thej^{1} xu^{1} [illegible]。[illegible]、[illegible] xu^{1} biaa^{2}、[illegible]、[illegible] ①。

内宫骐骥及驸马、殿上坐、御史大夫、观文殿大学士、经略等与光禄大夫相遇，下马行礼时，光禄大夫等亦下马还礼。与宰相大人相遇，下马行礼时，宰相大人、经略、观文殿大学士、御史大夫等之马上所下该做还礼。殿上坐、驸马、正统、内宫骐骥等之莫下马当给还礼。

[illegible] phjij^{1} tśjwo^{1} śiə^{1}、[illegible] khjwã^{1}kow^{1} [illegible]，[illegible] phjij^{1} tśjwo^{1} śiə^{1}、[illegible] khjwã^{1}kow^{1} [illegible]。

宰相大人与平章事、郡公相遇下马行礼时，平章事、郡公等亦当下马还礼。

[illegible] [illegible]，[illegible]。[illegible]、[illegible]，[illegible] ② [illegible]，[illegible]，[illegible]，[illegible]，[illegible]，[illegible]：

一款　每个职位相等双方遇时，当在马上施礼。不担任职务有官人、无官庶人等，任职司大小臣僚不敬，不下马，排坐次中坐立以上，已见先坐不起，违法之罚罪判决法，所区分辖属不辖属两科：

[illegible] [illegible]，[illegible]，[illegible] xiəj^{2} [illegible]

① 此段丁种本分刊于《俄藏黑水城文献》第9册第285页右下第6—7行与第286页左上第1—4行。

② 此后丁种本佚缺。

[illegible]，[illegible]，[illegible]。[illegible]，[illegible]，[illegible]，[illegible]。[illegible]；[illegible]、[illegible] xu^{1}biaa^2、[illegible]、[illegible] kjij^1 ljiw^2 [illegible]，[illegible]；[illegible] ko^1 lu^2 thej^1 xu^1、[illegible]，[illegible]、[illegible]，[illegible]；[illegible]、[illegible]，[illegible]、[illegible]，[illegible]。

一条　互相不辖属任职臣僚中，自末等任职中至中等任职中，所行互识不识没明显区分开，依一其人处有失礼者，罚罪处不用做。自在次等司以上任职者，因纯是重要人任高职者，其处有失礼者，则当入承罚罪中。于次等司任职处失礼时杖十；于内宫骐骥、驸马、殿上坐、经略等处失礼时杖十三；于光禄大夫、宰相等处失礼时，杖十三、徒三个月，在榷场树上捆绑三日；于皇子（太子）、诸王等处失礼时，杖十三、徒一年，在榷场树上捆绑三日。

[illegible]　[illegible] kjij^1 ljiw^2、[illegible] xu^1、[illegible] kjwĩ^1、[illegible] khjwã^1、[illegible] xjwã^1、[illegible] tshə^1 śiə^1、[illegible]、[illegible]、[illegible] po^1、[illegible] tśhiej^2 [illegible]，[illegible]、[illegible]、[illegible]、[illegible]、[illegible]、[illegible]，[illegible]，[illegible]、[illegible]、[illegible]，[illegible] kjij^1 ljiw^2、[illegible]、[illegible]；[illegible]、[illegible]，[illegible]。

一条　辖属经略、正统及府、军、郡、县、刺史、监军、签判、城堡、大小寨主等，本地方中军民及各个所属司中局分大小、都案、案头、司吏、差遣、库局分大小等，种种任下职又所派酷职上互相辖属等，自所属大人、承旨、签判以下点察不敬失礼中，于经略、正统等处失礼时杖十三、徒三个月；尔后数处失礼时杖十三、徒二年，失礼时树上当缚三日。

[illegible]　[illegible]，[illegible]、[illegible]、[illegible]、[illegible]，[illegible]，[illegible]，[illegible] tsjij^2 tshə^1 [illegible]

[illegible]。

一款　不任司职官中，自授御印以上有官及节亲主、中书、枢密、都案等，任司职大小臣僚及庶人等与其相遇时，（庶人）下来跑步行礼，为级次法前述下等司任职当依法奉行。

[illegible]　[illegible]，[illegible]，[illegible]，[illegible]。[illegible]，[illegible]，[illegible]，[illegible]。

一款　任职大小臣僚任高职中，或不守礼节，对比己职低庶人等之敬礼，不应马上下来之。马上下来首先跪拜，排列坐次中立以下，对失礼罚判法依前，大小官吏同僚及庶人等依次于比己大处失礼之一一罚罪使明相等判决。

[illegible]　[illegible]，[illegible]① [illegible]，[illegible]，[illegible]，[illegible]，[illegible] kwã^{1} [illegible]，[illegible]，[illegible]。[illegible]，[illegible] kwã^{1} [illegible]。[illegible]、[illegible]，[illegible]，[illegible]，[illegible]，[illegible]，[illegible]。[illegible]，[illegible] kwã^{1} [illegible]，[illegible]，[illegible] kwã^{1} [illegible]。[illegible] kwã^{1} [illegible]，[illegible] kwã^{1} [illegible]，[illegible]。

① 由于“[illegible] phji^{1}”与“[illegible] phji^{1}”同音，丁种本为写为“[illegible] phji^{1}”，属通假字，见《俄藏黑水城文献》第 9 册第 290 页右下第 1 行。

一款　前述每个违法者之判决行遣法者，与诸人互相告举使相同无偏，自从宰相以上处有违法者，是庶人及不任职等，则其处当捕，诸司所管事处应指挥该判决，任职大小臣僚者不用令捕，当由閤门司指挥判决。有在宰相以后大小臣僚处违法者，因庶人不任职，诸司管事处及任职大小臣僚分别当告閤门司当依法判决。閤门、监察（间谍）及诸司内值班，閤门等亦当监察一切，庶人及不任职等失礼者，应告中书，中书府人应行何处当行何处乃令判决，任职大小臣僚违法者，当告閤门司。边中地方内大小臣僚于互处有失礼者时，大小臣僚自己及閤门等一律当告管事处，无论任不任职，皆当由管事司大人判决。边中辖属居民任职人于所属大小管事处失礼者，所属大小管事本身是辖属人，当由自己所属司逮捕并判决。

《俄藏黑水城文献》第 9 册第 290 页下，编号为俄 Инв.No.6240 6739《亥年新法》（丁种本）第十（16-3）之第五条“违犯礼事罚判法”第六款与上述甲种本同条款略有不同：

［[illegible]］□□□□□□□□□□□□□□，□□□[illegible]①[illegible]，[illegible]，[illegible]，[illegible]，[illegible]，[illegible]。[illegible]，[illegible]，[illegible]。[illegible]、[illegible]，[illegible]，[illegible]，[illegible]，[illegible]，[illegible]，[illegible]。[illegible]，[illegible]，[illegible]

① 由于“[illegible] phji¹”与“[illegible] phji¹”同音，甲种本为“[illegible] phji¹”，丁种本写为“[illegible] phji¹”，属通假字，下同。

[illegible]，[illegible]。[illegible]，[illegible] kwã[1] [illegible]，[illegible]。

［一款］、□□□□□□□□□□□□□□，［与诸人］互相告举使相同无偏，自从宰相以上处有违法者，是庶人及不任职等，则其处当捕，诸司所管辖处应指挥该判决，任职大小臣僚者不用令捕，当由閤门司指挥令判决。有在宰相以后大小臣僚处违法者，因庶人不任职，因诸司所辖处及任职大小臣僚分别当告閤门司当依法判决。閤门、监察（间谍）及诸司内值班，閤门等亦当监察一切，庶人及不任职等失礼者，应告中书，中书府人应行何处当行何处乃令判决，任职大小臣僚违法者，当告閤门司并判决。边中地方内大小臣僚于互处有失礼者时，大小臣僚自己及閤门等一律当告所辖处，无论任不任职，皆当由所辖司大人判决。边中辖属居民任职人等于所属大小管事处失礼者，所属大小管事本身是辖属人，当由自己所属司逮捕并判决。

[illegible]　[illegible]，[illegible]，[illegible]，[illegible] xjɨr[2] phu[1] [illegible]、[illegible]，[illegible] xjɨr[2] phu[1] [illegible]，[illegible]。

一款　前述辖属居民主事人（任职人）等于所属大人处失礼判决法，当算在司内主法上，不在坐司主法中，修簿者当是所属大人、承旨，因为修簿亦实职上不在，互相不辖属失礼当依法判决。

《俄藏黑水城文献》第9册第290页下，编号为俄Инв.No.6240 6739《亥年新法》（丁种本）第十（16-3）之第五条“违犯礼事罚判法”第七款与上述甲种本同条款略有不同：

[illegible]　[illegible][①] [illegible]，[illegible]

① 丁种本漏写“[illegible]”字，见《俄藏黑水城文献》第9册第291页右上第2行。

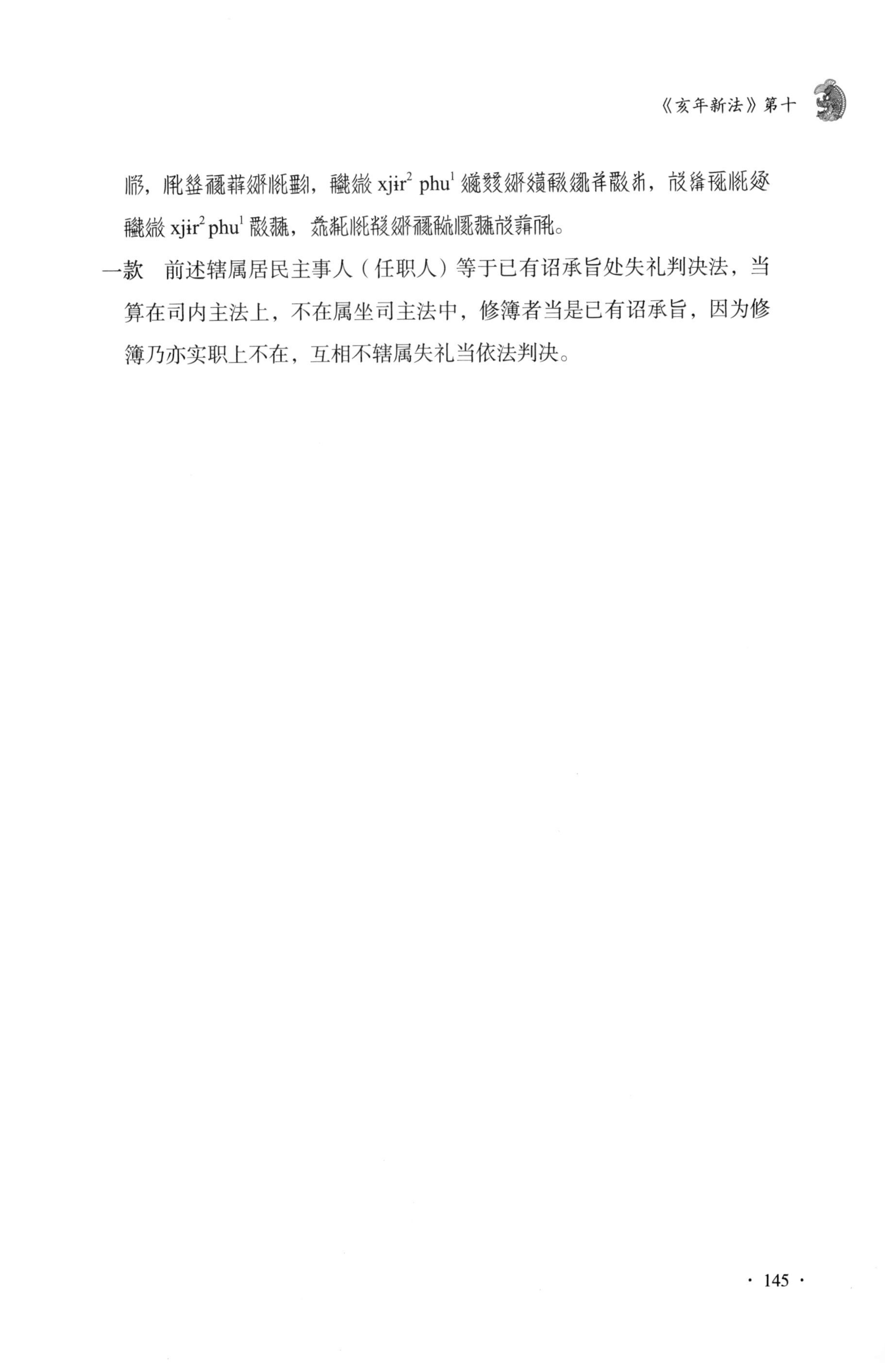

[illegible]，[illegible]，[illegible] xjɨr[2] phu[1] [illegible]，[illegible]
[illegible] xjɨr[2] phu[1] [illegible]，[illegible]。

一款　前述辖属居民主事人（任职人）等于已有诏承旨处失礼判决法，当算在司内主法上，不在属坐司主法中，修簿者当是已有诏承旨，因为修簿乃亦实职上不在，互相不辖属失礼当依法判决。

《亥年新法》第十一

《亥年新法》第十一仅有戊种本一种，编号为俄Инв.No.6240　*6739V*，见《俄藏黑水城文献》第9册第293—304页。

《亥年新法》第十一共十条，其中第九条中又分四款，除个别条目佚缺外，其内容是比较完整的一卷。但是，《俄藏黑水城文献》第9册第295—300页刊布的文献正文各条在第九条之前顺序多处倒置混排，将A面与B面不是一叶的文献放在了一叶，本书在校译中予以整理缀合，顺序如下：《亥年新法》第十一目录为《俄藏黑水城文献》第9册第294页A第1—7行；第一条“传行圣旨”为《俄藏黑水城文献》第9册第296页B第1—5行；第二条“典妻眷媳使身为远罪”为第296页B第6—8行、第297页A第1—7行、第298页B（第300页B）第1—7行、第299页A第1行；第三条“用分共有畜物”为第299页A第2—8行、第299页B第1—3行；第四条“庶母擅自再用分物”为第299页B第4—7行、第300页A第1—2行；第五条“卖典当分用年幼屋舍地人”为第300页A第3—7行、第297页B第1—6行；第六条“帮助有才艺勇士”为第297页B第7行、第296页A第1—6行；

第七条“杀野兽得功”为第296页A第7—8行、第295页第1行；第八条“女人纳牒”为第295页第2—8行、第301页A第1—4行；第九条“僧人师傅禅定说法”为第301页A第5—7行、第301页B第1—8行、第302页A第1—8行、第302页B第1—7行、第303页A第1—8行、第303页B第1—4行；第十条“盗窃官当铺赔修”为第303页B第5—7行、第304页A第1—8行。

应当说《亥年新法》第十一也是对《天盛律令》第十一的补充条文。第一条“传行圣旨”是对《天盛律令》第十一“假错门”之“假传圣旨造种种假”的正面补充条文；第二条“典妻眷媳使身为远罪”是对《天盛律令》第十一“出典工门”之“官人男女作典”“出工处妻子等处行淫”的补充条文；第三条“用分共有畜物”、第四条“庶母擅自再用分物”是对《天盛律令》第十一“分用共同畜物门”之“共居子孙背地分用畜物”等的补充条文；第五条“卖典当分用年幼屋舍地人”是对《天盛律令》第十一“分用私地宅门”新的补充条文；第六条“帮助有才艺勇士”是对《天盛律令》第十一“抚贫举贤门”新的补充条文；第七条“杀野兽得功”可参考《天盛律令》第十一“射刺畜吃苗门”，是新的补充条文；第八条“女人纳牒”是对《天盛律令》第十一“为僧道修寺庙门”之“寡妇等为僧人”的补充条文；第九条“僧人师傅禅定说法”是对《天盛律令》第十一“为僧道修寺庙门”之“为座主奉业法”等的补充条文；第十条“盗窃官当铺赔修”涉及《天盛律令》第三“当铺门”之“典畜物房屋进骗贼纵火”条，放入《亥年新法》第十一中比较接近《天盛律令》第十一“出典工门”，疑是对其新补充的条文。

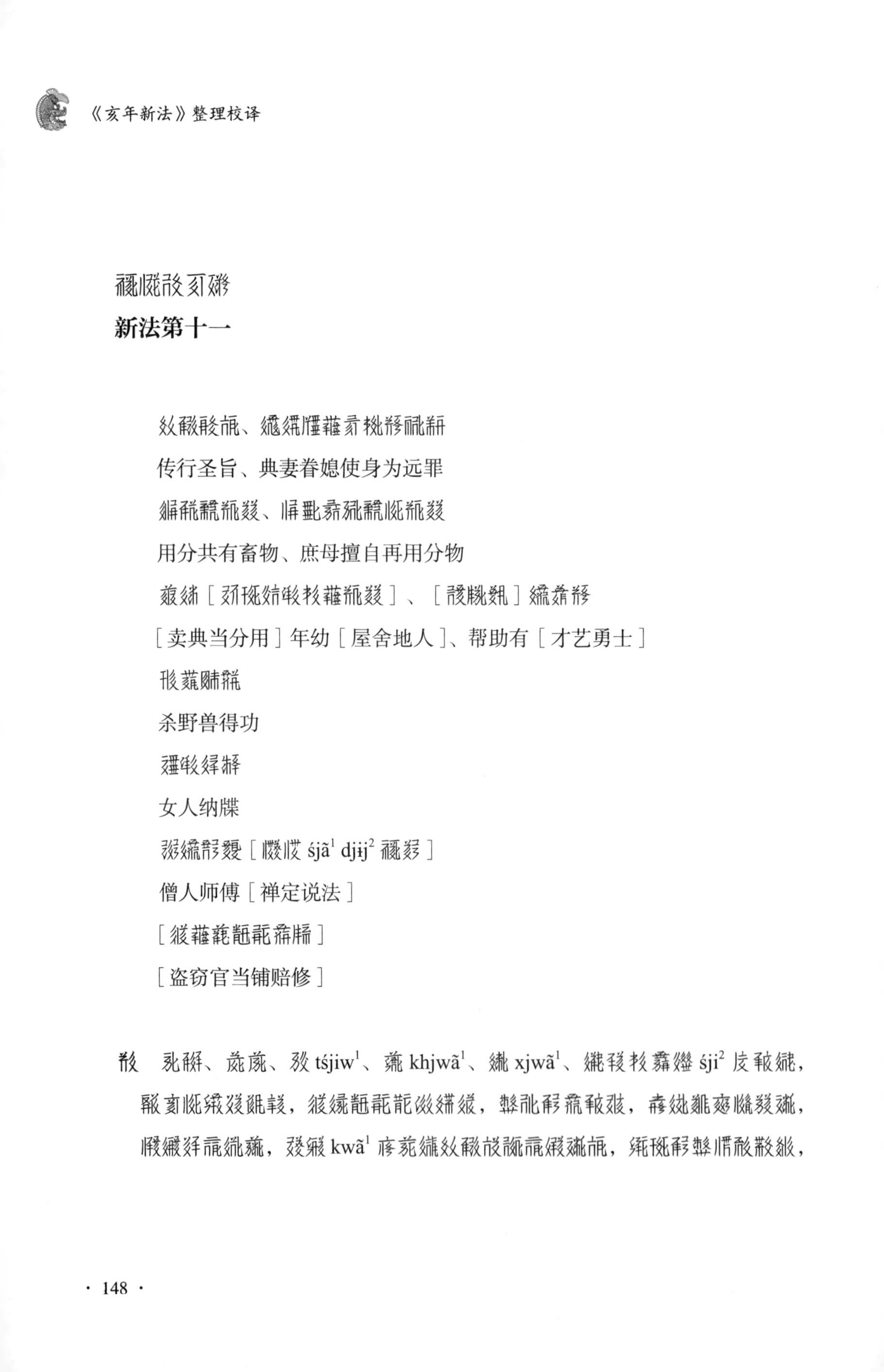

[illegible]

新法第十一

[illegible]

传行圣旨、典妻眷媳使身为远罪

[illegible]

用分共有畜物、庶母擅自再用分物

[illegible]［[illegible]］、［[illegible]］[illegible]

［卖典当分用］年幼［屋舍地人］、帮助有［才艺勇士］

[illegible]

杀野兽得功

[illegible]

女人纳牒

[illegible]［[illegible] śjã^1 djɨj^2 [illegible]］

僧人师傅［禅定说法］

［[illegible]］

［盗窃官当铺赔修］

[illegible] [illegible]、[illegible]、[illegible] tśjiw^1、[illegible] khjwã^1、[illegible] xjwã^1、[illegible] śji^2 [illegible]，[illegible]，[illegible]，[illegible]，[illegible]，[illegible]，[illegible] kwã^1 [illegible]，[illegible]，

[illegible] kwã[1] [illegible]，[illegible]。①

一条　沿边中（内地）、京师、州、郡、县、村主有榷场市场等，点火及放水毁渠，盗骗官私出大住滞，有急令等时，抢救堵修追捕法，有征体工头项，管事者当先通告征人圣旨并奉行，如其非因大小急事，不管事人等，所有不许依院传行圣旨一种。

[illegible]　[illegible]，[illegible]，[illegible]，[illegible]（[illegible]）② [illegible]，[illegible]③ [illegible]、[illegible]，[illegible]，[illegible]，[illegible]，[illegible]，[illegible]，[illegible]，[illegible]，[illegible]，[illegible]，[illegible]，[illegible]、[illegible]，[illegible]，[illegible]。[illegible]，[illegible]，[illegible]④ [illegible] kwã[1] [illegible]，[illegible]，[illegible]。[illegible]，[illegible]，[illegible]，[illegible]，[illegible]，[illegible]，[illegible]，[illegible]。[illegible]、[illegible]、[illegible]，[illegible]，[illegible]、[illegible]、[illegible]、[illegible]，[illegible]，[illegible]⑤ [illegible]，[illegible]

---

①《亥年新法》第十一文献编排次序错乱，此为《俄藏黑水城文献》第9册第296页B第1—5行的内容，属第1条“传行圣旨”。

② 原文写为“[illegible]”，疑为“[illegible]”。

③ 以上为《俄藏黑水城文献》第9册第296页B第6—8行的内容，属第2条“典妻眷媳使身为远罪”。

④ 以上为《俄藏黑水城文献》第9册第297页A第1—7行的内容，属第2条“典妻眷媳使身为远罪”。

⑤ 以上为《俄藏黑水城文献》第9册第298页B、第300页B第1—7行的内容，属第2条“典妻眷媳使身为远罪”。

[illegible]，[illegible]。①

一条　律令中自己卖妻眷之罪行并非已有一个，典押于他人处使身为远时罪状不显，俗民中贵常（惭愧）贱丑不避人无罪，倚仗一时微利实所贪同户共妻眷、媳者，典押于他人处使身为远，妇贞洁污毁，家门礼义废弃不安，无过于如此患事，为除断罪行需制定，依一此后公公婆婆丈夫等典押使身为远有违犯者时，自捡妻眷依法愿不愿孝，比硬嫁之一一罪状分明各当减一等，做典时是丈夫、他人妻，现已知根聒（情由）持赏当罚，不知令不用罚。若后所知道有住处，亦何时所知道，自日期一个月以内当告管事处，实逾期如前，当罚钱。又无辖属自然他人及住村出工在名中，女人被住处主人等之依次典押于自家处及他人处使身为远时，主人者罪，妻丈夫依法比其他人当增加一等判决，做典处是他人妻，先后知道亦罚典赏钱，告示受理法与原有相同。其中妻眷、媳自己及父、兄弟（女称）、他人等，举报则女当流放乐处，父、兄弟（女称）、女、姐妹（男称）之因是近亲，不得功，他人依同等杂罪举报奖赏法，由罪少者中出当给，若妻丈夫追告则脱罪上亦当得问妻。

𘟀　[illegible]，[illegible]、[illegible]、[illegible]、[illegible]、[illegible]，[illegible]，[illegible]，[illegible]，[illegible]。[illegible]、[illegible]、[illegible] xjwĩ¹ śie¹ [illegible]，□□□[illegible]，[illegible] xjwĩ¹ śie¹ [illegible]，[illegible]□□[illegible]，[illegible] śiə¹ [illegible]，[illegible] xjwĩ¹ śie¹ [illegible]，[illegible]，[illegible] xjwĩ¹ śie¹ [illegible]，[illegible]，[illegible] xjwĩ¹ śie¹ [illegible]，□□□[illegible]，[illegible]

① 此为《俄藏黑水城文献》第9册第299页A第1行的内容，属第2条"典妻眷媳使身为远罪"。

[illegible]，[illegible]。

一条　律令中父子兄弟一起居住（一块食宿未分家）共有畜物中，不问家长（户长）之，被子孙、子、兄弟、妻眷、媳背地用分畜物，应该所分用一种，则罪不用赔偿，不应处所分用，则五缗以下不量罪，五缗以上一律有官罚马一，庶人杖十三。子孙、子、兄弟等未另食宿畜物当算量分数中，□□□虽已有，但其子孙分用畜物另食宿算为分数中，说倚仗一时□□所为近说，世间借债务还妄吃喝使用分用者为多，又亦应得分数多少是几何，不可做测定，算为原先分数中，则父母世存宝物唐突毁坏不安也，算为分数中一种全当馈赠，□□□该催促所已分用处，当还给家长（户长）之，子孙等处另当去索取。

[illegible]　[illegible]，[illegible][1][illegible]，[illegible]、[illegible] ljịj¹ [illegible]，[illegible]，[illegible]，[illegible]，[illegible]。[illegible]，[illegible]，[illegible]，[illegible]，[illegible]。

一条　某人降生处亲母已死，与庶母及姑一起食宿者，家长、统领者虽然是庶母，但同居子非自身而生必然妒嫉，有异心悭吝没有养育，存世宝物唐突毁坏分用时，为子孙不能修甲养马做杂役，不安矣。共同宝物该管监，庶母擅自伸手偷唐突毁坏，无理处不许分用等，若毁坏无理分用时，谓依旧当还给。

[illegible]　[illegible]，[illegible]，[illegible]，[illegible]、[illegible]、[illegible]，[illegible]、[illegible]，[illegible]。[illegible]

① 因"[illegible] ·u²"与"[illegible] ·u²"同音（音［吾］），故该条中"庶母"写为"[illegible]"，同条目中的"[illegible]"，属通假。

[illegible]，[illegible]，[illegible]，[illegible] xiəj² [illegible]，[illegible]，[illegible]，[illegible]，[illegible][1] [illegible]，[illegible]，[illegible]，[illegible] xwej² [illegible]，[illegible]，[illegible]、[illegible]、[illegible]、[illegible]、[illegible]，[illegible]，[illegible]、[illegible]、[illegible]、[illegible]，[illegible]，[illegible] phjiij¹ [illegible]，[illegible]，[illegible]，[illegible]，[illegible]、[illegible]、[illegible]、[illegible]，[illegible]，[illegible]，[illegible]，[illegible][2]。

一条　诸人死丧，虽已留人根子孙，但年幼被节亲他人等教导资助，屋舍、地、人卖典分用时，因典、分用对不对，律令中不明。一方臣民所做活业艰难，死者子孙年幼不能管理宝物，节亲他人等贪心谋利，教导资助者与他人计谋意行勾结，因有估量地人宝物价少，为容易受他人所拿，破坏黑门者，对治国民道中不利，已有所思患，此后子年幼有所留者，达到强就不会妒恨，因此债务杂役衣食卖等不得已不做，地、人、屋舍、畜、种种谷物有分用时，不亏属者，亲祖父祖母、伯叔婶、姑、姐妹等中，司院不同及家住遥远等以外，当住近便附近，共同议谋分等应该有，假若节亲他人等不义，教导资助者损毁、卖、典当、分时，有官罚马，庶人杖十三，实物依旧当归还于属者，因价钱另当索取。

[illegible]　[illegible]，[illegible]，[illegible]，[illegible][3] [illegible]，[illegible]，[illegible]，[illegible]，[illegible]，[illegible]，[illegible]，[illegible]，[illegible]，[illegible]

① 以上为《俄藏黑水城文献》第 9 册第 300 页 A 第 3—7 行的内容，属第 5 条。

② 以上为《俄藏黑水城文献》第 9 册第 297 页 B 第 1—6 行的内容，属第 5 条。

③ 以上为《俄藏黑水城文献》第 9 册第 297 页 B 第 7 行的内容，属第 6 条。

[illegible]，[illegible] kwã^1 [illegible]，[illegible]，[illegible] śjij^1 [illegible]、[illegible]，[illegible]，[illegible]、[illegible]、[illegible]，[illegible]①。

一条　国家中有才艺勇士，有君子念恩者，虽有诸司人帮助告奏其名，然因其行为聪明无受理者，各各边塞所归边主勇猛刚健，有大小功并依文人智勇有才艺，有知解律法勘任差遣胜任之人等，地程遥远，需京师告状所不到，无帮助受理者而所到但已经沉没，勇士有智知律法，人心力成衰不安，依一此后如其每有多少，管事者与前不同，亟待帮助，当报告文武臣中书、枢密，补官职大小应得何，看人品、功、才艺，因时奏策奉行。

[illegible]　[illegible]，[illegible]，[illegible]，[illegible]，□[illegible]，[illegible]②[illegible]，[illegible]，[illegible]［[illegible]］③。

一条　国内居野兽中豹虎熊狼畜兽对人畜皆伤害，需除断，依一诸人有捕杀者时，狼小之赏三缗钱，虎大赏五缗许，□豹虎熊等者，比狼威力大，伤害畜人之很多，当［给］打捕杀者赏。

[illegible]　[illegible] sjwɨr^1 [illegible]，[illegible]，[illegible] dźji^1 [illegible]，[illegible] khiew^2 [illegible]，[illegible]，[illegible] kwã^1 [illegible]，[illegible]。[illegible]，[illegible] dźji^1 [illegible]，[illegible]，[illegible]，[illegible]，[illegible]，[illegible]，[illegible]④、[illegible] ·iow^2，[illegible] dźji^1 [illegible]，[illegible] kwã^1 [illegible]，[illegible]，[illegible]

① 以上为《俄藏黑水城文献》第 9 册第 296 页 A 第 1—6 行的内容，属第 6 条。
② 以上为《俄藏黑水城文献》第 9 册第 296 页 A 第 7—8 行的内容，属第 7 条。
③ 以上为《俄藏黑水城文献》第 9 册第 295 页第 1 行的内容，属第 7 条。
④ 以上为《俄藏黑水城文献》第 9 册第 295 页第 2—8 行的内容，属第 8 条“女人纳牒”。

[illegible]。[illegible]，[illegible]，[illegible]，[illegible]。[illegible]，[illegible]①。

一条　男僧人交牒欲为入俗像之详法，律令中分明没有，女人有牒行遣尼僧一种，辈近所没有显耀，谓寡妇人亦欲做剪器求得牒，已告一遍管事者，官依法已区分。上方闻奏已授敕诏当承，已为尼僧中再后心悔，擅自破戒去宿家为媳之罪行，若不设置他人因愿行动善恶杂混，与不按国法事理而不安已有患，与男僧人纳牒犯戒一理，使用法纪相同，依一此后如其寡妇、在室未嫁女出家一样，有牒尼僧心悔有欲去为媳者时，当告管事处，当令拿来度牒，在此可不量罪。假若不告擅自去为媳时，获罪一年徒刑，当令纳牒并服苦役，苦役期毕依旧当归于有主丈夫处。他人告举时，按照同等举报杂罪得赏法分明依法由犯罪者出当给举报者。

[illegible]　[illegible]、[illegible] śjã¹ djɨj² [illegible]、[illegible] phej² [illegible]，[illegible]，[illegible]、[illegible]、[illegible]，[illegible]、[illegible]，[illegible]。

一条　边中（内地）、京师禅定徒弟等不应设置道场法事、不法法师派税赋敛财，非座主擅自说法，法师、国师、禅师等，依次不经过司、对公索司等时，其罪必依以下奉行。

[illegible]　[illegible]，[illegible]，[illegible] ·iow²，[illegible]，[illegible]，[illegible]，[illegible]，[illegible] phə¹sji¹ thjij² [illegible] phə¹ [illegible] phə¹ [illegible]，[illegible]，[illegible]②，[illegible]，[illegible]，[illegible]

① 以上为《俄藏黑水城文献》第 9 册第 301 页 A 第 1—4 行的内容，属第 8 条“女人纳牒”。
② 本应为“[illegible]”，由于“[illegible] sej¹”与“[illegible] sej¹”同音，此处写为“[illegible]”，属通假。

[illegible]、[illegible]、[illegible]，[illegible]、[illegible]，[illegible]，[illegible]（[illegible]）①[illegible]、[illegible]、[illegible]、[illegible]，[illegible] phə[1] [illegible]，[illegible]，[illegible]、[illegible] sji[1] thjij[2] [illegible]，[illegible]，[illegible]，[illegible]，[illegible]，[illegible]，[illegible]，[illegible] kjij[1] ljiw[2] [illegible]，[illegible]，[illegible]，[illegible] kwã[1] [illegible]，[illegible]，[illegible]。

一款　有情导师说法者，为奉业座主中，僧人有牒没有一样，所了悟佛法义味有何种不明，所有说法者已有很多，佛敕杂混已有患，谓非奉业座主则全部当不许说法，乃亦蕃西天国所来僧人及蕃地已归僧人等，具体度牒座主没有谕文，其中懂佛法行戒清净，信所扬名法义刚勇，凡民导师善及本国僧人中亦座主未得名事，直擢升为国师、法师、禅师提点，功德司大人、承旨已经有很多，其数说法而令无边，依一奉业座主及国师、法师、禅师二处功德司大人、承旨中亦是奉业座主位上擢升，又蕃地所归僧人等依法该说法以外，非前座主已升提点，已为功德司大人、承旨及蕃西天国所来，度牒座主没有谕文，懂佛法行戒法清净，信已扬名，有凡民导师善等时，在一切地方中臣民住处邀请法部发愿不同，与开阐（解说）善坛有令依照做法事者时，该报告于京畿中书及边经略等处，当寻谕文，有说法做法事者时，报告管事处，不找谕文擅自邀请做法事等一律将按违法当为判处三年以上徒刑，望周知。

[illegible]　[illegible]、[illegible]，[illegible]，[illegible]，[illegible]

① 疑漏写“[illegible]”。

[illegible] phej² [illegible]，[illegible]，[illegible]？[illegible]，[illegible]，[illegible]，[illegible]，[illegible]，[illegible]，[illegible]，[illegible]，[illegible]，[illegible] phej² [illegible]，[illegible]，[illegible]，[illegible] phej²、[illegible]、[illegible]，[illegible]，[illegible]。

一款　诸大小臣僚、佛僧等，以理做事人多，谁发起做法事极乐会者，以起威力派敛宝物，令百姓生悲哀，善利有几何？依所明已有患，说诸人愿意有信心，该综合律法，有发愿者则于家及寺院有善宫处，当允许做法事极乐会，大小臣僚及僧人有超等，管理者以其人多让谁聚集，当不许派税聚敛，有违犯者时，违法徒三年，及不情愿派税、钱、实物已拿到手，贪脏枉法罪等，何等从重判决。

[illegible]　[illegible] śja² kia¹ [illegible]□[illegible] śjã¹ djij²，[illegible]，[illegible]，[illegible]，[illegible]，[illegible]，[illegible]，[illegible] śjã¹ djij² [illegible]，[illegible]、[illegible]，[illegible]，[illegible] kwã¹ [illegible]，[illegible]，[illegible] kwã¹ [illegible]。

一款　禅家中居住师傅禅定，徒弟不法说法诸人之顽心动也，谁发布施聚敛，私自做法事，躲避逃匿自己院中杂役者已多，使村民迷惑，与不按律法非真安，如其师傅禅定徒弟说法，当不允许开戒与设道场、上布施等，有违犯者时，当捕管事者，违法者为判决三年以上徒刑，期满释放管处当做嘱咐。

[illegible]　[illegible]、[illegible]、[illegible]、[illegible]、[illegible]、[illegible]、[illegible]，[illegible]，[illegible] tsjij² tshə¹ [illegible]，[illegible]，[illegible]，[illegible]，[illegible] kwã¹ [illegible]，[illegible]，[illegible]

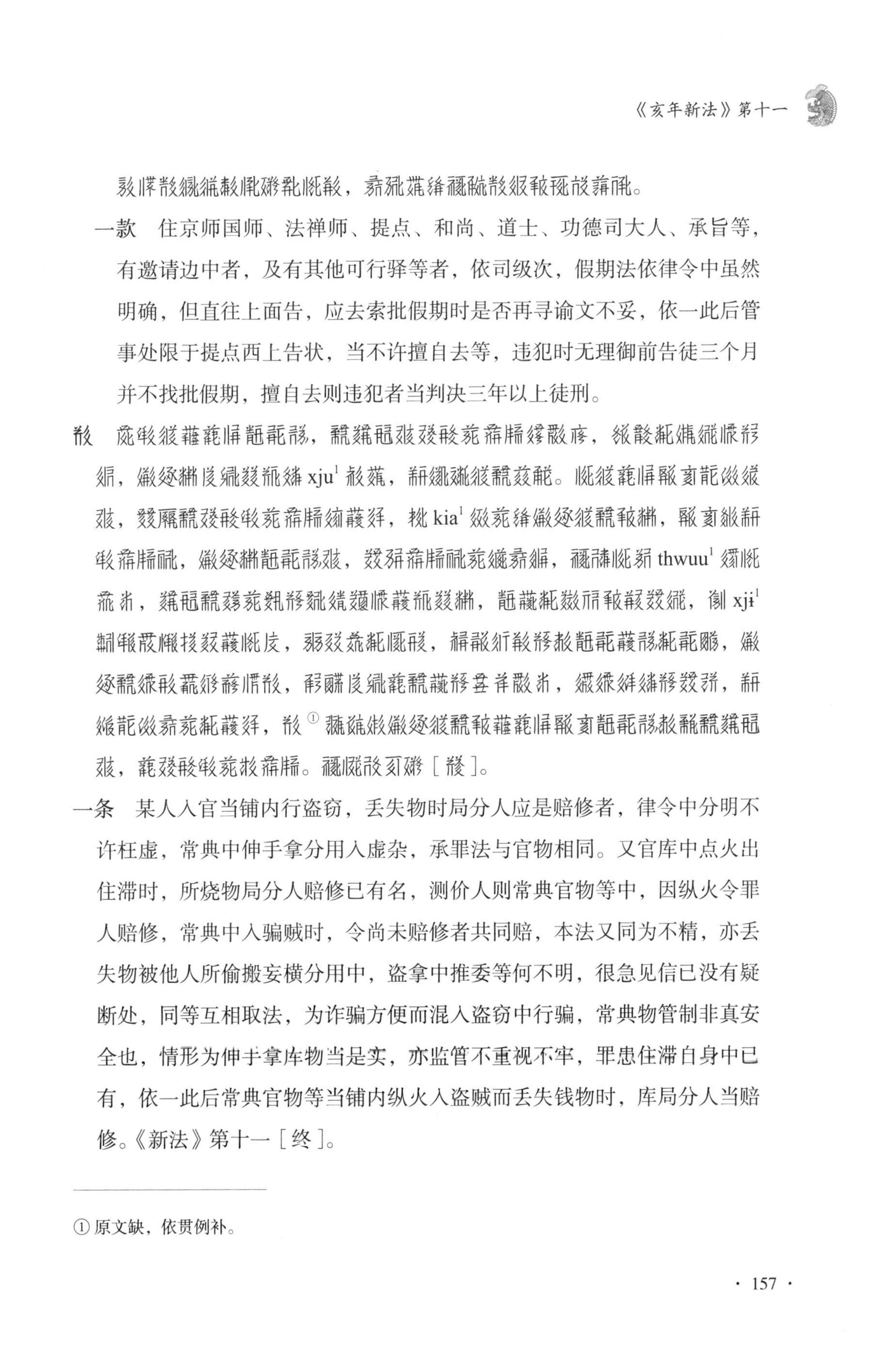

[illegible]。

一款　住京师国师、法禅师、提点、和尚、道士、功德司大人、承旨等，有邀请边中者，及有其他可行驿等者，依司级次，假期法依律令中虽然明确，但直往上面告，应去索批假期时是否再寻谕文不妥，依一此后管事处限于提点西上告状，当不许擅自去等，违犯时无理御前告徒三个月并不找批假期，擅自去则违犯者当判决三年以上徒刑。

[illegible] xju[1] [illegible] kia[1] [illegible] thwuu[1] [illegible] xjɨ[1] [illegible] ① [illegible]［[illegible]］。

一条　某人入官当铺内行盗窃，丢失物时局分人应是赔修者，律令中分明不许枉虚，常典中伸手拿分用入虚杂，承罪法与官物相同。又官库中点火出住滞时，所烧物局分人赔修已有名，测价人则常典官物等中，因纵火令罪人赔修，常典中入骗贼时，令尚未赔修者共同赔，本法又同为不精，亦丢失物被他人所偷搬妄横分用中，盗拿中推委等何不明，很急见信已没有疑断处，同等互相取法，为诈骗方便而混入盗窃中行骗，常典物管制非真安全也，情形为伸手拿库物当是实，亦监管不重视不牢，罪患住滞白身中已有，依一此后常典官物等当铺内纵火入盗贼而丢失钱物时，库局分人当赔修。《新法》第十一［终］。

① 原文缺，依贯例补。

《亥年新法》第十二

《亥年新法》第十二有甲种本、乙种本、丙种本、戊种本四个抄本，编号为俄 Инв.No.4795、俄 Инв.No.2565、俄 Инв.No.2842、俄 Инв.No.6240 *6739V*，参见《俄藏黑水城文献》第 9 册第 184 页下—186 页下、第 255 页下—258 页上、第 280 页上—283 页上、第 305—309 页。

《亥年新法》第十二乙种本、丙种本与戊种本有条目，校译中用四个抄本对勘，丙种本与戊种本较全，作为校译底本。第一条“待命者值班住不来”与第二条“待命值班不来首领量罪”是对《天盛律令》第十二“内宫待命等头项门”之“待命日上不集搁置铺”与“因待命值班不来不减罪”所不同的补充条文，是专门针对“待命”类职官制定的；第三条“起居舍人值班不来首领量不量罪”是对《天盛律令》第十二“内宫待命等头项门”之“起居舍人等分抄续换”等新制定的条文；第四条“内宿司人值班未来催促”是对《天盛律令》第十二“内宫待命等头项门”之“内宿司局分非值来内部”的补充条文，也涉及“值班人及阁门守护者等日上不来搁置职事”条文；第五条“御前内侍司人值班未来催促”是对《天盛律令》第十二“内宫待命等

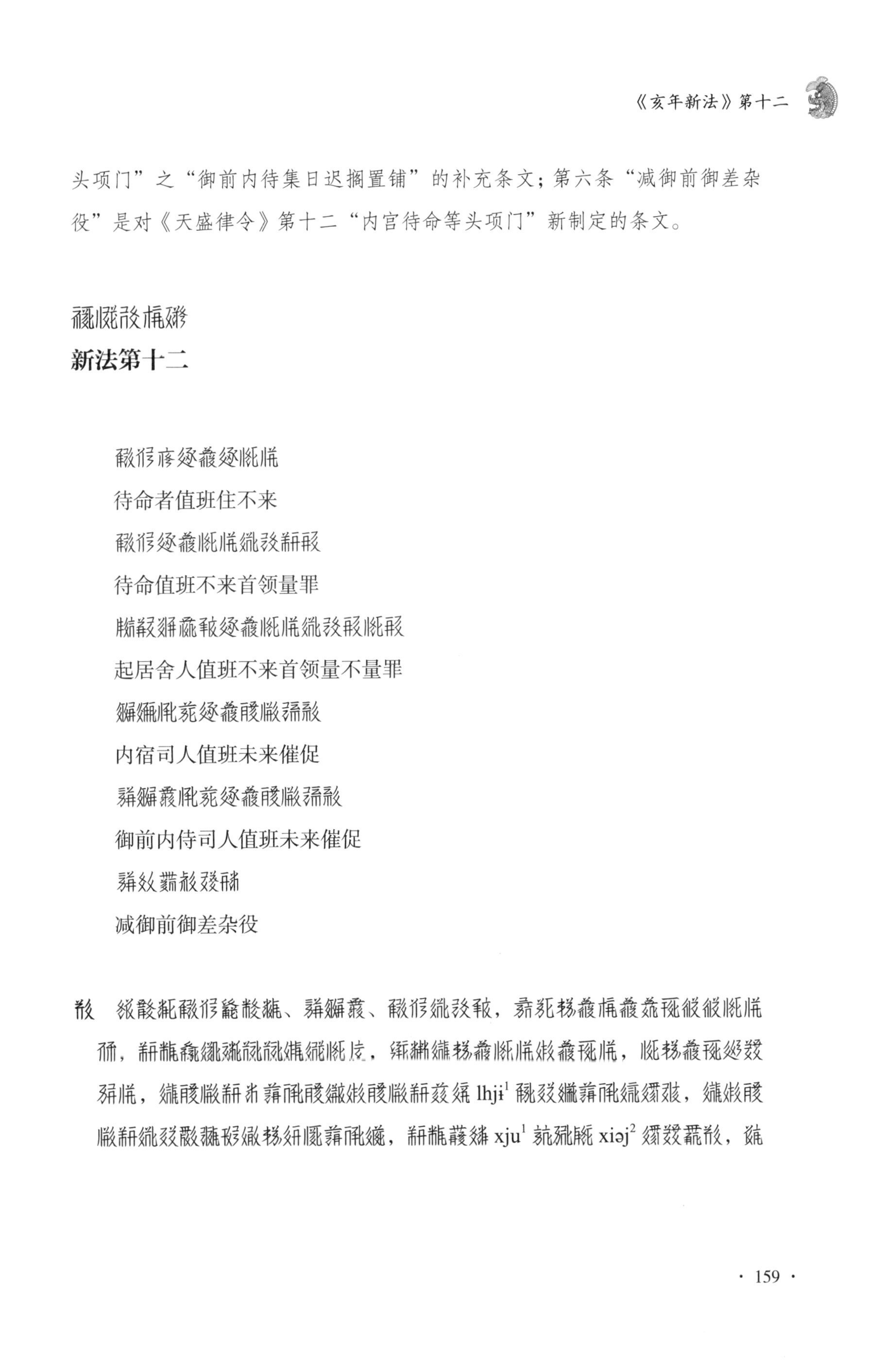

头项门”之“御前内侍集日迟搁置铺”的补充条文；第六条“减御前御差杂役”是对《天盛律令》第十二“内宫待命等头项门”新制定的条文。

[illegible]

新法第十二

[illegible]

待命者值班住不来

[illegible]

待命值班不来首领量罪

[illegible]

起居舍人值班不来首领量不量罪

[illegible]

内宿司人值班未来催促

[illegible]

御前内侍司人值班未来催促

[illegible]

减御前御差杂役

[illegible] [illegible]、[illegible]、[illegible]，[illegible]，[illegible]，[illegible]，[illegible] $lhj\text{ɨ}^1$ [illegible]，[illegible]，[illegible] xju^1 [illegible] $xi\text{ə}j^2$ [illegible]，[illegible]

[illegible]［[illegible]］① [illegible]，[illegible]② [illegible]，[illegible]，[illegible]、[illegible]、[illegible]，[illegible]，[illegible]。

一条　律令中种种待命类、御前内侍、待命首领等，各一番两番相间连续不来的，获承罪状法分别分白以外，其中先一番不来后来上班，又一番值班上再尚未来，先未来罪亦判决未至与后未来罪累及等时应为判决时，是依先后未来平均合并一次依法判决者，罪状所虚用为意行不善也，此后两次相间使连续尚未来，中间或来一次首尾两次有不来，相间数当算徒役罪，御前内侍、待命、士兵徒六个月，首领徒一年，其中欲赎则前述一一罪状明上依次各当增加一等可使赎。

[illegible]　[illegible]，[illegible]，[illegible]、[illegible] kwã1 [illegible]，[illegible]，[illegible]［[illegible]］③ [illegible]，[illegible]，[illegible]，[illegible]、[illegible]，[illegible]，[illegible] thji2 kju1 [illegible]，[illegible]，[illegible]、[illegible]，[illegible]④ [illegible]，[illegible] thwuu1 [illegible]，[illegible]，[illegible]⑤，[illegible]、[illegible]，[illegible]，[illegible]，[illegible]，[illegible]。

---

① 乙种本为“[illegible]”。

② 甲、乙本为[illegible]。

③ 乙种本、戊种本为“[illegible]搜寻”。

④ 甲种本漏写此字。

⑤ 乙种本、戊种本无此字。

一条　种种待命类有不来值班处，首领之承罪法律令中所没有，国内诸所有父子、首领中有辖属管属下军卒中不做杂役者，没有逃跑隐藏，查问命制约者一种，以下皆为首领中待命有值班不来之处，首领中营监等不至量罪，如首领、军卒互相无辖属，互尚未值班不来，令为提举则无罪，属下人倚仗放松值班不来搁置职事者，总为不安已有患，其首领、军卒亦并非值班不来，尔后所有诸事皆互相牵扯，值班不来亦国法职种一律为不同无偏，因待命首领属下军卒值班不来，隶属首领人入量承罪中需也，此后种种待命类大小首领、营监等，自己属下待命值班不来人数非不具全时，军数多少中已区分，依人数并按分阶等，依两种承罪法已使明当奉行。

[illegible]　[illegible]，[illegible]；[illegible]；[illegible]；[illegible]。

一款　待命首领十抄以内有军者，军数少依一抄全一律当为依人数定罪，一二抄杖十；自三抄至五抄杖十三；六七抄杖十三徒一个月；比其以上至十抄中杖十三徒三个月。

[illegible]　[illegible]，[illegible]，[illegible]①[illegible]，[illegible] ·iow²，[illegible]②[illegible]，[illegible]：[illegible]；[illegible]；[illegible]、[illegible]［[illegible]］③[illegible]，[illegible]④[illegible] piã¹ [illegible]［[illegible]］⑤[illegible]。

① 甲种本缺“[illegible]人”字。

② 甲种本误写为“[illegible]”。

③ 甲种本无此三字。

④ 甲种本无“[illegible]”“[illegible]”字。

⑤ 甲种本为“[illegible]”，乙种本、戊种本为“[illegible]”。

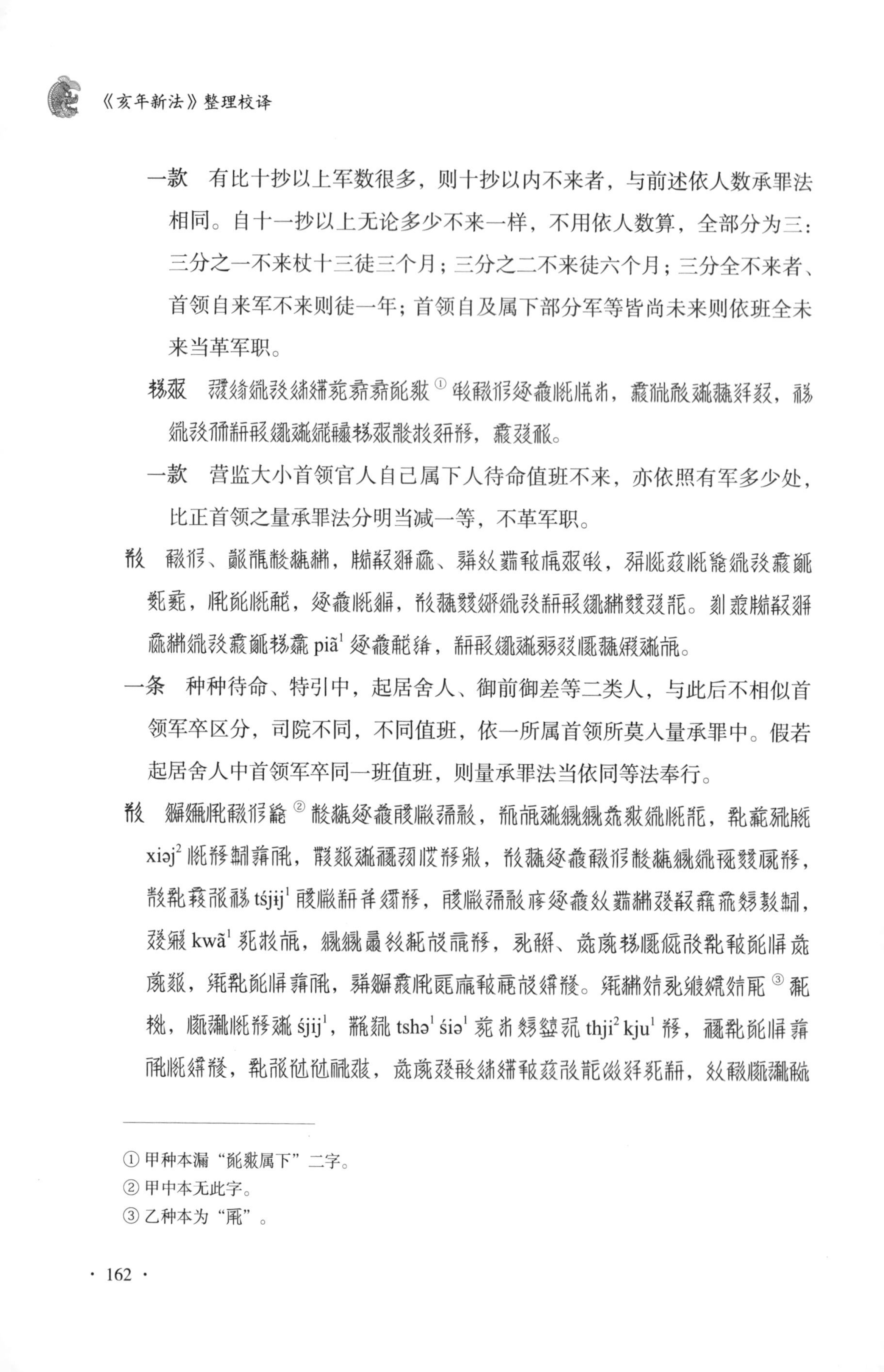

一款　有比十抄以上军数很多，则十抄以内不来者，与前述依人数承罪法相同。自十一抄以上无论多少不来一样，不用依人数算，全部分为三：三分之一不来杖十三徒三个月；三分之二不来徒六个月；三分全不来者、首领自来军不来则徒一年；首领自及属下部分军等皆尚未来则依班全未来当革军职。

[illegible] [1] [illegible]

一款　营监大小首领官人自己属下人待命值班不来，亦依照有军多少处，比正首领之量承罪法分明当减一等，不革军职。

[illegible] piã[1] [illegible]

一条　种种待命、特引中，起居舍人、御前御差等二类人，与此后不相似首领军卒区分，司院不同，不同值班，依一所属首领所莫入量承罪中。假若起居舍人中首领军卒同一班值班，则量承罪法当依同等法奉行。

[illegible] [2] [illegible] xiəj[2] [illegible] tśjij[1] [illegible] kwã[1] [illegible] [3] [illegible] śjij[1] [illegible] tshə[1] śiə[1] [illegible] thji[2] kju[1] [illegible]

---

① 甲种本漏“[illegible]属下”二字。

② 甲中本无此字。

③ 乙种本为“[illegible]”。

[illegible]，[illegible]。

一条　内宿司种种待命类值班催促未来，行遣法每月月底月初不入，长期意行不做速判决，遣送法需定一个法，依一值班种种待命月初上所做检查，超过三日整未来当构成犯罪，未来催促者值班御差中役户真能可速派，管事处当行，自每月十日当做，边中、京师一律五十日等期间遣京师，其日以内判决，御前内侍司引送等皆当了毕。其中地边（边塞）所归地程遥远，懈怠做不成，刺史人亦可为提举，法定期内判决不完，逾期使相遇时，与京师局分大小等所有何住滞处之罪，懈怠违背圣旨等该云何判决，依时间看情节轻重上所奉行。

[illegible]　[illegible]，[illegible]，[illegible]，[illegible]①[illegible]，[illegible]，[illegible] thej^{1} tu^{1} tu^{1} xu^{1} [illegible]，[illegible]，[illegible]。[illegible]②。

一条　御前内侍司每月催促御前内侍未来，法定期限内遣送判决，行遣法亦内宿司依法当是，一个月未来人数，十日以内已归地边（边塞）追送谕文派遣内宿司人拿，应入综合催促中，京师大都督府等每月值班御差中，应在三抄以内时当取，应催促各自一起当依律法奉行。终。

[illegible]　[illegible]，[illegible]，[illegible]，[illegible] piã^{1} [illegible]，[illegible]、[illegible]，[illegible]，[illegible]。

一条　御前御差一种与此后不相似，上面准备急事所出处，按多差遣处院中杂役赋敛依法应该受承，一抄正军及班主每户能得一人或二人，诸库局

① 乙种本为“[illegible]”。

② 乙种本此行有“[illegible]”字，依据卷目应该是此条已完。

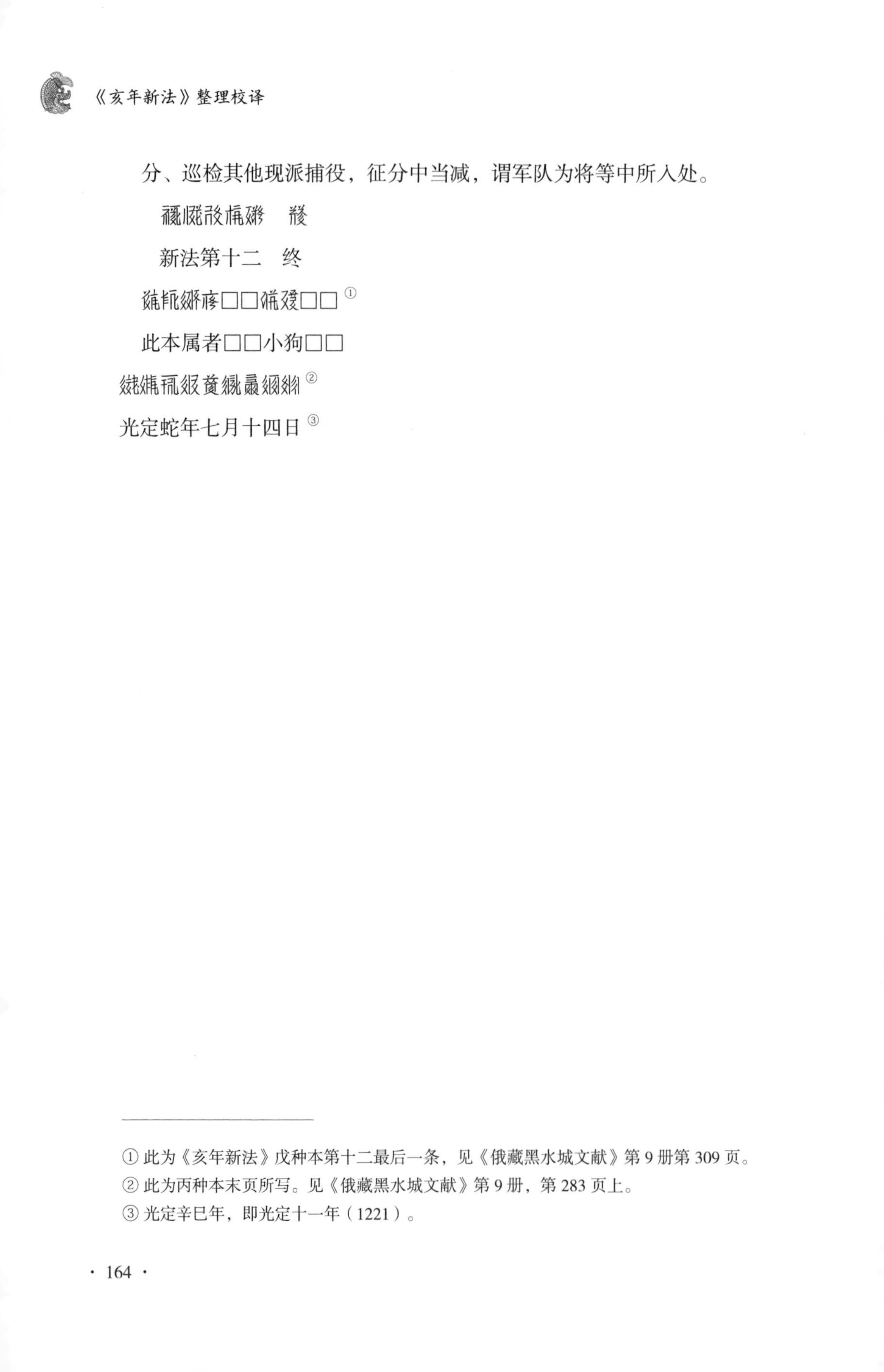

分、巡检其他现派捕役，征分中当减，谓军队为将等中所入处。

[illegible]　[illegible]

新法第十二　终

[illegible]□□[illegible]□□[1]

此本属者□□小狗□□

[illegible][2]

光定蛇年七月十四日[3]

① 此为《亥年新法》戊种本第十二最后一条，见《俄藏黑水城文献》第 9 册第 309 页。

② 此为丙种本末页所写。见《俄藏黑水城文献》第 9 册，第 283 页上。

③ 光定辛巳年，即光定十一年（1221）。

[illegible]
《亥年新法》第十三

《亥年新法》第十三有甲、乙两个抄本，编号为俄Инв.No.4795、俄Инв.No.8218，甲种本有条目，内容相对完整，作为校译底本。参见《俄藏黑水城文献》第9册第187页上—192页上、第310页。

《亥年新法》第十三共七条，第一条“帐下使军奴婢共同知物处不拿”是对《天盛律令》第十三“允许不许举报门”之“节亲使军等作知处”“可知处及不可等一起追问”的补充条文；第二条“故意杀人举报奖赏”是针对《天盛律令》第十三“举报虚实门”中类似于“十恶举报实功”“官物中举报实功”“杂罪举赏”的补充条文；第三条“妻眷媳使军举报虚”是针对《天盛律令》第十三“举报虚实门”中类似于“叛逃以上举报虚”“十恶杂罪等虚”“举报半实半虚”的补充条文；第四条“怀疑投毒药不知审问”疑似对《天盛律令》第十三“允许不许举报门”之“疑心不识审问不招承”的补充条文；第五条“有罪判决到送逃跑对勾当打杀”是对《天盛律令》第十三“遣差人门”之“所差不来潜逃”“打差人唤处来不来”等的补充条文；第六条“隐逃人”显然是对《天盛律令》第十三“逃人门”所制定的具体的、详

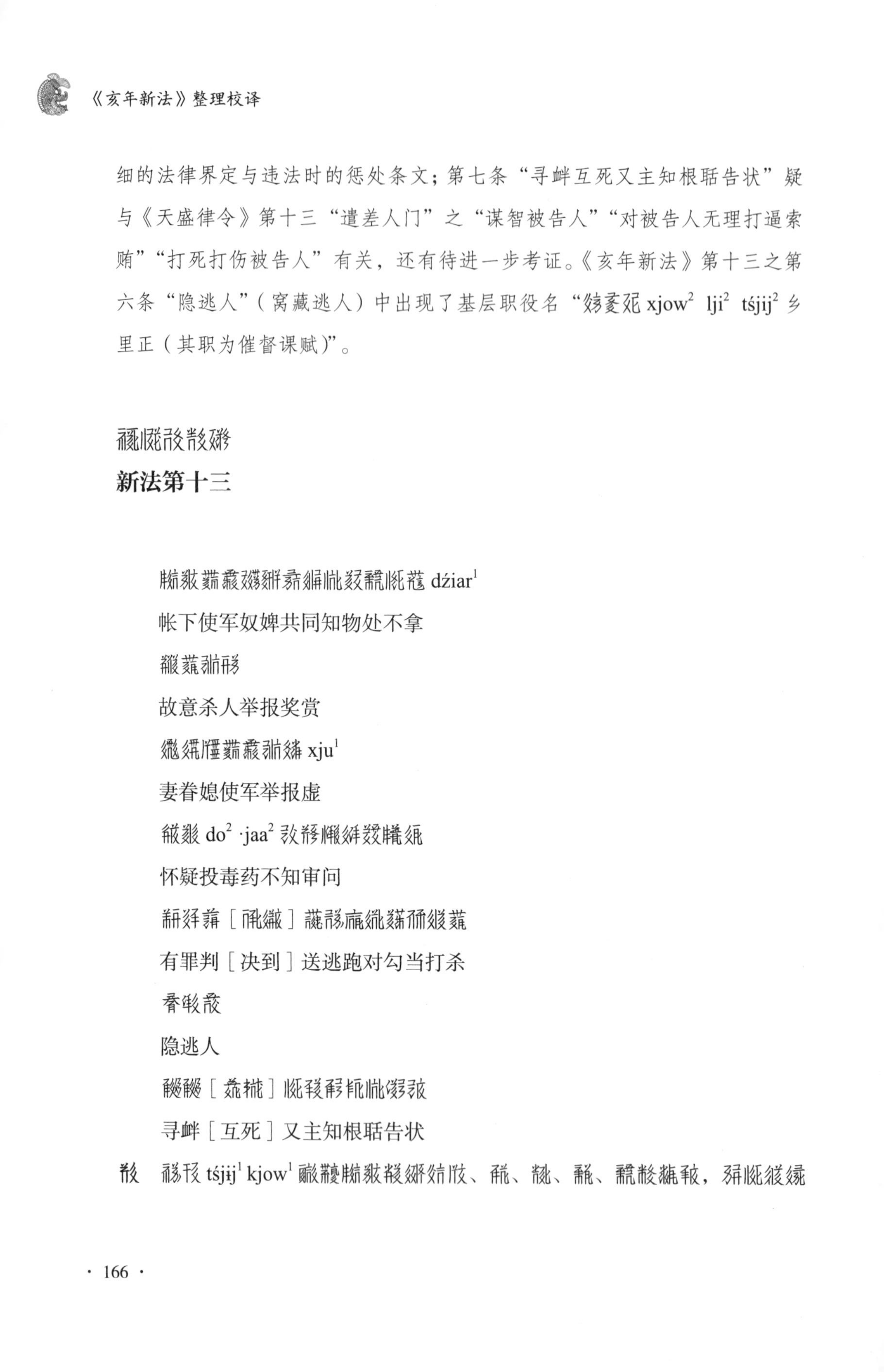

细的法律界定与违法时的惩处条文；第七条“寻衅互死又主知根聒告状”疑与《天盛律令》第十三“遣差人门”之“谋智被告人”“对被告人无理打逼索贿”“打死打伤被告人”有关，还有待进一步考证。《亥年新法》第十三之第六条“隐逃人”（窝藏逃人）中出现了基层职役名“[illegible] xjow² lji² tśjij² 乡里正（其职为催督课赋）”。

[illegible]

新法第十三

[illegible] dźiar¹

帐下使军奴婢共同知物处不拿

[illegible]

故意杀人举报奖赏

[illegible] xju¹

妻眷媳使军举报虚

[illegible] do² ·jaa² [illegible]

怀疑投毒药不知审问

[illegible]［[illegible]］[illegible]

有罪判［决到］送逃跑对勾当打杀

[illegible]

隐逃人

[illegible]［[illegible]］[illegible]

寻衅［互死］又主知根聒告状

[illegible] [illegible] tśjɨj¹ kjow¹ [illegible]、[illegible]、[illegible]、[illegible]、[illegible]，[illegible]

[illegible]，[illegible] sə² [illegible]，[illegible]［[illegible]］□□[illegible]，[illegible]、[illegible]，[illegible]，[illegible]，[illegible]，[illegible]。

一条　正宫皇后帐下辖属田苗、畜、谷、钱、种种物等，尔后与官私属不相似，因是私密，此后莫入宽［堂］□□以外，上述帐下所属使军、奴婢共同互相有诉讼大争，亦与边中诸居住户不同，相互无辖属，依一诸司查问区分中，当不许让同伙知处一种。

[illegible]　[illegible]，[illegible] xiəj² [illegible]，[illegible]，[illegible]，[illegible]，[illegible]，[illegible]，[illegible]，[illegible]，[illegible]，[illegible]，[illegible]，[illegible]□□[illegible] lwã²，[illegible]。

一条　律令中告举他人罪事得赏受法，所行已使明用中，举报犯十恶罪者，举赏应何得，视人品情节奏策奉行，虽然布告其名，其中故意杀人者，告举者已有不断，举赏罪状若尚未做谋算者频频告奏，为迟缓文本，告举杀人载道已有祸患，此后对故意杀人举赏二百缗钱，犯罪者中当出，不能则罚□□杂畜，赎罪钱等中应当付给。

[illegible]　[illegible]，[illegible]、[illegible] xju¹ [illegible]，[illegible]、[illegible]、[illegible]、[illegible]，[illegible]□□[illegible]，[illegible]，[illegible]□□[illegible]，[illegible]，[illegible]，[illegible]，[illegible] xju¹ [illegible]，[illegible]、[illegible]，[illegible]，[illegible]，[illegible]，[illegible]，[illegible] xiəj² [illegible]，[illegible]，[illegible]，[illegible]、[illegible]、[illegible]、[illegible] xju¹ [illegible]。[illegible]□[illegible]，[illegible]□[illegible]、[illegible]，[illegible]、[illegible]

[illegible]。

一条　诸人互相做告举时，所实得功、所虚承罪法在律令中虽然是已分明，其中诸人所属妻眷、媳、使军、奴婢人贱丑，无常敬心因有他□□，无理有患不思，有头监恐□□生怨心，不知出状法以知处，牵扯于十恶罪重要大事，举报实则去乐意处，虚亦免死发配去做苦役，有所到说你与主、头监分离监护，以恃其事迷惑互相谋智者已有数，依律令奉行者，犯罪有为功悔罪，非因主、头监，损人欺骗意行猖獗，军民劳苦不安，已为所思患，此后妻眷、媳、使军、奴婢等对头监谋智举报虚时依律令判决。了毕后免死一种情节轻重中莫算，依旧有刺字棒刑、终身当戴铁枷，对主、头监等应做交待并奉行。

[illegible]　[illegible]，[illegible]，[illegible]、[illegible]，[illegible]，[illegible]、[illegible]、[illegible]，□□[illegible]、[illegible]、[illegible]、[illegible]，[illegible] tśjɨ^{1} kiwã^{1} [illegible]，[illegible]，[illegible] xju^{1} [illegible]，[illegible]，[illegible]，[illegible]。[illegible] [[illegible] do^{2}] ① [illegible] ·jaa^{2} [illegible]，[illegible]，[illegible]，[illegible]，[illegible] do^{2} ·jaa^{2} [illegible]，[illegible] thow^{1} [illegible]，[illegible] do^{2} ·jaa^{2} [illegible] thwuu^{1} [illegible]，[illegible] [[illegible]] □□[illegible] do^{2} ·jaa^{2} [illegible]，[illegible]，[illegible]，[illegible]，[illegible] bji^{2} śjij^{1}，[illegible]。

一条　律令中公事所查问中，谋逆失德礼投敌，谋故意伤杀人、种种盗，又盗窃杀人，杀亲高祖及祖父母、父母、继母等，□□外祖父杀外祖母、妻子杀丈夫、使军、奴婢杀头监等，因此数疑心（怀疑）不知，有告举只关

① 原文为“[illegible]”，疑误，补“[illegible] do^{2}”。

者，则当无知证，亦依法查问（调查）虚时，功罪者此之以后种种话说出告举者互相诉讼时，知证明则查问，无知证说接状不许用查问。以投毒药杀人，说不知谋害一辈，举报接状问遣法名已指示用中，所没有显耀，其拿毒药者于他人处思参差莫生怨恨，亦本意在自家当求兴盛通日吃喝中，投毒药与故意杀人情理相同，［依］一□□投毒药中无知证，疑心不知，有告举只关者，功罪觅成，与谋故意伤杀人相同。

[illegible] [illegible]，[illegible] kwã¹ [illegible]，[illegible]□□[illegible]，[illegible]，［[illegible]］[illegible]，[illegible]，[illegible]，[illegible]，[illegible]，[illegible]，[illegible]。

一条　国内诸人因罪已判决所获去劳役，管事处派勾当遣送，伸手其处逃跑强□□依托于山路险地，自不肯给等，派差人送对勾当打斗杀等时，律令中罪状分明所没有，诸司当事人不肯来传呼处，都应与差人打斗杀，依一判罪行遣法，律令中诸司有圣旨不应去催促传呼当事人，传呼来处不来，与对差人殴打杀一一罪行分明相同。

[illegible] [illegible]，[illegible] kiej¹ khew² [illegible]，[illegible] kwã¹ [illegible]，[illegible]，[illegible]，[illegible] tśjɨj¹ tow¹ [illegible]，[illegible]□□□□[illegible] tshu¹ [illegible]，[illegible]，[illegible] xiəj² [illegible]，[illegible]，[illegible] ·iow² [illegible]，[illegible]，[illegible] tśjɨj¹ [illegible]，[illegible]［[illegible]］[illegible]。

一条　国内官私人院中，界口头监等为躲避杂役，不往自己有辖属管处，迁移家禽，彼此逃匿，整多院中尚未得益，搁置职事□放逸放松昏庸粗心违抗上头，此数罪状量工价少，恃意行所持逃人不顺往院中，于其令纪已有，前地用人法时节语义中已出，罪状工价已增加，已为正职区别情节已使明，当依条下颁布奉行。

[illegible]［[illegible]］、[illegible]，[illegible]，[illegible]、[illegible]。

一款［使军］、奴婢逃匿，有隐藏者时，每日工价当为男人二百及成年妇女、少年男子各一百五十等。

[illegible]，[illegible]、[illegible] tha² ɣjwã¹ [illegible]，[illegible] tśjiɨ¹ thew²、[illegible]、[illegible] kwã¹ [illegible]，[illegible]、[illegible] tha² ɣjwã¹ [illegible]，[illegible]，[illegible][[illegible]]、[illegible]、[illegible]、[illegible]、[illegible] ɣjwã¹ tśju¹、[illegible] kwã¹ [illegible],[[illegible]] [illegible]，[illegible]。

一款 官私人为躲避头监等杂役扮假和尚相，诸寺、道院内有为逃人者时，正头、点察、管事者等亦应入量承罪中，依一来寺、道院内者中有牒僧人及伪僧人，区分前乙未六年内已入以外，此之以后有令假和尚住者时，僧［正］、僧副、僧判、点察、院主、管事者等之罪，隐逃人当为依法判决，举赏工价亦依法中公布当由其人（犯法者）支出。

[illegible]: [illegible]，[illegible]、[illegible]、[illegible] xjow² lji² tśjij²、[illegible] piej² kwã¹ [illegible]，[illegible]，[illegible]，□［[illegible]］[illegible]。

一款 遣送逃人告纳法：公家人三个月及私人一个月等告纳院内，则隐藏住处主人及首领、迁队、乡里正、编管等，莫量罪工价，已示期满过时量罪工价，□当依［律令］奉行。

[illegible]，[illegible]、[illegible] piej² kwã¹、[illegible] xjow² lji² tśjij²、[illegible]，[illegible]，[illegible]。[illegible]、[illegible]，[illegible]、[illegible]、[illegible]

[illegible] tśjɨj¹ [illegible]，[illegible] kwã¹ [illegible]，[illegible]，[illegible]。

一款　官私人为逃人到往处安排住处，迁院内迁队、编管、乡里正等知之，受贿不告则为隐藏逃人罪及枉法贪脏罪等，何等应从重判决。无受贿做懈怠则当减一等、并不知则再当减一等，住处主人、首领、正军等，是本军管事者等，命禁他军无按名，比逃人罪当减三等判决。

[illegible]　［[illegible]］[illegible]、[illegible]□[illegible]，[illegible]，[illegible]。[illegible]：[illegible]，[illegible]，[illegible]。

一款　官私人被［诸人］所属使军、奴婢隐藏□者，头监闻知不告时，按从犯判决。举赏工价出法：使军自己能出则当给，不能出则头监当支付，不知捕则不量罪工价。

[illegible]　[illegible] kwã¹ [illegible]，[illegible]［[illegible]］[illegible]，[illegible]□□[illegible]，[illegible]，[illegible] kwã¹ [illegible]、[illegible]，[illegible]，[illegible]、[illegible] tha² ɣjwã¹ [illegible]，[illegible]、[illegible] ɣjwã¹ tśju¹、[illegible]，[illegible]。

一款　诸官私人沿官堂设济贫院等，列官职名头监等躲避，有缠头变形象□□不定扮卑怯乞讨者像，有装驼背聋哑寻求逃跑化缘者时，住在官堂济贫院点察、为勾管者之罪，包括举赏工价出法，诸寺、道院内住逃人者，点察、院主、为勾管者等罪，与举赏工价出法分明相同。

[illegible]　[illegible]，[illegible]、[illegible]，[illegible]。

一款　窝藏逃人者自六户获八年长期徒刑，使军、奴婢举赏出逃人并隐住处等，本罪当依律法奉行。

[illegible]

一款　对窝藏逃人者举报奖赏：举报一户奖十五缗，举报一户以上一律奖一百五十缗，十户以上一律不超过一百五十缗，留宿主人中该出当给。①

[illegible]

一款　为使军、奴婢窝藏逃人获死罪、长期徒刑时，发配法没有另明，短期徒役可替换戴铁枷，不用对属者嘱咐，所获徒役高低一律皆当发配做苦役。

[illegible]②[illegible]

一款　官私人男女一样，去逃匿时，经由诸人捉之徒一年，途中遇释放辎驮之徒六个月。

[illegible] tśjịj[1]、[illegible] piej[2] kwã[1]、[illegible] xjow[2] lji[2] tśjij[2]③ [illegible]④ [illegible]⑤ [illegible]

一款　官私人之所来处，首领、正军、迁队、编管、乡里正（乡里镇）等，

---

① 疑甲种本“[illegible] 举报一户以上一律奖一百五十缗”误写，此款乙种本为：“[illegible]。一款、对窝藏逃人者举报奖赏：举报一户之奖十五缗，举报一户以上依法当加一等，十户以上一律不超过一百五十缗，留宿主人中该出当给。”乙种本正确，见《俄藏黑水城文献》第9册第310页上第3—5行。

② 乙种本为“[illegible] 诸人捉者之”。

③ 若为职官译“乡里正”，若为地方行政单位则译“乡里镇”。

④ 乙种本误写为“[illegible]律法”。

⑤ 本款方括号中的字甲种本佚，据乙种本补。

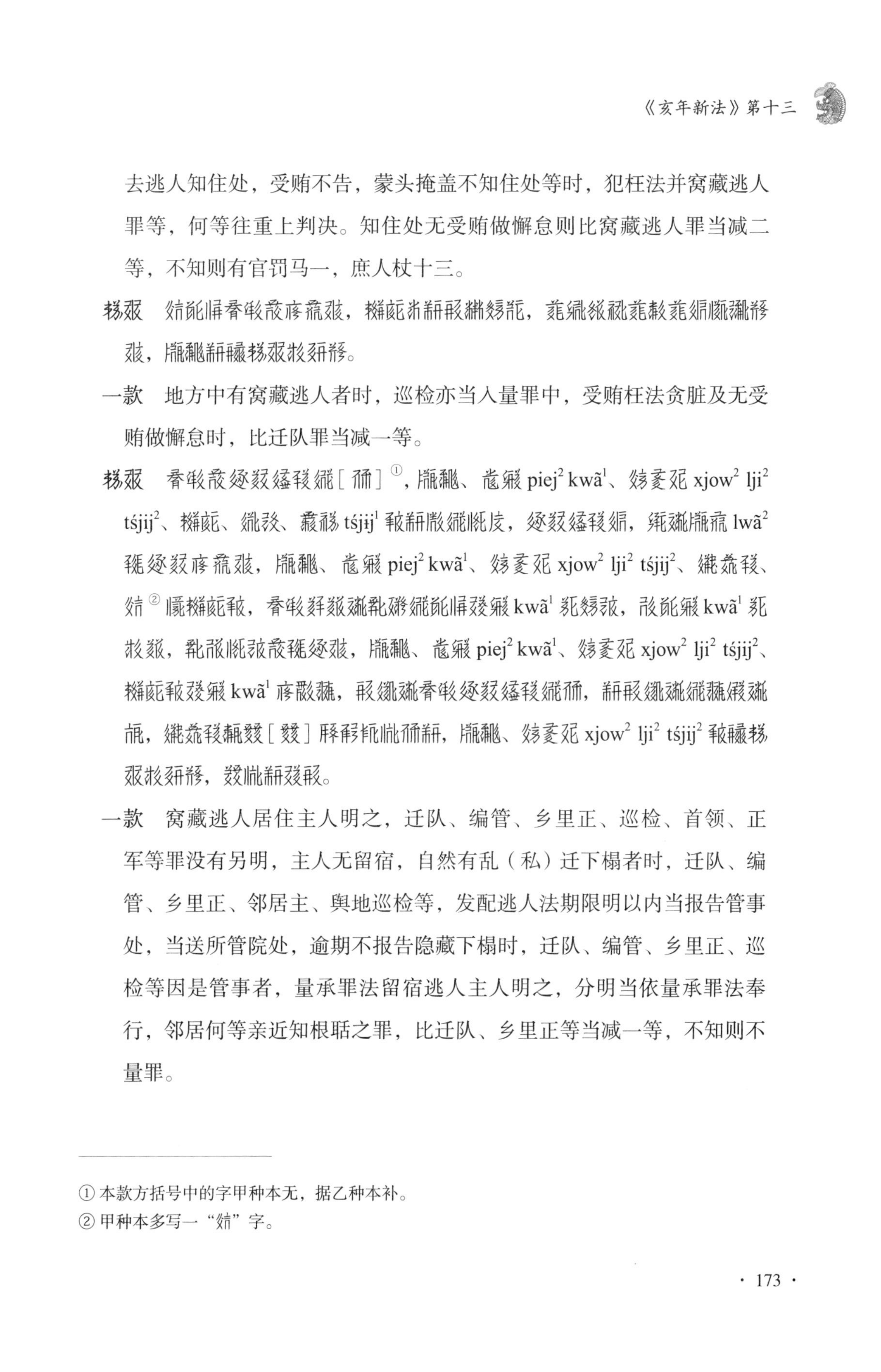

去逃人知住处，受贿不告，蒙头掩盖不知住处等时，犯枉法并窝藏逃人罪等，何等往重上判决。知住处无受贿做懈怠则比窝藏逃人罪当减二等，不知则有官罚马一，庶人杖十三。

[illegible]

一款 地方中有窝藏逃人者时，巡检亦当入量罪中，受贿枉法贪脏及无受贿做懈怠时，比迁队罪当减一等。

[illegible] [[illegible]] ①，[illegible] piej² kwã¹、[illegible] xjow² lji² tśjij²、[illegible] tśjij¹ [illegible] lwã² [illegible] piej² kwã¹、[illegible] xjow² lji² tśjij²、[illegible] ② [illegible] kwã¹ [illegible] kwã¹ [illegible] piej² kwã¹、[illegible] xjow² lji² tśjij²、[illegible] kwã¹ [illegible] [[illegible]] [illegible] xjow² lji² tśjij² [illegible]

一款 窝藏逃人居住主人明之，迁队、编管、乡里正、巡检、首领、正军等罪没有另明，主人无留宿，自然有乱（私）迁下榻者时，迁队、编管、乡里正、邻居主、舆地巡检等，发配逃人法期限明以内当报告管事处，当送所管院处，逾期不报告隐藏下榻时，迁队、编管、乡里正、巡检等因是管事者，量承罪法留宿逃人主人明之，分明当依量承罪法奉行，邻居何等亲近知根聒之罪，比迁队、乡里正等当减一等，不知则不量罪。

① 本款方括号中的字甲种本无，据乙种本补。

② 甲种本多写一“[illegible]”字。

[illegible]　[illegible]、[illegible] piej^{2} kwã^{1}、[illegible] xjow^{2} lji^{2} tśjij^{2} [illegible]，[illegible] tśhjow^{1} [illegible]，[illegible]，[illegible] lwã^{2} [illegible]，[illegible] kwã^{1} [illegible]，[illegible]，[illegible]，[illegible]，[illegible] thji^{2} kju^{1} [illegible] tshə^{1} śiə^{1} [illegible]、[illegible] kwã^{1} [illegible] thji^{2} kju^{1} [illegible]，[illegible] tśjɨj^{1} tow^{1} [illegible]，[illegible]。

一款　迁队、编管、乡里正人院中，长所行住，如其没有迁在籍簿中，有乱（私）迁逃人等时当捕，应当报告管事司内，亦当说无纳籍，依照四季三个月一遍，隶属司内人亦迁队人按日时有无所报告，当查问，当提举为隶属刺史人、当监察大小管事人尚未为提举，懈怠放松中整多不发配逃人时，违法者当判决三年多徒刑。

[illegible]　[illegible] kow^{1} śiə^{1} [illegible] lju̧^{1} [illegible]，[illegible]，[illegible] lju̧^{1} [illegible]，[illegible]，[illegible] tśjɨ^{1} kiwã^{1} [illegible]，[illegible] lju̧^{1} [illegible]，[illegible] lju̧^{1} [illegible]，[illegible]，[illegible]，[illegible]，[illegible]，[illegible] tśjɨ^{1} kiwã^{1} [illegible]，[illegible]……

一条　诸种种事寻衅公使中未合流，寻衅互死时，现在以问干连人之合流，决断人令纪虚实难定，依一如其诸种种事已告诸司，只关干连人，部分问到未同流，或虽然同流，但说本意不服矣，所反悔等中寻衅互已死一人时，比较口供互按无得承功罪者，不用查问，其中死者及主人说知根聒，有另投状只关者，则依法当查问……

[illegible]
《亥年新法》第十四

《亥年新法》第十四仅有庚种本残页，编号为俄 Инв.No.8083，见《俄藏黑水城文献》第 9 册第 311 页上—312 页，第 313 页上编号为俄 Инв.No.8083《亥年新法》(庚种本)第十四(5–5)的残页，实际上是《亥年新法》(甲种本)第十六十七等共的残页，即第 3 条“皇城三司等丢失赔修”的内容，参见《俄藏黑水城文献》第 9 册，俄 Инв.No.2623　*5591*《亥年新法》(乙种本)第十六十七等共，第 259 页左下第 2 行—第 260 页右上第 1—4 行。

《亥年新法》第十四的条目佚缺，我们不知道共有几条，现有的两条是对《天盛律令》第十四“无端殴打争斗门”的补充条文，即第一条“故意伤人死”是对《天盛律令》第十四之“无端殴打争斗门”总则的补充说明；第二条“同司官吏互殴量罪法”是对《天盛律令》第十四“无端殴打争斗门”之“下官打高官”“上下位官互打”“位等互打”“殴同司都案等之”“打都监等都案案头司吏”等的补充条文，惩处获刑规定更为详细。

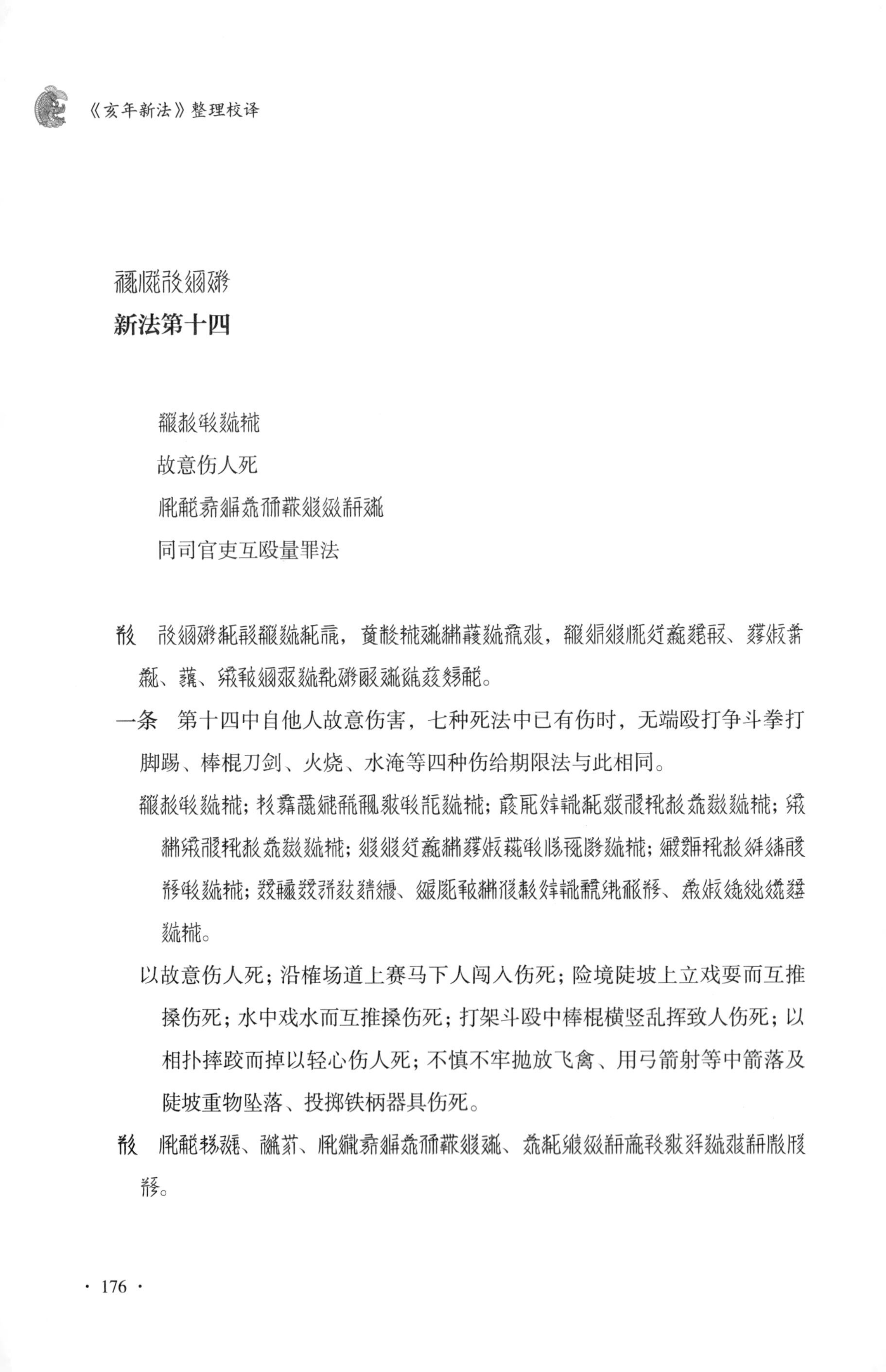

[illegible]

新法第十四

[illegible]

故意伤人死

[illegible]

同司官吏互殴量罪法

[illegible]

一条　第十四中自他人故意伤害，七种死法中已有伤时，无端殴打争斗拳打脚踢、棒棍刀剑、火烧、水淹等四种伤给期限法与此相同。

[illegible]

以故意伤人死；沿榷场道上赛马下人闯入伤死；险境陡坡上立戏要而互推搡伤死；水中戏水而互推搡伤死；打架斗殴中棒棍横竖乱挥致人伤死；以相扑摔跤而掉以轻心伤人死；不慎不牢抛放飞禽、用弓箭射等中箭落及陡坡重物坠落、投掷铁柄器具伤死。

[illegible]

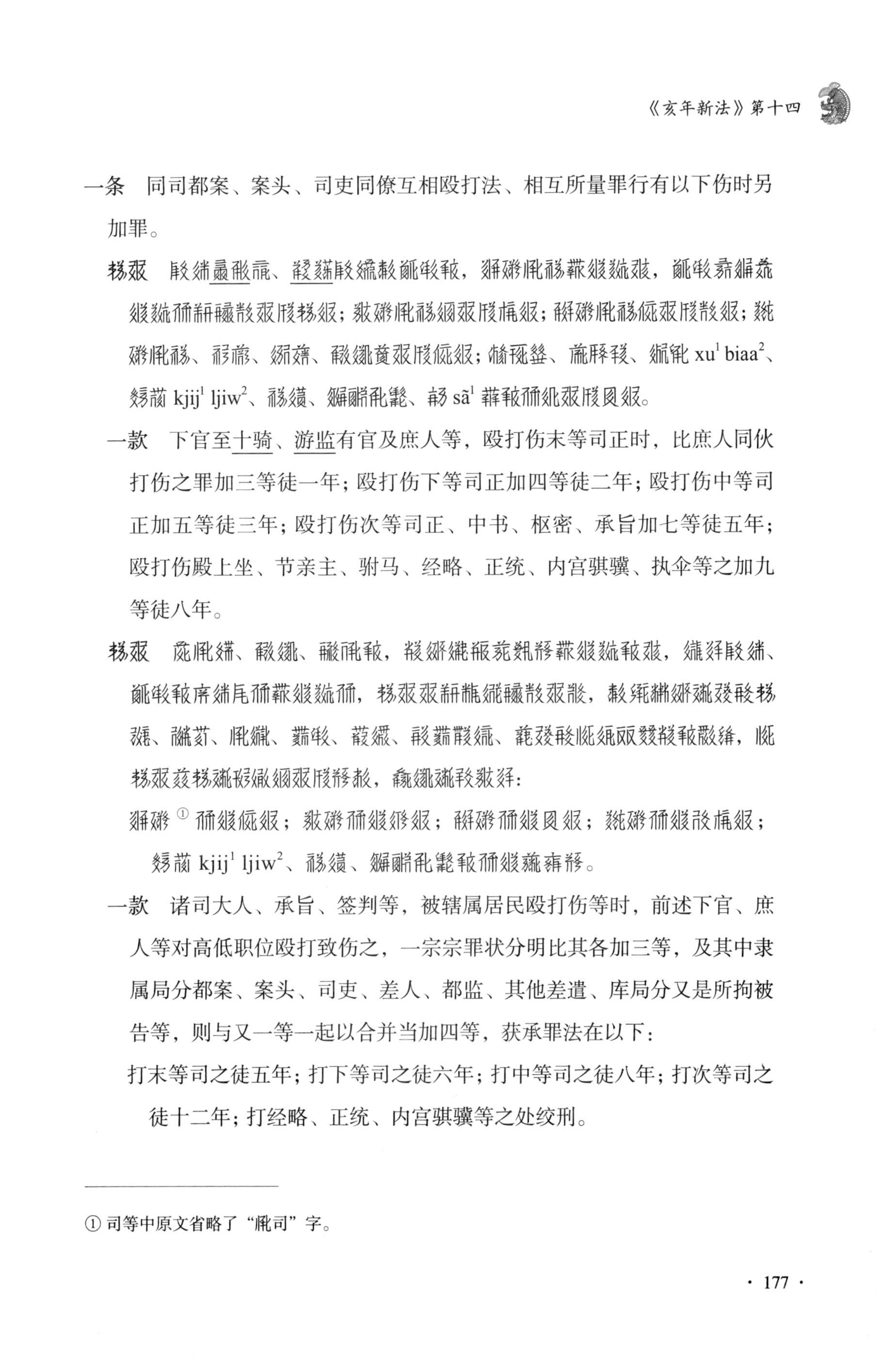

一条　同司都案、案头、司吏同僚互相殴打法、相互所量罪行有以下伤时另加罪。

[illegible] xu^{1} biaa^{2}、[illegible] kjij^{1} ljiw^{2}、[illegible] sã^{1} [illegible]。

一款　下官至十骑、游监有官及庶人等，殴打伤末等司正时，比庶人同伙打伤之罪加三等徒一年；殴打伤下等司正加四等徒二年；殴打伤中等司正加五等徒三年；殴打伤次等司正、中书、枢密、承旨加七等徒五年；殴打伤殿上坐、节亲主、驸马、经略、正统、内宫骐骥、执伞等之加九等徒八年。

[illegible]

[illegible] ① [illegible]；

[illegible] kjij^{1} ljiw^{2}、[illegible]。

一款　诸司大人、承旨、签判等，被辖属居民殴打伤等时，前述下官、庶人等对高低职位殴打致伤之，一宗宗罪状分明比其各加三等，及其中隶属局分都案、案头、司吏、差人、都监、其他差遣、库局分又是所拘被告等，则与又一等一起以合并当加四等，获承罪法在以下：

打末等司之徒五年；打下等司之徒六年；打中等司之徒八年；打次等司之徒十二年；打经略、正统、内宫骐骥等之处绞刑。

① 司等中原文省略了“[illegible]司”字。

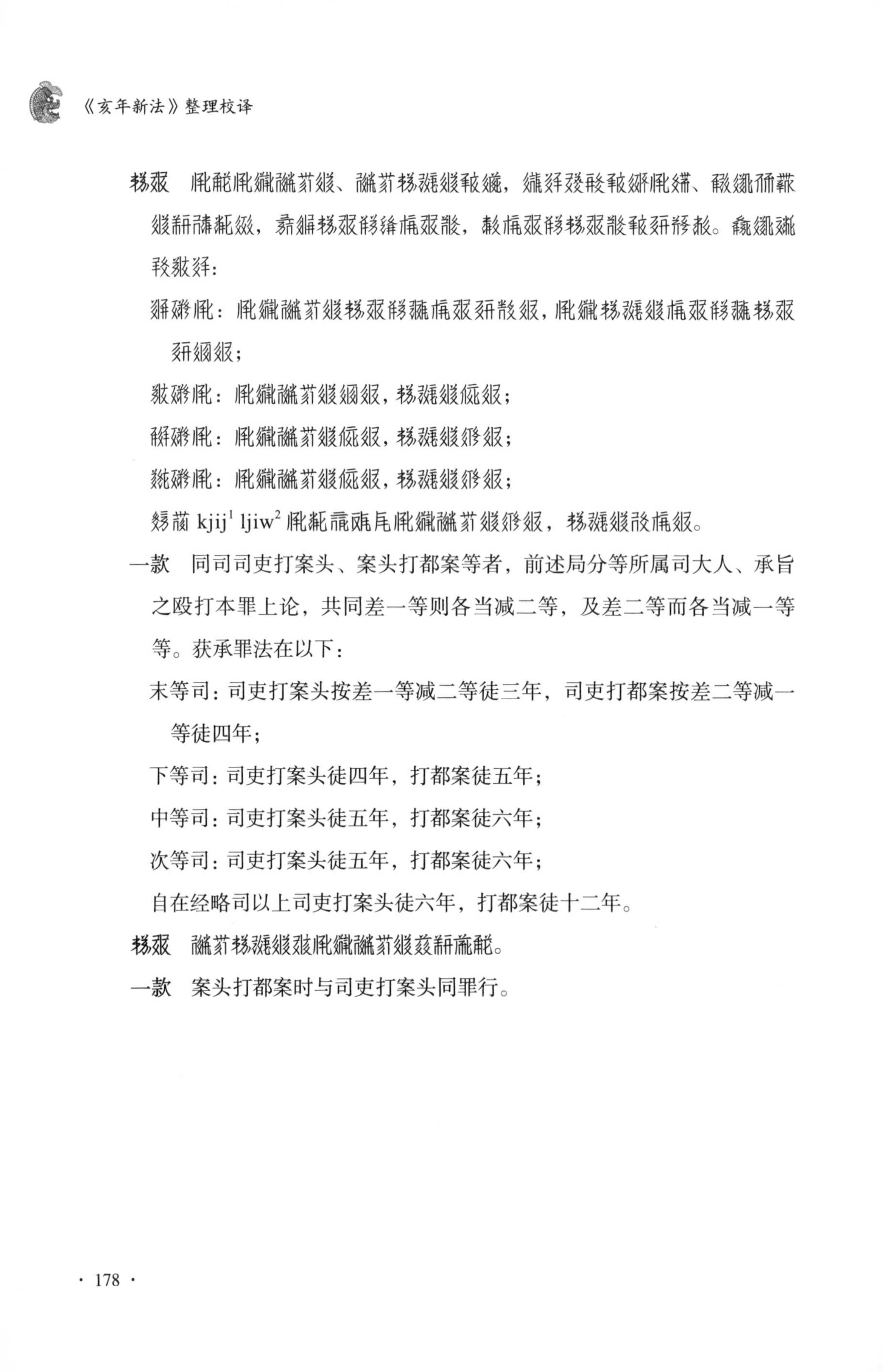

[illegible]　[illegible]、[illegible]，[illegible]、[illegible]，[illegible]，[illegible]。[illegible]：

[illegible]：[illegible]，[illegible]；

[illegible]：[illegible]，[illegible]；

[illegible]：[illegible]，[illegible]；

[illegible]：[illegible]，[illegible]；

[illegible] kjij[1] ljiw[2] [illegible]，[illegible]。

一款　同司司吏打案头、案头打都案等者，前述局分等所属司大人、承旨之殴打本罪上论，共同差一等则各当减二等，及差二等而各当减一等等。获承罪法在以下：

末等司：司吏打案头按差一等减二等徒三年，司吏打都案按差二等减一等徒四年；

下等司：司吏打案头徒四年，打都案徒五年；

中等司：司吏打案头徒五年，打都案徒六年；

次等司：司吏打案头徒五年，打都案徒六年；

自在经略司以上司吏打案头徒六年，打都案徒十二年。

[illegible]　[illegible]。

一款　案头打都案时与司吏打案头同罪行。

[illegible]
《亥年新法》第十五

《亥年新法》第十五有甲种本、辛种本两个抄本，内容较全，均有条目，二者互补。编号为俄 Инв.No.748、俄 Инв.No.2890V，见《俄藏黑水城文献》第 9 册第 192 页下—205 页下、第 313 页下—323 页下。

《亥年新法》第十五共有八条：第一条“纳租地夫役领谷物”是针对《天盛律令》第十五“催缴租门”之“缴地租法及催促磨勘”与“缴冬草条椽”所制定的更详细更具体的补充条款，也涉及“租地门”“纳冬草秸门”。随着新修建寺院的增加，给有关司、皇家寺院及所属寺院补赏了一定的土地，随之法律出台了要求出夫役、缴纳地租与草的条例，构成了西夏独特的寺院经济。第一条有三款，其中第二款中出现的司分部门有“經號螅乩 kia^{1} ljij^{2} 緋 帐下监令司”、第三款中有 50 多个寺院名称，是难得的资料；第二条“派计量勾当”是针对《天盛律令》第十五“纳领谷派计量勾当等门”制定的不够详细而新制定的条款，该条下有十三款，详细制定了官库仓储管理的重要性，提出了粮食管理“防漏、防霉烂变质”的要求，其中提到了仓库建设的技术规范，有窖藏的方法，对应《天盛律令》第十五“纳领谷派计量勾

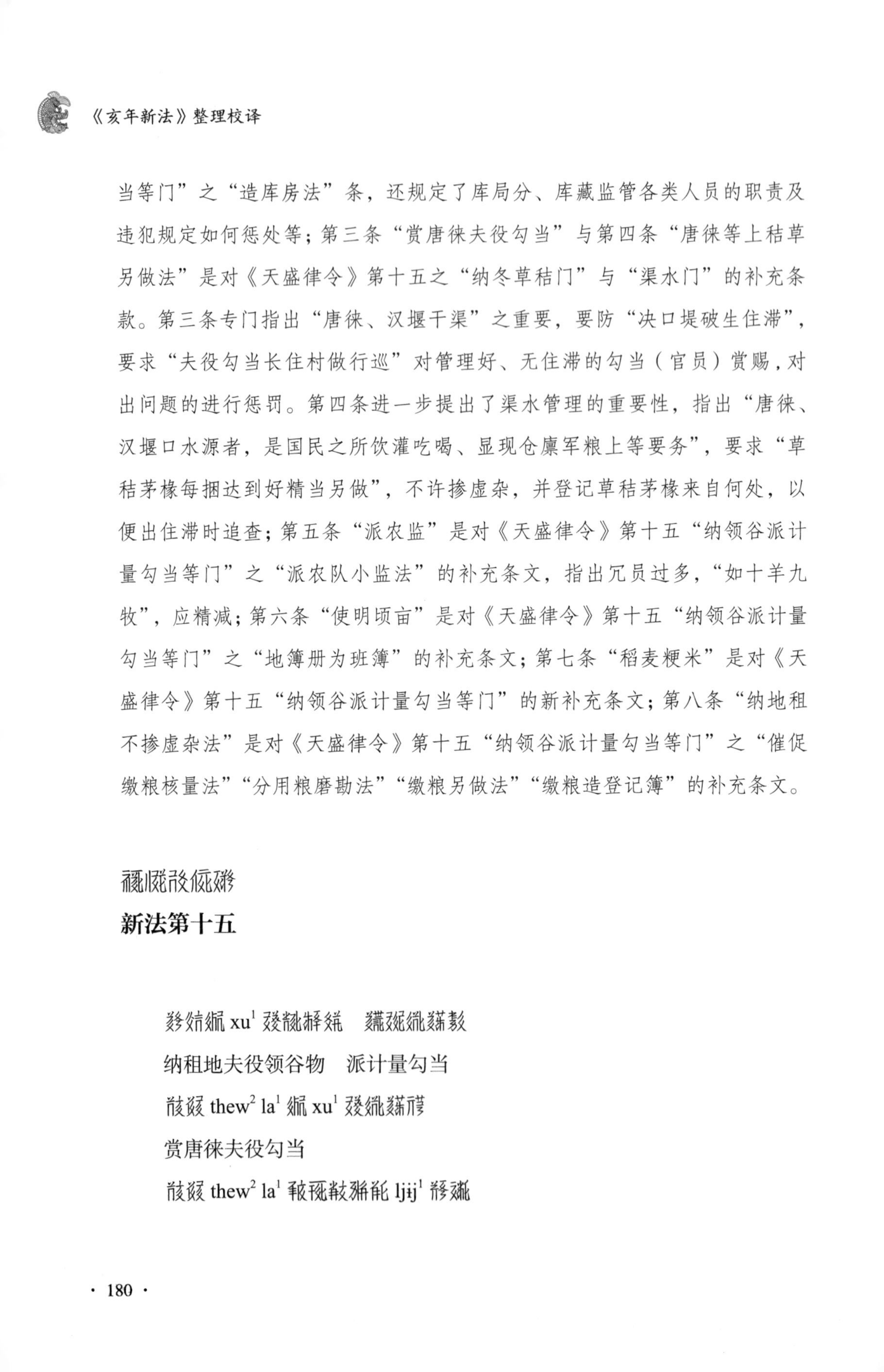

当等门”之“造库房法”条，还规定了库局分、库藏监管各类人员的职责及违犯规定如何惩处等；第三条“赏唐徕夫役勾当”与第四条“唐徕等上秸草另做法”是对《天盛律令》第十五之“纳冬草秸门”与“渠水门”的补充条款。第三条专门指出“唐徕、汉堰干渠”之重要，要防“决口堤破生住滞”，要求“夫役勾当长住村做行巡”对管理好、无住滞的勾当（官员）赏赐，对出问题的进行惩罚。第四条进一步提出了渠水管理的重要性，指出“唐徕、汉堰口水源者，是国民之所饮灌吃喝、显现仓廪军粮上等要务”，要求“草秸茅椽每捆达到好精当另做”，不许掺虚杂，并登记草秸茅椽来自何处，以便出住滞时追查；第五条“派农监”是对《天盛律令》第十五“纳领谷派计量勾当等门”之“派农队小监法”的补充条文，指出冗员过多，“如十羊九牧”，应精减；第六条“使明顷亩”是对《天盛律令》第十五“纳领谷派计量勾当等门”之“地簿册为班簿”的补充条文；第七条“稻麦粳米”是对《天盛律令》第十五“纳领谷派计量勾当等门”的新补充条文；第八条“纳地租不掺虚杂法”是对《天盛律令》第十五“纳领谷派计量勾当等门”之“催促缴粮核量法”“分用粮磨勘法”“缴粮另做法”“缴粮造登记簿”的补充条文。

[illegible]

新法第十五

[illegible] xu^{1} [illegible]　[illegible]

纳租地夫役领谷物　派计量勾当

[illegible] thew^{2} la^{1} [illegible] xu^{1} [illegible]

赏唐徕夫役勾当

[illegible] thew^{2} la^{1} [illegible] ljɨj^{1} [illegible]

唐徕等上秸草另做法

[illegible] kia[1] [illegible] [illegible] [illegible] kiej[1] bjii[2]

派农监　使明顷亩　稻麦粳米

[illegible] xju[1] [illegible][①]

纳地租不掺虚杂法

[illegible] [illegible]，[illegible]，[illegible] xu[1] [illegible][②]，[illegible]，[illegible]，[illegible]、[illegible]，[illegible]，[illegible]，[illegible]，[illegible] xu[1] [illegible]，[illegible]，[illegible]，[illegible]，[illegible]、[illegible]，[illegible][③] [illegible]，[illegible]、[illegible]、[illegible]，[illegible]，[illegible] xu[1] [illegible][④]，[illegible] śjiw[2] [illegible]。[illegible]，[illegible]，[illegible] kwã[1] [illegible]，[illegible]、[illegible] kiej[1] pho[1]、[illegible] ɣjwã[1] [illegible]，[illegible] xu[1] [illegible]，[illegible] kiej[1] khã[1] [illegible]，[illegible]。[illegible] ·u[2] khju[2] [illegible]，[illegible] xu[1] [illegible]，[illegible]，[illegible] phio[2] [illegible]，[illegible]，[illegible]，[illegible]。

一条　所归京畿地水渠干，官私诸寺常住田畴居民租地等，为夫役草承法，所有皆在已至，所定律法中虽然是分明，但再后节亲宰相、臣民修所属寺，常住已施，有理无理互相以法接取，或役草全已做减，或一年为夫一

① 此为辛种本的条目，甲种本前两条在一起，无最后一条。

② 辛种本无“[illegible]”。

③ 甲种本无“[illegible]”，辛种本无“[illegible]”。

④ 辛种本无“[illegible]等”。

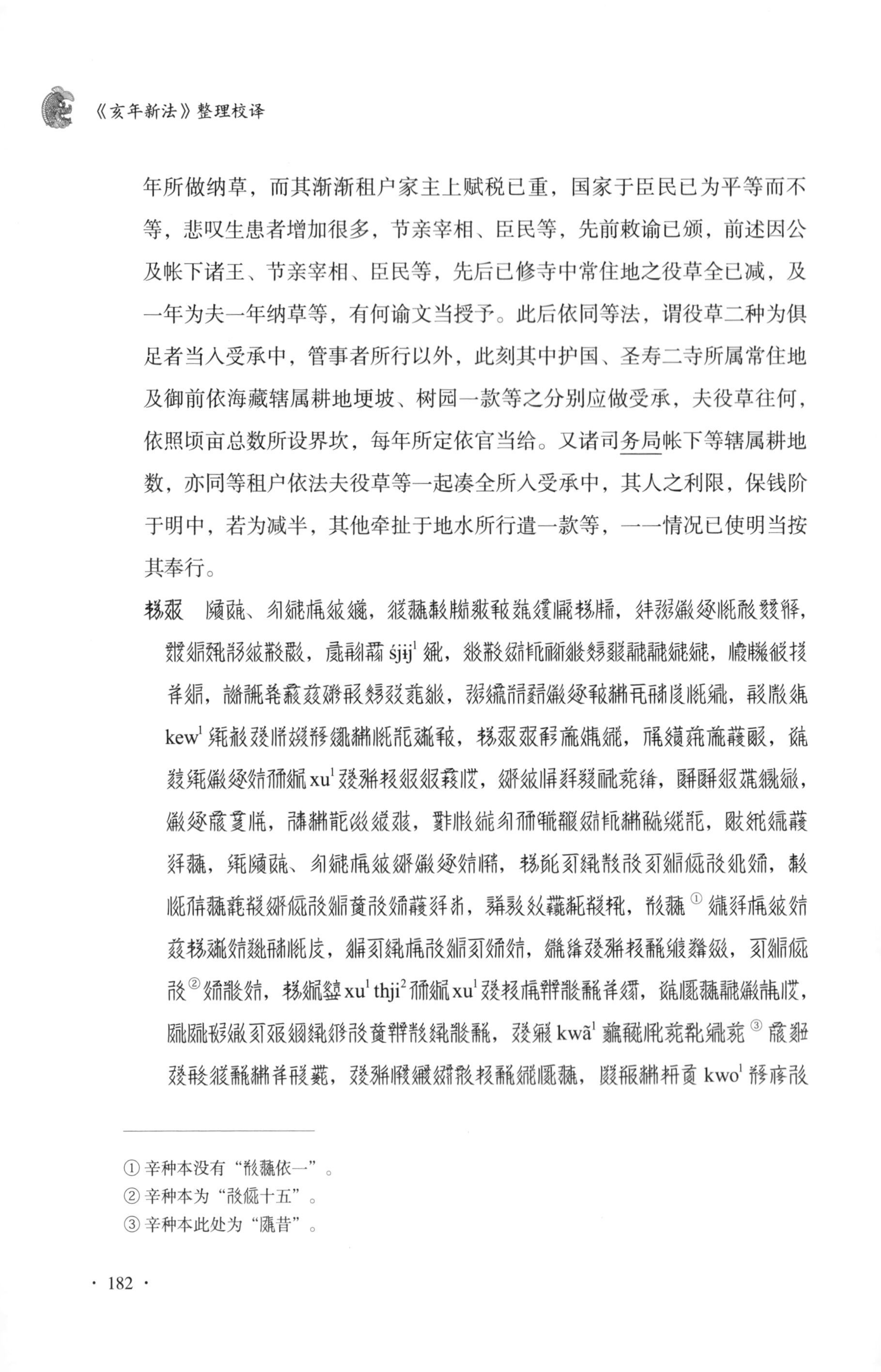

年所做纳草，而其渐渐租户家主上赋税已重，国家于臣民已为平等而不等，悲叹生患者增加很多，节亲宰相、臣民等，先前敕谕已颁，前述因公及帐下诸王、节亲宰相、臣民等，先后已修寺中常住地之役草全已减，及一年为夫一年纳草等，有何谕文当授予。此后依同等法，谓役草二种为俱足者当入受承中，管事者所行以外，此刻其中护国、圣寿二寺所属常住地及御前依海藏辖属耕地埂坡、树园一款等之分别应做受承，夫役草往何，依照顷亩总数所设界坎，每年所定依官当给。又诸司务局帐下等辖属耕地数，亦同等租户依法夫役草等一起凑全所入受承中，其人之利限，保钱阶于明中，若为减半，其他牵扯于地水所行遣一款等，一一情况已使明当按其奉行。

[illegible]

---

① 辛种本没有“[illegible]依一”。

② 辛种本为“[illegible]十五”。

③ 辛种本此处为“[illegible]昔”。

[illegible]，[illegible]，[illegible] kwo^{1} [illegible]，[illegible] śiə^{1} [illegible] śiə^{1} [illegible]，[illegible] kwã^{1} [illegible] xu^{1} [illegible]，[illegible] kwã^{1} [illegible] tśjɨj^{1} tow^{1} [illegible]、[illegible][①] [illegible]，[illegible]。

一款　护国、圣寿二寺者，依官及帐下等此时朽破已修，常住佛僧已施不少，是无比特殊大寺，万人成群，广大善根胜缘递增长长久久，当无毁坏续断，因与天地山河欲比高低，众僧童行常住等中者减半不伸手（不偷拿），他人另搞损其杂役为汲不入承法等，一宗宗事情分明，制敕谕文已赐，此刻其常住地之夫役草每年定价，令所属寺中放捕人，则渐渐越年过月，来准备常住，本中出住滞时，以后恐入违上圣之愿意善根中，因有愧所思，其护国、圣寿二寺所属常住田畴，一院一百三十一顷五十九亩，及又依海藏辖属已有五十顷七十亩，亦牵扯于御前圣赠，依一前述与二寺一起补减地以外，共一百二十顷一亩地，如今役草价钱已测算，一顷五十亩许地，一幅地之夫役价当为各二缗钱，依此法长久确定，每年合计一千四百六十七缗三百许钱，管事转运司有日期人，三司局分当在官钱中支取，役草体工总数价钱依法分明，雇佣臣民中买者所有处，双方情愿可买，雇佣依同等法，应何使用处当使用，此后三司及其他管事者常住地之夫役草谓依官不应放捕，切乱受理及已定日时管事处整多不支付、遣送常住续工之人违背善根愿事中，按院中规定当不允许。

[illegible]，[illegible]、[illegible]；[illegible] kiej^{1} pho^{1} [illegible]；[illegible]，[illegible]；[illegible]

① 辛种本为“[illegible] dạ^{2}”，与此处“[illegible] dạ^{2}”属同音通假。。

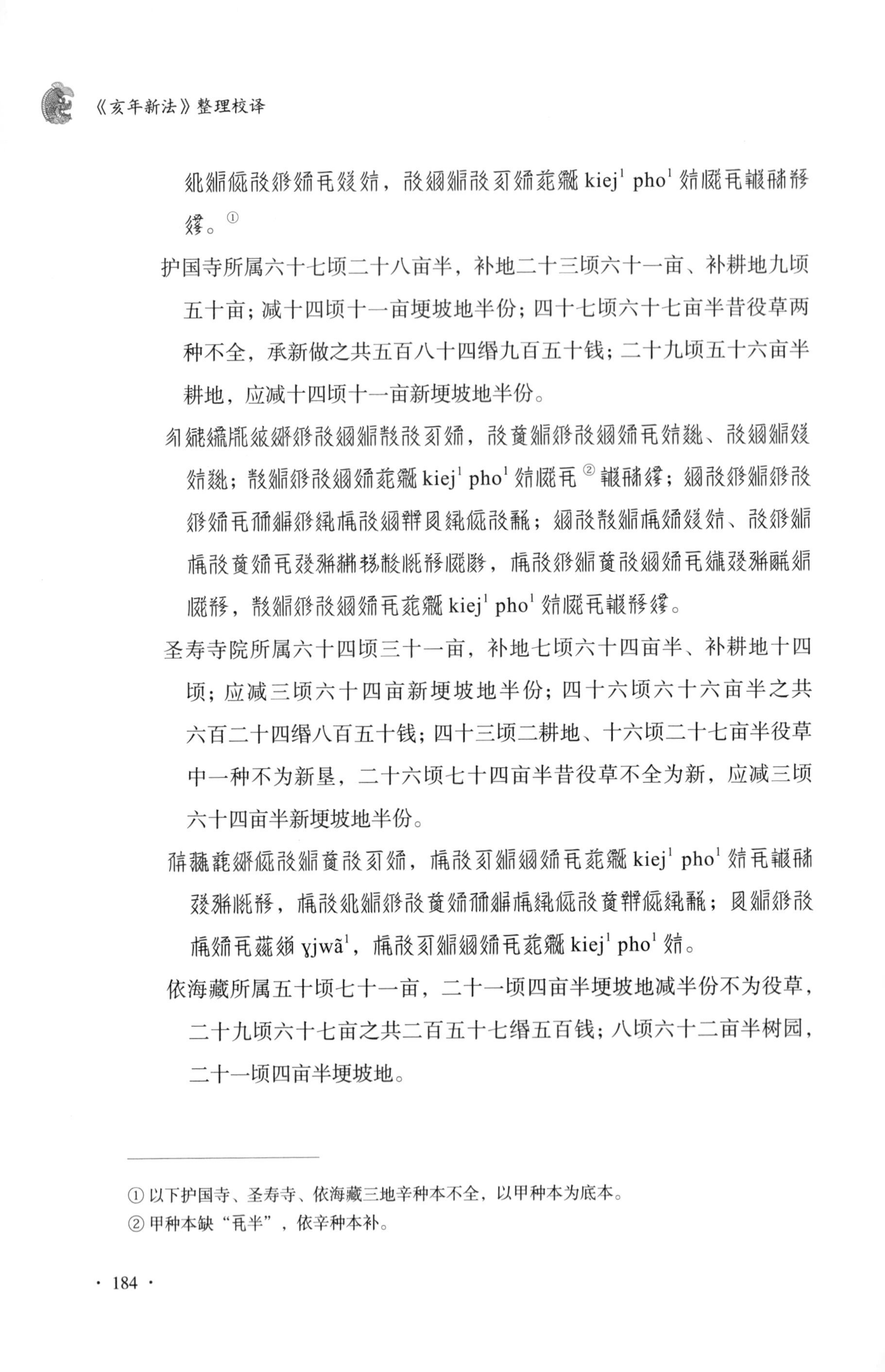

[illegible]，[illegible] kiej[1] pho[1] [illegible]。①

护国寺所属六十七顷二十八亩半，补地二十三顷六十一亩、补耕地九顷五十亩；减十四顷十一亩埂坡地半份；四十七顷六十七亩半昔役草两种不全，承新做之共五百八十四缗九百五十钱；二十九顷五十六亩半耕地，应减十四顷十一亩新埂坡地半份。

[illegible]，[illegible]、[illegible]；[illegible] kiej[1] pho[1] [illegible] ② [illegible]；[illegible]；[illegible]、[illegible]，[illegible]，[illegible] kiej[1] pho[1] [illegible]。

圣寿寺院所属六十四顷三十一亩，补地七顷六十四亩半、补耕地十四顷；应减三顷六十四亩新埂坡地半份；四十六顷六十六亩半之共六百二十四缗八百五十钱；四十三顷二耕地、十六顷二十七亩半役草中一种不为新垦，二十六顷七十四亩半昔役草不全为新，应减三顷六十四亩半新埂坡地半份。

[illegible]，[illegible] kiej[1] pho[1] [illegible]，[illegible]；[illegible] ɣjwã[1]，[illegible] kiej[1] pho[1] [illegible]。

依海藏所属五十顷七十一亩，二十一顷四亩半埂坡地减半份不为役草，二十九顷六十七亩之共二百五十七缗五百钱；八顷六十二亩半树园，二十一顷四亩半埂坡地。

---

① 以下护国寺、圣寿寺、依海藏三地辛种本不全，以甲种本为底本。

② 甲种本缺“[illegible]半”，依辛种本补。

[illegible] [illegible]①sjịj²，[illegible]，[illegible] ɣiã¹ [illegible]，[illegible]，[illegible]，[illegible] thwuu¹ [illegible]。[illegible]② [illegible] xu¹ [illegible]，[illegible]，[illegible]，[illegible] xu¹ thji² [illegible] xu¹ [illegible]，[illegible]，[illegible]、[illegible] ɣjwã¹ [illegible] ·jur¹ [illegible]，[illegible] kiej¹ pho¹ [illegible]，[illegible] phio² [illegible]、[illegible]，[illegible]，[illegible] xu¹ thji² [illegible]，[illegible]，[illegible] xu¹ [illegible]、[illegible]，[illegible]，[illegible]。[illegible] śiəj¹ [illegible]、[illegible]，[illegible] kwã¹ [illegible]，[illegible]，[illegible] xu¹ thji² [illegible]，[illegible] xu¹ [illegible]，[illegible]。③

一款　诸司写诏，辖属官耕主（农主）及帐下耕地等，除所属有闲地以外，一院九百四十七顷八十亩四十步，依所定律令虽然是一年为夫一年纳草，但与租户家主地头为役草承法，应令为同法纪。依一其耕主（农主）等亦依同等法夫草二种为全所应入承担中，确定应纳利限中若需要减半公平，依一前述耕主（农主）之每年一顷五十亩地，一幅地之夫草为何等，一律十缗钱，总数定为隶属耕主（农主）自己耕地、树园育草，埂坡顷亩多少几何登记其名，包资依利限高低、钱谷应纳何中，原先纳钱公布名者，（一）幅地十缗许钱，及利限应是纳谷物，故夫代替草愿减麦者各四斛、及愿减豌豆则各五斛五斗等，每个农主自己算减何，依愿望当算在应纳利限中酌减。尔后生地有纳棉花、麻皮等者，管

① 辛种本写为“[illegible]诸人诏”。
② 甲种本缺“[illegible]”，依辛种本补。
③ 此段后部分辛种本遗漏较多，从甲种本。

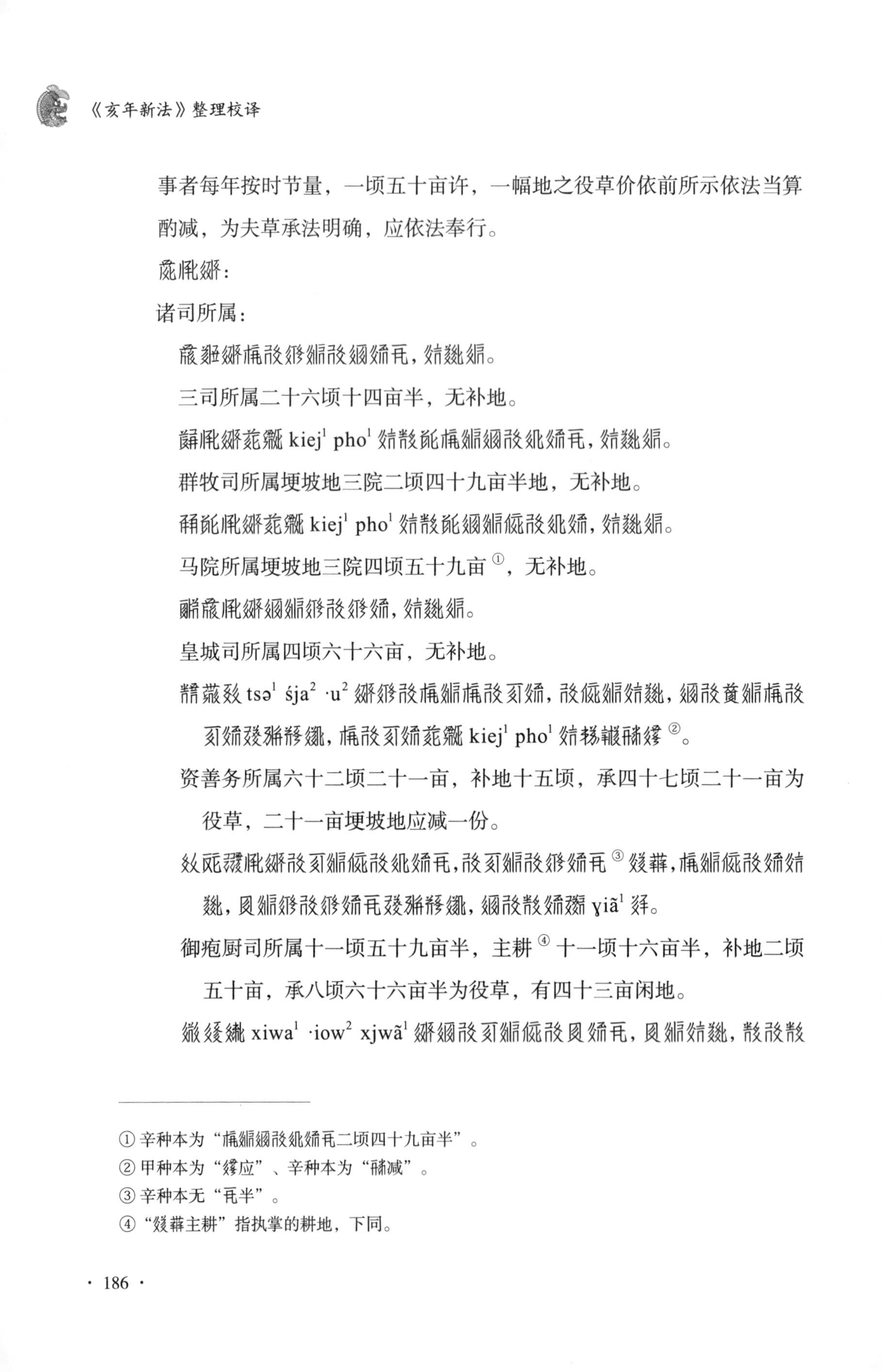

事者每年按时节量，一顷五十亩许，一幅地之役草价依前所示依法当算酌减，为夫草承法明确，应依法奉行。

[illegible]：

诸司所属：

[illegible]，[illegible]。

三司所属二十六顷十四亩半，无补地。

[illegible] kiej¹ pho¹ [illegible]，[illegible]。

群牧司所属埂坡地三院二顷四十九亩半地，无补地。

[illegible] kiej¹ pho¹ [illegible]，[illegible]。

马院所属埂坡地三院四顷五十九亩[①]，无补地。

[illegible]，[illegible]。

皇城司所属四顷六十六亩，无补地。

[illegible] tsə¹ śja² ·u² [illegible]，[illegible]，[illegible] kiej¹ pho¹ [illegible][②]。

资善务所属六十二顷二十一亩，补地十五顷，承四十七顷二十一亩为役草，二十一亩埂坡地应减一份。

[illegible][③][illegible]，[illegible]，[illegible] ɣiã¹ [illegible]。

御疱厨司所属十一顷五十九亩半，主耕[④]十一顷十六亩半，补地二顷五十亩，承八顷六十六亩半为役草，有四十三亩闲地。

[illegible] xiwa¹ ·iow² xjwã¹ [illegible]，[illegible]，[illegible]

---

① 辛种本为“[illegible]二顷四十九亩半”。

② 甲种本为“[illegible]应”、辛种本为“[illegible]减”。

③ 辛种本无“[illegible]半”。

④ “[illegible]主耕”指执掌的耕地，下同。

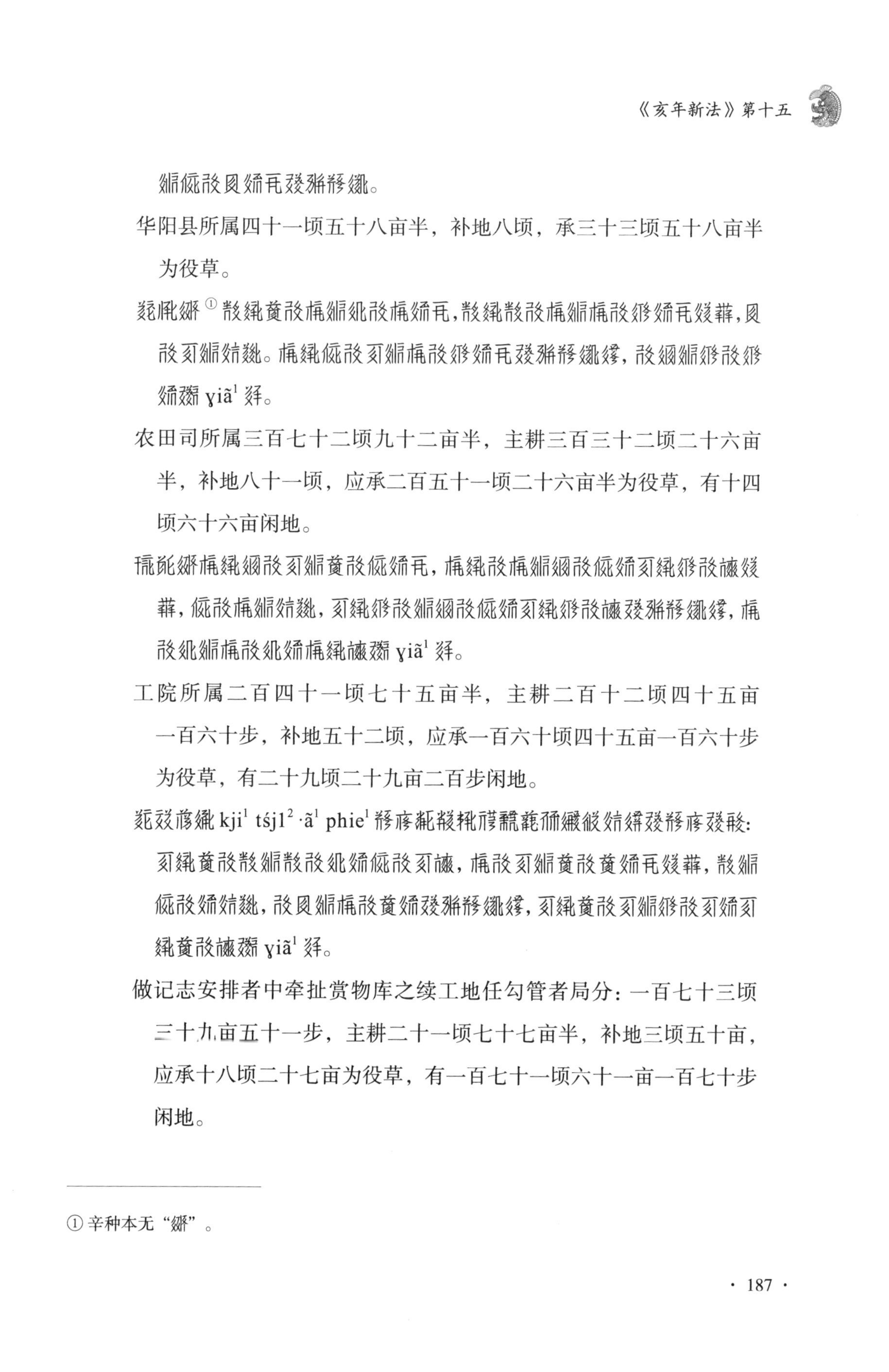

[illegible]。

华阳县所属四十一顷五十八亩半，补地八顷，承三十三顷五十八亩半为役草。

[illegible][1][illegible]，[illegible]，[illegible]。[illegible]，[illegible] ɣiã[1] [illegible]。

农田司所属三百七十二顷九十二亩半，主耕三百三十二顷二十六亩半，补地八十一顷，应承二百五十一顷二十六亩半为役草，有十四顷六十六亩闲地。

[illegible]，[illegible]，[illegible]，[illegible] ɣiã[1] [illegible]。

工院所属二百四十一顷七十五亩半，主耕二百十二顷四十五亩一百六十步，补地五十二顷，应承一百六十顷四十五亩一百六十步为役草，有二十九顷二十九亩二百步闲地。

[illegible] kji[1] tśjɨ[2] ·ã[1] phie[1] [illegible]：[illegible]，[illegible]，[illegible]，[illegible]，[illegible] ɣiã[1] [illegible]。

做记志安排者中牵扯赏物库之续工地任勾管者局分：一百七十三顷三十九亩五十一步，主耕二十一顷七十七亩半，补地三顷五十亩，应承十八顷二十七亩为役草，有一百七十一顷六十一亩一百七十步闲地。

---

①辛种本无“[illegible]”。

[illegible] mjij² pụ² kə¹ ta¹ pej¹ [illegible]，[illegible]，[illegible] ɣiã¹ [illegible]。

御前赏物库于自己辖属咩布背圪垯蹶地（衰地）五十四亩，无补地，主耕四顷四十六亩，有十亩闲地。

[illegible][1] [illegible] kiej¹ pho¹ [illegible]。

御前做畜物勾管者中牵扯二院埂坡地共一顷七十八亩半。

[illegible] kia¹ ljij² [illegible]，[illegible]，[illegible]，[illegible] kiej¹ pho¹ [illegible]。

帐下监令司所属五百七顷二十七亩，主耕四百九十七顷五十五亩，补地一百二十三顷，应承三百七十四顷五十五亩为役草，昔九顷七十二亩埂坡地新垦一种。

《亥年新法》（辛种本）第十五与上述甲种本有所不同：[2]

[illegible] kia¹ ljij² [illegible]，[illegible]，[illegible]，[illegible] kiej¹ pho¹ [illegible]。

帐下监令司所属五百八十七顷二十七亩，（主耕）四百九十六顷五十五亩，补地一百二十三顷，应承三百七十三顷五十五亩为役草，昔九十顷七十二亩埂坡地新垦一种。

[illegible]　[illegible]，[illegible] xu¹ [illegible]，[illegible] giuu² tśia¹ tsjɨ¹、[illegible]、[illegible] śjiw² [illegible]，[illegible]、[illegible]，[illegible]，[illegible]

---

① 甲种本误写为"[illegible]"，据辛种本补为"[illegible]畜物"。

② 甲种本见《俄藏黑水城文献》第9册第197页上第8—12行；辛种本为第317页上第1—5行。

[illegible] śjiw² [illegible]，[illegible]，[illegible]，[illegible] śjiw² [illegible]。[illegible]，[illegible] xu¹ [illegible]，[illegible]，[illegible]，[illegible][1] [illegible]，[illegible] śjiw² [illegible]，[illegible][2] [illegible] xu¹ [illegible]，[illegible]，[illegible] giuu² tśia¹ tsjɨ¹ [illegible]，[illegible]，[illegible]，[illegible][3]。

一款　诸寺所属常押地及南王等，依官所赐田畴等中夫役草全半各已减，或制圣旨或御札子、或已奏已赐授圣旨、谕文等，护国、圣寿二寺所属役草价钱年年更定，应是由三司所支付，其寺中不用制敕授谕文，依旧当有。尔后诸寺臣民等列名已使明，以下每有新旧谕文有何皆当令来并授予。其中有已失所丢实无等，亦非实如谨慎当寻找见信用，现有谕文中情节有不同，亦地头为夫草减半法，情节俱足当减为丢失，其他情节有何依法当收，另遇颁一条新谕文当赐给，昔所失谕文后得到时，依同等法当入授予中，此因地头承为夫草，乾祐庚子十一年六月初七，所颁行御札子及此后诸寺臣民等，比庚子年前期有旧谕文提者，局分人闻听其事，当不许减俗民役草一种或全部。

[illegible][4]：

诸寺庙：

[illegible]、[illegible] wow² khji² [illegible]、[illegible] kwej¹ tśjiw¹ [illegible]、[illegible]、[illegible]

① 辛种本为“[illegible]”。
② 辛种本无“[illegible]”。
③ 此段用甲种本与辛种本互校。
④ 辛种本为“[illegible]诸寺排名”。

[illegible]① [illegible]、[illegible]、[illegible] xia^{1} śjɨj^{1} [illegible]、[illegible]、[illegible]② [illegible]、[illegible] po^{1} tshjɨj^{2} [illegible]、[illegible]③、[illegible]④ [illegible]、[illegible] kji^{1} kã^{1} [illegible]、[illegible] śjuu^{1} [illegible]、[illegible] mji^{1} le^{2} [illegible]、[illegible]、[illegible]、[illegible] zjɨj^{2} kwo^{1} [illegible] śiəj^{1} [illegible]、[illegible] sia^{1}gjwow^{1} [illegible]、[illegible] dəj^{1} ljɨj^{2} kow^{1} tśju^{1} [illegible]、[illegible]、[illegible]、[illegible]、[illegible] ·ja^{2} giuu^{2} [illegible]、[illegible]、[illegible] phə^{1} [illegible]、[illegible]、[illegible]、[illegible]、[illegible] biaa^{2} sã^{1} tshow^{1} [illegible]、[illegible] phə^{1} [illegible]、[illegible] tshew^{1} [illegible]、[illegible] lo^{1} sa^{2} mji^{1} le^{2} [illegible]、[illegible] ·o^{1} ljiw^{1} nji^{2} [illegible]、[illegible]、[illegible]、[illegible]、[illegible] śjuu^{1} [illegible]、[illegible]、[illegible] śjwã^{2} śiəj^{1} [illegible]、[illegible]、[illegible] po^{1} tjɨj^{1} [illegible]、[illegible]⑤ [illegible]、[illegible] wow^{2} [illegible]、[illegible]、[illegible]、[illegible] po^{1} tjɨj^{1} [illegible]、[illegible] kjĩ^{1} thej^{1} śji^{1} [illegible]、[illegible] ljɨj^{1} tśjiw^{1} [illegible]、[illegible]、[illegible] tśhjij^{1} nji^{2} [illegible]、[illegible]、[illegible] gjiiw^{1} low^{2} mjiw^{2} tsjɨ^{1} [illegible]。

大德敬天寺、旺气寺、会州寺、帝师修寺、大觉普渡寺、五月永显寺、夏城普贤寺、吉祥清莲寺、渡民寺、保静金刚座寺、拔济佛母寺、五台观音普贤殿寺、普净饥甘寺、五台文殊殿、弥勒延寿寺、护国宝塔寺、番汉五台增福寺、哆郭生仙寺、做强寺（萨饿寺）、逎令公主庙、大安寺、番汉宝塔寺、大法天寺、番汉大天安皇天永寿寺、野遇国师庙、皇汉寺、永寿蕃寺、圣寿慈恩寺、普照聚愍

① "[illegible] gju^{1}" 与 "[illegible] gju^{1}" 同音，甲种本写为"[illegible]"，属音借通假。

② 甲种本写为"[illegible]"，辛种本未见。

③ 甲种本为"[illegible] 救敕佛道"其意不明，据辛种本补。

④ 甲种本误写为"[illegible]"。

⑤ 甲种本为"[illegible] gju^{1}"，辛种本为"[illegible] gju^{1}"，同音所致，属音借通假。

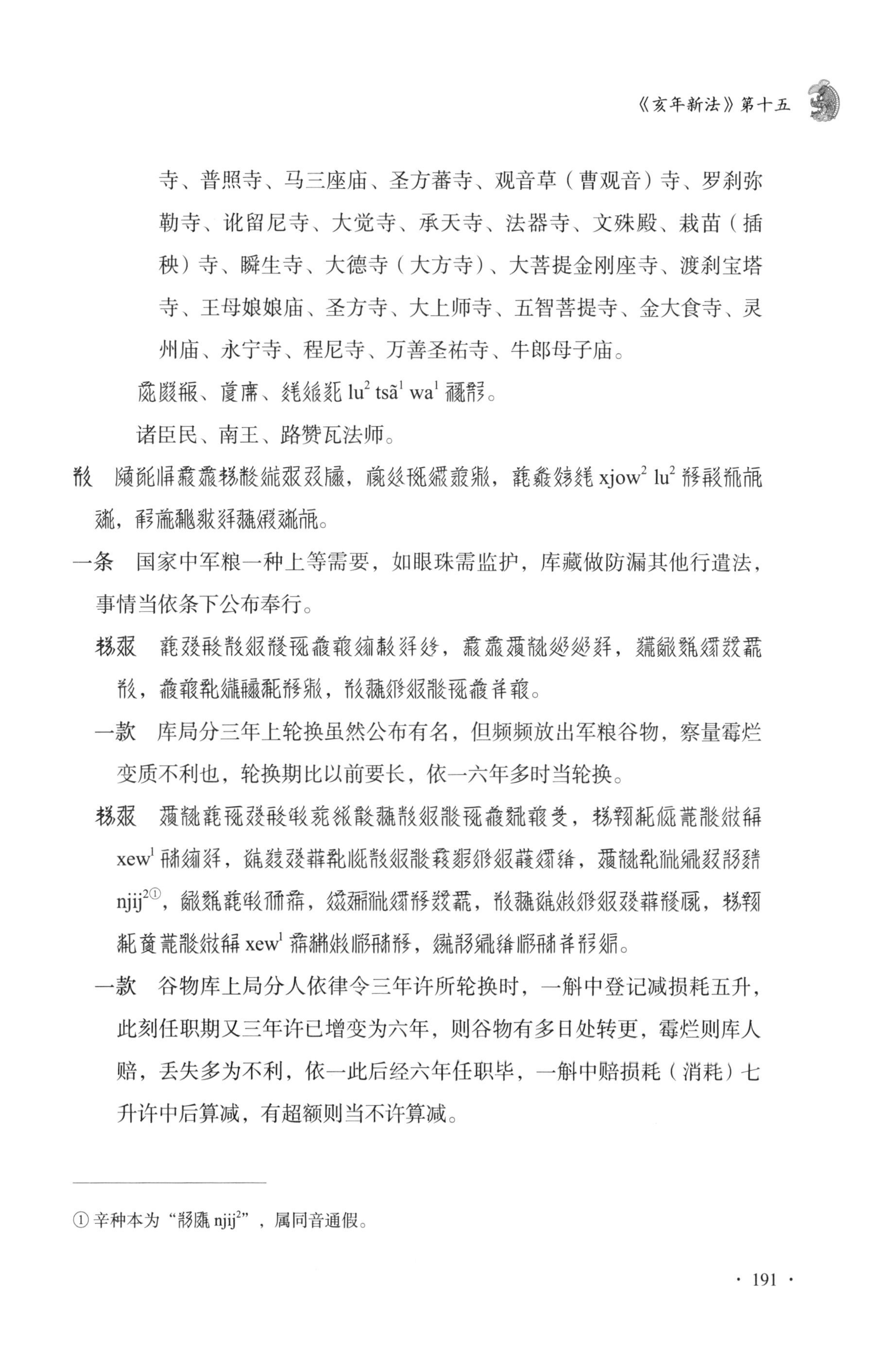

寺、普照寺、马三座庙、圣方蕃寺、观音草（曹观音）寺、罗刹弥勒寺、讹留尼寺、大觉寺、承天寺、法器寺、文殊殿、栽苗（插秧）寺、瞬生寺、大德寺（大方寺）、大菩提金刚座寺、渡刹宝塔寺、王母娘娘庙、圣方寺、大上师寺、五智菩提寺、金大食寺、灵州庙、永宁寺、程尼寺、万善圣祐寺、牛郎母子庙。

[illegible]、[illegible]、[illegible] lu^{2} tsã^{1} wa^{1} [illegible]。

诸臣民、南王、路赞瓦法师。

[illegible] [illegible] xjow^{2} lu^{2} [illegible]

一条　国家中军粮一种上等需要，如眼珠需监护，库藏做防漏其他行遗法，事情当依条下公布奉行。

[illegible] [illegible]

一款　库局分三年上轮换虽然公布有名，但频频放出军粮谷物，察量霉烂变质不利也，轮换期比以前要长，依一六年多时当轮换。

[illegible] [illegible] xew^{1} [illegible] njij^{2}①，[illegible] xew^{1} [illegible]。

一款　谷物库上局分人依律令三年许所轮换时，一斛中登记减损耗五升，此刻任职期又三年许已增变为六年，则谷物有多日处转更，霉烂则库人赔，丢失多为不利，依一此后经六年任职毕，一斛中赔损耗（消耗）七升许中后算减，有超额则当不许算减。

① 辛种本为“[illegible] njij^{2}”，属同音通假。

[illegible] xã^2 thji^2 [illegible]，[illegible]，[illegible] thwuu^1 [illegible]，[illegible]，[illegible]，[illegible]、[illegible]，[illegible]，[illegible]，[illegible]。

一款　收地租纳糜法中种旱地者，律令中纳期不显也，边中所属收地租纳糜期需使同法纪，依一自十月初一至二月初一以内收纳当使完毕，逾期时同等，京畿纳地租迟依法在一倍中当令纳半倍许，催促者、计量勾当之罪，违法徒三年，及地租催促者住滞与依分级承罪法分明，何等从重判决。

[illegible]：[illegible]，[illegible] dźjwã^2 [illegible]，[illegible][1] [illegible]，[illegible]，[illegible]，[illegible] tsja^1 [illegible] thew^1 [illegible]，[illegible]，[illegible]，[illegible]。

一款　埋（贮藏）谷物法：窖底下麦草末互铺以增至三尺上下，窖底中草里面垫準（棁）一尺半，用绳缠里头达五尺粗细，当合使劲缠绕，窖口塞草三尺高低，并在其上铺茅草等互间对扎不透之法，窖口堆积当提高五尺许，一层层该踩瓷做实，比窖口周围使其超过三尺多。

[illegible]：[illegible]，[illegible]，[illegible]，[illegible] xjow^2 lu^2 [illegible]，[illegible] lə^1[2]，[illegible]。

一款　埋（贮藏）谷物法：贮自六七百斛至一千斛，放为一窖者，量运难

---

① 辛种本为“[illegible]”。

② 辛种本为“[illegible] lạ^1”义“埋”，与“[illegible] lə^1”属同音通假。

不精，做防漏不牢则多霉烂已有患，此后一窖中当贮藏五百斛以内，令不许比其超过。

[illegible] [illegible]，[illegible] kwã¹ [illegible] lã¹ [illegible]，[illegible]，[illegible]，[illegible] źja² [illegible]①，[illegible]，[illegible]，[illegible]、[illegible]、[illegible]、[illegible]、[illegible]，[illegible] xju¹ [illegible]，[illegible] lã¹ [illegible]，[illegible]，[illegible]②。

一款　收地租所纳糜者，大小管事阻拦，则湿飏劣苦精收，尔后居民当纳好精干果，亦互间已混如与点结乳一样互中而染，谷物霉烂不妥，依一此后所收地租纳糜中，计量勾当及又随都案、案头、司吏、种种库局分、农队勾当等，不掺虚杂，自然阻拦亦犯违法罪，徒三年，及举赏之举报杂罪依法当得赏。

[illegible] [illegible]③ [illegible]：[illegible]，[illegible] twe¹ [illegible]，[illegible]、[illegible]④，[illegible]⑤ [illegible]，[illegible]⑥，[illegible] thji² [illegible]，[illegible]⑦ [illegible] kia¹ [illegible] khiwəj¹ [illegible]⑧ [illegible]，[illegible]⑨。[illegible]，[illegible]⑩

---

① 辛种本为“[illegible] źja² [illegible]一起互相而染”。

② 辛种本为“[illegible]举赏杂罪依法当得”。

③ 辛种本为“[illegible]置”，下同。

④ 辛种本无“[illegible]”。

⑤ 辛种本为“[illegible]”。

⑥ 辛种本为“[illegible]”。

⑦ 辛种本为“[illegible]”。

⑧ 辛种本为“[illegible]”。

⑨ 辛种本为“[illegible]”。

⑩ 辛种本少写一“[illegible]”。

[illegible]，[illegible]。[illegible][1][illegible][2][illegible]，[illegible]，[illegible] ljij¹ [illegible]。[illegible]，[illegible]，[illegible]、[illegible]、[illegible]、[illegible]，[illegible][3][illegible]，[illegible]，[illegible]。[illegible] lə¹[4] [illegible]，[illegible]，[illegible]、[illegible][5]。

一款　贮藏谷物置库法：新所收纳及旧所移交有何，自然堆置开阔地者，与风曝、雨雪而遇，积尘土而至，致谷物霉烂已有患，沿窖地谷物总数中当测算，以窖附近有树处找六七间以内干净好宽阔房屋，比其应做超额亦当需要做超额，依公当出。纳谷物者到来时，一窖窖所贮藏谷无风雨雪，则与窖口当令指导埋藏，所贮藏不够则令不许等待，到来多少，来速当另做。前述屋内当各入一窖已足，然后体工贮藏者，所属库案头、司吏、掌斗、窖监等，抄院虽然纳者在等，当结合体工轮换交接，谷物亦等时莫审计。一窖中所贮藏够时，应当簸扬所有果实并贮藏，当不许使里外堆积挨风曝、淋雨雪。

[illegible]　[illegible] thji² [illegible]，[illegible]，[illegible]，[illegible]。

一款　窖地附近居民种地者出入库时，往窖口落尘土及苗根中不可轮回驮骑，所用宽窄不利，依一自窖径周围一百步许莫耕种应当留置，有地属者亦其兑换另外任何地当给予。

---

① 辛种本为“[illegible]”。
② 辛种本为“[illegible]”。
③ 辛种本无“[illegible]”。
④ 辛种本为“[illegible] lə̣¹”义“埋”，与“[illegible] lə¹”属同音通假。
⑤ 辛种本漏写“[illegible]”。

[illegible] [illegible] xjow^{2} lu^{2} [illegible]，[illegible]：[illegible] xjow^{2} lu^{2} [illegible]，[illegible]、[illegible][1] [illegible][2] [illegible]，[illegible] tsjij^{2} tshə^{1} [illegible]，[illegible]，[illegible]、[illegible]，[illegible]、[illegible]，[illegible]，[illegible] kwã^{1} [illegible]，[illegible]，[illegible]，[illegible][3] [illegible][4] [illegible]。

一款　边中军粮谷物做防漏不牢霉烂时，局分大小量罪法：糜一种做防漏已牢，则十年以内所没有霉烂处，大麦、麦者皮薄仁软所放置时长，不能做共同级次用，依一糜一种十年及大麦、麦，京畿大麦五年、麦三年；边中已多至大麦七年、麦五年等以内，应变为霉烂脱皮时，管事大人之徒三年，及此后局分一律徒各二年等，当承罪，比其以上超期置霉烂者不量罪。

[illegible] [illegible]，[illegible][5] [illegible][6]，[illegible][7] [illegible]，[illegible] phie^{1} [illegible]，[illegible]，[illegible] piã^{1} phu^{1} [illegible]，[illegible] kjij^{1} ljiw^{2} [illegible] kwã^{1} [illegible][8]，[illegible][9] [illegible] ·iow^{2} tsjɨ^{1} [illegible][10] [illegible]，[illegible] kjij^{1} ljiw^{2} [illegible]，[illegible] kjij^{1} ljiw^{2} [illegible]

---

① 辛种本为“[illegible]”。
② 辛种本为“[illegible]”。
③ 辛种本为“[illegible]”。
④ 甲种本为“[illegible]”。
⑤ 辛种本为“[illegible]”。
⑥ 辛种本为“[illegible]”。
⑦ 辛种本误写为“[illegible]善”。
⑧ 辛种本为“[illegible]”。
⑨ 辛种本为“[illegible]”。
⑩ 辛种本为“[illegible]”。

[illegible] thji² [illegible]，[illegible] phie¹ [illegible]①[illegible]，[illegible]，[illegible] ·iow² tsjɨ¹ [illegible]，[illegible]，[illegible]②[illegible]，[illegible]③[illegible]，[illegible]，[illegible]④[illegible] kwã¹ [illegible]⑤，[illegible]，[illegible]⑥[illegible]。

一款　给脱皮谷物时，新旧不搅拌在一处，年月日所缴纳总数几何（多少数），应写在木牌上，当使立于库谷中间，当建登记册班簿，所属经略司及其他管事处等分别当放置册本，谷物霉烂然则当抽取谷心样子，当报告经略司，经略司亦派人当去现地，经看谷中标牌无参差，应脱皮放债是实，则腊月以内样子与告状当接，当送京师，令三个月以内脱皮放债全部该了毕，留旧放新及已示超过法定日期时，依院当不允许，违犯时大小管事之罪一样，留旧放新时，制策及令超过日期违法判决三年等。

[illegible]　[illegible]，[illegible] kwã¹ [illegible]⑦[illegible]，[illegible] dźjwã² [illegible]，[illegible]。[illegible]，[illegible]，[illegible]，[illegible]⑧[illegible]，[illegible] tśhjow¹ [illegible]⑨，[illegible] tshə¹ śiə¹ [illegible]，[illegible]，[illegible]，[illegible]，[illegible]

①辛种本为“[illegible]”。
②辛种本无“[illegible]”。
③辛种本为“[illegible]”。
④辛种本为“[illegible]有违犯很多者时”。
⑤辛种本无“[illegible]”。
⑥辛种本为“[illegible]”。
⑦辛种本为“[illegible]”。
⑧辛种本遗漏“[illegible]，[illegible]，[illegible]”。
⑨辛种本有“[illegible]”。

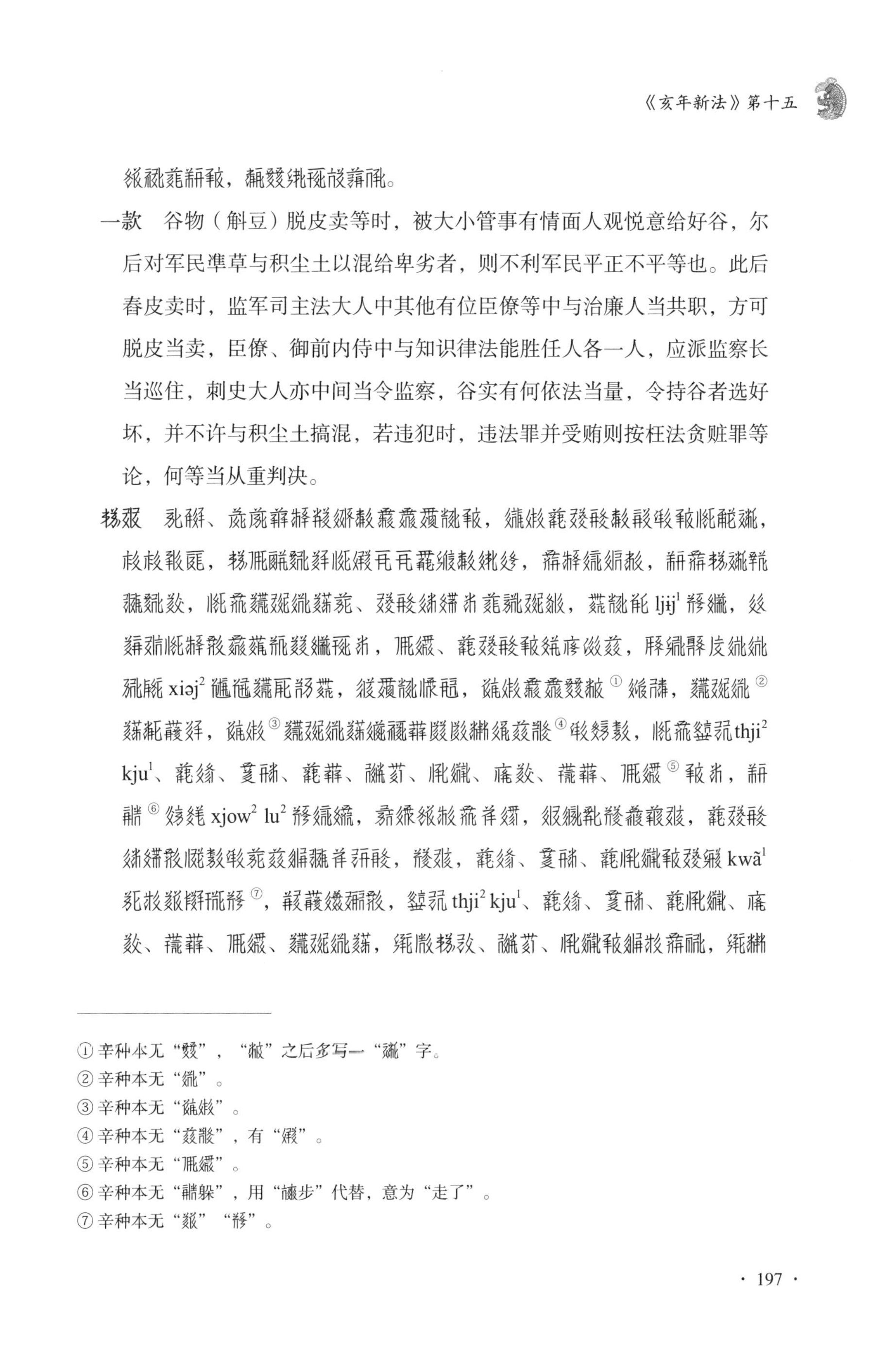

[illegible]。

一款　谷物（斛豆）脱皮卖等时，被大小管事有情面人观悦意给好谷，尔后对军民準草与积尘土以混给卑劣者，则不利军民平正不平等也。此后春皮卖时，监军司主法大人中其他有位臣僚等中与治廉人当共职，方可脱皮当卖，臣僚、御前内侍中与知识律法能胜任人各一人，应派监察长当巡住，刺史大人亦中间当令监察，谷实有何依法当量，令持谷者选好坏，并不许与积尘土搞混，若违犯时，违法罪并受贿则按枉法贪赃罪等论，何等当从重判决。

[illegible] ljɨj[1] [illegible] xiəj[2] [illegible] ① [illegible] ② [illegible] ③ [illegible] ④ [illegible] thji[2] kju[1]、[illegible] ⑤ [illegible] ⑥ [illegible] xjow[2] lu[2] [illegible] kwã[1] [illegible] ⑦，[illegible] thji[2] kju[1]、[illegible]

---

① 辛种本无“[illegible]”，“[illegible]”之后多写一“[illegible]”字。

② 辛种本无“[illegible]”。

③ 辛种本无“[illegible]”。

④ 辛种本无“[illegible]”，有“[illegible]”。

⑤ 辛种本无“[illegible]”。

⑥ 辛种本无“[illegible]”，用“[illegible]”代替，意为“走了”。

⑦ 辛种本无“[illegible]”“[illegible]”。

[illegible] ①，[illegible]。

一款　边中、京师受纳辖属及军粮谷物等，先后库局分及他人等不同法，引导排队，一窖全部所放，然而后所出部分，而无论赔纳，因恩赔罪一起已放，不精计量勾当、局分大小亦因贪做人情，随谷另做时，果实好不纳入空数用分时，亦窖监、库局分等与领者留，有亲有戚知道意行勾结量程随超，致官谷物妄失，此后军粮所短伤本，已在计量勾当中，（此后）计量勾当者与主法臣僚中各当派能胜任人，不精提举、库主（库监）、出纳、守库、案头、司吏、保管（掌钥匙者）、掌斗、窖监等，亦避罪有所做防漏，确实当为约己畏律，年月日毕续转时，库局分大小与每派新人当应共同交接，毕时，库主（库监）、出纳、库司吏、保管（掌钥匙者）、掌斗、窖监、计量勾当，当令其他都案、案头、司吏等共赔偿，其中有不能赔亦何等能赔每人共当拿出，因恩赔罪之后所莫入解脱中。

[illegible]　[illegible] bə¹ [illegible] dzjɨ¹②[illegible]，[illegible]、[illegible] tśhiej² [illegible]③[illegible] bə¹ [illegible]④[illegible]，[illegible]。

一款　计量勾当不来任上时，来迟疾去（迟到早退）及搁置职事五日以内等，依律令当是，（搁置职事）五日以上则与边点察、营寨（垒）勾当等搁置职事相同，当革职。

[illegible]　[illegible] thew² la¹、[illegible] xã¹ ·jã¹ [illegible]，[illegible]⑤[illegible] pha¹ [illegible]，[illegible]

① 辛种本无“[illegible]”。

② 辛种本为“[illegible] bə¹ [illegible] dźjwo²”。甲种本“[illegible] bə¹”与辛种本之“[illegible] bə¹”同音近义，属通假；“[illegible] dzjɨ¹”与“[illegible] dźjwo²”为近义词，甲种本与辛种本所用词均为固定搭配词组。

③《天盛律令》为“[illegible]营垒勾当”，见《俄藏黑水城文献》第 8 册第 103 页下第 17 行。

④ 辛种本为“[illegible] bə¹ [illegible]”。

⑤ 辛种本为“[illegible]”。

[illegible]。[illegible] xu^{1} [illegible] tśhjow^{1} [illegible] sjwĩ^{1} [illegible]，[illegible]，[illegible]，[illegible]，[illegible] xu^{1} [illegible]，[illegible]，[illegible]；[illegible]、[illegible]、[illegible]。

一条　所归京畿唐徕、汉堰干渠决口堤破生住滞，何况不明。夫役勾当长住村做行巡，因是重职，一年毕时职事中无住滞，则应报告中书当索赏官，中书内局分处夫役勾当任职中有无住滞，于本人处及转运司等当查寻（调查），降官二次遭罚马等赏官全不得；降官一次遭罚马者、升官及全无住滞之催促地租者、全无住滞依法赏官等当得。

[illegible]　[illegible] thew^{2} la^{1}、[illegible] xã^{1}·jã^{1} khew^{2} [illegible]，[illegible]、[illegible]，[illegible]，[illegible] dźjwã^{1} [illegible]，[illegible] kwã^{1} [illegible] śiə^{1} [illegible]，[illegible] xju^{1} [illegible]，[illegible]，[illegible]，[illegible] śjij^{1} [illegible]，[illegible]，[illegible] dźjwã^{1} [illegible] lã^{1} [illegible]，[illegible] śiə^{1} [illegible]，[illegible] xju^{1} [illegible]，[illegible] twee^{2} [illegible]，[illegible] xu^{1} [illegible]、[illegible]、[illegible]、[illegible]、[illegible] ·iow^{2}，[illegible] ljɨj^{1} [illegible]，[illegible] śiə^{1} [illegible]。[illegible] kwã^{1} [illegible] dźjwã^{1} [illegible] kja^{1} lã^{1} [illegible]，[illegible] xju^{1} [illegible]，[illegible]，[illegible]，[illegible] xu^{1} [illegible]、[illegible]、[illegible]、[illegible]，[illegible]、[illegible] thwuu^{1} [illegible]，[illegible] bə^{1}①[illegible]，[illegible] tsjij^{2} tshə^{1} [illegible] ·u^{2} [illegible] khju^{2} [illegible]，[illegible]，[illegible]②[illegible]，[illegible] dźjwã^{1} [illegible]③，[illegible]

---

① 辛种本为“[illegible] bə^{1}”。

② 辛种本为异体“[illegible]”。

③ 辛种本为“[illegible]”，只有一个“[illegible]来”字。

[illegible] thji^2 [illegible]①，[illegible] ljɨj^1 [illegible]，[illegible]，[illegible]，[illegible] dźjwã^1 [illegible] phe^{1}② [illegible] śia^1 boo^2 [illegible]，[illegible]，[illegible]，[illegible] tśia^1 tsjɨ^1 [illegible]。[illegible]③、[illegible]，[illegible]④[illegible]⑤[illegible]，[illegible]，[illegible] ljɨj^1 ljɨj^1 [illegible]，[illegible] kwã^1 [illegible]。

一条　唐徕、汉堰口水源者，是国民之所饮灌吃喝、显现仓廪军粮上等要务，与尔后不同，所纳草秸茅椽总数很多，前后大小管事出入库时使用中，以空数掺虚杂，无所珍役修造坚固，干渠所出决毁住滞，百姓劳苦成大，依律令于地水中牵扯较远种种任职租户家主处，虽然说当不许使用烂秸草茅椽，但依杖微罪同伙互徇情出入库使用，头项上下掺虚杂不善，罪行已成对，依一此后夫役勾当、渠主、巡检、草监、局分大小共同当面看式样，计划每捆达到好精当另做，可入库当需使用。前述所示管事人以下于家主处夹烂秸草茅椽及空数骗纳登记簿收据，遇偷搬掺虚杂违犯等时，比律令中一一罪状分明当依次增加一等，尔后没有，夫役勾当、库局分、草监、司吏等，文本、登记簿应共同签字，当入丢失赔修中，制级次法与务渠人相同，不精租户家主纳役草者等，官草功用不改法，每日草秸茅椽何来到，登记各自名地窖则当置上，日满期间俱足当另做完毕，日满期间有做不完者，亦局分大小共当面应算明，当监茅椽蒲苇碧树沙漠粟麦草，各自捆草总数，谁是纳窖地者等当使明，当制札子。今后、来年共以结伴

① 辛种本为"[illegible]"。

② "[illegible] phe^1"音"碧"，疑指青绿色的植物，是何种树尚不明确；辛种本为"[illegible] khjij^1 蒲苇茅椽灰木"。

③ 甲种本似"[illegible]"，"[illegible]"出自辛种本。

④ 此句中"[illegible]"辛种本为"[illegible]"。

⑤ 疑辛种本误写。

再仔细查看场地，当比较前旧处比总数明显超额放置及与夜间伐运等一起皆当罚，当为官之该入库，另令当建登记籍簿，一宗宗管事转运司报告闻知当做。

[illegible] [illegible] kwã[1] [illegible] phjɨj[1] [illegible]，[illegible] kia[1] [illegible]，[illegible] kia[1] [illegible]，[illegible]，[illegible]，[illegible]，[illegible]、[illegible]、[illegible] kia[1] [illegible]，[illegible]、[illegible]，[illegible]。

一条　律令中税户家主数管事者近便法当合并，然而说用十户上当派一小监，五监上派一勾当，二勾当上当派一迁队等，如十羊九牧，人数很多侵犯骚扰居民者多不利，若应减为一半，依一此后边塞、内地、京师地方内住小监皆当减，勾当、迁队等派遣法，当依已定律令奉行。

[illegible] [illegible] xiəj[2] [illegible]，[illegible] ① [illegible]，[illegible] piã[1] phu[1] [illegible]，[illegible]，[illegible] ② [illegible] ③ [illegible] ④ [illegible]，[illegible]，[illegible] xju[1] [illegible] ⑤，[illegible] ⑥，[illegible]，[illegible]，[illegible] phio[2] [illegible] ⑦ [illegible]，[illegible] kwã[1] [illegible]，[illegible] ⑧ [illegible]，[illegible]，[illegible]，[illegible] ⑨ [illegible]，[illegible]

---

① 辛种本无“[illegible]”。
② 辛种本多写“[illegible]”。
③ 辛种本似写有“[illegible]”。
④ 辛种本为“[illegible]”。
⑤ 辛种本先写为“[illegible]”后似删。
⑥ 辛种本为“[illegible]”。
⑦ 辛种本为“[illegible]”。
⑧ 辛种本为“[illegible]”。
⑨ 辛种本无“[illegible]”。

[illegible] piã^{1} phu^{1} [illegible]① [illegible]，[illegible]② [illegible] phio^{2} [illegible]③ [illegible]④ [illegible]、[illegible]⑤，[illegible] kwã^{1} [illegible]⑥ [illegible]，[illegible]⑦ [illegible]，[illegible]，[illegible] phio^{2} [illegible]，[illegible]。[illegible]，[illegible]，[illegible]，[illegible]⑧ [illegible]，[illegible]⑨ [illegible]，[illegible]，[illegible] xju^{1} [illegible]⑩ [illegible]⑪ [illegible]，[illegible]。[illegible]⑫ [illegible] phio^{2} [illegible]，[illegible]。

一条　诸司辖属耕地所行顷亩总数几何，隶属本司中显见用，虽然已有账本登记籍簿，都转运司地籍班簿中分明，总数已没有，年年岁岁论策役草者，隶属司以取地数自播役草中已入用者，因局分大小官员吃贿赂，随上下掺虚杂，对租户臣民不利，诸司有辖属耕地中，原先顷亩总数明一种以外，放水闲地，自然与诸人以做包揽时上所记果实量有何数，地水辖属处转运司管事诸司等，各自当派人，应共同当面验量，一院（全部）顷亩总数当使明，与先前顷亩总数明者一起分别载立总数，当登记于转运司地籍班簿上，则其中闲地有诸人包揽数一一多少几何所承为役草、亩数各是多

① 辛种本无“[illegible]”。
② 辛种本无“[illegible]”。
③ 辛种本有“[illegible]”甲种本无。
④ 辛种本无“[illegible]”。
⑤ 辛种本似误写为“[illegible]”。
⑥ 甲种本无“[illegible]”，依辛种本补。
⑦ 辛种本误写为“[illegible]”。
⑧ 辛种本有“[illegible]”，甲种本无。
⑨ 辛种本无“[illegible]”。
⑩ 辛种本倒写为“[illegible]”。
⑪ 辛种本倒写为“[illegible]”。
⑫ 辛种本无“[illegible]”。

少，每年按时间管事司当派人，多少已耕几何当仔细验量，顷亩总数为几何，做包揽者人姓名等，各自当使明。有记录各当随送转运司一本，依同等法当入承为役草中，转运司人前述随送地数中亩数已有低，因有怀疑不识处，于本人处应派识信人，亦经派人再当令看验，有虚杂差异则何所处当仔细区分有住滞处，当依律法做判决。诸人无包地耕种者，自然有闲地者不用入承为役草中。

[illegible] [illegible]，[illegible] phiej^{2}、[illegible]、[illegible] ·jur^{1} [illegible] kiej^{1} pho^{1} [illegible]① [illegible]，[illegible] thej^{1} tu^{1} tu^{1} xu^{1} [illegible]，[illegible] phiej^{2}、[illegible]、[illegible]，[illegible] ·jã^{1} [illegible] thji^{2} [illegible]，[illegible]② [illegible] kiej^{1} pho^{1} [illegible] ·jur^{1} [illegible]，[illegible]③ [illegible]，[illegible]④ [illegible]，[illegible] phiej^{2}、[illegible]、[illegible]，[illegible]⑤ [illegible] ·jã^{1} [illegible]，[illegible]，[illegible]，[illegible]⑥ [illegible]，[illegible]，[illegible]⑦，[illegible] xu^{1} [illegible]，[illegible] khja^{2} [illegible]，[illegible] ·jur^{1} [illegible] kiej^{1} pho^{1} [illegible] tshjwĩ^{1} [illegible]，[illegible] phiej^{2}、[illegible]、[illegible] ·jã^{1} [illegible] śjuu^{1} [illegible]，[illegible]，[illegible] śioow^{1} [illegible]。[illegible]⑧ [illegible]，[illegible]⑨ [illegible]，[illegible] phiej^{2}、[illegible]、[illegible]，[illegible]⑩·iow^{2} [illegible]，[illegible]

① 辛种本无“[illegible]”。

② 辛种本无“[illegible]”。

③ 辛种本为“[illegible]”。

④ 辛种本为“[illegible]”。

⑤ 辛种本为“[illegible]夏秋前”。

⑥ 辛种本有“[illegible]”，甲种本无。

⑦ 辛种本无“[illegible]”。

⑧ 辛种本无“[illegible]”，据《俄藏黑水城文献》第9册第290页上第4行补。

⑨ 以下甲种本佚，据辛种本补。

⑩《俄藏黑水城文献》第9册第290页上第6行为“[illegible]已行动”。

[illegible][1] [illegible] phiej^{2}、[illegible]、[illegible]，[illegible] śioow^{1} [illegible]，[illegible]，[illegible] phiej^{2}、[illegible]、[illegible] tśjiw^{1} [illegible]，[illegible]。

一条　律令中诸人种地所至住宅等附近一里以内，虽然说不许用埂坡等地育稗、粳稻、大麦，所归京畿大都督府等在沿干渠生五谷之显处，应在地高略所大处种稗、粳稻、大麦，设堰处地低土地很多，已测语义姑且其中埂坡育草夏秋有水，春时冰融种地对住宅真是患，步里间隔已没有缩短处（缩短步里间隔以外），与其稗、粳稻、大麦不同，夏中秋初四五个月时恐水堰并未造，期间续水不断，尚未有事，且令依法所定明步里成者，为种地所搁置（放弃）一地，租户居民空空，官之损失夫役，为汲闲无际，育草比埂坡间隔为寸，稗、粳稻、大麦设堰则渐渐变好熟地，以后五谷皆生，接壤属地之亦无患。凡军粮一种，是利国钱物中上等大事，麻稗、粳稻、大麦等垦种亦为百姓之救命获益必用，一样是安全，依一此后诸人种麻稗、粳稻、大麦中，院落属地所高已至四十步，而背地面可垦种，比其超过及依前种麻稗、粳稻、大麦等缠绕违犯时，其罪当依律令中奉行。

[illegible]　[illegible]、[illegible]，[illegible]“[illegible] xju^{1} [illegible]”：[illegible]、[illegible]，[illegible]、[illegible]。[illegible] ljij^{1} [illegible]：[illegible]，[illegible]，[illegible] xjow^{2} [illegible]，[illegible]，[illegible]、[illegible]，[illegible]、[illegible]、[illegible]、[illegible] phie^{1} [illegible]，[illegible] khã^{1} thu^{1} [illegible]，[illegible]，[illegible]。[illegible]，[illegible] thwuu^{1} kji^{1} [illegible]

① 辛种本为“[illegible] bju^{1}”，是因为与“[illegible] bju^{1}”为同音字的缘故；辛种本无“[illegible]”，据《俄藏黑水城文献》第 9 册第 290 页上第 6 行补。

[illegible]，[illegible]，[illegible]，[illegible]，[illegible]、[illegible]，[illegible]。[illegible]，[illegible]，[illegible]，[illegible]，[illegible]，[illegible]，[illegible] xju[1] [illegible]，[illegible]，[illegible]，[illegible]。[①]

一条　边中、京师隶属司，每年“纳地租不掺虚杂法”：记量果实（收成）者人、纳租者谁在排名中及谷物斛斗总数当使明，依次司最早当报告枢密、磨勘司等分别各一本。另做仓廪法：于计量勾当处去登记簿用何纸，纳者总数中当测算使明纸，防远上后做完者，当置（盖）司印，计量勾当、局分谁后领所缴纳其间当登记籍簿，当遇到官集户集两背后制缴纳凭据、两缴纳凭据、登记簿、牌等，互相当置共合而上刊图置盖印，缴纳凭据背后计量勾当签字，当交给纳者之。登记簿上制有何日，局分大小同级官爵何排列，入库毕时纳者排名，及谷物并总数等，告状当做分明，纳官凭据数、记量果实（收成）者人应汇总，分别依次当送磨勘。其中未纳有剩所余数，速当催促人，逾期时当令各纳半倍，纳官凭据数当存磨勘司六年，期毕续转时一起入算验中，则互知文本高下，为不可掺虚杂，官谷物也增长近利也，情形其当依法奉行，为仓廪用斗亦依同等法三年毕时当令交旧领新。

[illegible]　[illegible]。

新法第十五　终。

① 此条为《新法》第十五辛种本最后一条，出自辛种本，见《俄藏黑水城文献》第9册第323页上—323页右下，为“[illegible]纳地租不掺虚杂法”条，甲种本无。

[illegible]
《亥年新法》第十六十七等共

《亥年新法》第十六十七等共，有甲种本与乙种本两个抄本，编号为俄 Инв.No.945、俄 Инв.No.2623　*5591*，其中甲种本较残，乙种本完整，见《俄藏黑水城文献》第 9 册第 206 页上—208 页下、第 258 页下—263 页上。

《俄藏黑水城文献》第 9 册定名为“亥年新法第十六十七合”，实际上是“《亥年新法》第十六十七等共”，其共有八条，是针对《天盛律令》第十六与第十七之具有共性之处而制定的补充条文，其“等共”的含义是除了第十六十七卷还有涉及其他卷等与之相关的均可参照此八条。也可能是《亥年新法》第十六所补的条文不多，就与第十七共编一卷。由于《天盛律令》第十六正文全佚，我们只能在《名略》中看到其纲目，就现遗存的文献来看，重点还是在《亥年新法》第十七。《亥年新法》第十六十七等共与《天盛律令》第十六第十七对应关系大致如下：

第一条“账簿告纳轮换磨勘法”涉及《天盛律令》第十六“农人利限门”之“农主纳簿法”“催缴利限门”之“畿内纳利限期催促磨勘”与“边中利限催缴磨勘”；关联《天盛律令》第十七“换派库局分门”之“派库磨勘

行遣等法”与“磨勘经过法”等、关联《天盛律令》第十七“物离库门”之“续转（轮换）磨勘法”等。

第二条“滩炉峰采炭体工”是对《天盛律令》第十六“投诚卖地农主利限纳量门”的补充条文；关联《天盛律令》第十七“物离库门”之“种种物耗减”。

第三条“皇城三司等丢失赔修”涉及《天盛律令》第十六“隐换官地农主逃跑典押门”；关联《天盛律令》第十七“派换库局分门”之“催赔告日限”“催赔分等罪”“因催赔告文武臣不受理”、还关联《天盛律令》第十七“物离库门”之“丢失赔不能衡量”。

第四条“库磨勘者通过法”涉及《天盛律令》第十六“催缴利限门”之“畿内纳利限期催促磨勘”与“边中利限催缴磨勘”；关联《天盛律令》第十七“派换库局分门”之“派库磨勘行遣等法”“磨勘通过法”、关联《天盛律令》第十七“物离库门”之“续转（轮换）磨勘法”“经略中不辖属磨勘期满”“经略中辖属磨勘期满”“啰庞岭库轮换磨勘”等。

第五条“任六库者等减俸禄法”是对《天盛律令》第十七“物离库门”之“库人有俸禄谷物法”的补充条文。

第六条“赏物库中不许借索”是对《天盛律令》第十七“供给交还门”之“官物中伸手偷搬借贷”“借贷官物不奏”“借典当供给物”的补充条文。

第七条“主司位人及子不遣他职”可系联《天盛律令》第十六“派育谷农监门”；主要是对《天盛律令》第十七“派吏门”之“任库重职等另派子弟赋敛”的补充条文。

第八条“军粮装备库派人法”是对《天盛律令》第十七“派换库局分门”之“派库司吏法”与“派库局分法”的补充条文。

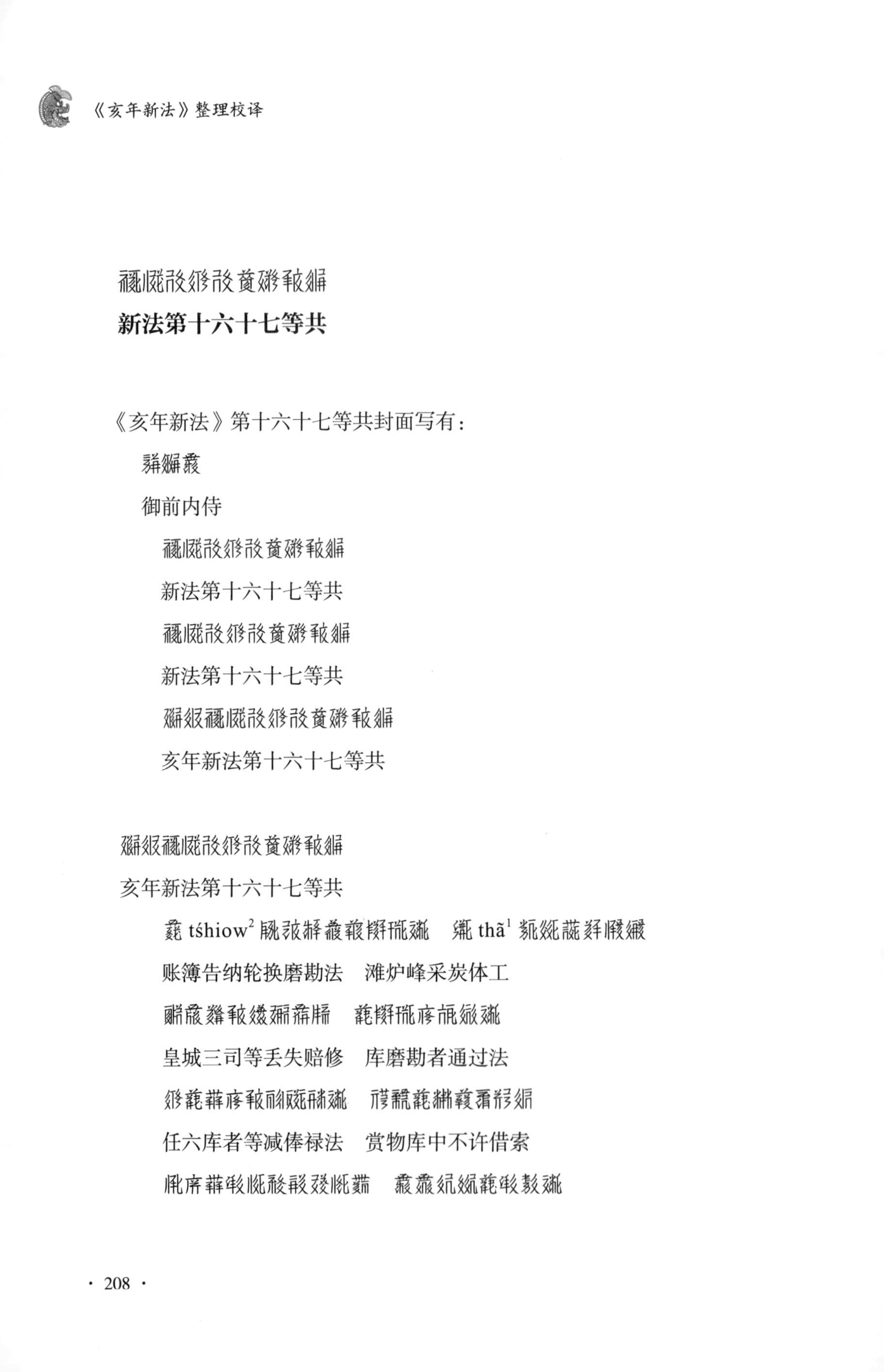

[illegible]

新法第十六十七等共

《亥年新法》第十六十七等共封面写有：

[illegible]

御前内侍

[illegible]

新法第十六十七等共

[illegible]

新法第十六十七等共

[illegible]

亥年新法第十六十七等共

[illegible]

亥年新法第十六十七等共

[illegible] tśhiow^{2} [illegible]　[illegible] thã^{1} [illegible]

账簿告纳轮换磨勘法　滩炉峰采炭体工

[illegible]

皇城三司等丢失赔修　库磨勘者通过法

[illegible]

任六库者等减俸禄法　赏物库中不许借索

[illegible]

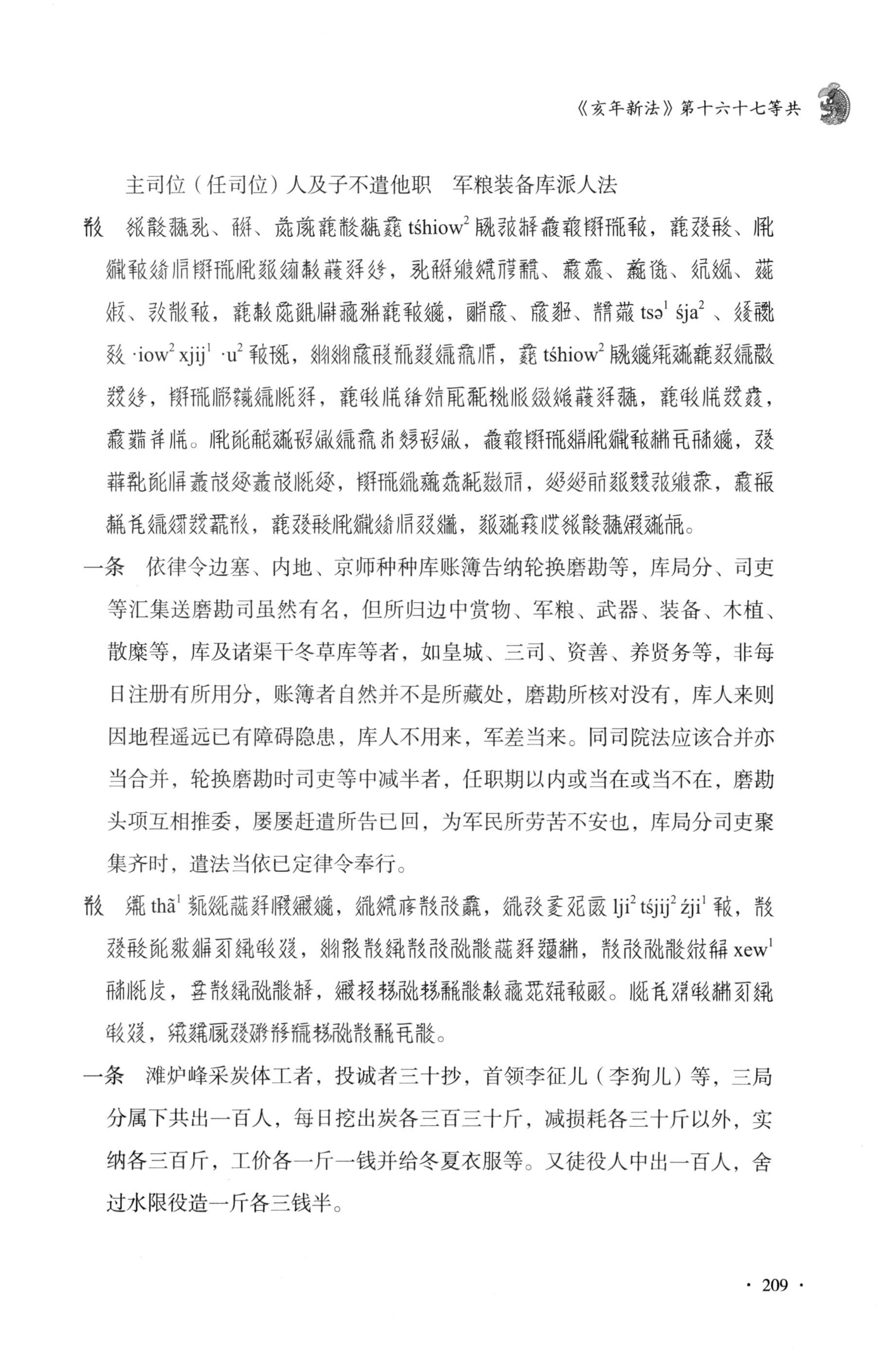

主司位（任司位）人及子不遣他职　军粮装备库派人法

[illegible] tśhiow² [illegible] tsə¹ śja² 、[illegible] ·iow² xjij¹ ·u² [illegible] tśhiow² [illegible]

一条　依律令边塞、内地、京师种种库账簿告纳轮换磨勘等，库局分、司吏等汇集送磨勘司虽然有名，但所归边中赏物、军粮、武器、装备、木植、散糜等，库及诸渠干冬草库等者，如皇城、三司、资善、养贤务等，非每日注册有所用分，账簿者自然并不是所藏处，磨勘所核对没有，库人来则因地程遥远已有障碍隐患，库人不用来，军差当来。同司院法应该合并亦当合并，轮换磨勘时司吏等中减半者，任职期以内或当在或当不在，磨勘头项互相推委，屡屡赶遣所告已回，为军民所劳苦不安也，库局分司吏聚集齐时，遣法当依已定律令奉行。

[illegible] thã¹ [illegible] lji² tśjij² źji¹ [illegible] xew¹ [illegible]

一条　滩炉峰采炭体工者，投诚者三十抄，首领李征儿（李狗儿）等，三局分属下共出一百人，每日挖出炭各三百三十斤，减损耗各三十斤以外，实纳各三百斤，工价各一斤一钱并给冬夏衣服等。又徒役人中出一百人，舍过水限役造一斤各三钱半。

[illegible] [illegible]、[illegible]、[illegible] tsə^1 śja^2、[illegible] ·iow^2 xjij^1 ·u^2 [illegible]、[illegible]、[illegible]，[illegible]，[illegible] tśhjow^1 [illegible]。[illegible]，[illegible]，[illegible]、[illegible]、[illegible]、[illegible] khu^1 tsjɨ^1、[illegible]、[illegible]，[illegible] khew^2 [illegible]，[illegible]、[illegible]，[illegible] kwã^1 śie^1 [illegible]①[illegible]，[illegible]、[illegible]、[illegible] phej^2 [illegible] khjwɨ^1 [illegible]，[illegible]，[illegible]、[illegible]，[illegible]②，[illegible] tśjɨj^1 thew^2 [illegible]，[illegible]，[illegible]，[illegible] thji^2 kju^1、[illegible]、[illegible]，[illegible]，[illegible]，[illegible] tsjij^2 tshə^1 [illegible]，[illegible] tśhjow^1 [illegible]，[illegible]，[illegible]，[illegible]、[illegible]、[illegible] tsə^1 śja^2、[illegible] ·iow^2 xjij^1 ·u^2 [illegible]，[illegible]，[illegible] tsjij^2 tshə^1 [illegible]，[illegible] thji^2 kju^1、[illegible]、[illegible]，[illegible]，[illegible]、[illegible]、[illegible]③、[illegible]、[illegible]、[illegible]，[illegible]，[illegible]、[illegible]④[illegible]、[illegible]、[illegible]。

一条　皇城、三司、资善、养贤务等辖属官钱、谷物与军粮不同，钱物二种所来到先用分，谷物亦年年卖盐贮积非长处使与军粮相同。为丢失时，令局分大小共赔人者，库司吏及保管（掌钥匙）、出纳、掌秤斗、匡子、库窖监（守库窖者）、其他差遣等，或文书行遣者及或开堵门口，是掌量程

① 甲种本有“[illegible]”，乙种本无。

② 甲种本为“[illegible]或在或不在”，乙种本为“[illegible]或在”。

③ 甲种本为“[illegible]掌斗秤”，乙种本为“[illegible]掌秤斗”。

④ 甲种本为“[illegible]监管者”，乙种本为“[illegible]监者”。

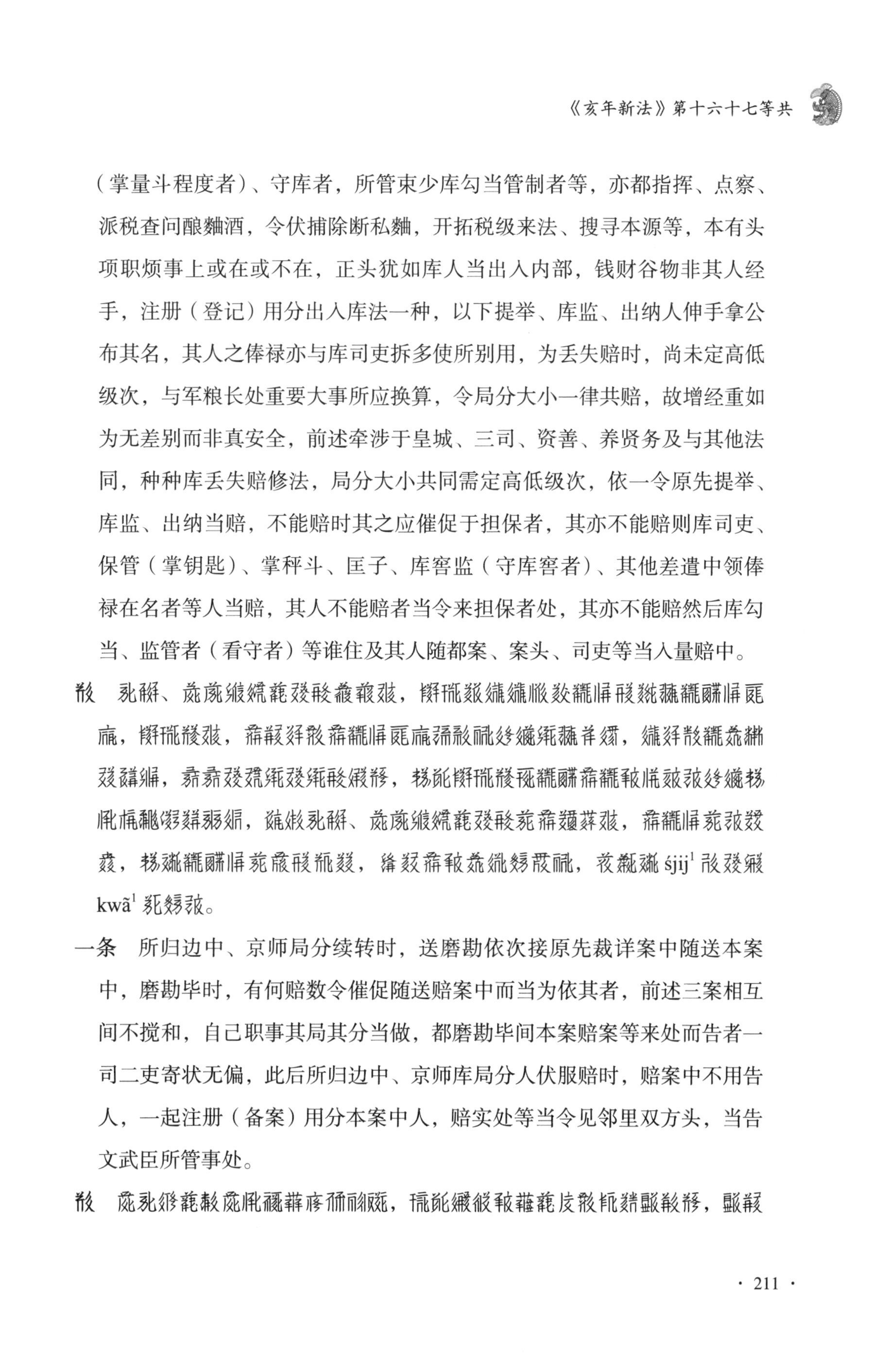

（掌量斗程度者）、守库者，所管束少库勾当管制者等，亦都指挥、点察、派税查问酿麯酒，令伏捕除断私麯，开拓税级来法、搜寻本源等，本有头项职烦事上或在或不在，正头犹如库人当出入内部，钱财谷物非其人经手，注册（登记）用分出入库法一种，以下提举、库监、出纳人伸手拿公布其名，其人之俸禄亦与库司吏拆多使所别用，为丢失赔时，尚未定高低级次，与军粮长处重要大事所应换算，令局分大小一律共赔，故增经重如为无差别而非真安全，前述牵涉于皇城、三司、资善、养贤务及与其他法同，种种库丢失赔修法，局分大小共同需定高低级次，依一令原先提举、库监、出纳当赔，不能赔时其之应催促于担保者，其亦不能赔则库司吏、保管（掌钥匙）、掌秤斗、匡子、库窖监（守库窖者）、其他差遣中领俸禄在名者等人当赔，其人不能赔者当令来担保者处，其亦不能赔然后库勾当、监管者（看守者）等谁住及其人随都案、案头、司吏等当入量赔中。

[illegible] śjij[1] [illegible] kwã[1] [illegible]。

一条　所归边中、京师局分续转时，送磨勘依次接原先裁详案中随送本案中，磨勘毕时，有何赔数令催促随送赔案中而当为依其者，前述三案相互间不搅和，自己职事其局其分当做，都磨勘毕间本案赔案等来处而告者一司二吏寄状无偏，此后所归边中、京师库局分人伏服赔时，赔案中不用告人，一起注册（备案）用分本案中人，赔实处等当令见邻里双方头，当告文武臣所管事处。

[illegible]

[illegible]，[illegible]，[illegible] kwã[1] [illegible]，[illegible] phjɨj[1] [illegible]，[illegible]，[illegible]，[illegible]，[illegible] lhjɨ[1] [illegible]，[illegible]，[illegible]，[illegible]，[illegible]、[illegible]，[illegible]、[illegible]，[illegible] xew[1] [illegible]，[illegible]，[illegible] phjɨj[1] [illegible]。

一条　诸边六库及诸司主法者之俸禄，工院续工等有当铺放数本为寻利，得何利数坐司主法者之俸禄并入年职作物价等中，亏本另外用分不在名中，见管事者主持已知库局分俸禄，依律令令议谋领应在近便官谷中领，本人伸手偷赔钱物已变为丢失中所算为减用，重再当铺本身中算减则已至，官钱物短库亏损本，工院作物年职价等不累及，武器数缺，降主法臣僚之俸禄，因不能已有所思患，此后六库俸禄、工院续工等，当铺、局分库人轮换为赔丢失时，损耗以后何不足数，库局分处当催促令纳，其人之应领俸禄依律令近便官谷物中应付当给。

[illegible]　[illegible]，[illegible]，[illegible]，[illegible]、[illegible]，[illegible]，[illegible] kjij[1] ljiw[2] [illegible]，[illegible] śiə[1] [illegible]，[illegible]，[illegible]，[illegible]，[illegible]，[illegible]，[illegible]，[illegible]、[illegible] kwã[1] [illegible]，[illegible]，[illegible]，[illegible]。

一条　国家中赏物一种与尔后不同，诸边不安定时用于战争立功者及其他应给补济等，因确是重要上等大事，先后边中、京师赎罪罚贪有何数，虽已送赏物续工中，但后当边中经略局分已停送京师，其处应用分各使用已为一，京师诸司局分列名送赎罪罚贪，亦来本小所入赏物续工中微时，中间诸司人已有借索者，赏物用时端的上不获益，赏物续工中断不利，依一此后奏诸司人暗地借索赏物库钱物中，受理库勾当、局分大小告管事处，不寻谕文当不许其处按全借给等，违犯时借索者及借给者等一律按违法各当判决三年以上徒刑，其中不知不量罪。

[illegible] [illegible]，[illegible]，[illegible]、[illegible]、[illegible]，[illegible]、[illegible]、[illegible]，[illegible]，[illegible]，[illegible]，[illegible]。[illegible]，[illegible]、[illegible]、[illegible]，[illegible] xiəj² [illegible] tsjij² tshə¹ [illegible]，[illegible]、[illegible]、[illegible]、[illegible]。

一条　国家中文武臣僚中至死老时，其人及子依人品功阶施恩高低得官职位一种以外，尔后每个子、孙子、兄，入所属地方中库局分、巡检、差遣中，与庶人一样而论，有功庶人等人本不平等，贵贱不同，与庶人为表面平等不偏，使双方别样用也。自下等以上至授封有大职位中，现有大小臣僚及至老死丧等人及子、节亲子、兄弟等，所行分别确定级次数，此后种种库局分、巡检、燧监、押囚等中当不许派遣差役。

[illegible]：

自授封以上至任大职位中八类人：

[illegible]	[illegible]	[illegible]	[illegible]	[illegible]	[illegible]	[illegible]	[illegible]
父	叔伯	兄弟	侄	孙	堂兄弟	曾孙	子

[illegible] kjij¹ ljiw² [illegible]：

自经略正统等之一律六类人：

[illegible]　[illegible]　[illegible]　[illegible]　[illegible]　[illegible]

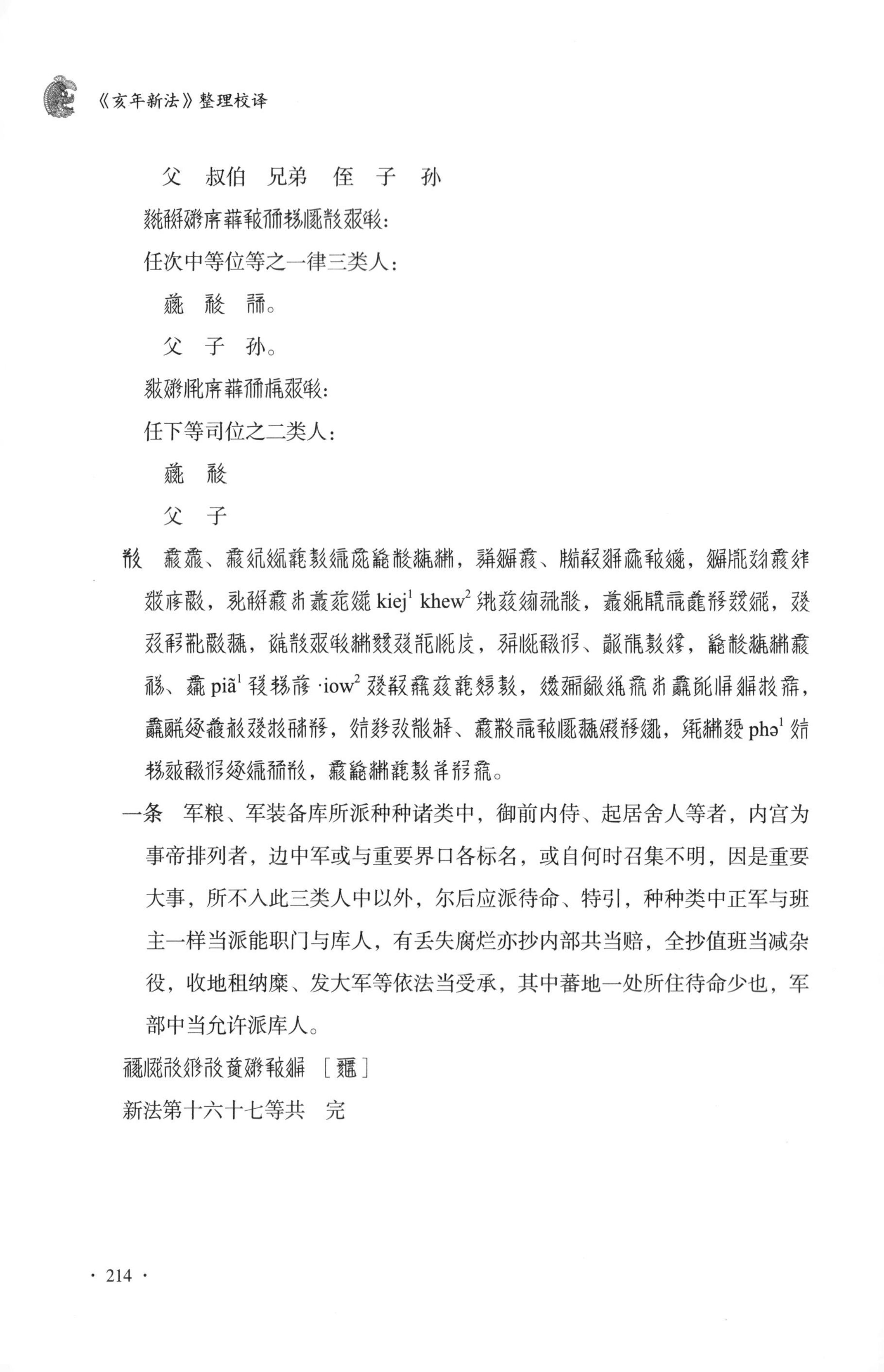

父　叔伯　兄弟　侄　子　孙

[illegible]

任次中等位等之一律三类人：

[illegible]

父　子　孙。

[illegible]

任下等司位之二类人：

[illegible]

父　子

[illegible] kiej[1] khew[2] [illegible] piã[1] [illegible] ·iow[2] [illegible] phə[1] [illegible]

一条　军粮、军装备库所派种种诸类中，御前内侍、起居舍人等者，内宫为事帝排列者，边中军或与重要界口各标名，或自何时召集不明，因是重要大事，所不入此三类人中以外，尔后应派待命、特引，种种类中正军与班主一样当派能职门与库人，有丢失腐烂亦抄内部共当赔，全抄值班当减杂役，收地租纳糜、发大军等依法当受承，其中蓄地一处所住待命少也，军部中当允许派库人。

[illegible]

新法第十六十七等共　完

[illegible]

《亥年新法》第十八

[illegible]

新法第十八

《亥年新法》第八佚缺。

[illegible]

《亥年新法》第十九

[illegible]

新法第十九

《亥年新法》第十九佚缺。

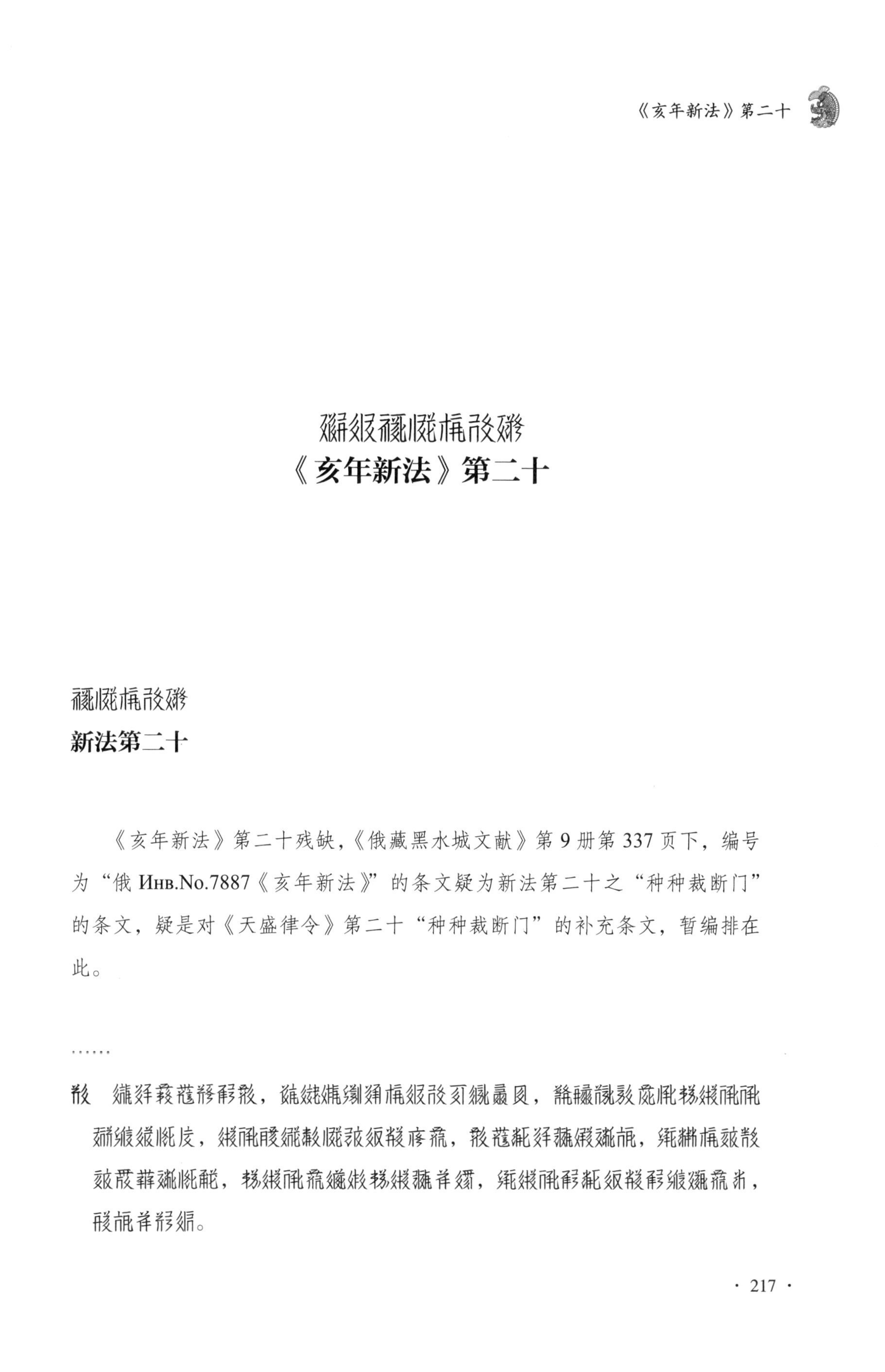

[illegible]
《亥年新法》第二十

[illegible]
新法第二十

《亥年新法》第二十残缺，《俄藏黑水城文献》第 9 册第 337 页下，编号为“俄 Инв.No.7887《亥年新法》”的条文疑为新法第二十之“种种裁断门”的条文，疑是对《天盛律令》第二十“种种裁断门”的补充条文，暂编排在此。

……

[illegible]

一条　前述已做裁断事数，此光定壬申二年十一月十八[①]，比来年前诸司已决断所出判凭以外，决断未明及有新告诉讼者，当在于依每件裁断奉行，其中见二处三处主法不同，已有决断者当为按后面所断，其决断事上诉讼活有所反（改变），亦当不许取行。

[illegible]

光定猴年二月[②]

① 光定壬申年，即光定二年（1212）。

② 即光定壬申年二月（1212）。

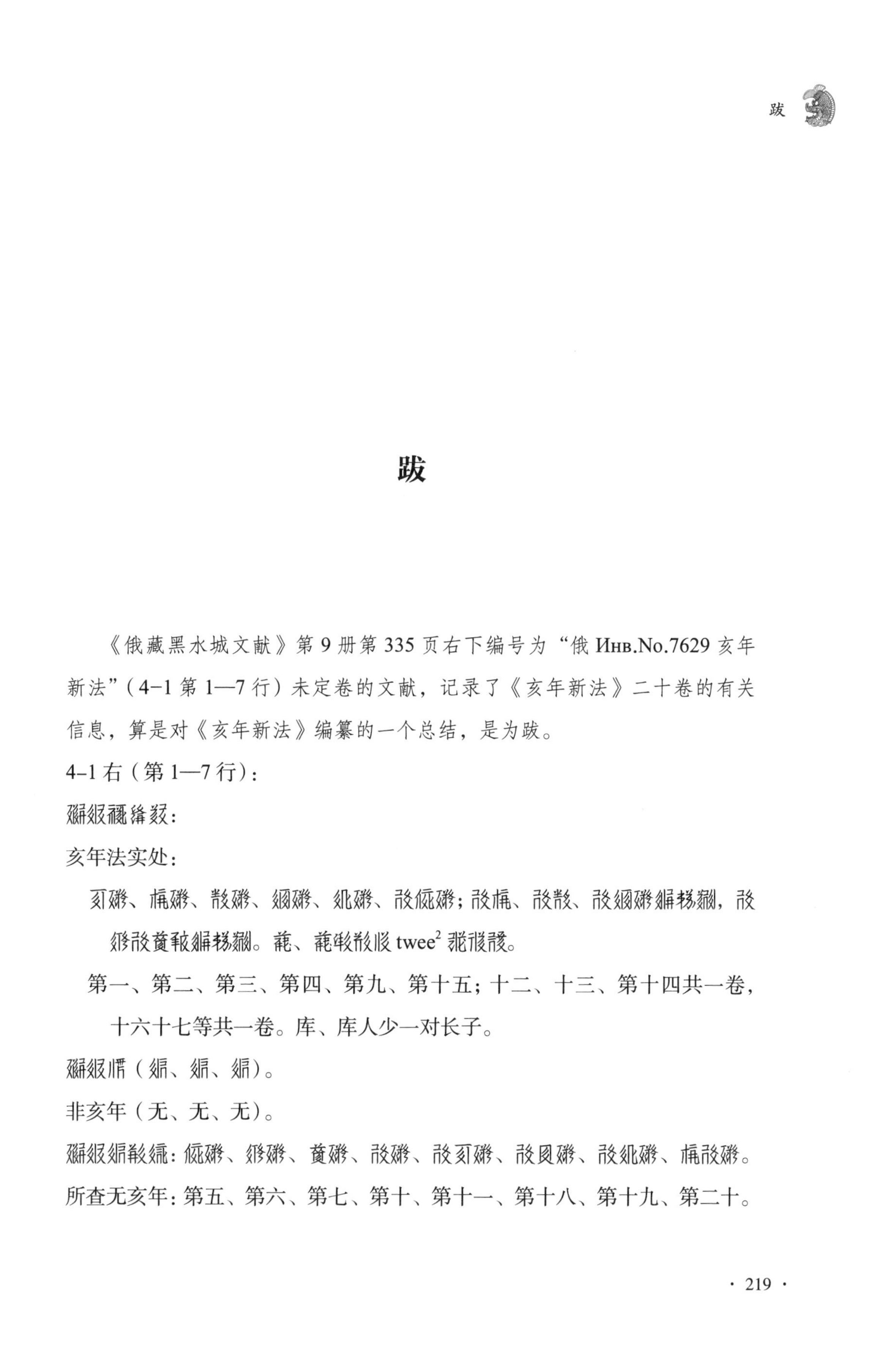

跋

《俄藏黑水城文献》第9册第335页右下编号为“俄Инв.No.7629亥年新法”（4–1第1—7行）未定卷的文献，记录了《亥年新法》二十卷的有关信息，算是对《亥年新法》编纂的一个总结，是为跋。

4–1右（第1—7行）：

[illegible]：

亥年法实处：

[illegible]、[illegible]、[illegible]、[illegible]、[illegible]、[illegible]；[illegible]、[illegible]、[illegible]，[illegible]。[illegible]、[illegible] twee^{2} [illegible]。

第一、第二、第三、第四、第九、第十五；十二、十三、第十四共一卷，十六十七等共一卷。库、库人少一对长子。

[illegible]（[illegible]、[illegible]、[illegible]）。

非亥年（无、无、无）。

[illegible]：[illegible]、[illegible]、[illegible]、[illegible]、[illegible]、[illegible]、[illegible]、[illegible]。

所查无亥年：第五、第六、第七、第十、第十一、第十八、第十九、第二十。

附录一：《亥年新法》有关图版镜像的文献信息

西夏晚期社会动荡，经济萧条，物资紧缺，诸多经济社会问题突显，其中文书所用纸张匮乏昂贵。总体上说《亥年新法》当时似乎未列入刻印计划，因此由多人抄写（存抄本多种，依字迹不同分甲、乙、丙、丁、戊、己、庚、辛本等）供有关司使用。从抄本《亥年新法》（丁种本）第十、《亥年新法》（戊种本）第十一、《亥年新法》（戊种本）第十二、《亥年新法》（辛种本）第十五等中可以看到，为了节省纸张，在抄写好的某一卷背面又抄写另一卷的条文，纸的双面都得到了很好的利用；也可能是因为《亥年新法》处于草拟阶段，作为草稿，双面书写既节约纸张又不影响查阅使用。由于是抄本，双面书写显得字迹漫漶不清，给文献的整理带来了一些困难，编排错位也属正常。《亥年新法》是对《天盛律令》的增补，这份古籍文献显得尤为珍贵，其背面图版镜像涉及卷目、条款顺序的排列，文献的缀合及重要信息的提取，因此有必要整理厘清。

一、《亥年新法》（甲种本）第一中的背面图版

《俄藏黑水城文献》第 9 册第 119 页左下 B 面《亥年新法》（甲种本）第

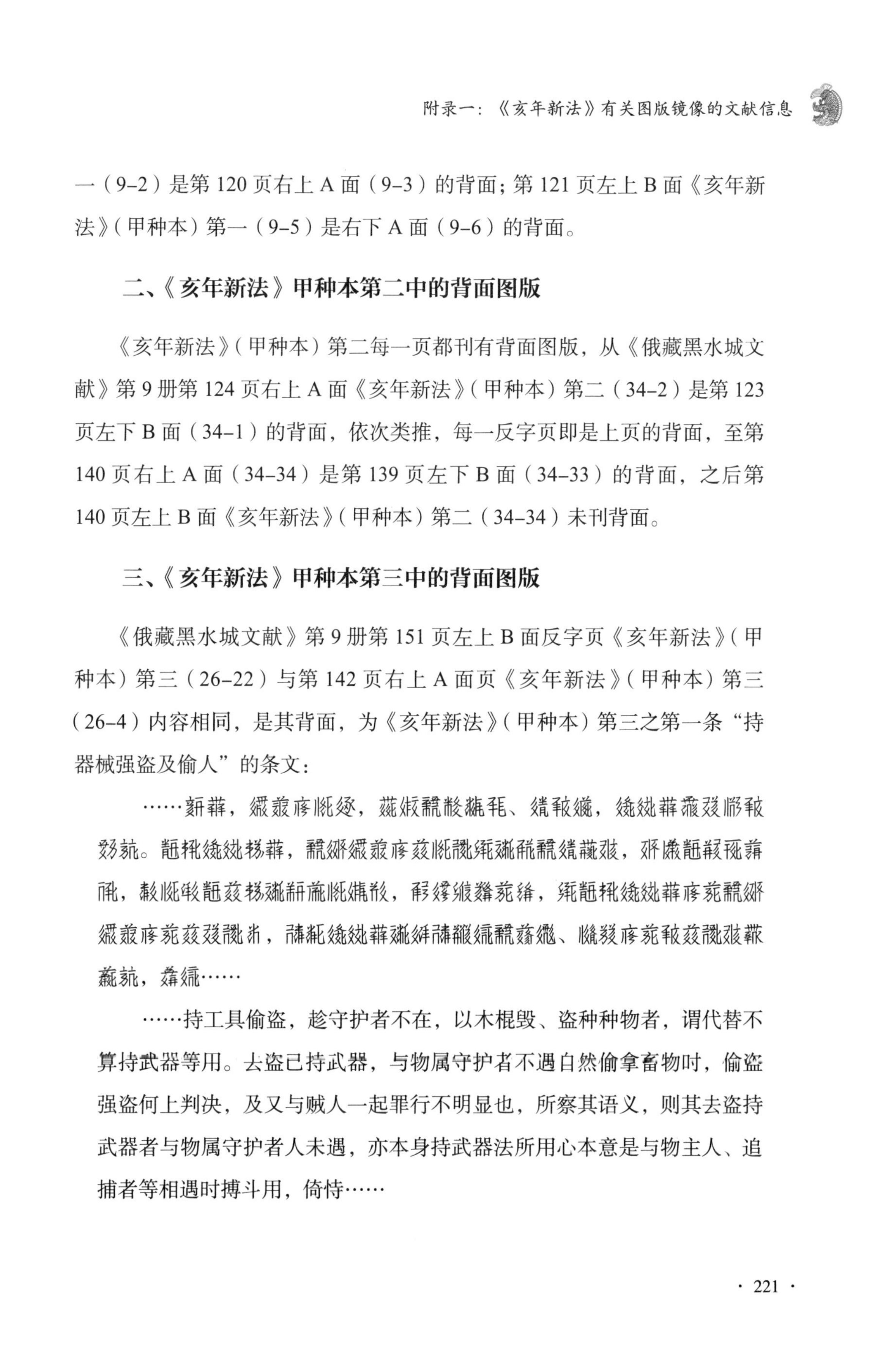

一（9–2）是第 120 页右上 A 面（9–3）的背面；第 121 页左上 B 面《亥年新法》（甲种本）第一（9–5）是右下 A 面（9–6）的背面。

二、《亥年新法》甲种本第二中的背面图版

《亥年新法》（甲种本）第二每一页都刊有背面图版，从《俄藏黑水城文献》第 9 册第 124 页右上 A 面《亥年新法》（甲种本）第二（34–2）是第 123 页左下 B 面（34–1）的背面，依次类推，每一反字页即是上页的背面，至第 140 页右上 A 面（34–34）是第 139 页左下 B 面（34–33）的背面，之后第 140 页左上 B 面《亥年新法》（甲种本）第二（34–34）未刊背面。

三、《亥年新法》甲种本第三中的背面图版

《俄藏黑水城文献》第 9 册第 151 页左上 B 面反字页《亥年新法》（甲种本）第三（26–22）与第 142 页右上 A 面页《亥年新法》（甲种本）第三（26–4）内容相同，是其背面，为《亥年新法》（甲种本）第三之第一条“持器械强盗及偷人”的条文：

[illegible]

……持工具偷盗，趁守护者不在，以木棍毁、盗种种物者，谓代替不算持武器等用。去盗已持武器，与物属守护者不遇自然偷拿畜物时，偷盗强盗何上判决，及又与贼人一起罪行不明显也，所察其语义，则其去盗持武器者与物属守护者人未遇，亦本身持武器法所用心本意是与物主人、追捕者等相遇时搏斗用，倚恃……

四、《亥年新法》(丁种本)第十及背面图版

已确认为《亥年新法》(丁种本)第十的条目顺序及背面图版文献信息:《俄藏黑水城文献》第9册第287页右上A面为《亥年新法》(丁种本)第十(16–6)第四条"诸司大人承旨行礼法"之条文,其背面为第306页B面《亥年新法》(戊种本)第十二(17–14)之第二条"待命值班不来首领量罪"之条文;俄藏黑水城文献》第9册第286页左下B面为《亥年新法》(丁种本)第十(16–5)第四条"诸司大人承旨行礼法"之条文,其背面为第306页A面《亥年新法》(戊种本)第十二(17–14)之第一条"待命者值班住不来"与第二条"待命值班不来首领量罪"之条文;《俄藏黑水城文献》第9册第286页右下A面为《亥年新法》(丁种本)第十(16–5)第四条"诸司大人承旨行礼法"之条文,其背面为第305页B面《亥年新法》(戊种本)第十二(17–13)第一条"待命者值班住不来"之条文;《俄藏黑水城文献》第9册第287页左上B面为《亥年新法》(丁种本)第十(16–6)第四条"诸司大人承旨行礼法"之条文,其背面为第307页A面《亥年新法》(戊种本)第十二(17–15)第二条"待命值班不来首领量罪"之条文;《俄藏黑水城文献》第9册第285页右上A面为《亥年新法》(丁种本)第十(16–2)第四条"诸司大人承旨行礼法"(4–5)之第二款的条文与第五条"违犯礼事罚判法"之条文,其背面为第301页B面《亥年新法》(戊种本)第十一(17–9)第九条"僧人师傅禅定说法"的条文;《俄藏黑水城文献》第9册第284页左下B面是《亥年新法》(丁种本)第十(16–1)第五条"违犯礼事罚判法"及第一款的条文,背面是第301页A面《亥年新法》(戊种本)第十一(17–9)第八条"女人纳牒"与第九条"僧人师傅禅定说法"的条文;《俄藏黑水城文献》第9册第285页左上B面为《亥年新法》(丁种本)第十(16–2)第五条"违犯礼事罚判法"第一款的条文与第二款之开头,其背面为第302页A面《亥年新法》(戊种本)第十一(17–10)第九条"僧人师傅禅定说法"的条文;

《俄藏黑水城文献》第9册第286页右上A面为《亥年新法》（丁种本）第十（16–4）第五条“违犯礼事罚判法”第二款的条文，其背面为第303页B面《亥年新法》（戊种本）第十一（17–11）第九条“僧人师傅禅定说法”与第十条“盗窃官当铺赔修”之条文；《俄藏黑水城文献》第9册第285页左下B面为《亥年新法》（丁种本）第十（16–3）第五条“违犯礼事罚判法”之第二款之条文，其背面为第303页A面《亥年新法》（戊种本）第十一（17–11）第九条“僧人师傅禅定说法”的条文；《俄藏黑水城文献》第9册第285页右下A面为《亥年新法》（丁种本）第十（16–3）第五条“违犯礼事罚判法”之第二款条文，其背面为第302页B面《亥年新法》（戊种本）第十一（17–10）第九条“僧人师傅禅定说法”的条文；《俄藏黑水城文献》第9册第286页左上B面为《亥年新法》（丁种本）第十（16–4）第五条“违犯礼事罚判法”第二款与第三款开头之条文，其背面为第304页A面《亥年新法》（戊种本）第十一（17–12）第十条“盗窃官当铺赔修”之条文；《俄藏黑水城文献》第9册第290页右下A面为《亥年新法》（丁种本）第十（16–13）第五条“违犯礼事罚判法”第六款的条文，其背面为第297页B面《亥年新法》（戊种本）第十一（17–5）第五条“卖典当分用年幼屋舍地人”与第六条“帮助有才艺勇士”之条文；《俄藏黑水城文献》第9册第290页左下B面为《亥年新法》（丁种本）第十（16–13）第五条“违犯礼事罚判法”第六款的条文，其背面为第297页A面《亥年新法》（戊种本）第十一（17–5）第二条“典妻眷媳使身为远罪”之条文；《俄藏黑水城文献》第9册第291页右上A面第1—5行为《亥年新法》（丁种本）第十（16–14）第五条“违犯礼事罚判法”第六款与第七款的条文，其背面为第296页B面《亥年新法》（戊种本）第十一（17–4）第一条“传行圣旨”与第二条“典妻眷媳使身为远罪”之条文。

五、《亥年新法》（戊种本）第十一中的背面图版

《亥年新法》（戊种本）第十一的条目顺序及背面图版文献信息：《俄藏黑

水城文献》第9册第294页A面《亥年新法》（戊种本）第十一（17–2）为第《亥年新法》（戊种本）第十一之目录，背面为《俄藏黑水城文献》第9册第292页左上B面定名为《亥年新法》（丁种本）第十（16–16）的条文，疑为《亥年新法》第九对《天盛律令》第九“诸司判罪门”的补充条文；《俄藏黑水城文献》第9册第296页B面《亥年新法》（戊种本）第十一（17–4）为第一条“传行圣旨”与二条“典妻眷媳使身为远罪”之条文，背面为《俄藏黑水城文献》第9册第291页右上A面《亥年新法》（丁种本）第十（16–14）第五条“违犯礼事罚判法”第六款与第七款的条文；《俄藏黑水城文献》第9册第297页A面《亥年新法》（戊种本）第十一（17–5）为第二条“典妻眷媳使身为远罪”之条文，背面为《俄藏黑水城文献》第9册第290页左下B面《亥年新法》（丁种本）第十（16–13）第五条“违犯礼事罚判法”第六款的条文；《俄藏黑水城文献》第9册第298页B面、第300页B面《亥年新法》（戊种本）第十一（17–6）、（17–8）为第二条“典妻眷媳使身为远罪”之条文，背面为《俄藏黑水城文献》第9册第289页右上A面定名为《亥年新法》（丁种本）第十（16–10）的条文，疑为《亥年新法》第九的条文；《俄藏黑水城文献》第9册第299页A面《亥年新法》（戊种本）第十一（17–7）第二条“典妻眷媳使身为远罪”与第三条“用分共有畜物”之条文，背面为《俄藏黑水城文献》第9册第288页左下B面定名为《亥年新法》（丁种本）第十（16–9）的条文，疑是《亥年新法》第九的条文；《俄藏黑水城文献》第9册第299页B面《亥年新法》（戊种本）第十一（17–7）第三条“用分共有畜物”与第四条“庶母擅自再用分物”之条文，背面为《俄藏黑水城文献》第9册第288页右上A面与右下A面定名为《亥年新法》（丁种本）第十（16–8）、（16–9）的条文，疑是《亥年新法》第九的条文；《俄藏黑水城文献》第9册第298页A面、第300页A面《亥年新法》（戊种本）第十一（17–6）、（17–8）为第四条“庶母擅自再用分物”与第五条“卖典当分用年幼屋舍地人”之条文，背面为《俄藏黑水城文献》第9册第289页左上B面定名为《亥年新法》（丁种本）第十（16–10）的条文，疑是《亥年新法》第九的条文；《俄藏黑水城文献》第9册第297页B面《亥年新法》（戊种本）第十一（17–5）为第五条“卖典当分用年幼屋舍地人”与第六条“帮助有才艺勇士”之条文，背面为《俄藏黑水城文献》第9册第290页右下A面《亥年新法》（丁种本）第十（16–13）第五条“违犯礼事罚判法”第六款的条文的条文；《俄藏黑水城文献》第9册第296页A面《亥年新法》（戊种本）第十一（17–4）为第六条“帮助有才艺勇士”与第七条“杀野兽得功”之条文，背面为《俄藏黑水城文献》第9册第291页左上A面定名为《亥年新法》（丁种本）第十（16–14）的条文，疑是《亥年新法》第九的条文；《俄藏黑水城文献》第9册第295页A面《亥年新法》（戊种本）第十一（17–3）为第七条“杀野兽得功”与第八条“女人纳牒”之条文，背面为《俄藏黑水城文献》第9册第291页左下B面定名为《亥年新法》（丁种本）第十（16–15）的条文，疑是《亥年新法》第九的条文；《俄藏黑水城文献》第9册第301页A面《亥年新法》（戊种本）第十一（17–9）第八条“女人纳牒”与第九条“僧人师傅禅定说法”之条文，背面为《俄藏黑水城文献》第9册第284页左下B面《亥年新法》（丁种本）第十（16–1）“诸司大人承旨行礼法”的条文；《俄藏黑水城文献》第9册第301页B面《亥年新法》（戊种本）第十一（17–9）第九条“僧人师傅禅定说法”之条文，背面为《俄藏黑水城文献》第9册第285页右上A面《亥年新法》（丁种本）第十（16–2）第四条“诸司大人承旨行礼法”之第二款的条文与第五条“违犯礼事罚判法”之条文；《俄藏黑水城文献》第9册第302页A面《亥年新法》（戊种本）第十一（17–10）第九条“僧人师傅禅定说法”之条文，背面为《俄藏黑水城文献》第9册第285页左上B面《亥年新法》（丁种本）第十（16–2）第五条“违犯礼事罚判法”之条文；《俄藏黑水城文献》第9册第302页B面《亥年新法》（戊种本）第十一

（17–10）第九条“僧人师傅禅定说法”之条文，背面为《俄藏黑水城文献》第9册第285页右下A面《亥年新法》（丁种本）第十（16–3）第五条“违犯礼事罚判法”之条文;《俄藏黑水城文献》第9册第303页A面《亥年新法》（戊种本）第十一（17–11）第九条“僧人师傅禅定说法”之条文，背面为《俄藏黑水城文献》第9册第285页左下B面《亥年新法》（丁种本）第十（16–3）第五条“违犯礼事罚判法”之条文;《俄藏黑水城文献》第9册第303页B面《亥年新法》（戊种本）第十一（17–11）为第九条“僧人师傅禅定说法”与第十条“盗窃官当铺赔修”之条文，背面为《俄藏黑水城文献》第9册第286页右上A面《亥年新法》（丁种本）第十（16–4）第五条“违犯礼事罚判法”之条文;《俄藏黑水城文献》第9册第304页A面《亥年新法》（戊种本）第十一（17–12）为第十条“盗窃官当铺赔修”之条文，背面为《俄藏黑水城文献》第9册第286页左上B面《亥年新法》（丁种本）第十（16–4）第五条“违犯礼事罚判法”之条文。

六、《亥年新法》（戊种本）第十二中的背面图版

《亥年新法》（戊种本）第十二的条目顺序及背面图版文献信息:《俄藏黑水城文献》第9册第305页B面《亥年新法》（戊种本）第十二（17–13）为《亥年新法》（戊种本）第十二的目录与第一条“待命者值班住不来”之条文，背面为《俄藏黑水城文献》第9册第286页右下A面《亥年新法》（丁种本）第十（16–5）第四条“诸司大人承旨行礼法”之条文;《俄藏黑水城文献》第9册第306页A面《亥年新法》（戊种本）第十二（17–14）为第一条“待命者值班住不来”与第二条“待命值班不来首领量罪”之条文，背面为《俄藏黑水城文献》第9册第286页左下B面《亥年新法》（丁种本）第十（16–5）第四条“诸司大人承旨行礼法”之条文;《俄藏黑水城文献》第9册第306页B面《亥年新法》（戊种本）第十二（17–14）为第二条“待命值班不来首领

量罪”之条文，背面为《俄藏黑水城文献》第9册第287页右上A面《亥年新法》（丁种本）第十（16–6）第四条“诸司大人承旨行礼法”之条文；《俄藏黑水城文献》第9册第307页A面《亥年新法》（戊种本）第十二（17–15）为第二条“待命值班不来首领量罪”之条文，背面为《俄藏黑水城文献》第9册第287页左上B面《亥年新法》（丁种本）第十（16–6）第四条“诸司大人承旨行礼法”之条文；《俄藏黑水城文献》第9册第307页B面《亥年新法》（戊种本）第十二（17–15）为第二条“待命值班不来首领量罪”与第三条“起居舍人值班不来首领量不量罪”之条文，背面为《俄藏黑水城文献》第9册第290页右上A面定名为《亥年新法》（丁种本）第十（16–12）之条文，实则不是《亥年新法》第十之条文，似《亥年新法》第十五“稻麦粳米”之条文；《俄藏黑水城文献》第9册第308页A面为《亥年新法》（戊种本）第十二（17–16）第三条“起居舍人值班不来首领量不量罪”与第四条“内宿司人值班未来催促”的条文，背面为第289页左下B面定名为《亥年新法》（丁种本）第十（16–11）的条文，实则不是《亥年新法》第十之条文，似《亥年新法》第十五“稻麦粳米”之条文；《俄藏黑水城文献》第9册第308页B面为《亥年新法》（戊种本）第十二（17–16）第四条“内宿司人值班未来催促”与第五条“御前内侍司人值班未来催促”的条文，背面为《俄藏黑水城文献》第9册第289页右下A面定名为《亥年新法》（丁种本）第十（16–11）的条文；《俄藏黑水城文献》第9册第309页A面为《亥年新法》（戊种本）第十二（17–17）第五条“御前内侍司人值班未来催促”与第六条“减御前御差杂役”的条文，背面为《俄藏黑水城文献》第9册第290页左上B面定名为《亥年新法》（丁种本）第十（16–12）的条文，实则不是《亥年新法》第十之条文，似《亥年新法》第十五“稻麦粳米”之条文与《亥年新法》第十五之第一条“纳租地夫役领谷物”的条文。

七、编为《亥年新法》(丁种本)第十，但不是《亥年新法》第十与不确定的图版

《俄藏黑水城文献》第9册第287页右下A面俄Инв.No.6240 6739《亥年新法》(丁种本)第十(16–7)不是《亥年新法》第十之条文，其背面为"新法第十一"之封面。

《俄藏黑水城文献》第9册第288页右上A面与右下A面定名为《亥年新法》(丁种本)第十(16–8)、(16–9)疑是《亥年新法》第九的条文，背面为《俄藏黑水城文献》第9册第299页A面《亥年新法》(戊种本)第十一(17–7)第二条"典妻眷媳使身为远罪"与第三条"用分共有畜物"之条文；第288页左下B面定名为《亥年新法》(丁种本)第十(16–9)疑是《亥年新法》第九的条文，背面为《俄藏黑水城文献》第9册第299页B面《亥年新法》(戊种本)第十一(17–7)第三条"用分共有畜物"与第四条"庶母擅自再用分物"之条文;《俄藏黑水城文献》第9册第289页右上A面定名为《亥年新法》(丁种本)第十(16–10)疑是《亥年新法》第九的条文，背面为《俄藏黑水城文献》第9册第298页A面、第300页A面《亥年新法》(戊种本)第十一(17–6)、(17–8)第四条"庶母擅自再用分物"与第五条"卖典当分用年幼屋舍地人"之条文;《俄藏黑水城文献》第9册第289页左上B面定名为《亥年新法》(丁种本)第十(16–10)疑是《亥年新法》第九的条文，背面为《俄藏黑水城文献》第9册第298页B面、第300页B面《亥年新法》(戊种本)第十一(17–6)、(17–8)第二条"典妻眷媳使身为远罪"之条文;《俄藏黑水城文献》第9册第289页右下A面定名为《亥年新法》(丁种本)第十(16–11)，条文内容待考，背面为《俄藏黑水城文献》第9册第308页B面《亥年新法》(戊种本)第十二(17–16)第四条"内宿司人值班未来催促"与第五条"御前内侍司人值班未来催促"的条文;《俄藏黑水城文献》第9册第289页左下B面定名为《亥年新法》(丁种本)

第十（16–11），似《亥年新法》第十五“稻麦粳米”之条文，背面为《俄藏黑水城文献》第9册第308页A面《亥年新法》（戊种本）第十二（17–16）第三条“起居舍人值班不来首领量不量罪”与第四条“内宿司人值班未来催促”的条文;《俄藏黑水城文献》第9册第290页右上A面定名为《亥年新法》（丁种本）第十（16–12）似《亥年新法》第十五“稻麦粳米”之条文，背面为《俄藏黑水城文献》第9册第307页B面《亥年新法》（戊种本）第十二（17–15）第二条“待命值班不来首领量罪”与第三条“起居舍人值班不来首领量不量罪”的条文；俄藏黑水城文献》第9册第290页左上B面定名为《亥年新法》（丁种本）第十（16–12）似《亥年新法》第十五“稻麦粳米”之条文，背面为《俄藏黑水城文献》第9册第309页A面《亥年新法》（戊种本）第十二（17–17）第五条“御前内侍司人值班未来催促”与第六条“减御前御差杂役”的条文;《俄藏黑水城文献》第9册第291页右上A面定名为《亥年新法》（丁种本）第十（16–14），第6—8行条文疑是《亥年新法》第九的条文，背面为《俄藏黑水城文献》第9册第296页B面《亥年新法》（戊种本）第十一（17–4）第一条“传行圣旨”与第二条“典妻眷媳使身为远罪”之条文；俄藏黑水城文献》第9册第291页左上B面定名为《亥年新法》（丁种本）第十（16–14）疑是《亥年新法》第九的条文，背面为《俄藏黑水城文献》第9册第296页A面《亥年新法》（戊种本）第十一（17–4）第六条“帮助有才艺勇士”与第七条“杀野兽得功”之条文；俄藏黑水城文献》第9册第291页左下B面定名为《亥年新法》（丁种本）第十（16–15）疑是《亥年新法》第九的条文，背面为《俄藏黑水城文献》第9册第295页A面《亥年新法》（戊种本）第十一（17–3）第七条“杀野兽得功”与第八条“女人纳牒”之条文；俄藏黑水城文献》第9册第292页左上B面定名为《亥年新法》（丁种本）第十（16–16）疑为《亥年新法》第九对《天盛律令》第九“诸司判罪门”的补充条文，背面为《俄藏黑水城文献》第9册第294页A面《亥年新法》（戊种本）第十一（17–2）为《亥年新法》（戊种本）第十一目录。

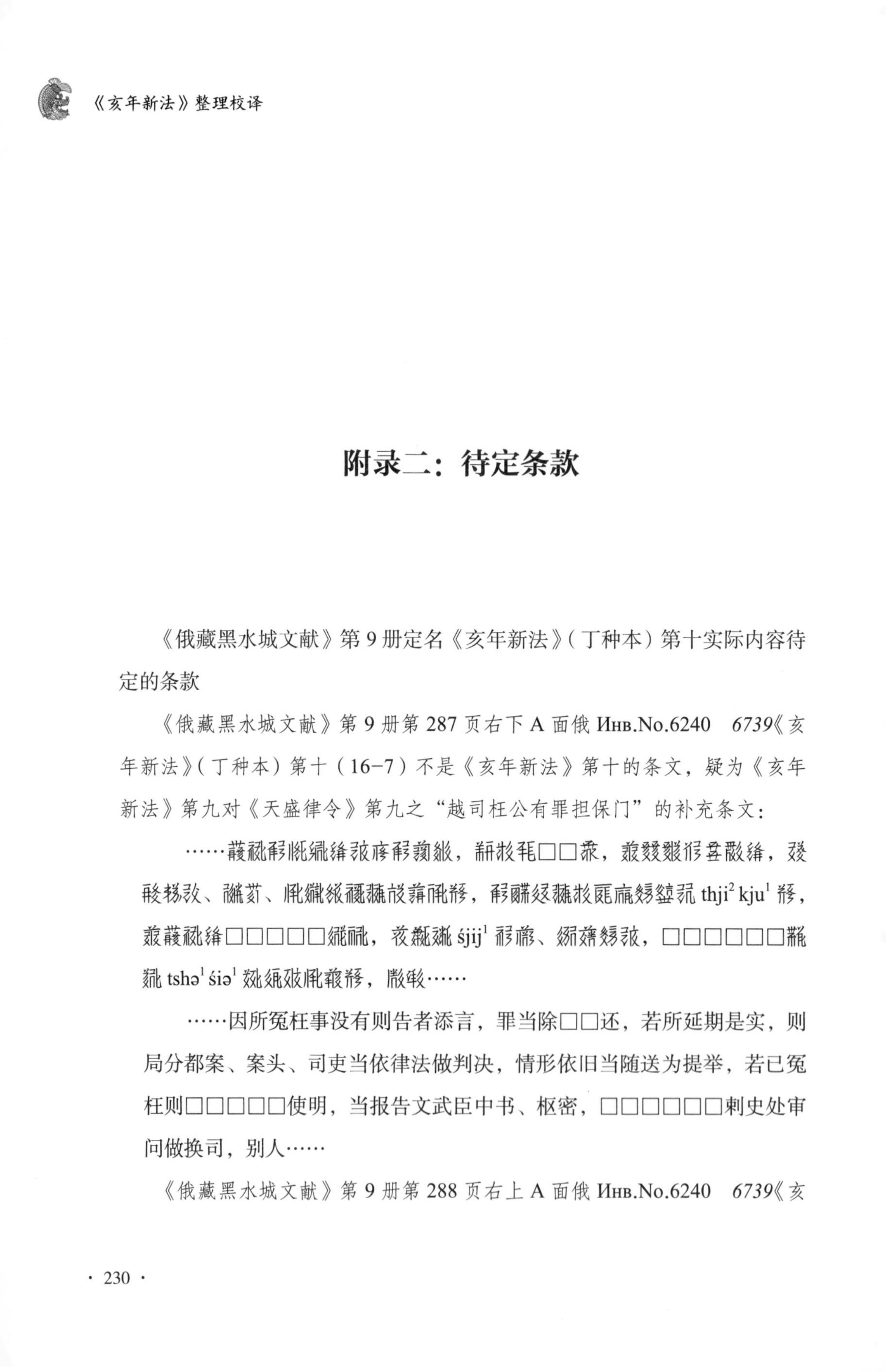

附录二：待定条款

《俄藏黑水城文献》第 9 册定名《亥年新法》（丁种本）第十实际内容待定的条款

《俄藏黑水城文献》第 9 册第 287 页右下 A 面俄 Инв.No.6240　*6739*《亥年新法》（丁种本）第十（16–7）不是《亥年新法》第十的条文，疑为《亥年新法》第九对《天盛律令》第九之“越司枉公有罪担保门”的补充条文：

……[illegible]，[illegible]□□[illegible]，[illegible]，[illegible]、[illegible]、[illegible]，[illegible] thji^{2} kju^{1} [illegible]，[illegible]□□□□□[illegible]，[illegible] śjij^{1} [illegible]、[illegible]，□□□□□□[illegible] tshə^{1} śiə^{1} [illegible]，[illegible]……

……因所冤枉事没有则告者添言，罪当除□□还，若所延期是实，则局分都案、案头、司吏当依律法做判决，情形依旧当随送为提举，若已冤枉则□□□□□使明，当报告文武臣中书、枢密，□□□□□□刺史处审问做换司，别人……

《俄藏黑水城文献》第 9 册第 288 页右上 A 面俄 Инв.No.6240　*6739*《亥

年新法》（丁种本）第十（16–8）至第289页上《亥年新法》（丁种本）第十（16–10）的条文也不是《亥年新法》第十的条文，疑为《亥年新法》第九对《天盛律令》第九之“越司枉公有罪担保门”的补充条文：

……[illegible]，[illegible]、[illegible]，[illegible]，[illegible]，[illegible]，[illegible]，[illegible]，[illegible]，[illegible] ·ã^1 phie^1 [illegible]，[illegible]，[illegible] xwa^2 [illegible] ljɨj^1 ljɨj^1 [illegible]，[illegible]。[illegible]，[illegible] ·iow^2 [illegible] śji^{1}① [illegible]，[illegible]。[illegible]，[illegible]，[illegible]，[illegible]，□[illegible]，[illegible]，[illegible]，[illegible]。[illegible] śji^2 [illegible]，[illegible]、[illegible]、[illegible]、[illegible]。[illegible]，[illegible] xju^1 [illegible]，[illegible] tshə^1 śiə^1 [illegible]，[illegible] kjij^1 [illegible]，[illegible] kwã^1 [illegible] xwej^2 ·iow^2 [illegible] xwej^2 ·iow^2，[illegible]。

……对所有皆侵扰，以其吃喝受贿、伤害居民不安，已有所思患，此后每年因公需要，侍奉织毛褐各种不同物以外，有何所准备很多数，居民寻买卖者，愿不用派别人，做安排者，局分先前沿榷场买卖酥者，局分大小一伙许另令在已有处挂名所行，黑白货按总数明布榷场。一宗宗依法现卖诸物所需使用，能达到式样好絁当给现钱该买，准备当处何时用时所买已无住滞。所说原罪先何数足被擒则说所没有，假若所买贱苦不但需要时

① 此字之前为《俄藏黑水城文献》第9册第288页右上编入《亥年新法》第十的内容，与第288页右下的内容相同。

间，并且榷场无卖者，因公急需，偏僻居民中是不得已不买等，则当派知信能人，能在有居民户者所有处现卖依法当给现钱，双方情愿当买。其中有识有敬可买卖，当不许贿贿而做人情释放、伤害贫民、压低价钱贱买者、彼此中知道而欺压、吃喝受贿。一面所派其局分大小人，高下不掺虚杂法，刺史大人亦派中间人，令经监察闻见何一宗宗当使明在上，与管事者应回应当回应，应告奏京师当立即告奏。

[illegible] [illegible] tshə¹ śiə¹ [illegible]、[illegible] kjij¹ ljiw² [illegible]，[illegible]，[illegible] kjij¹ ljiw² [illegible]，□□□□□[illegible]，[illegible]，[illegible] kwã¹ [illegible]。[1]

一款　刺史大人、经略司有所送局分文本时，当使明情由，经略司当令送，□□□□□续，已报告不送则局分人数之近处当令传呼，一面应告奏管事处当告奏。

[illegible] [illegible]、[illegible]，[illegible]、[illegible]，[illegible] kjij¹ ljiw² [illegible]，[illegible]，[illegible]，[illegible]□□[illegible]，[illegible]，[illegible] śjij¹ [illegible]、[illegible] [2]……

一款　中书、枢密并告诸司，以谕文、圣旨派人，令查问诸边经略地方中种种公事，其人中诉讼说所冤枉不服，有告喊者时当接状，其人接本□□不服从，当使明情由，已告京师文武臣中书、枢密……

《俄藏黑水城文献》第9册第289页下，俄 Инв.No.6240　*6739*《亥年新法》（丁种本）第十（16-11）至第290页上《亥年新法》（丁种本）第十（16-12）的条文：

---

① 《俄藏黑水城文献》第9册第289页上第7—10行。

② 《俄藏黑水城文献》第9册第289页上第11—15行。

[illegible]：

[illegible] kjij^{1} ljiw^{2} [illegible]，[illegible] kjij^{1} ljiw^{2} [illegible]，[illegible]、[illegible]，[illegible] kjij^{1} ljiw^{2}、[illegible] tshə^{1} śiə^{1} [illegible]，[illegible]、[illegible]，[illegible] kjij^{1} gjii^{1} [illegible]，[illegible] kjij^{1} gjii^{1} [illegible]，[illegible] kia^{1} khu^{1} [illegible]，[illegible] kjij^{1} ljiw^{2} [illegible]。[1]

属边防：

正经略三缗钱，副经略二缗五百许钱，正统、正权点察等二缗，经略、刺史五百钱，中书、枢密有承旨则各八百，京邑五百钱，京郊三百五十钱，艰苦三百钱，经略司都案各二百五十。

[illegible] [illegible]，[illegible] ·jur^{1} [illegible] kiej^{1} pho^{1} [illegible]，[illegible] thej^{1} tu^{1} tu^{1} xu^{1} [illegible]，[illegible] ·jã^{1} [illegible]，[illegible] thji^{2} [illegible]，[illegible] kiej^{1} pho^{1} [illegible] ·jur^{1} [illegible]，[illegible]，[illegible]，[illegible]，[illegible] ·jã^{1} [illegible]，[illegible]，[illegible]。[illegible]，[illegible]，[illegible]，[illegible] xu^{1} [illegible]，[illegible] khja^{2} [illegible]，[illegible] ·jur^{1} [illegible] kiej^{1} pho^{1} [illegible] tshjwĩ^{1} [illegible]，[illegible] ·jã^{1} [illegible] śjuu^{1} [illegible]，[illegible] śioow^{1} [illegible]。[illegible]，[illegible]，[illegible]，[illegible]，[illegible]，[illegible] śioow^{1} [illegible]，[illegible]，[illegible]

---

①《俄藏黑水城文献》第9册第289页下第1—6行。

[illegible]，[illegible] tśjiw^{1} [illegible]，[illegible]。①

一条　律令中诸人种地所至住宅等附近一里以内，虽然说不许用界埂坡育粳稻大麦，但京畿大都督府等在沿已退渠干生五谷之显处，应在地高略所大处种粳稻大麦，做堰处地低土地很多，已测语义则其中埂坡育草夏秋有水，春冬冰融种地住宅之真是患，步里间隔已没有缩短处（缩短步里间隔以外），与其粳稻大麦不同，夏中秋初四五个月时恐水堰并未造，期间续水不断，尚未有事。已定步里使明为法处者，为种地所搁置（放弃）一地，租户居民空空，官之损失夫役，为汲闲无际，育草比埂坡间隔为寸，粳稻大麦设堰则渐渐变好熟地，以后五谷皆生，接壤属地之亦无患。凡军粮一种，是利国用物中上等大事，粳稻大麦等垦种亦为百姓之救命获益必用，已行动以是安全，此后诸人种稻麦中，院落属地所高则二十步，地面平处三十步，旧地宅等已低则依前，绕周违犯时，其罪当依律令中公布奉行。

[illegible]　[illegible]，[illegible]，[illegible] xu^{1} [illegible]，[illegible]，[illegible]、[illegible]，[illegible]，[illegible]，[illegible] xu^{1} [illegible] śiə^{1} [illegible]，[illegible]②……

一条　所归京畿地水渠干，官私诸寺常押田畴居民租地等，为夫役草承法，所有皆在已至，所定律法中虽然是分明，但再后节亲宰相、臣民等修所属寺，常押已施，有理无理互相以法接取，或役草全已做减，或一年为夫一

① 此内容编在《亥年新法》（丁种本）第十有误，见《俄藏黑水城文献》第 9 册第 289 页下第 7 行—第 290 页上第 9 行。此内容应为《亥年新法》第十五之“[illegible] kiej^{1} bjii^{2} 稻麦粳米”条，在甲种本与辛种本中，见《俄藏黑水城文献》第 9 册第 204 页下第 13 行—第 205 页上第 12 行、第 322 页下第 2 行—第 323 页上第 1 行。

②《俄藏黑水城文献》第 9 册第 290 页上第 10—15 行。此内容为《亥年新法》第十五之第一条“纳租地夫役领谷物”，见《俄藏黑水城文献》第 9 册第 192 页下、第 313 页下。

年纳草使用，而其渐渐租户家主上赋税重……

[illegible]、[illegible] dźiã2 [illegible]，[illegible]：

一条　京师、淖地等二处牵涉于节亲主行遣法，情节当依条下公布奉行：

[illegible]　[illegible]［[illegible]］□［[illegible]］[illegible]，[illegible]，[illegible]，[illegible]，[illegible]，[illegible]，[illegible] śjij1 [illegible]、[illegible]，[illegible]，[illegible] kwã1 [illegible]。

一款　二节亲主双方相互诉讼及诸人□于节亲主诉讼等时，隶属节亲提点司当查问，次等司依法行棒罪，获至短期六年中，于自己处当判决，比其以上重罪，获三种有自从长期至无期、死罪者，是奏文武臣中书、枢密命斩人并判决，节亲主人于诸人诉讼时，管事诸司当去告状。

[illegible]　[illegible]、[illegible] dźiã2 [illegible]……

一款　京师、淖地等二处节亲主沿隶属地域（舆地）明……

……[illegible] kwã1 [illegible]，[illegible]，[illegible]。①

……是对官有利益等则已指示各送管事司中，令短期内当缴纳，地程远近对官无利益则不用缴纳。

[illegible]，[illegible] kjij1 ljiw2 [illegible]，[illegible]、[illegible]、[illegible]，[illegible]，[illegible] ljij1 [illegible]，[illegible]，[illegible]，[illegible] ②……

---

① 此条在《俄藏黑水城文献》第 9 册第 291 页左下第 1—3 行，与《亥年新法》（甲种本）第二的内容基本相同，见《俄藏黑水城文献》第 9 册第 140 页上第 1—4 行。

② 此条与《俄藏黑水城文献》第 9 册第 167 页左下《亥年新法》（甲种本）第九为同一文献。似《亥年新法》第九之内容，是对《天盛律令》第九“事过问本迟门”的补充。

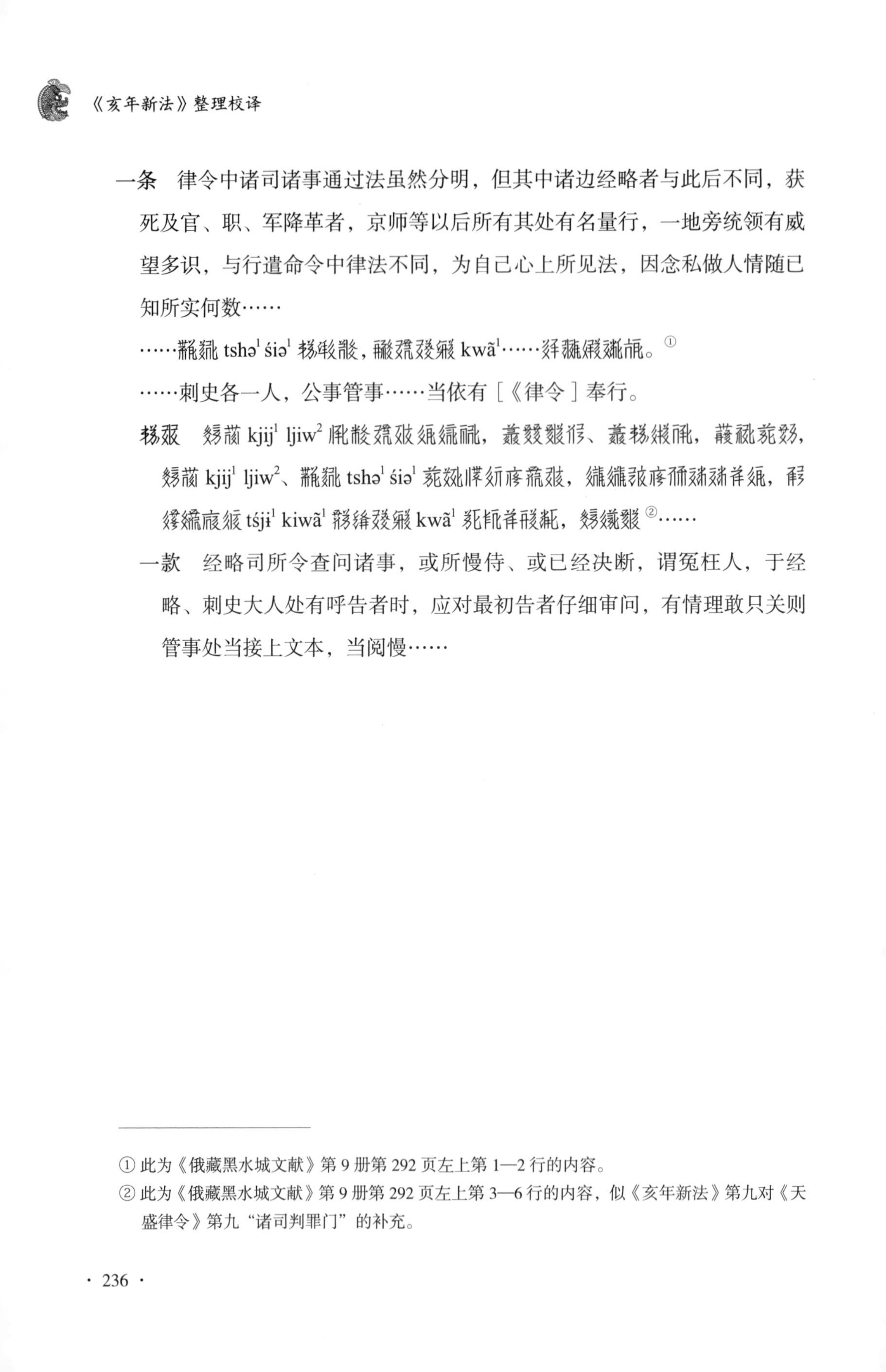

一条　律令中诸司诸事通过法虽然分明，但其中诸边经略者与此后不同，获死及官、职、军降革者，京师等以后所有其处有名量行，一地旁统领有威望多识，与行遣命令中律法不同，为自己心上所见法，因念私做人情随已知所实何数……

……[illegible] tshə¹ śiə¹ [illegible]，[illegible] kwã¹……[illegible]。①

……刺史各一人，公事管事……当依有［《律令］奉行。

[illegible]　[illegible] kjij¹ ljiw² [illegible]，[illegible]、[illegible]，[illegible]，[illegible] kjij¹ ljiw²、[illegible] tshə¹ śiə¹ [illegible]，[illegible]，[illegible] tśjɨ¹ kiwã¹ [illegible] kwã¹ [illegible]，[illegible]②……

一款　经略司所令查问诸事，或所慢侍、或已经决断，谓冤枉人，于经略、刺史大人处有呼告者时，应对最初告者仔细审问，有情理敢只关则管事处当接上文本，当阅慢……

---

① 此为《俄藏黑水城文献》第 9 册第 292 页左上第 1—2 行的内容。

② 此为《俄藏黑水城文献》第 9 册第 292 页左上第 3—6 行的内容，似《亥年新法》第九对《天盛律令》第九“诸司判罪门”的补充。

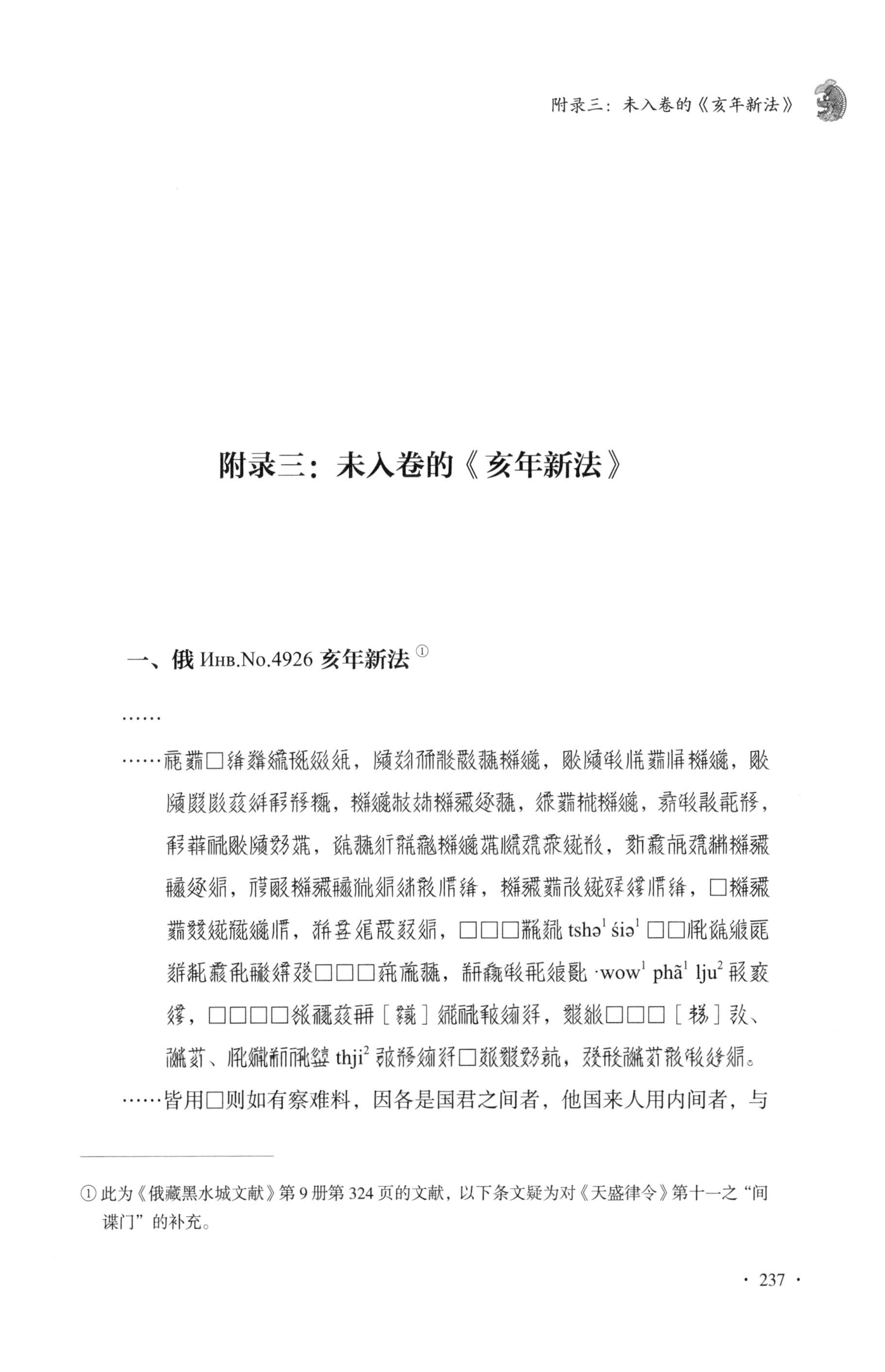

附录三：未入卷的《亥年新法》

一、俄 Инв.No.4926 亥年新法①

……

……[illegible]□[illegible]，[illegible]，[illegible]，[illegible]，[illegible]，[illegible]，[illegible]，[illegible]，[illegible]，[illegible]，[illegible]，□[illegible]，[illegible]，□□□[illegible] tshə^1 śiə^1 □□[illegible]□□□[illegible]，[illegible] ·wow^1 phã^1 lju^2 [illegible]，□□□□[illegible]［[illegible]］[illegible]，[illegible]□□□［[illegible]］[illegible]、[illegible]、[illegible] thji^2 [illegible]□[illegible]，[illegible]。

……皆用□则如有察难料，因各是国君之间者，他国来人用内间者，与

① 此为《俄藏黑水城文献》第 9 册第 324 页的文献，以下条文疑为对《天盛律令》第十一之“间谍门”的补充。

他国臣僚之心做事反之，间者因住敌人间谍，慎使死间者，本人世做欺骗，谓去令掌事他国，因此得利活间者去屈事能还也，故兵道事中无比住间谍，赏赐比间谍无多非小数，则使间谍岂非能仁义，则□使间谍非所能巧者，魔术虚实不能看见，□□□剌史□□司此所引偏中兵马公事勾管□□□依谕文，量获罪人王潘吕应解脱，□□□□与律法对比使明等有名（公布条文），因迟□□□［都］案、案头、司吏判罪告地方有名说送迟者，并无局分案头每人。

[illegible] [illegible] tu¹ sjwĩ¹ kjij¹ [illegible]：

一条　都巡检处置本中所看：

[illegible] [illegible]，[illegible]，[illegible] tu¹ sjwĩ¹ kjij¹ [illegible] ɣjwã¹ [illegible]，[illegible]□□□□□□□[illegible]，[illegible]□[illegible]，[illegible]、[illegible]、[illegible]、[illegible]□□，[illegible]……

一条　兵马公事勾管宿营者，依大人谕文中今朝搜寻，黑水都巡检其统城换卖，为勾管者引送商勾当□□□□□□□状，燕珠□买卖者寄存时，褐毯、铛、铜鼎、竹器□□，于村主处地域间谍应催促京师……

二、俄 Инв.No.5955 亥年新法①

[illegible] [illegible] kjwi¹ phej² xu¹ [illegible] kjij¹ ljiw² [illegible]，[illegible] kiej¹ khew² [illegible]，[illegible]，[illegible]，[illegible]，[illegible]，[illegible] su²、[illegible] śia¹、[illegible] kiwa¹ tśjiw¹、[illegible]，[illegible] kji¹ tśji² [illegible]，[illegible] sjo² la¹ [illegible]，[illegible]，[illegible] kwã¹ [illegible]，[illegible]，[illegible]

① 以下为《俄藏黑水城文献》第 9 册第 325—333 页的文献。

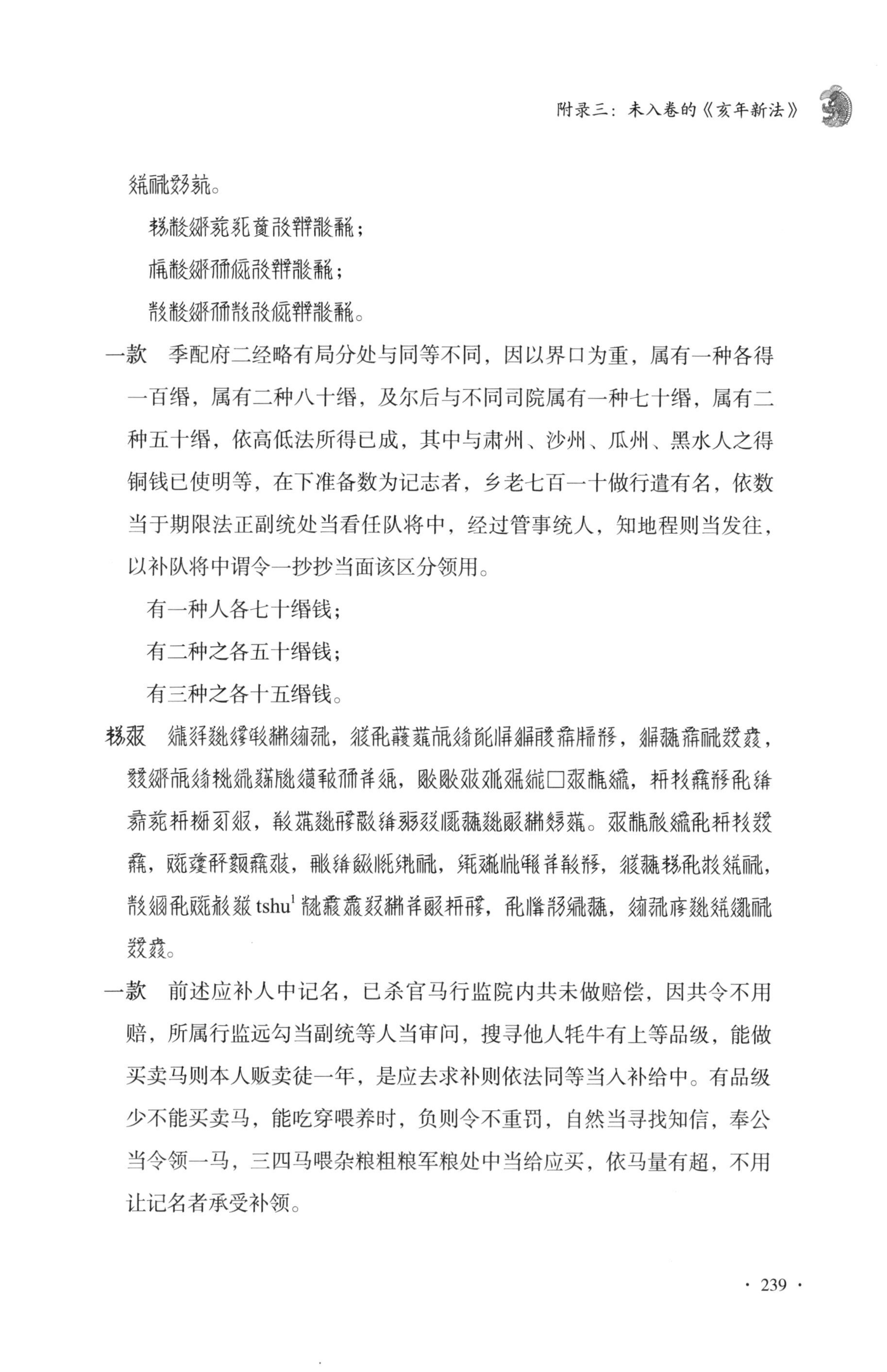

[illegible]。

[illegible]；

[illegible]；

[illegible]。

一款　季配府二经略有局分处与同等不同，因以界口为重，属有一种各得一百缗，属有二种八十缗，及尔后与不同司院属有一种七十缗，属有二种五十缗，依高低法所得已成，其中与肃州、沙州、瓜州、黑水人之得铜钱已使明等，在下准备数为记志者，乡老七百一十做行遣有名，依数当于期限法正副统处当看任队将中，经过管事统人，知地程则当发往，以补队将中谓令一抄抄当面该区分领用。

有一种人各七十缗钱；

有二种之各五十缗钱；

有三种之各十五缗钱。

[illegible]　[illegible]，[illegible]，[illegible]，[illegible]，[illegible]□[illegible]，[illegible]，[illegible]。[illegible]，[illegible]，[illegible]，[illegible]，[illegible]，[illegible] tshu^{1} [illegible]，[illegible]，[illegible]。

一款　前述应补人中记名，已杀官马行监院内共未做赔偿，因共令不用赔，所属行监远勾当副统等人当审问，搜寻他人牦牛有上等品级，能做买卖马则本人贩卖徒一年，是应去求补则依法同等当入补给中。有品级少不能买卖马，能吃穿喂养时，负则令不重罚，自然当寻找知信，奉公当令领一马，三四马喂杂粮粗粮军粮处中当给应买，依马量有超，不用让记名者承受补领。

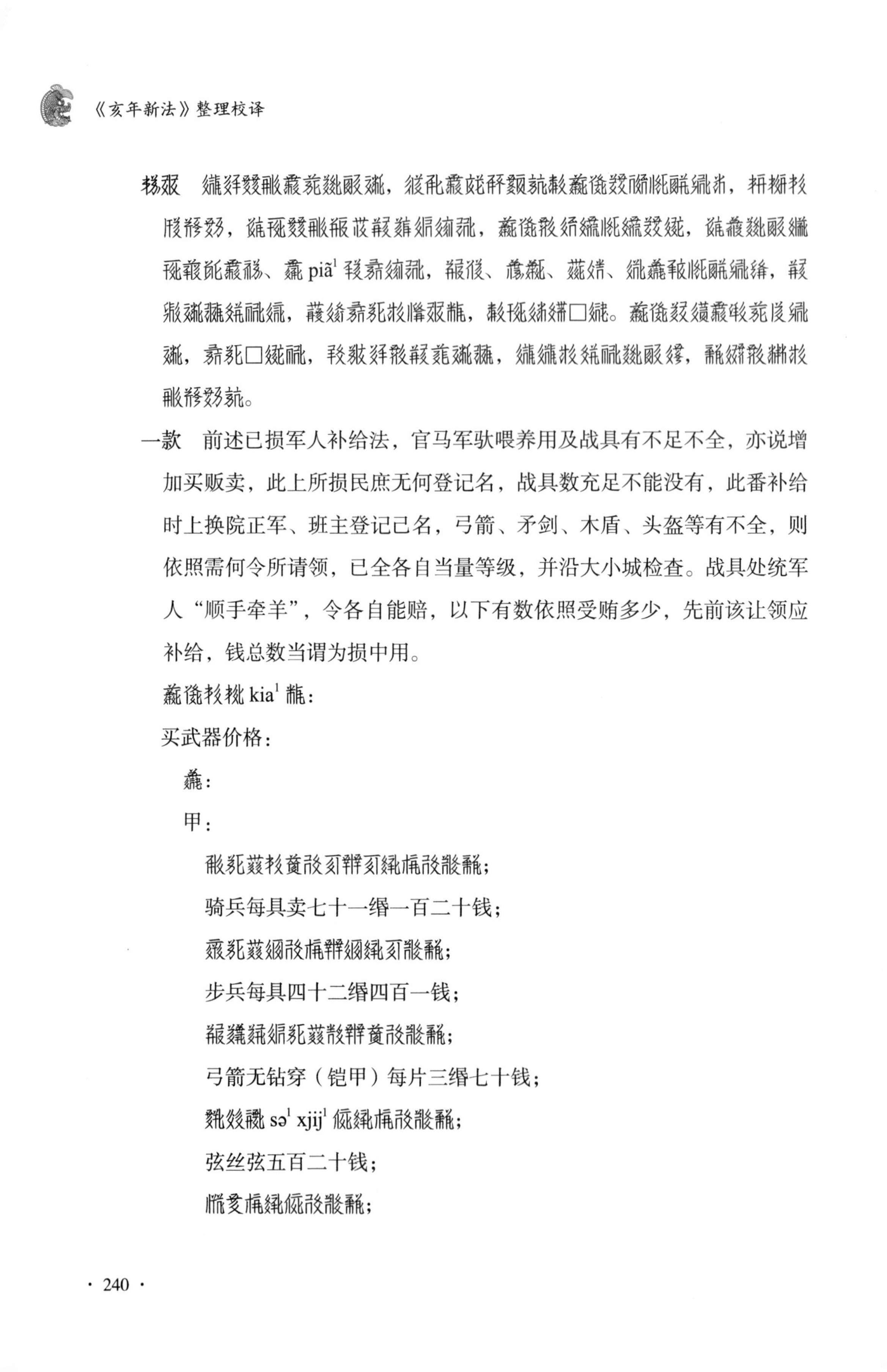

[illegible] piã[1] [illegible]

一款　前述已损军人补给法，官马军驮喂养用及战具有不足不全，亦说增加买贩卖，此上所损民庶无何登记名，战具数充足不能没有，此番补给时上换院正军、班主登记已名，弓箭、矛剑、木盾、头盔等有不全，则依照需何令所请领，已全各自当量等级，并沿大小城检查。战具处统军人“顺手牵羊”，令各自能赔，以下有数依照受贿多少，先前该让领应补给，钱总数当谓为损中用。

[illegible] kia[1] [illegible]：

买武器价格：

[illegible]：

甲：

[illegible]；

骑兵每具卖七十一缗一百二十钱；

[illegible]；

步兵每具四十二缗四百一钱；

[illegible]；

弓箭无钻穿（铠甲）每片三缗七十钱；

[illegible] sə[1] xjij[1] [illegible]；

弦丝弦五百二十钱；

[illegible]；

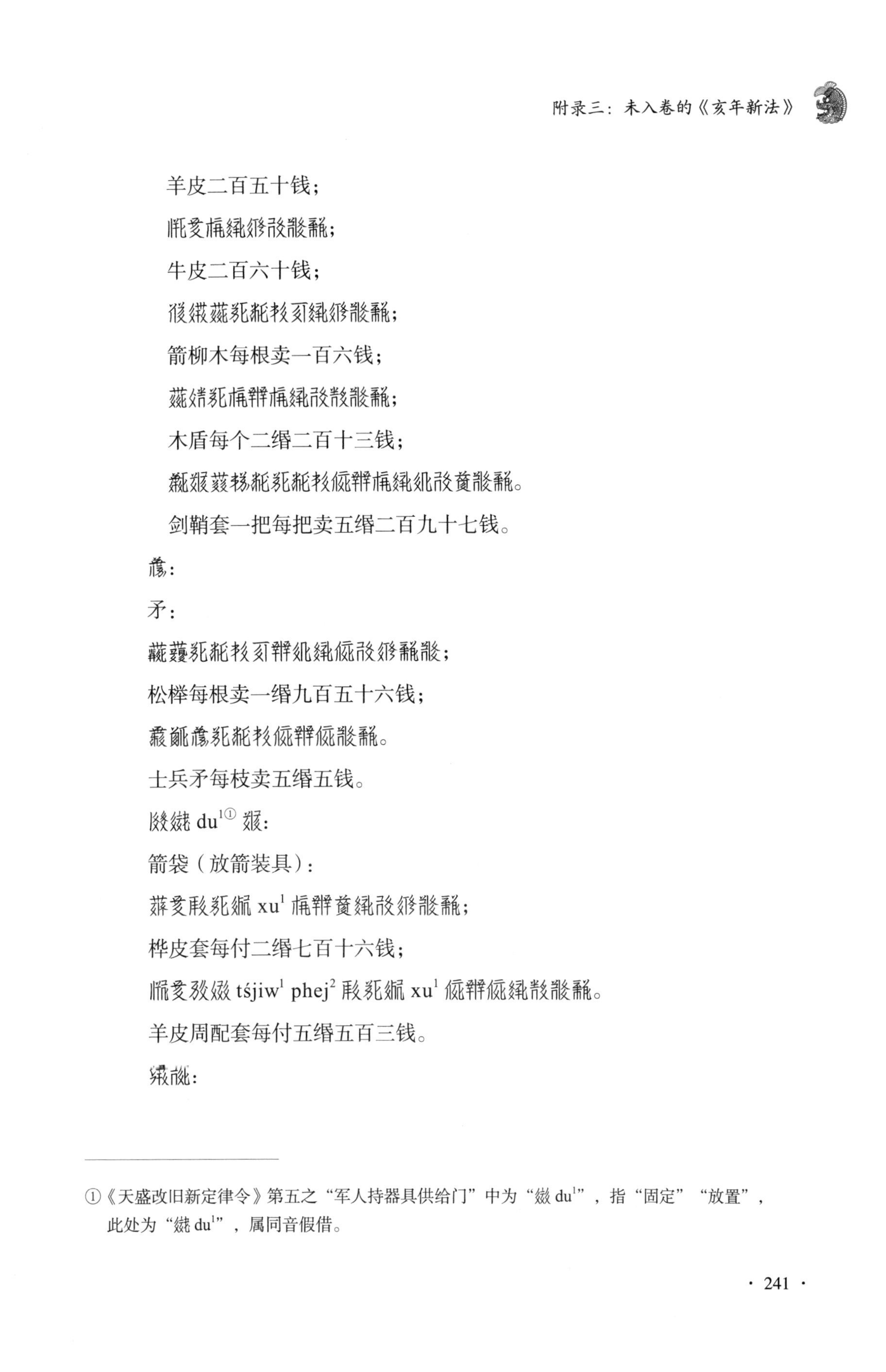

羊皮二百五十钱；

[illegible]；

牛皮二百六十钱；

[illegible]；

箭柳木每根卖一百六钱；

[illegible]；

木盾每个二缗二百十三钱；

[illegible]。

剑鞘套一把每把卖五缗二百九十七钱。

[illegible]：

矛：

[illegible]；

松榉每根卖一缗九百五十六钱；

[illegible]。

士兵矛每枝卖五缗五钱。

[illegible] du^{1}① [illegible]：

箭袋（放箭装具）：

[illegible] xu^{1} [illegible]；

桦皮套每付二缗七百十六钱；

[illegible] tśjiw^{1} phej^{2} [illegible] xu^{1} [illegible]。

羊皮周配套每付五缗五百三钱。

[illegible]：

---

①《天盛改旧新定律令》第五之“军人持器具供给门”中为“[illegible] du^{1}”，指“固定”“放置”，此处为“[illegible] du^{1}”，属同音假借。

黑水：

[illegible]；

弓一千一百三十四张；

[illegible]；

长箭二万四千五百三十六枝；

[illegible]；[illegible]；

矛一千四十四枝；木盾八百四十七面；

[illegible]；[illegible]。

甲胄一百三十五具；剑一百柄（把）。

[illegible] [illegible] xju[1] [illegible] tsu[2] [illegible]，[illegible]、[illegible]、[illegible]，[illegible]，[illegible]，[illegible]，[illegible] xju[1] [illegible]，[illegible]，[illegible]，[illegible] tshu[1] [illegible]，[illegible]，[illegible]。

一款　有于队将人中虚做降低等级当有不信，畜、物、人大人已贮存二三种，已达到则应补不应分明以外，先前限增二三种中已变贫穷，官马军骑皆不能则队将中已没有减处，虚中依照何名登记令领，且亦逼其不能喂养，奉公令领一马，催粗粮军粮中三四谷马料当领一种，登记名当全应领，依有马价说用情愿补给中当减。

[illegible] [illegible]，[illegible]，[illegible] piã[1] [illegible]，[illegible]，[illegible]，[illegible] kia[1] [illegible] phej[2] [illegible]，[illegible]，[illegible]，[illegible]，[illegible] piã[1] [illegible] piã[1] [illegible]，[illegible] xu[1] [illegible] piã[1] [illegible]，[illegible]，[illegible] kwã[1] [illegible] kwã[1] [illegible]，[illegible]。

一款　依法应补给钱总数明确，及补贫班主一种不享有品级，武器粮食自实配不能来，则亦正军享有品级者，有因私不作价赔中，则自身应分是尚未应得，钱数需作高低，抄院共不共，穷班主中对正班主补十缗，副班主无红白褐一条，则当得七缗钱等，除去不管已管钱数有品级者该拿，有共同品级属共者当分。

[illegible] [illegible]，[illegible]，[illegible]，[illegible] piã^{1} [illegible] śiə^{1} [illegible]，[illegible] piã^{1} [illegible]，[illegible]，[illegible]。[illegible] piã^{1} [illegible]，[illegible] xu^{1} [illegible]，[illegible]，[illegible] śiə^{1} [illegible] piã^{1} [illegible]，[illegible] khã^{1} [illegible]，[illegible]。

一款　属有三种畜人物与实有地量数同等不像，提升品级不应补及前述已交马不能配备，奉公领马补给十缗，除此二等人之穷班主明数说尚未施救，及一二种之穷班主之依高下得钱已有名，穷兵皆一义，或得或失均不安也。依同等法补正班主十缗，补副班主七缗，所得钱等已取，有抄院有使限班主数令明艰难，依一院品设坎而去分钱物，传近处队将说用以所实中当入每人眼前给中。

[illegible] [illegible]，[illegible]，[illegible] thji^{2} [illegible]，[illegible] khjow^{1} [illegible]，[illegible] khjow^{1} [illegible]，[illegible]，[illegible]，[illegible]。

一款　有队上人中在抄院死亡且有十恶罪，亦使用少数为行统行监，依照迁地方同，缺人长愚及强，穷兵等中是留勇强有大善精为身增高者，缺雅人少数患所人，依前后劳苦所没有，谓用此续补给中已减。

[illegible] [illegible]，[illegible]，[illegible]。[illegible]，[illegible]，[illegible]，[illegible] śiə^{1} [illegible] piã^{1} [illegible]，

[illegible] khja² [illegible]，[illegible]□[illegible]，[illegible] śiə¹ [illegible] piã¹ [illegible] tśjɨj¹ tow¹ [illegible]，[illegible]，[illegible]。[illegible]，[illegible]，[illegible]，[illegible]、[illegible]、[illegible]，[illegible]，[illegible]。[illegible]，[illegible]，[illegible]。[illegible]，[illegible]，[illegible]、[illegible]、[illegible]、[illegible]，[illegible]。

一款　抄官队将交接时没有寡妇儿子，有应及品级数依高低领辎马补十缗，能给吃穿穷勇士等当领。以后有队将上人中享有品级者，本人已死续根已断莫嫁寡妇丈夫，依照官马军辎登记名，共抄使班主往军取官虽然有名，但寡妇一种毁汲已至，于正副统处认真检讨，及局分行监被勾当（头监）与吃喝贿赂，使班主亦能对军马整多不做喂养而妄杀，谓以其贫穷唉叹中到往用，认真做者多已有一切给养需用。前述已交寡妇，先前领穷勇士领有名传让其领，及以后在队上人中本人死亡续根已断寡妇已嫁，与此后有一起为来之寡妇、辎马、武器登记其名，数有好精当令来，与手当作分离。共不共抄留穷勇士是有重要大事，能给吃穿且当领二三种中各一种，登记名中当作减。依领者本人所情愿当去卖盐，众院依同等法分，登记名、喂养辎马、武器、用草等当做，奉公补给中该减一种属有数依同等法谓当入补给中用。

[illegible]　[illegible] khjow¹ [illegible] khja² [illegible]，[illegible]，[illegible]，[illegible]，[illegible]。[illegible] khjow¹ [illegible]，[illegible]，[illegible]，[illegible] kiej¹ khew² [illegible]，

[illegible]。

一款　至弃小抄亦不及强以内毁汲不至也，应登记名辎马武器数，前述谓依法寡妇与手分离令他人能给穷勇士领吃穿，当令本人领，登记其人名者一种应卖盐及补法等使与同等法相同。若不贪使军强共不共抄为穷勇士放某处，贪则下放某处，辎马自当伸手牵，界口减值当做减，直往大军上放何人谓当入告发中用。

[illegible]　[illegible]，[illegible]、[illegible]、[illegible]、[illegible]、[illegible]、[illegible]、[illegible]，[illegible] pia[1] [illegible]，[illegible]，[illegible]，[illegible]，[illegible]，[illegible] pia[1] [illegible]□，[illegible]。

一款　品级低者本人已死续根断，妻子、畜、谷物、田畴与官马、军粮一起皆死亡、丢失，相当共不共抄补班主不少数，当令领官马，亦为所不能喂养妄丢已有患，领不用抄头品，行统行监同院，补班主数缺多处应该增添□，依同等法该入补给中。

[illegible]　[illegible]，[illegible]［[illegible]］[illegible]，[illegible]［[illegible]］[illegible]，[illegible]，[illegible]，[illegible]、[illegible]、[illegible]，[illegible]、[illegible]，[illegible]，[illegible]［[illegible]］[illegible]，[illegible]，[illegible]，[illegible]，[illegible]，[illegible]，[illegible]，[illegible]，[illegible]，[illegible]，[illegible]，[illegible]。

一款　共自一种至二三种当登记名，以后穷少所不能买数，虽奉公领马补领吃穿中超扣减，但叫不传人有宫门，能给吃穿养育，则有所愿已寻当寻找，查畜、谷物寻物、舍屋，田畴、人所有已穷尽，宫门已变没有，搜寻四海为足是实，则官马当分食，亦告为所丢，依来利所没有，因行

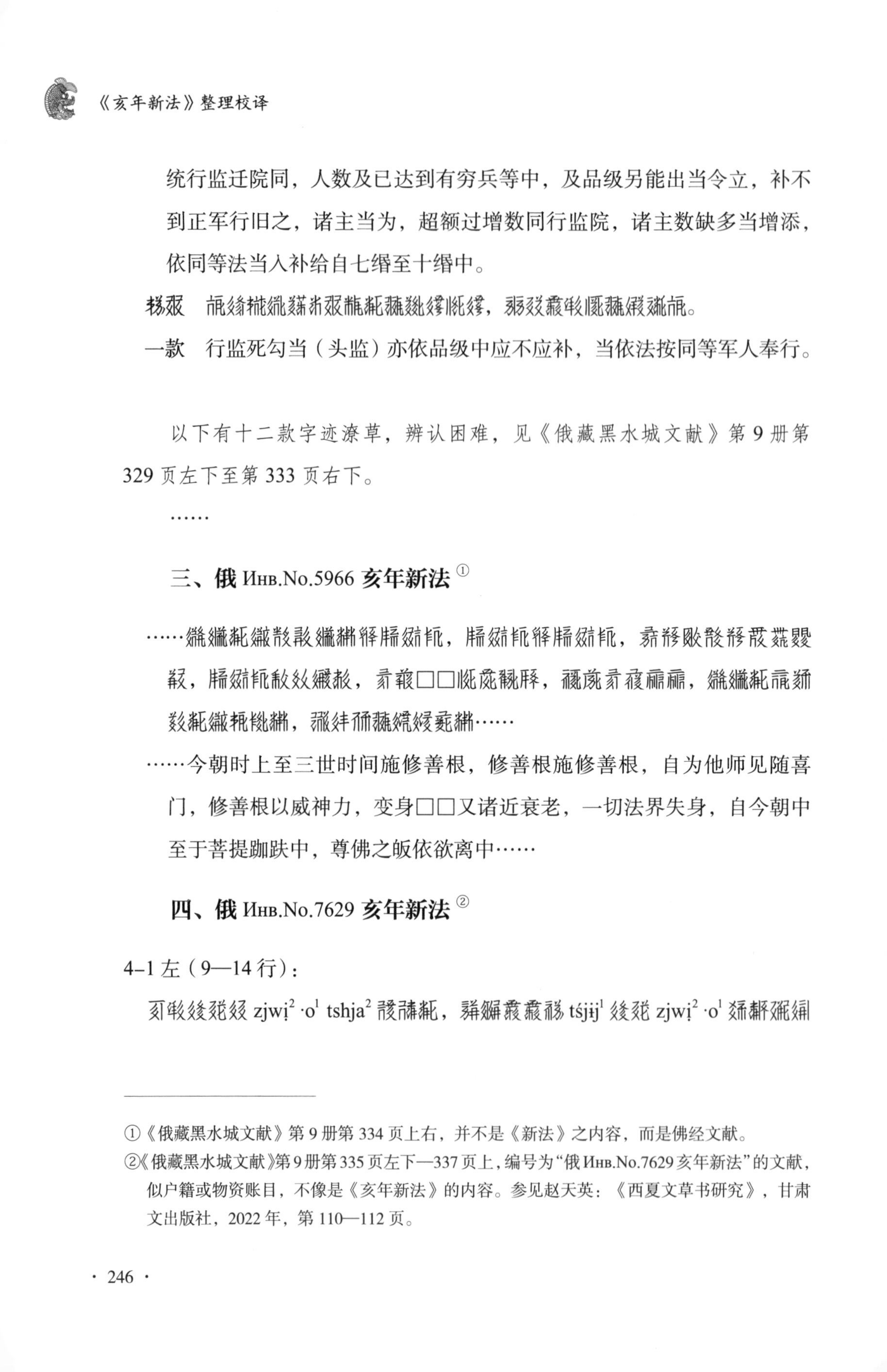

统行监迁院同，人数及已达到有穷兵等中，及品级另能出当令立，补不到正军行旧之，诸主当为，超额过增数同行监院，诸主数缺多当增添，依同等法当入补给自七缗至十缗中。

[illegible]

一款　行监死勾当（头监）亦依品级中应不应补，当依法按同等军人奉行。

以下有十二款字迹潦草，辨认困难，见《俄藏黑水城文献》第 9 册第 329 页左下至第 333 页右下。

……

三、俄 Инв.No.5966 亥年新法①

……[illegible]……

……今朝时上至三世时间施修善根，修善根施修善根，自为他师见随喜门，修善根以威神力，变身□□又诸近衰老，一切法界失身，自今朝中至于菩提跏趺中，尊佛之皈依欲离中……

四、俄 Инв.No.7629 亥年新法②

4-1 左（9—14 行）：

[illegible] zjwį² ·o¹ tshja² [illegible]，[illegible] tśjij¹ [illegible] zjwį² ·o¹ [illegible]

①《俄藏黑水城文献》第 9 册第 334 页上右，并不是《新法》之内容，而是佛经文献。

②《俄藏黑水城文献》第 9 册第 335 页左下—337 页上，编号为“俄 Инв.No.7629 亥年新法”的文献，似户籍或物资账目，不像是《亥年新法》的内容。参见赵天英：《西夏文草书研究》，甘肃文出版社，2022 年，第 110—112 页。

[illegible] tshja^{2} [illegible]。[illegible]，[illegible] ŋwe^{2} zjwị^{1} [illegible]，[illegible] tshja^{2} [illegible] ŋwe^{2} zjwị^{1} [illegible] śiã^{1} [illegible] ŋwe^{2} zjwị^{1} [illegible]，[illegible] tshja^{2} [illegible] zjwị^{2} ·o^{1} [illegible]，[illegible]，[illegible]：

一人啰讹千子本身与御前内侍正军啰讹吉祥狗兄千父等是一抄。因前羸弱，行将嵬啰善荣下共旧抄，与千父及军首领嵬啰吉祥山下嵬啰般若宝三人是一抄。千子是现今叔父执法转运啰讹吉祥善之养子，有畜物法已使明，在以下：

4–2（4—11行）：

[illegible] zjwị^{2} ·o^{1} tshja^{2} [illegible]，[illegible] tśjịj^{1} [illegible] zjwị^{2} ·o^{1} [illegible]……

一人啰讹千子本身与御前内侍正军啰讹吉祥……①

4–3：

[illegible] zjwị^{2} ·o^{1} tshja^{2} [illegible] tśjịj^{1} [illegible] zjwị^{2} ·o^{1} [illegible] tshja^{2} [illegible]。[illegible]，[illegible] ŋwe^{2} zjwị^{1} [illegible]，[illegible] tshja^{2} [illegible] zjwị^{1} [illegible] śiã^{1} [illegible] ŋwe^{2} zjwị^{1} [illegible]，[illegible] tshja^{2} [illegible] zjwị^{2} ·o^{1} [illegible]，[illegible]，[illegible]：

一人啰讹千子本身与御前内侍正军啰讹吉祥狗兄千父等是一抄。因前羸弱，行将嵬啰善荣下共旧抄，与千父及军首领嵬啰吉祥山下嵬啰般若宝三人是一抄。千子是现今去世叔父执法转运啰讹吉祥善之养子，有畜物法已使明，在以下：

[illegible]：

地：

① 本页前3行字为4–2的后3行，之后有7行字漫漶不清，与此行不是一件文书。

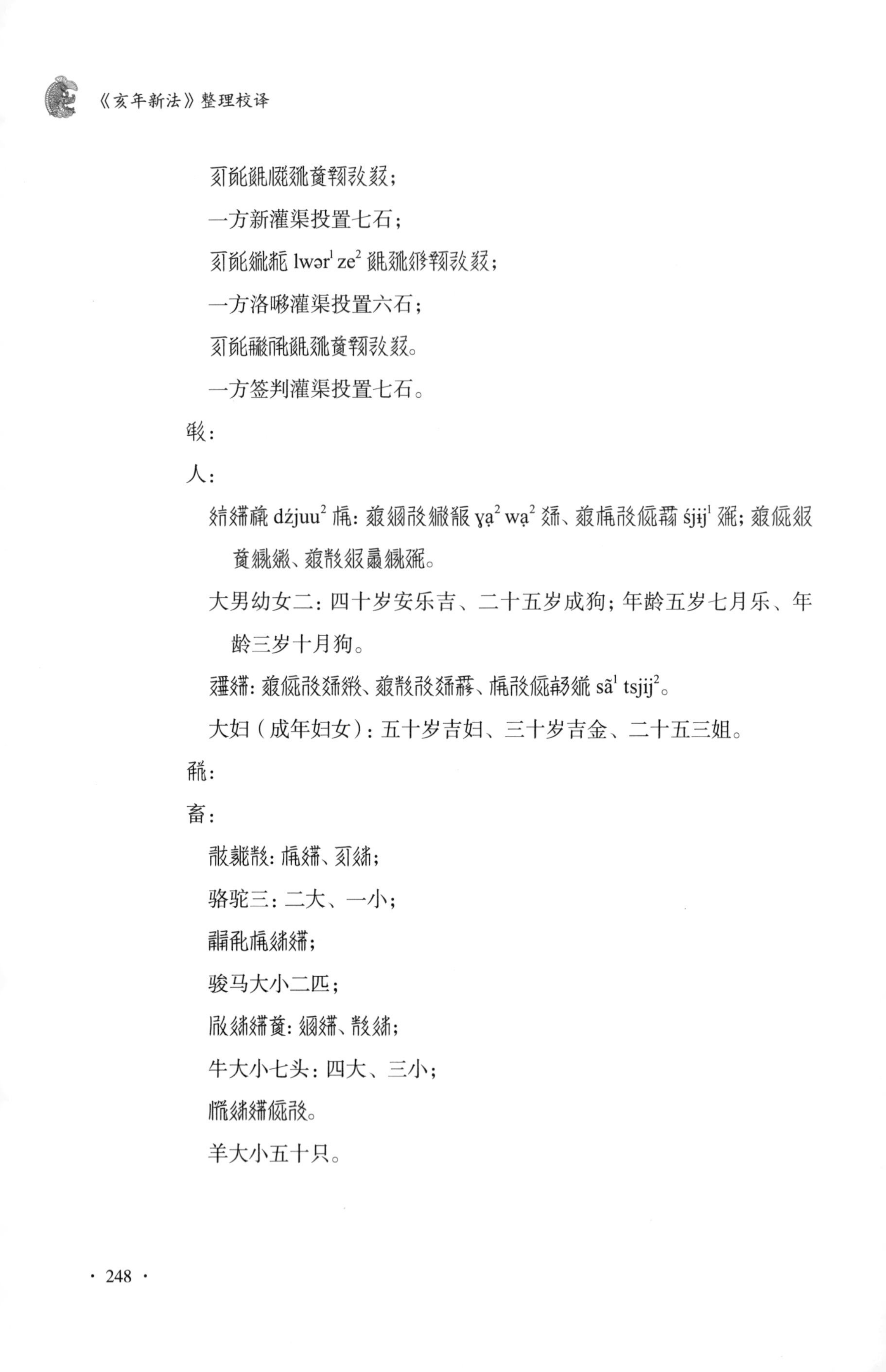

[illegible]；

一方新灌渠投置七石；

[illegible] lwər[1] ze[2] [illegible]；

一方洛晔灌渠投置六石；

[illegible]。

一方签判灌渠投置七石。

[illegible]：

人：

[illegible] dźjuu[2] [illegible]：[illegible] ɣạ[2] wạ[2] [illegible]、[illegible] śjɨj[1] [illegible]；[illegible]、[illegible]。

大男幼女二：四十岁安乐吉、二十五岁成狗；年龄五岁七月乐、年龄三岁十月狗。

[illegible]：[illegible]、[illegible]、[illegible] sã[1] tsjij[2]。

大妇（成年妇女）：五十岁吉妇、三十岁吉金、二十五三姐。

[illegible]：

畜：

[illegible]：[illegible]、[illegible]；

骆驼三：二大、一小；

[illegible]；

骏马大小二匹；

[illegible]：[illegible]、[illegible]；

牛大小七头：四大、三小；

[illegible]。

羊大小五十只。

[illegible]：

物：

[illegible]、[illegible] phjij^{1} [illegible]。

一条毯、二编席。

[illegible] tu^{1} [illegible]

依前搜寻黑水副都士老大小狗儿

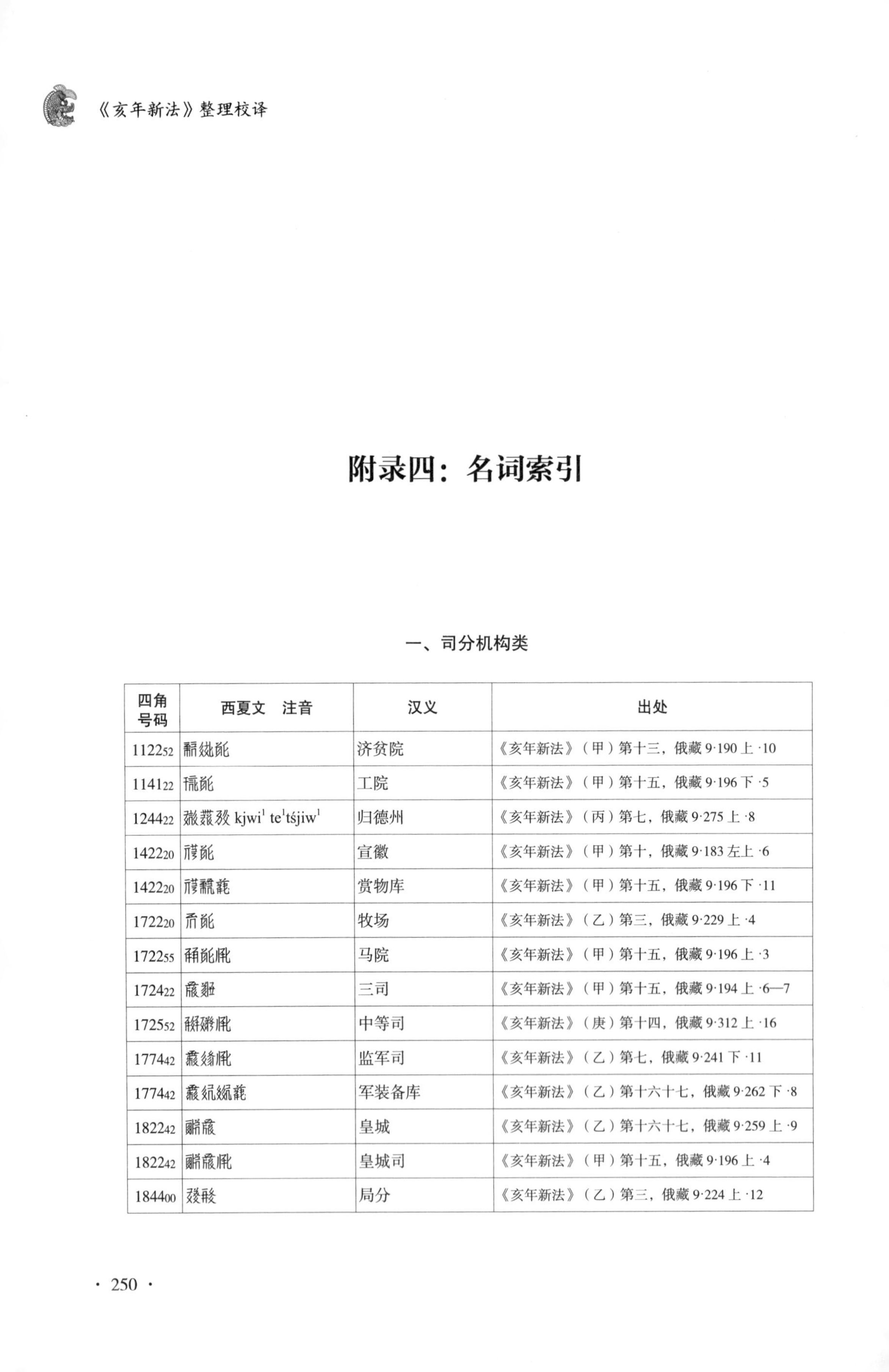

附录四：名词索引

一、司分机构类

四角号码	西夏文　注音	汉义	出处
112252	[illegible]	济贫院	《亥年新法》（甲）第十三，俄藏 9·190 上 ·10
114122	[illegible]	工院	《亥年新法》（甲）第十五，俄藏 9·196 下 ·5
124422	[illegible] kjwi^{1} te^{1}tśjiw^{1}	归德州	《亥年新法》（丙）第七，俄藏 9·275 上 ·8
142220	[illegible]	宣徽	《亥年新法》（甲）第十，俄藏 9·183 左上 ·6
142220	[illegible]	赏物库	《亥年新法》（甲）第十五，俄藏 9·196 下 ·11
172220	[illegible]	牧场	《亥年新法》（乙）第三，俄藏 9·229 上 ·4
172255	[illegible]	马院	《亥年新法》（甲）第十五，俄藏 9·196 上 ·3
172422	[illegible]	三司	《亥年新法》（甲）第十五，俄藏 9·194 上 ·6—7
172552	[illegible]	中等司	《亥年新法》（庚）第十四，俄藏 9·312 上 ·16
177442	[illegible]	监军司	《亥年新法》（乙）第七，俄藏 9·241 下 ·11
177442	[illegible]	军装备库	《亥年新法》（乙）第十六十七，俄藏 9·262 下 ·8
182242	[illegible]	皇城	《亥年新法》（乙）第十六十七，俄藏 9·259 上 ·9
182242	[illegible]	皇城司	《亥年新法》（甲）第十五，俄藏 9·196 上 ·4
184400	[illegible]	局分	《亥年新法》（乙）第三，俄藏 9·224 上 ·12

续表

四角号码	西夏文　注音	汉义	出处
184400	[illegible]	局分大小	《亥年新法》（甲）第三，俄藏 9·142 下 ·11
184525	[illegible]	御前赏物库	《亥年新法》（甲）第十五，俄藏 9·197 上 ·2
210111	[illegible]	迁队	《亥年新法》（甲）第四，俄藏 9·155 上 ·11
210111	[illegible]	迁院	《亥年新法》（乙）第七，俄藏 9·244 上 ·9
210124	[illegible]	閤门	《亥年新法》（甲）第二，俄藏 9·138 左上 ·2
210124	[illegible]	大恒历院	《亥年新法》（甲）第十，俄藏 9·183 左上 ·1
210124	[illegible]	閤门司	《亥年新法》（甲）第十，俄藏 9·182 下 ·8
212100	[illegible] śia^{1} tśjiw^{1}	沙州	《亥年新法》（甲）第七，俄藏 9·165 左上 ·2
214240	[illegible] kjij^{1} ljiw^{2} [illegible]	经略司	《亥年新法》（甲）第十五，俄藏 9·200 下 ·16
214400	[illegible] ·iow^{2} xjij^{1} ·u^{2}	养贤务	《亥年新法》（乙）第十六十七，俄藏 9·259 下 ·11
224122	[illegible]	功德司	《亥年新法》（戊）第十一，俄藏 9·301 左 ·6
224400	[illegible]	御疱厨司	《亥年新法》（甲）第十五，俄藏 8·196 上 ·9
224422	[illegible] xiwa^{1} ·iow^{2} xjwã^{1}	华阳县	《亥年新法》（甲）第十五，俄藏 9·196 上 ·14
230252	[illegible] kia^{1} ljij^{2} [illegible]	帐下监令司	《亥年新法》（甲）第十五，俄藏 9·197 上 ·8
234221	[illegible] su^{2} tśjiw^{1}	肃州	《亥年新法》（乙）第七，俄藏 9·239 下 ·6
272440	[illegible]	黑水	《亥年新法》（乙）第七，俄藏 9·249 上 ·4
274525	[illegible]	内宿	《亥年新法》（甲）第二，俄藏 9·138 左上 ·2
274525	[illegible]	内宿司	《亥年新法》（丙）第十二，俄藏 9·282 上 ·2
282444	[illegible] kwã^{1} [illegible]	官堂	《亥年新法》（甲）第十三，俄藏 9·190 上 ·10
284100	[illegible] lu^{2}	路	《亥年新法》（甲）第四，俄藏 9·162 下 ·2
284224	[illegible] kiwa^{1} tśjiw^{1}	瓜州	《亥年新法》（乙）第七，俄藏 9·239 下 ·6
470514	[illegible]	磨勘司	《亥年新法》（辛）第十五，俄藏 9·323 上 ·4
505120	[illegible]	当铺	《亥年新法》（戊）第十一，俄藏 9·303 左 ·5
520400	[illegible]	榷场　市场	《亥年新法》（乙）第二，俄藏 9·229 上 ·3
520440	[illegible] kia^{1} ljij^{2} [illegible]	监令司	《亥年新法》（辛）第十五，俄藏 9·317 上 ·1
579240	[illegible] tha^{2} ɣjwã^{1}	道院	《亥年新法》（甲）第十三，俄藏 9·189 上 ·16
580240	[illegible]	都转运司	《亥年新法》（甲）第十五，俄藏 9·204 上 ·4
802140	[illegible]	京师	《亥年新法》（甲）第二，俄藏 9·125 左上 ·8

续表

四角号码	西夏文　注音	汉义	出处
802140	[illegible]	京畿	《亥年新法》（乙）第七，俄藏 9·240 上 ·8
802150	[illegible]	库局分	《亥年新法》（乙）第三，俄藏 9·219 下 ·5
804100	[illegible]	铜钱库	《亥年新法》（丙）第七，俄藏 9·279 左上 ·1
804124	[illegible]	转运司	《亥年新法》（丙）第七，俄藏 9·273 上 ·9
809100	[illegible] tśjī[1] ɣjwã[1] tśjiw[1]	镇原州	《亥年新法》（丙）第七，俄藏 9·275 上 ·8
814100	[illegible]	农田司	《亥年新法》（甲）第十五，俄藏 9·196 上 ·16
814400	[illegible] phə[1] [illegible] tśjiw[1]	蕃地州	《亥年新法》（丙）第七，俄藏 9·275 下 ·7
834170	[illegible]	次等司	《亥年新法》（庚）第十四，俄藏 9·312 上 ·17
834422	[illegible]	下等司	《亥年新法》（庚）第十四，俄藏 9·312 上 ·15
872545	[illegible]	群牧司	《亥年新法》（甲）第十五，俄藏 9·196 上 ·2
874525	[illegible]	末等司	《亥年新法》（庚）第十四，俄藏 9·312 上 ·12
972222	[illegible] tsə[1] śja[2]	资善	《亥年新法》（乙）第十六十七，俄藏 9·259 上 ·9
972222	[illegible] tsə[1] śja[2]·u[2]	资善务	《亥年新法》（甲）第十五，俄藏 9·196 上 ·5

二、官位职官类

102110	[illegible]	强监（能丞）	《亥年新法》（甲）第二，俄藏 9·127 左上 ·5
102140	[illegible]	导师	《亥年新法》（戊）第十一，俄藏 9·301 左 ·1
109000	[illegible] giu̧[1] phjii[2]	狱辟	《亥年新法》（甲）第二，俄藏 9·125 左下 ·9
114140	[illegible]	城主	《亥年新法》（甲）第四，俄藏 9·160 上 ·4
114140	[illegible]	城守	《亥年新法》（乙）第七，俄藏 9·241 下 ·12
114142	[illegible]	权正统	《亥年新法》（甲）第十，俄藏 9·178 下 ·8
114142	[illegible]	权勾当	《亥年新法》（甲）第六，俄藏 9·164 下 ·13
115420	[illegible]	玄监（场监）	《亥年新法》（甲）第二，俄藏 9·127 左上 ·1
117122	[illegible] bju[1] [illegible]	谋监	《亥年新法》（甲）第二，俄藏 9·136 左下 ·9
117224	[illegible] phjii[2]	谏批	《亥年新法》（甲）第二，俄藏 9·136 左下 ·8
119121	[illegible] tśjij[1] thew[2]	正头	《亥年新法》（乙）第三，俄藏 9·224 下 ·4
119140	[illegible]	主法大人	《亥年新法》（丙）第七，俄藏 9·273 上 ·10
119550	[illegible]	酷职	《亥年新法》（甲）第十，俄藏 9·182 上 ·1
122442	[illegible]	皇子（太子）	《亥年新法》（丁）第十，俄藏 9·285 左上 ·6

续表

四角号码	西夏文　注音	汉义	出处
122457	[illegible]	承旨	《亥年新法》（乙）第七，俄藏 9·241 下 ·11
122457	[illegible]	待命	《亥年新法》（甲）第四，俄藏 9·154 下 ·3
122457	[illegible]	待命首领	《亥年新法》（丙）第十二，俄藏 9·280 上 ·5
124120	[illegible]	边点察	《亥年新法》（甲）第四，俄藏 9·154 下 ·2
124120	[illegible] kwã[1] [illegible]	边塞管事者	《亥年新法》（乙）第七，俄藏 9·241 下 ·10
124424	[illegible]	草监	《亥年新法》（甲）第十五，俄藏 9·203 上 ·12
125450	[illegible]	拒邪	《亥年新法》（甲）第二，俄藏 9·125 左下 ·7
125459	[illegible]	签判	《亥年新法》（甲）第七，俄藏 9·241 下 ·11
127140	[illegible] phjii[2]	赈批	《亥年新法》（甲）第二，俄藏 9·137 左上 ·3
127147	[illegible]	佐将	《亥年新法》（甲）第二，俄藏 9·138 左上 ·7
142420	[illegible] gjuu[1] śiə[1] thej[1] xu[1]	御史大夫	《亥年新法》（甲）第十，俄藏 9·180 下 ·10
172140	[illegible]	诸王	《亥年新法》（丁）第十，俄藏 9·285 左上 ·7
172144	[illegible]	抄官	《亥年新法》（乙）第七，俄藏 9·242 下 ·2
172244	[illegible]	十骑	《亥年新法》（甲）第二，俄藏 9·125 左下 ·9
172250	[illegible]	提点	《亥年新法》（丙）第七，俄藏 9·267 上 ·4
172442	[illegible]	觋主	《亥年新法》（甲）第二，俄藏 9·137 左上 ·3
172554	[illegible]	中等司正	《亥年新法》（甲）第二，俄藏 9·136 左下 ·5
172554	[illegible]	中等司承旨	《亥年新法》（甲）第二，俄藏 9·136 左下 ·8
172554	[illegible]	中等司案头	《亥年新法》（甲）第二，俄藏 9·137 左上 ·8
172554	[illegible]	中等司都案	《亥年新法》（甲）第二，俄藏 9·137 左上 ·6
174000	[illegible]	出纳	《亥年新法》（甲）第十五，俄藏 9·202 上 ·1
174125	[illegible] piã[1] [illegible]	班主	《亥年新法》（甲）第四，俄藏 9·155 上 ·11
175520	[illegible] tsow[2] śiwe[1]	佐帅	《亥年新法》（乙）第七，俄藏 9·241 下 ·10
177442	[illegible]	军问	《亥年新法》（丙）第七，俄藏 9·266 下 ·11
177442	[illegible]	军将	《亥年新法》（乙）第四，俄藏 9·237 上 ·13
177442	[illegible] tśjij[1]	正军	《亥年新法》（甲）第十三，俄藏 9·190 下 ·16
177442	[illegible]	统军	《亥年新法》（乙）第四，俄藏 9·236 下 ·8
177442	[illegible]	正军首领	《亥年新法》（甲）第六，俄藏 9·164 下 ·13

续表

四角号码	西夏文　注音	汉义	出处
177470	[illegible]	营监	《亥年新法》（乙）第四，俄藏 9·237 上 ·13
179200	[illegible]	中书	《亥年新法》（甲）第二，俄藏 9·124 左上 ·5
184400	[illegible] kwã^{1}	管事	《亥年新法》（乙）第三，俄藏 9·224 下 ·9
184525	[illegible]	御前御差	《亥年新法》（丙）第十二，俄藏 9·281 下 ·9
184525	[illegible]	御前内侍	《亥年新法》（甲）第二，俄藏 9·137 左下 ·3
187220	[illegible]	淳臣	《亥年新法》（甲）第二，俄藏 9·137 左上 ·3
187244	[illegible]	刚雳	《亥年新法》（甲）第二，俄藏 9·136 左下 ·1
189240	[illegible]	正统	《亥年新法》（甲）第四，俄藏 9·156 上 ·2
189240	[illegible]	正首领	《亥年新法》（丙）第十二，俄藏 9·281 下 ·7
189240	[illegible] tśjij^{1} kjij^{1} ljiw^{2}	正经略	《亥年新法》（丁）第十，俄藏 9·287 上 ·2
189240	[illegible] tśjij^{1} kjow^{1} [illegible]	正宫皇后	《亥年新法》（甲）第十三，俄藏 9·187 上 ·9
192124	[illegible]	案头	《亥年新法》（甲）第二，俄藏 9·124 左上 ·5
192124	[illegible]	案头	《亥年新法》（甲）第二，俄藏 9·137 左上 ·2
194274	[illegible] po^{1} [illegible]	堡主	《亥年新法》（甲）第四，俄藏 9·160 上 ·4
214125	[illegible]	史官（太史）	《亥年新法》（甲）第二，俄藏 9·138 左上 ·3
214140	[illegible]	燧监	《亥年新法》（乙）第十六十七，俄藏 9·262 上 ·11
214142	[illegible] tśhiej^{2} [illegible]	寨主	《亥年新法》（甲）第十，俄藏 9·181 下 ·14
214240	[illegible] kjij^{1} gjii^{1}	谏议	《亥年新法》（丁）第十，俄藏 9·287 上 ·4
214420	[illegible]	点察	《亥年新法》（乙）第三，俄藏 9·219 上 ·10
214420	[illegible] tu^{1} sjwĩ^{1}kjij^{1}	都巡检	《亥年新法》（乙）第三，俄藏 9·219 上 ·11
214442	[illegible]	冠豸	《亥年新法》（甲）第二，俄藏 9·126 左下 ·6
220124	[illegible] kjij^{1} ljiw^{2}	副经略	《亥年新法》（甲）第十，俄藏 9·178 左上 ·6
220124	[illegible]	副行统	《亥年新法》（甲）第四，俄藏 9·156 上 ·2
220125	[illegible]	司吏	《亥年新法》（甲）第二，俄藏 9·124 左上 ·5
220450	[illegible] dzjọ^{1}	官将	《亥年新法》（甲）第十，俄藏 9·183 左上 ·1
220450	[illegible]	旧官	《亥年新法》（甲）第十，俄藏 9·183 左上 ·4
220450	[illegible]	新官	《亥年新法》（甲）第十，俄藏 9·183 左上 ·4
221000	[illegible]	座主	《亥年新法》（戊）第十一，俄藏 9·301 右 ·6

续表

四角号码	西夏文　注音	汉义	出处
224122	[illegible]	首领	《亥年新法》（甲）第二，俄藏 9·138 左上 ·8
224122	[illegible]	头监	《亥年新法》（甲）第一，俄藏 9·121 上 ·7
224122	[illegible]	勾当	《亥年新法》（乙）第七，俄藏 9·242 上 ·6
224220	[illegible]	学士	《亥年新法》（甲）第十，俄藏 9·183 左上 ·1
224400	[illegible]	御差	《亥年新法》（甲）第二，俄藏 9·138 左上 ·3
224400	[illegible]	授御印	《亥年新法》（甲）第二，俄藏 9·125 左下 ·6
224400	[illegible]	未授御印	《亥年新法》（甲）第二，俄藏 9·125 左下 ·9
224440	[illegible]	宵禁勾当	《亥年新法》（甲）第四，俄藏 9·155 下 ·12
227228	[illegible]	殿上坐	《亥年新法》（甲）第十，俄藏 9·179 下 ·9
227422	[illegible]	内外侍	《亥年新法》（甲）第二，俄藏 9·138 左上 ·3
230242	[illegible] thow¹ phã¹	同判	《亥年新法》（甲）第七，俄藏 9·241 下 ·11
230252	[illegible]	起居舍人	《亥年新法》（甲）第二，俄藏 9·138 左上 ·2
231000	[illegible] thji² kju¹	提举	《亥年新法》（丙）第十二，俄藏 9·280 下 ·9—10
234122	[illegible] phjii²	上和批	《亥年新法》（甲）第二，俄藏 9·137 左下 ·1
234122	[illegible]	上能臣	《亥年新法》（甲）第二，俄藏 9·137 左上 ·6
234122	[illegible]	上造监	《亥年新法》（甲）第二，俄藏 9·137 左上 ·9
234122	[illegible]	上品造监	《亥年新法》（甲）第二，俄藏 9·137 左上 ·8
234220	[illegible]	舆地巡检	《亥年新法》（甲）第十三，俄藏 9·191 上 ·14
244224	[illegible]	正副统	《亥年新法》（乙）第七，俄藏 9·241 下 ·10
244224	[illegible]	统边点察	《亥年新法》（甲）第四，俄藏 9·155 下 ·2
234240	[illegible] xjow² lji² tśjij²	乡里正（乡里镇）	《亥年新法》（甲）第十三，俄藏 9·189 下 ·10
250420	[illegible]	禅师	《亥年新法》（戊）第十一，俄藏 9·301 右 ·6
270244	[illegible] ko¹ lu² thej¹ xu¹	光禄大夫	《亥年新法》（甲）第十，俄藏 9·180 上 ·1
272420	[illegible] tshew¹ ŋwe²	训练（曹尉）	《亥年新法》（甲）第二，俄藏 9·125 左下 ·6
274122	[illegible] xu¹ biaa²	驸马	《亥年新法》（甲）第十，俄藏 8·179 下 ·8
274122	[illegible] xu¹ [illegible]	夫役勾当	《亥年新法》（甲）第十五，俄藏 9·192 下 ·3
274150	[illegible] phjii²	表批	《亥年新法》（甲）第二，俄藏 9·136 左下 ·9

续表

四角号码	西夏文　注音	汉义	出处
274220	[illegible]	勾管	《亥年新法》（甲）第十五，俄藏 9·197 上 ·6
274220	[illegible]	勾管	《亥年新法》（甲）第十五，俄藏 9·196 下 ·12
274242	[illegible]	枢密	《亥年新法》（甲）第二，俄藏 9·124 左上 ·5
274525	[illegible]	内宫骐骥	《亥年新法》（甲）第十，俄藏 9·179 下 ·4
280122	[illegible]	黑羊主	《亥年新法》（乙）第七，俄藏 9·240 上 ·4
280440	[illegible]	宰丞	《亥年新法》（甲）第二，俄藏 9·138 左上 ·3
282444	[illegible] kwã^{1} wẽ^{1} thjij^{2} thej^{1} xiow^{2} śiə^{1}	观文殿大学士	《亥年新法》（甲）第十，俄藏 9·180 下 ·10
284222	[illegible] ɣjwã^{1} tśju^{1}	院主	《亥年新法》（甲）第十三，俄藏 9·189 下 ·5
284400	[illegible] kia^{1}	农监	《亥年新法》（甲）第十五，俄藏 9·192 下 ·5
284400	[illegible]	农队勾当	《亥年新法》（辛）第十五，俄藏 9·318 左下 ·6
284472	[illegible]	察访	《亥年新法》（甲）第二，俄藏 9·125 左下 ·7
287252	[illegible] kow^{1} śiə^{1}	公使	《亥年新法》（乙）第三，俄藏 9·223 下 ·7
287545	[illegible]	哨监	《亥年新法》（丙）第七，俄藏 9·271 下 ·8
287545	[illegible]	哨军将	《亥年新法》（甲）第四，俄藏 9·154 下 ·10
287545	[illegible]	哨勾当（哨长）	《亥年新法》（甲）第四，俄藏 9·155 下 ·9
287545	[illegible]	哨队提点	《亥年新法》（甲）第四，俄藏 9·155 下 ·12
288420	[illegible]	官护卫	《亥年新法》（甲）第二，俄藏 9·138 左上 ·2
294222	[illegible] phjij^{1} tśjwo^{1} śiə^{1}	平章事	《亥年新法》（甲）第十，俄藏 9·180 上 ·3
302124	[illegible]	保管（掌钥匙者）	《亥年新法》（甲）第十五，俄藏 9·202 上 ·2
312121	[illegible]	行监	《亥年新法》（甲）第二，俄藏 9·138 左上 ·4
375254	[illegible] sã^{1} [illegible]	执伞	《亥年新法》（庚）第十四，俄藏 9·311 下 ·10
382420	[illegible]	提振	《亥年新法》（甲）第二，俄藏 9·138 左上 ·6
502124	[illegible] tśhiej^{2} [illegible]	营寨勾当	《亥年新法》（甲）第十五，俄藏 9·202 上 ·14
502425	[illegible] khu^{1} tsjɨ^{1}	匡子	《亥年新法》（甲）第十六十七，俄藏 9·206 下 ·4
502450	[illegible]	都监	《亥年新法》（庚）第十四，俄藏 9·311 下 ·15—16
502450	[illegible]	押囚	《亥年新法》（乙）第十六十七，俄藏 9·262 上 ·11
502450	[illegible]	都监	《亥年新法》（乙）第三，俄藏 9·224 上 ·11

续表

四角号码	西夏文　注音	汉义	出处
504122	[illegible]	掌斗	《亥年新法》（甲）第十五，俄藏 9·202 上 ·2
504400	[illegible] tsew¹ biaa²	教马	《亥年新法》（乙）第七，俄藏 9·241 下 ·11
520140	[illegible] kia¹ [illegible]	小监	《亥年新法》（甲）第十五，俄藏 9·203 下 ·12
520400	[illegible]	商勾当	《亥年新法》（丙）第七，俄藏 9·272 上 ·12
529400	[illegible]	大臣位	《亥年新法》（丁）第十，俄藏 9·287 上 ·3
580240	[illegible]	都案	《亥年新法》（甲）第二，俄藏 9·124 左上 ·5
580240	[illegible]	都案	《亥年新法》（甲）第二，俄藏 9·136 左下 ·8
580545	[illegible]	间谍（监察）	《亥年新法》（甲）第四，俄藏 9·154 下 ·2
580545	[illegible]	巡检	《亥年新法》（乙）第二，俄藏 9·219 上 ·10
580545	[illegible]	小巡检	《亥年新法》（乙）第二，俄藏 9·223 上 ·5
589121	[illegible] tshə¹ śiə¹	刺史	《亥年新法》（乙）第七，俄藏 9·241 下 ·10—11
604222	[illegible]	差人	《亥年新法》（乙）第三，俄藏 9·223 上 ·7
604222	[illegible]	差役	《亥年新法》（乙）第十六十七，俄藏 9·262 上 ·11
604222	[illegible]	差遣	《亥年新法》（甲）第十，俄藏 9·181 下 ·16
802122	[illegible] khjwã¹kow¹	郡公	《亥年新法》（甲）第十，俄藏 9·180 上 ·3
802150	[illegible]	库监	《亥年新法》（甲）第十五，俄藏 9·202 上 ·1
802150	[illegible]	守库	《亥年新法》（甲）第十五，俄藏 9·202 上 ·2
802150	[illegible]	库窖监	《亥年新法》（乙）第十六十七，俄藏 9·260 上 ·3
802150	[illegible]	守库者	《亥年新法》（乙）第十六十七，俄藏 9·260 上 ·4
802190	[illegible]	节亲主	《亥年新法》（庚）第十四，俄藏 9·311 下 ·9
802190	[illegible]	节亲宰相	《亥年新法》（甲）第十五，俄藏 9·192 下 ·9
802254	[illegible] sjwĩ¹ kjij¹	巡检（巡警）	《亥年新法》（丙）第七，俄藏 9·266 上 ·9
802400	[illegible]	南王	《亥年新法》（甲）第十五，俄藏 9·197 上 ·13
804100	[illegible] kiej¹ [illegible] śiə¹	通界使（通关使）	《亥年新法》（丙）第七，俄藏 9·272 上 ·5
804100	[illegible] kiej¹ khew² [illegible]	界口主	《亥年新法》（乙）第七，俄藏 9·242 上 ·4
804100	[illegible] kiej¹ khew² [illegible]	界口主	《亥年新法》（甲）第四，俄藏 9·155 下 ·7
804110	[illegible]	慧臣	《亥年新法》（甲）第二，俄藏 9·136 左下 ·5
805154	[illegible]	威臣	《亥年新法》（甲）第二，俄藏 9·136 左下 ·5

续表

四角号码	西夏文　注音	汉义	出处
809200	[illegible] śja¹	真舍	《亥年新法》（甲）第二，俄藏 9·125 左下 ·8
814222	[illegible]	宰相	《亥年新法》（丁）第十，俄藏 9·287 上 ·2
834170	[illegible] kją¹ [illegible]	次家主	《亥年新法》（甲）第二，俄藏 9·137 左上 ·6
834170	[illegible]	次长监	《亥年新法》（甲）第二，俄藏 9·137 左上 ·8
834170	[illegible] phjii²	次药批	《亥年新法》（甲）第二，俄藏 9·137 左下 ·1
834170	[illegible]	次等司正	《亥年新法》（甲）第二，俄藏 9·136 左下 ·1
834170	[illegible]	次等司承旨	《亥年新法》（甲）第二，俄藏 9·136 左下 ·5
834170	[illegible]	次等司案头	《亥年新法》（甲）第二，俄藏 9·137 左上 ·6
834170	[illegible]	次等司都案	《亥年新法》（甲）第二，俄藏 9·137 左上 ·2—3
834422	[illegible]	下等司正	《亥年新法》（甲）第二，俄藏 9·136 左下 ·8
834422	[illegible]	下等司承旨	《亥年新法》（甲）第二，俄藏 9·137 左上 ·2
834422	[illegible]	下等司案头	《亥年新法》（甲）第二，俄藏 9·137 左下 ·1
834422	[illegible]	下等司都案	《亥年新法》（甲）第二，俄藏 9·137 左上 ·8
854122	[illegible]	掌量程	《亥年新法》（乙）第十六十七，俄藏 9·260 上 ·4
854122	[illegible]	计量勾当	《亥年新法》（甲）第十五，俄藏 9·192 下 ·2
872450	[illegible]	游监	《亥年新法》（甲）第二，俄藏 9·127 左上 ·1
874120	[illegible]	掌秤斗	《亥年新法》（乙）第十六十七，俄藏 9·260 上 ·2
874222	[illegible] thwuu¹ [illegible]	通判	《亥年新法》（乙）第七，俄藏 9·241 下 ·12
874440	[illegible]	下臣（裨臣）	《亥年新法》（甲）第二，俄藏 9·138 左上 ·3
874525	[illegible]	押队	《亥年新法》（甲）第四，俄藏 8·160 上 ·3
874525	[illegible]	末等司正	《亥年新法》（甲）第二，俄藏 9·137 左上 ·2
874525	[illegible]	末等司都案	《亥年新法》（甲）第二，俄藏 9·137 左下 ·1
882442	[illegible]	特引	《亥年新法》（乙）第三，俄藏 9·232 上 ·4
884142	[illegible] tśjaa¹ xu¹ śiə¹	招抚使	《亥年新法》（乙）第七，俄藏 9·241 下 ·10
902170	[illegible] piej² kwã¹	编管	《亥年新法》（甲）第十三，俄藏 9·189 下 ·10
927442	[illegible] śiã¹ [illegible]	汉山主	《亥年新法》（丙）第七，俄藏 9·276 下 ·10
977244	[illegible] tsha² boo²	参谋	《亥年新法》（乙）第七，俄藏 9·241 下 ·11

续表

四角号码	西夏文　注音	汉义	出处
	三、寺庙名称类		
119140	[illegible]	法器寺	《亥年新法》（甲）第十五，俄藏 9·198 上 ·14
122442	[illegible]	皇汉寺	《亥年新法》（甲）第十五，俄藏 9·198 上 ·10
122442	[illegible]	承天寺	《亥年新法》（甲）第十五，俄藏 9·198 上 ·14
124442	[illegible] śjuu¹ [illegible]	文殊殿	《亥年新法》（甲）第十五，俄藏 9·198 上 ·14
125150	[illegible] kjɨ¹ thej¹śji¹ [illegible]	金大食寺	《亥年新法》（甲）第十五，俄藏 9·198 下 ·1
134220	[illegible] xia¹ śjɨj¹ [illegible]	夏城普贤寺	《亥年新法》（甲）第十五，俄藏 9·198 上 ·2
154142	[illegible] phə¹ [illegible]	永寿蕃寺	《亥年新法》（甲）第十五，俄藏 9·198 上 ·10
154142	[illegible]	永宁寺	《亥年新法》（甲）第十五，俄藏 9·198 下 ·2
154400	[illegible] dəj¹ ljɨj² kow¹ tśju¹ [illegible]	迺令公主庙	《亥年新法》（甲）第十五，俄藏 9·198 上 ·7
172140	[illegible]	万善圣祐寺	《亥年新法》（甲）第十五，俄藏 9·198 下 ·3
184100	[illegible] ·o¹ ljiw¹nji² [illegible]	讹留尼寺	《亥年新法》（甲）第十五，俄藏 9·198 上 ·13
184100	[illegible] sia¹gjwow¹ [illegible]	做强寺（萨饿寺）	《亥年新法》（甲）第十五，俄藏 9·198 上 ·7
184420	[illegible] kwej¹ tśjiw¹ [illegible]	会州寺	《亥年新法》（甲）第十五，俄藏 9·198 上 ·1
184920	[illegible] śjuu¹ [illegible]	五台文殊殿	《亥年新法》（辛）第十五，俄藏 9·317 下 ·6—7
184920	[illegible]	五台观音普贤殿寺	《亥年新法》（辛）第十五，俄藏 9·317 下 ·6
194274	[illegible] po¹ tshjɨj² [illegible]	保静金刚座寺	《亥年新法》（甲）第十五，俄藏 9·198 上 ·3
212124	[illegible] po¹ tjɨj¹ [illegible]	五智菩提寺	《亥年新法》（甲）第十五，俄藏 9·198 下 ·1
212124	[illegible]	五月永显寺	《亥年新法》（甲）第十五，俄藏 9·198 上 ·2
214240	[illegible]	栽苗寺（插秧寺）	《亥年新法》（甲）第十五，俄藏 9·198 上 ·14
214550	[illegible]	寺庙	《亥年新法》（甲）第三，俄藏 9·142 下 ·11
218420	[illegible]	番汉宝塔寺	《亥年新法》（甲）第十五，俄藏 9·198 上 ·8
218420	[illegible]	番汉五台增福寺	《亥年新法》（甲）第十五，俄藏 9·198 上 ·6
218420	[illegible]	番汉大天安皇天永寿寺	《亥年新法》（甲）第十五，俄藏 9·198 上 ·9
220450	[illegible] wow² khji² [illegible]	旺气寺	《亥年新法》（甲）第十五，俄藏 9·198 上 ·1
220450	[illegible] wow² [illegible]	王母娘娘庙	《亥年新法》（甲）第十五，俄藏 9·198 上 ·16
222150	[illegible] biaa² sã¹tshow¹ [illegible]	马三座庙	《亥年新法》（甲）第十五，俄藏 9·198 上 ·12

续表

四角号码	西夏文　注音	汉义	出处
224140	𗍫𘂤𗤶𗫔𗅋	拔济佛母寺	《亥年新法》（辛）第十五，俄藏 9·317 下 ·5
224400	𗼃𗣼𗒘𗡡	圣方寺	《亥年新法》（甲）第十五，俄藏 9·198 上 ·16
224400	𗼃𗣼𘜶 phə[1] 𗅋	圣方蕃寺	《亥年新法》（甲）第十五，俄藏 9·198 上 ·12
228000	𗗙𗏹𗡶𗩱𗅋	圣寿慈恩寺	《亥年新法》（甲）第十五，俄藏 9·198 上 ·11
228000	𗗙𗏹𗒘𗡡𗅋	圣寿寺院	《亥年新法》（甲）第十五，俄藏 9·194 下 ·7
234442	𗢳𗗂𗒘𗡡	普照寺	《亥年新法》（甲）第十五，俄藏 9·198 上 ·11
234442	𗢳𘝯𗿒𗪲 kji[1] kã[1] 𗅋	普净饥甘寺	《亥年新法》（甲）第十五，俄藏 9·198 上 ·5
234442	𗢳𗗂𗯴𗧓𗅋	普照聚愍寺	《亥年新法》（甲）第十五，俄藏 9·198 上 ·11
270224	𗼕𗆢𗅋	护国寺	《亥年新法》（甲）第十五，俄藏 9·194 上 ·15
270242	𗼕𘄿𗙚𗌭𗤋	渡刹宝塔寺	《亥年新法》（辛）第十五，俄藏 9·317 左下 ·7
270242	𗼕𗆢𗙚𗌭𗤋𗅋	护国宝塔寺	《亥年新法》（甲）第十五，俄藏 9·198 上 ·6
272420	𗤻 tshew[1] 𗗚𗐱𗅋	观音草寺（曹观音）	《亥年新法》（甲）第十五，俄藏 9·198 上 ·12
284140	𗵞𗵘𗿒 lu[2] tsã[1]wa[1] 𗏴𗧓	路赞瓦法师	《亥年新法》（甲）第十五，俄藏 9·198 下 ·4
284900	𗌭𗤋𗥔𗧓	宝塔寺	《亥年新法》（乙）第七，俄藏 9·254 上 ·1
414900	𗌭𘃎𘝯𗧓𗅋	吉祥清莲寺	《亥年新法》（甲）第十五，俄藏 9·198 上 ·3
504144	𘊐𗿒 tśhjij[1] nji[2] 𗅋	程尼寺	《亥年新法》（甲）第十五，俄藏 9·198 下 ·2
529400	𗴺𗼻𗅋	大觉寺	《亥年新法》（甲）第十五，俄藏 9·198 上 ·13
529400	𗴺𘎪𗒘𗡡	大安寺	《亥年新法》（甲）第十五，俄藏 9·198 上 ·8
529400	𗴺𗏴𗧓𗅋	大法天寺	《亥年新法》（甲）第十五，俄藏 9·198 上 ·8
529400	𗴺𗏁𗒘𗡡	大德寺（大方寺）	《亥年新法》（甲）第十五，俄藏 9·198 上 ·15
529400	𗴺𗏁𘃡𗧓𗅋	大德敬天寺	《亥年新法》（甲）第十五，俄藏 9·198 上 ·1
529400	𗴺𗏹𗧓𗒘𗡡	大上师寺	《亥年新法》（甲）第十五，俄藏 9·198 下 ·1
529400	𗴺𗼻𗢳𘄿𗅋	大觉普渡寺	《亥年新法》（辛）第十五，俄藏 9·317 下 ·4—5
529400	𗴺𗌭𗿒 po[1] tjij[1] 𗏁𘉋𗧓𗅋	大菩提金刚座寺	《亥年新法》（甲）第十五，俄藏 9·198 上 ·15
722250	𗧓𗍫 śjwã[2] śiəj[1] 𗅋	瞬生寺	《亥年新法》（甲）第十五，俄藏 9·198 上 ·15
802124	𗗙𗍫𗆧𗧓 gjiiw[1] low[2] mjiw[2] tsji[1] 𗅋	牛郎母子庙	《亥年新法》（甲）第十五，俄藏 9·198 下 ·3
802140	𘓐𗤶𗵘𗿒 lo[1] sa[2]mji[1] le[2] 𗅋	罗刹弥勒寺	《亥年新法》（甲）第十五，俄藏 9·198 上 ·13
805450	𗵘𗿒 mji[1] le[2] 𗏹𗏹𗅋	弥勒延寿寺	《亥年新法》（甲）第十五，俄藏 9·198 上 ·5

续表

四角号码	西夏文　注音	汉义	出处
814442	[illegible]	渡民寺	《亥年新法》（甲）第十五，俄藏 9·198 上 ·3
822150	[illegible] ljịj[1] tśjiw[1] [illegible]	灵州庙	《亥年新法》（甲）第十五，俄藏 9·198 下 ·2
824080	[illegible]	帝师修寺	《亥年新法》（甲）第十五，俄藏 9·198 上 ·1
824200	[illegible] zjij[2] kwo[1] [illegible] śiəj[1] [illegible]	啰郭生仙寺	《亥年新法》（甲）第十五，俄藏 9·198 上 ·7
824400	[illegible] ·ja[2] giuu[2] [illegible]	野遇国师庙	《亥年新法》（甲）第十五，俄藏 9·198 上 ·10

四、综合类

102124	[illegible]	金刚铃	《亥年新法》（丙）第七，俄藏 9·278 下 ·7
104224	[illegible]	谷物　斛豆	《亥年新法》（甲）第二，俄藏 9·125 左上 ·5
109200	[illegible]	金钱	《亥年新法》（甲）第二，俄藏 9·125 左上 ·5
109200	[illegible]	金鼓	《亥年新法》（丙）第七，俄藏 9·278 下 ·11
111000	[illegible] gjaa[1] djii[1]	严泥	《亥年新法》（丙）第七，俄藏 9·278 下 ·9
112124	[illegible]	磬钟	《亥年新法》（丙）第七，俄藏 9·278 下 ·6
112125	[illegible]	拟制	《亥年新法》（甲）第十，俄藏 9·183 左上 ·3
112125	[illegible]	窖底	《亥年新法》（辛）第十五，俄藏 9·318 下 ·4
112125	[illegible]	窖口	《亥年新法》（甲）第十五，俄藏 9·199 上 ·15
112125	[illegible]	窖监	《亥年新法》（甲）第十五，俄藏 9·201 下 ·13
112125	[illegible]	窖底下	《亥年新法》（甲）第十五，俄藏 9·199 上 ·11
112125	[illegible]	国土	《亥年新法》（乙）第三，俄藏 9·227 上 ·1
112142	[illegible]	以上	《亥年新法》（甲）第二，俄藏 9·124 左下 ·2
112144	[illegible]	军粮	《亥年新法》（乙）第四，俄藏 9·236 下 ·12
112222	[illegible]	胜败	《亥年新法》（乙）第四，俄藏 9·236 下 ·1
112250	[illegible]	远近	《亥年新法》（甲）第四，俄藏 9·160 上 ·5
112250	[illegible]	亲辈	《亥年新法》（乙）第三，俄藏 9·221 下 ·5
112250	[illegible] śioow[1]	属地	《亥年新法》（辛）第十五，俄藏 9·322 下 ·14
112252	[illegible]	亏损	《亥年新法》（乙）第三，俄藏 9·231 下 ·8
112920	[illegible]	孙	《亥年新法》（乙）第三，俄藏 9·222 上 ·12
112920	[illegible]	孙子	《亥年新法》（乙）第十六十七，俄藏 9·262 上 ·5

续表

四角号码	西夏文　注音	汉义	出处
114100	[illegible]	寡妇	《亥年新法》（戊）第十一，俄藏 9·295·8
114100	[illegible]	成年妇女	《亥年新法》（甲）第十三，俄藏 9·189 上 ·13
114114	[illegible]	谎话	《亥年新法》（乙）第三，俄藏 9·230 上 ·3
114114	[illegible]	欺诈	《亥年新法》（乙）第四，俄藏 9·237 下 ·5
114140	[illegible] po[1]	城堡	《亥年新法》（甲）第十，俄藏 9·181 下 ·14
114224	[illegible]	附近	《亥年新法》（乙）第七，俄藏 9·239 下 ·11
114242	[illegible]	闲暇	《亥年新法》（乙）第四，俄藏 9·237 上 ·5
114400	[illegible]	兄弟（女称）	《亥年新法》（戊）第十一，俄藏 9·300 左 ·6
114420	[illegible]	失踪	《亥年新法》（乙）第三，俄藏 9·223 下 ·12
114525	[illegible]	相等	《亥年新法》（丙）第七，俄藏 9·266 上 ·7
115100	[illegible]	折扣	《亥年新法》（乙）第七，俄藏 9·245 上 ·1
115140	[illegible]	下马	《亥年新法》（丁）第十，俄藏 9·287 上 ·5
115140	[illegible]	下榻	《亥年新法》（甲）第十三，俄藏 9·191 上 ·12
115555	[illegible]	冲突	《亥年新法》（乙）第三，俄藏 9·220 下 ·5
115555	[illegible]	核对	《亥年新法》（丙）第七，俄藏 9·271 下 ·11—12
115555	[illegible]	交战	《亥年新法》（乙）第四，俄藏 9·236 上 ·6
115555	[illegible]	作抵	《亥年新法》（甲）第六，俄藏 9·164 下 ·12
117120	[illegible]	古代	《亥年新法》（乙）第七，俄藏 9·245 上 ·10
117140	[illegible]	夫妻	《亥年新法》（戊）第十一，俄藏 9·299 右 ·1
117145	[illegible]	遥远	《亥年新法》（戊）第十一，俄藏 9·296 右 ·3
119140	[illegible]	法纪	《亥年新法》（甲）第十五，俄藏 9·199 上 ·6
122028	[illegible]	俸禄	《亥年新法》（乙）第十六十七，俄藏 9·259 上 ·4
122124	[illegible]	行礼	《亥年新法》（甲）第十，俄藏 9·178 左上 ·3
122124	[illegible] bạ[2] [illegible]	帮助	《亥年新法》（乙）第三，俄藏 9·227 上 ·4
122125	[illegible]	判凭	《亥年新法》（乙）第三，俄藏 9·229 下 ·2
122150	[illegible]	养马	《亥年新法》（戊）第十一，俄藏 9·299 左 ·7
122420	[illegible]	十恶罪	《亥年新法》（甲）第一，俄藏 9·120 下 ·11
122420	[illegible] ·jï[1] tsjɨ[1]	印子	《亥年新法》（甲）第十，俄藏 9·183 左上 ·5

续表

四角号码	西夏文　注音	汉义	出处
122420	[illegible]	开拓	《亥年新法》（乙）第十六十七，俄藏 9·260 上 ·6
122450	[illegible] śioow¹ kiwã¹	练习熟关	《亥年新法》（乙）第四，俄藏 9·237 上 ·5
122457	[illegible]	指挥	《亥年新法》（乙）第三，俄藏 9·224 下 ·1
124120	[illegible]	边中（边塞内地）	《亥年新法》（甲）第二，俄藏 9·125 左上 ·8
124120	[illegible]	守边护城	《亥年新法》（乙）第四，俄藏 9·237 下 ·3
124122	[illegible]	徇情	《亥年新法》（乙）第七，俄藏 9·241 左上 ·4
124122	[illegible]	做人情	《亥年新法》（乙）第七，俄藏 9·242 上 ·11
124122	[illegible] lej¹ xã¹xã¹	赖憨憨	《亥年新法》（丙）第七，俄藏 9·277 下 ·1
124140	[illegible]	逮捕	《亥年新法》（乙）第三，俄藏 9·223 下 ·6
124140	[illegible]	长期	《亥年新法》（乙）第三，俄藏 9·234 上 ·3
124140	[illegible]	期限	《亥年新法》（乙）第三，俄藏 9·219 下 ·10
124140	[illegible]	短期	《亥年新法》（甲）第二，俄藏 9·129 左上 ·4
124172	[illegible]	奉行	《亥年新法》（甲）第一，俄藏 9·120 下 ·4
124400	[illegible]	姐妹（男称）	《亥年新法》（戊）第十一，俄藏 9·300 左 ·7
124400	[illegible] ·u² khju²	务渠	《亥年新法》（甲）第十五，俄藏 9·193 上 ·11
124420	[illegible]	敌方　敌国	《亥年新法》（乙）第三，俄藏 9·226 下 ·3
124420	[illegible]	敌寇	《亥年新法》（甲）第四，俄藏 9·156 下 ·2
124420	[illegible] tśjiw¹ wiọ¹	周围	《亥年新法》（乙）第三，俄藏 9·233 上 ·7
124420	[illegible] tśjiw¹ [illegible]	绕	《亥年新法》（甲）第十，俄藏 9·178 下 ·9
124420	[illegible]	谋逆罪	《亥年新法》（甲）第二，俄藏 9·124 左下 ·6
124420	[illegible] sə² [illegible]	私秘	《亥年新法》（甲）第十三，俄藏 9·187 上 ·10
124424	[illegible] dźjwã¹	草秸茅椽	《亥年新法》（甲）第十五，俄藏 9·202 下 ·12
124440	[illegible]	长寿灯	《亥年新法》（丙）第七，俄藏 9·278 下 ·10
124442	[illegible] mã¹ djaa¹·ja²	曼荼野	《亥年新法》（丙）第七，俄藏 9·278 下 ·10
125420	[illegible]	指导	《亥年新法》（甲）第十五，俄藏 9·200 上 ·7
125459	[illegible]	公事	《亥年新法》（乙）第三，俄藏 9·223 下 ·7
127400	[illegible]	散糜	《亥年新法》（乙）第十六十七，俄藏 9·259 上 ·8
127900	[illegible]	催促	《亥年新法》（乙）第三，俄藏 9·224 上 ·12

续表

四角号码	西夏文　注音	汉义	出处
129400	[illegible]	子	《亥年新法》（乙）第三，俄藏 9·222 上 ·12
129400	[illegible]	子孙	《亥年新法》（戊）第十一，俄藏 9·299 右 ·2
132152	[illegible]	留藏	《亥年新法》（乙）第七，俄藏 9·240 上 ·11
132420	[illegible]	夷部（夷族）	《亥年新法》（甲）第四，俄藏 9·162 下 ·8
132424	[illegible]	依海藏	《亥年新法》（甲）第十五，俄藏 9·193 上 ·7
132450	[illegible] $dźji^{1}$ [illegible]	尼僧	《亥年新法》（戊）第十一，俄藏 9·295·3
134120	[illegible]	行寻	《亥年新法》（乙）第四，俄藏 9·237 下 ·1
134220	[illegible] xia^{1} $xiwã^{1}$	相换	《亥年新法》（乙）第四，俄藏 9·238 下 ·7
134420	[illegible]	查问	《亥年新法》（乙）第七，俄藏 9·240 下 ·13
137222	[illegible]	举报	《亥年新法》（甲）第一，俄藏 9·120 上 ·6
137400	[illegible]	进攻	《亥年新法》（乙）第四，俄藏 9·236 上 ·10
144100	[illegible]	以后	《亥年新法》（甲）第一，俄藏 9·120 下 ·1
154142	[illegible]	长长久久	《亥年新法》（甲）第十五，俄藏 9·193 下 ·5
154244	[illegible]	奴婢	《亥年新法》（甲）第一，俄藏 9·121 上 ·7
155151	[illegible] $xjiɨ^{2}$ phu^{1}	修簿	《亥年新法》（甲）第十，俄藏 9·183 右上 ·6
162140	[illegible]	区分	《亥年新法》（乙）第三，俄藏 9·224 下 ·10
172114	[illegible] $xã^{2}$ $thji^{2}$ [illegible]	种旱地	《亥年新法》（甲）第十五，俄藏 9·199 上 ·4
172122	[illegible]	私自	《亥年新法》（乙）第三，俄藏 9·224 下 ·9
172122	[illegible] lji^{1} xej^{1}	利害	《亥年新法》（丙）第七，俄藏 9·276 下 ·11
172124	[illegible]	聚集	《亥年新法》（乙）第四，俄藏 9·237 上 ·10
172125	[illegible] $thej^{1}$ [illegible]	台阶	《亥年新法》（甲）第十，俄藏 9·178 下 ·13
172125	[illegible]	女	《亥年新法》（戊）第十一，俄藏 9·300 左 ·7
172125	[illegible]	子女	《亥年新法》（乙）第一，俄藏 9·209 下 ·7
172125	[illegible]	未嫁女	《亥年新法》（乙）第三，俄藏 9·232 上 ·9
172125	[illegible]	嫁女娶媳	《亥年新法》（乙）第四，俄藏 9·237 下 ·7
172125	[illegible]	在室未嫁女	《亥年新法》（戊）第十一，俄藏 9·301 右 ·1
172152	[illegible]	敛财	《亥年新法》（戊）第十一，俄藏 9·301 右 ·5
172152	[illegible]	分赃	《亥年新法》（乙）第三，俄藏 9·220 下 ·9

续表

四角号码	西夏文　注音	汉义	出处
172210	[illegible]	逃匿	《亥年新法》（乙）第四，俄藏 9·236 上 ·10
172220	[illegible]	牧人	《亥年新法》（乙）第三，俄藏 9·229 上 ·5
172220	[illegible]	师傅	《亥年新法》（戊）第十一，俄藏 9·303 右 ·3
172222	[illegible]	丧服	《亥年新法》（乙）第三，俄藏 9·221 下 ·5
172240	[illegible] kwo1 [illegible]	雇佣	《亥年新法》（甲）第十五，俄藏 9·194 上 ·8
172240	[illegible] kwo1 [illegible]	雇赏工价	《亥年新法》（乙）第三，俄藏 9·233 上 ·5
172250	[illegible]	习贯语	《亥年新法》（乙）第三，俄藏 9·224 下 ·7
172250	[illegible]	语约	《亥年新法》（乙）第三，俄藏 9·231 下 ·3
172250	[illegible]	令纪	《亥年新法》（甲）第四，俄藏 9·156 上 ·8
172250	[illegible]	情理	《亥年新法》（丙）第七，俄藏 9·266 上 ·7
172250	[illegible]	根瓿（情由）	《亥年新法》（乙）第三，俄藏 9·230 左下 ·5
172250	[illegible]	情节	《亥年新法》（甲）第一，俄藏 9·120 下 ·3
172250	[illegible]	说客（中介）	《亥年新法》（甲）第三，俄藏 9·143 下 ·11
172400	[illegible]	偏	《亥年新法》（甲）第四，俄藏 9·155 下 ·3
172420	[illegible]	掩盖	《亥年新法》（丙）第七，俄藏 9·270 下 ·2
172420	[illegible]	子	《亥年新法》（戊）第十一，俄藏 9·299 右 ·2
172420	[illegible]	勇士	《亥年新法》（戊）第十一，俄藏 9·297 左 ·7
172422	[illegible]	准备	《亥年新法》（乙）第四，俄藏 9·236 上 ·12
172422	[illegible]	无期	《亥年新法》（乙）第一，俄藏 9·209 下 ·3
172422	[illegible]	注册	《亥年新法》（乙）第七，俄藏 9·240 上 ·13
172422	[illegible] rar1 phiow1 ljwij2	啰庞岭	《亥年新法》（甲）第四，俄藏 9·155 上 ·9
172424	[illegible]	赔偿	《亥年新法》（乙）第三，俄藏 9·219 下 ·1
172444	[illegible] kja1	夹	《亥年新法》（甲）第十五，俄藏 9·203 上 ·8
174100	[illegible]	付给（支付）	《亥年新法》（甲）第十三，俄藏 9·187 下 ·6—7
174100	[illegible] tśhiow2 [illegible]	账簿	《亥年新法》（乙）第十六十七，俄藏 9·259 上 ·2
174120	[illegible]	干连人	《亥年新法》（甲）第十三，俄藏 9·191 下 ·16
174120	[illegible]	当事人	《亥年新法》（甲）第三，俄藏 9·144 下 ·2
174125	[illegible] piã1 phu1	班簿	《亥年新法》（乙）第三，俄藏 9·229 上 ·2

续表

四角号码	西夏文　注音	汉义	出处
174140	[illegible]	镜子	《亥年新法》（丙）第七，俄藏 9·278 下 ·11
174140	[illegible]	面上刺字	《亥年新法》（甲）第一，俄藏 9·127 左下 ·1
174220	[illegible]	屋舍	《亥年新法》（乙）第三，俄藏 9·219 下 ·11
174220	[illegible]	愍恤	《亥年新法》（丙）第七，俄藏 9·272 下 ·6
174220	[illegible] śjiw^{2} [illegible]	授予	《亥年新法》（甲）第十五，俄藏 9·193 上 ·4
174220	[illegible] śjiw^{2} thew^{2} ljɨɨ^{1} tsjɨ^{1}	兽头幡子（兽头檩子）	《亥年新法》（丙）第七，俄藏 9·278 下 ·9
174222	[illegible]	擅自	《亥年新法》（乙）第四，俄藏 9·236 上 ·14
174222	[illegible]	自己	《亥年新法》（甲）第一，俄藏 9·121 上 ·8
174222	[illegible]	长期　终身	《亥年新法》（甲）第一，俄藏 9·121 下 ·7
174222	[illegible]	本国	《亥年新法》（乙）第三，俄藏 9·226 下 ·1
174222	[illegible]	同伙	《亥年新法》（乙）第三，俄藏 9·219 下 ·5
174240	[illegible]	纠结	《亥年新法》（乙）第三，俄藏 9·227 上 ·4
174240	[illegible]	合并	《亥年新法》（庚）第十四，俄藏 9·311 下 ·17
174400	[illegible] ta^{1} ta^{1}	鞑靼	《亥年新法》（乙）第四，俄藏 9·239 右上 ·5—6
174400	[illegible] lu^{2} [illegible]	要路干道	《亥年新法》（丙）第七，俄藏 9·275 上 ·11
174420	[illegible] kjow^{1} [illegible]	弓弩	《亥年新法》（乙）第四，俄藏 9·237 上 ·4
174525	[illegible]	比较	《亥年新法》（甲）第四，俄藏 9·156 下 ·9
174525	[illegible]	设阵	《亥年新法》（乙）第四，俄藏 9·236 下 ·3
175154	[illegible] tã^{1} śjĩ^{1}	单身	《亥年新法》（丙）第七，俄藏 9·277 下 ·7—8
177240	[illegible]	僧人（和尚）	《亥年新法》（乙）第三，俄藏 9·221 上 ·11
177422	[illegible]	兑换	《亥年新法》（甲）第十五，俄藏 9·200 下 ·2
177442	[illegible]	军粮	《亥年新法》（乙）第四，俄藏 9·236 下 ·12
177442	[illegible]	军令	《亥年新法》（乙）第四，俄藏 9·236 下 ·10
177442	[illegible]	军民	《亥年新法》（乙）第四，俄藏 9·236 上 ·6
177442	[illegible]	军卒（士兵）	《亥年新法》（乙）第四，俄藏 9·237 上 ·14
177442	[illegible]	兵马秘事	《亥年新法》（丙）第七，俄藏 9·276 下 ·11
177442	[illegible] mja^{1}	麻	《亥年新法》（丙）第七，俄藏 9·267 下 ·6

续表

四角号码	西夏文　注音	汉义	出处
179220	[illegible]	侄	《亥年新法》（乙）第十六十七，俄藏 9·262 下 ·1
179220	[illegible] ka^2 $gji̠^2$	圪移	《亥年新法》（丙）第七，俄藏 9·270 上 ·6
182140	[illegible]	搅拌	《亥年新法》（甲）第十五，俄藏 9·200 下 ·13
182420	[illegible]	消息	《亥年新法》（乙）第四，俄藏 9·236 上 ·12
182452	[illegible]	辔鞍	《亥年新法》（丙）第七，俄藏 9·275 下 ·14
182545	[illegible]	搅拌	《亥年新法》（辛）第十五，俄藏 9·319 下 ·4
184120	[illegible]	恩赦	《亥年新法》（乙）第三，俄藏 9·226 下 ·9
184240	[illegible]	他邦	《亥年新法》（甲）第四，俄藏 9·156 上 ·9
184244	[illegible]	奖赏	《亥年新法》（甲）第二，俄藏 9·124 左上 ·8
184400	[illegible]	正职	《亥年新法》（乙）第四，俄藏 9·236 上 ·6
184400	[illegible]	共职	《亥年新法》（丁）第十，俄藏 9·287 上 ·2
184400	[illegible]	职位	《亥年新法》（乙）第三，俄藏 9·224 下 ·5
184400	[illegible]	役户	《亥年新法》（丙）第十二，俄藏 9·282 上 ·6
184400	[illegible]	革职位	《亥年新法》（甲）第二，俄藏 9·135 左下 ·9
184440	[illegible]	主借	《亥年新法》（乙）第三，俄藏 9·232 下 ·2
184440	[illegible]	支取	《亥年新法》（甲）第十五，俄藏 9·194 上 ·7
184440	[illegible]	从借	《亥年新法》（乙）第三，俄藏 9·232 下 ·2
184442	[illegible]	放火	《亥年新法》（甲）第二，俄藏 9·124 左下 ·7
184442	[illegible]	消灭	《亥年新法》（乙）第四，俄藏 9·236 上 ·5
185450	[illegible]	他人　别人	《亥年新法》（乙）第三，俄藏 9·221 下 ·3
189240	[illegible] $tśjij^1$	整	《亥年新法》（甲）第六，俄藏 9·164 下 ·6
189240	[illegible] $tśjij^1$ tow^1	整多	《亥年新法》（甲）第四，俄藏 9·155 上 ·4
192245	[illegible]	以下	《亥年新法》（甲）第二，俄藏 9·124 左上 ·9
194244	[illegible]	除断	《亥年新法》（甲）第二，俄藏 9·124 左上 ·4
194274	[illegible]	仔细	《亥年新法》（乙）第四，俄藏 9·239 右上 ·2
204000	[illegible]	腰带	《亥年新法》（丙）第七，俄藏 9·275 下 ·14
210120	[illegible]	媳（儿媳）	《亥年新法》（甲）第一，俄藏 9·121 上 ·7
210122	[illegible]	懈怠	《亥年新法》（甲）第四，俄藏 9·156 上 ·7

续表

四角号码	西夏文　注音	汉义	出处
210124	[illegible]	继子	《亥年新法》（乙）第三，俄藏 9·230 左下 ·4
210125	[illegible] khã^{1} thu^{1}	钤土	《亥年新法》（辛）第十五，俄藏 9·323 上 ·10
210125	[illegible]	庶母	《亥年新法》（戊）第十一，俄藏 9·299 左 ·4
210127	[illegible]	无道	《亥年新法》（乙）第一，俄藏 9·210 上 ·9
210127	[illegible]	没有	《亥年新法》（甲）第一，俄藏 9·120 下 ·6
210127	[illegible]	以外	《亥年新法》（甲）第二，俄藏 9·125 左上 ·2
210222	[illegible]	布施	《亥年新法》（戊）第十一，俄藏 9·303 右 ·2
210240	[illegible]	入侵	《亥年新法》（甲）第四，俄藏 9·156 下 ·2
210420	[illegible] phio^{2} [illegible]	包资	《亥年新法》（甲）第十五，俄藏 9·195 下 ·6
210420	[illegible] phio^{2} [illegible]	包揽	《亥年新法》（甲）第十五，俄藏 9·204 上 ·10
210545	[illegible] thew^{2}	鍮	《亥年新法》（丙）第七，俄藏 9·278 右上 ·4
210255	[illegible]	勇士	《亥年新法》（戊）第十一，俄藏 9·296 右 ·4
210255	[illegible]	练习武艺	《亥年新法》（乙）第四，俄藏 9·236 下 ·14
212100	[illegible] śia^{1} boo^{2}	沙漠	《亥年新法》（甲）第十五，俄藏 9·203 下 ·3—4
212122	[illegible] tśhjwã^{1} xwej^{2}	传回	《亥年新法》（丙）第七，俄藏 9·277 上 ·10—11
212144	[illegible] thã^{1} [illegible]	滩炉峰	《亥年新法》（乙）第十六十七，俄藏 9·259 上 ·2
212150	[illegible]	自然	《亥年新法》（甲）第一，俄藏 9·120 上 ·13
212240	[illegible]	清白	《亥年新法》（甲）第一，俄藏 9·120 下 ·1
214000	[illegible] phia^{1}	盘发冠	《亥年新法》（丙）第七，俄藏 9·278 下 ·13
214000	[illegible] ɣwej^{1} ɣwə^{1}	回鹘	《亥年新法》（乙）第七，俄藏 9·240 上 ·4
214100	[illegible] kjij^{1} [illegible]	贾人（商贾）	《亥年新法》（乙）第七，俄藏 9·243 上 ·7
214121	[illegible]	何时	《亥年新法》（乙）第七，俄藏 9·239 下 ·9
214121	[illegible]	几何	《亥年新法》（甲）第十五，俄藏 9·200 下 ·14
214121	[illegible]	被告	《亥年新法》（乙）第三，俄藏 9·225 上 ·6
214121	[illegible] khew^{2}	口供	《亥年新法》（乙）第三，俄藏 9·230 上 ·10
214122	[illegible]	均匀	《亥年新法》（甲）第四，俄藏 9·155 下 ·3
214140	[illegible] lhjɨ^{1} [illegible]	累及、继及	《亥年新法》（丙）第十二，俄藏 9·280 上 ·9
214140	[illegible]	支付	《亥年新法》（乙）第三，俄藏 9·232 上 ·3

续表

四角号码	西夏文　注音	汉义	出处
214141	緂皾	艰难	《亥年新法》（乙）第三，俄藏 9·229 下 ·12
214142	緕馡	显耀	《亥年新法》（乙）第三，俄藏 9·222 下 ·3
214142	緕緋 phie[1]	标牌	《亥年新法》（辛）第十五，俄藏 9·319 下 ·9
214142	緌 tśhiej[2] 緞	寨妇	《亥年新法》（乙）第四，俄藏 9·237 上 ·14
214142	緋	大麦	《亥年新法》（甲）第十五，俄藏 9·200 下 ·5
214150	緕鞿	彼此	《亥年新法》（乙）第四，俄藏 9·238 下 ·12
214182	緌 thow[1] 緔	通日	《亥年新法》（甲）第十三，俄藏 9·188 下 ·4
214222	緺緕	顷亩	《亥年新法》（甲）第十五，俄藏 9·192 下 ·5
214240	緆緌	苗果	《亥年新法》（乙）第三，俄藏 9·233 上 ·5
214242	緶緌	隶属	《亥年新法》（乙）第四，俄藏 9·238 上 ·7
214420	緞緌	口供	《亥年新法》（乙）第三，俄藏 9·220 下 ·2
214420	緞緌	诉讼	《亥年新法》（乙）第三，俄藏 9·231 上 ·11
214420	緌 śiəj[1] 緕	生地	《亥年新法》（甲）第十五，俄藏 9·195 下 ·12
214420	緌緌緌 śiəj[1] xwo[2]　boo[2]	生火木	《亥年新法》（丙）第七，俄藏 9·278 下 ·11
214422	緌緌	视者	《亥年新法》（乙）第七，俄藏 9·242 上 ·5
217142	緌緌	严格	《亥年新法》（乙）第七，俄藏 9·244 上 ·3
217250	緌緌	孝道	《亥年新法》（甲）第一，俄藏 9·120 上 ·13
218420	緌	粳稻	《亥年新法》（甲）第十五，俄藏 9·204 下 ·14
218420	緌緋緌緌 kiej[1] bjii[2]	稻麦粳米	《亥年新法》（甲）第十五，俄藏 9·192 下 ·5
220121	緌緌	追击	《亥年新法》（甲）第四，俄藏 9·163 上 ·9
220121	緌緌	追捕	《亥年新法》（乙）第四，俄藏 9·236 下 ·8
220121	緌緌緌	追捕者	《亥年新法》（乙）第三，俄藏 9·220 上 ·11
220122	緌緌	知证	《亥年新法》（乙）第三，俄藏 9·229 上 ·12
220125	緌緌緌緌	坐司主法	《亥年新法》（甲）第十，俄藏 9·183 右上 ·5—6
220125	緌緌	假期	《亥年新法》（乙）第四，俄藏 9·237 上 ·14
220127	緌緌	掩面	《亥年新法》（甲）第十，俄藏 9·178 左上 ·5
220420	緌緌	叛变	《亥年新法》（甲）第四，俄藏 9·156 上 ·9
220422	緌緌	裁详	《亥年新法》（乙）第十六十七，俄藏 9·260 下 ·9

续表

四角号码	西夏文　注音	汉义	出处
220450	赧 lã[1] 豩	阻拦	《亥年新法》（辛）第十五，俄藏 9·318 左下 ·2
220450	赧亥	黜官	《亥年新法》（甲）第二，俄藏 9·125 左下 ·6
220450	赧亥	降官	《亥年新法》（甲）第二，俄藏 9·126 左下 ·6
221000	詻繎	坐次	《亥年新法》（丁）第十，俄藏 9·287 上 ·5
222122	氚赧	周围	《亥年新法》（甲）第十五，俄藏 9·200 下 ·1
222420	纵綘線祔 tjɨj[1] śiəj[1] phã[1] tsjɨ[1]	定生盘子	《亥年新法》（丙）第七，俄藏 9·278 下 ·9
222442	緎黏	霉烂变质	《亥年新法》（甲）第十五，俄藏 9·198 下 ·9
222442	緎黏	霉烂	《亥年新法》（甲）第十五，俄藏 9·198 下 ·16
222444	緎毹	罚马	《亥年新法》（甲）第二，俄藏 9·126 左上 ·9
224000	纟糈	果实	《亥年新法》（甲）第十五，俄藏 9·201 下 ·12
224000	綖蠢	值班（轮值）	《亥年新法》（乙）第四，俄藏 9·237 上 ·2
224055	緝	兄弟	《亥年新法》（乙）第四，俄藏 9·237 下 ·7
224055	緝觌	兄弟	《亥年新法》（戊）第十一，俄藏 9·299 右 ·2
224280	緰赦痑	统领者	《亥年新法》（戊）第十一，俄藏 9·299 左 ·4
224100	繸 śji[2] 촉彝	市场榷场	《亥年新法》（丙）第七，俄藏 9·275 下 ·7
224122	緂蕒豩痑	受理者	《亥年新法》（乙）第三，俄藏 9·224 下 ·2
224125	纁毹痑	担保者	《亥年新法》（乙）第十六十七，俄藏 9·260 下 ·6
224125	緂甀	群盗	《亥年新法》（乙）第三，俄藏 9·219 上 ·3
224125	緂 phie[1] 緵	拍打	《亥年新法》（乙）第三，俄藏 9·227 上 ·6
224127	纔緱	妻眷	《亥年新法》（甲）第一，俄藏 9·120 上 ·1
224140	絾禶	道观	《亥年新法》（甲）第三，俄藏 9·142 下 ·11
224140	絾禶	道士	《亥年新法》（乙）第三，俄藏 9·221 上 ·11
224140	絾繈	救济	《亥年新法》（乙）第四，俄藏 9·236 下 ·13
224140	繞絾	器械（兵戈）	《亥年新法》（乙）第七，俄藏 9·242 下 ·12
224140	繈牏 khji[2] thow[1]	其他	《亥年新法》（乙）第三，俄藏 9·225 上 ·1
224142	繖彨豯	间谍	《亥年新法》（丙）第七，俄藏 9·266 上 ·9
224240	緰崩	汇集	《亥年新法》（乙）第十六十七，俄藏 9·259 上 ·7

续表

四角号码	西夏文　注音	汉义	出处
224344	[illegible]	麻皮	《亥年新法》（甲）第十五，俄藏 9·195 下 ·12
224400	[illegible]	圣旨	《亥年新法》（甲）第十五，俄藏 9·197 上 ·15
224422	[illegible] xiow^{2} sjwi^{1} thã^{1} thew^{2}	祥瑞抬头	《亥年新法》（丙）第七，俄藏 9·278 下 ·10
224422	[illegible]	放松（释放）	《亥年新法》（乙）第七，俄藏 9·241 左上 ·4
224440	[illegible] phej^{2} [illegible]	派税	《亥年新法》（丙）第七，俄藏 9·270 下 ·9
224440	[illegible]	男女	《亥年新法》（甲）第十三，俄藏 9·190 下 ·13
224441	[illegible]	今后	《亥年新法》（乙）第七，俄藏 9·239 下 ·14
224570	[illegible]	主谋　起心	《亥年新法》（甲）第一，俄藏 9·120 上 ·1
224570	[illegible]	心态	《亥年新法》（乙）第三，俄藏 9·220 上 ·11—12
227220	[illegible]	丧葬	《亥年新法》（乙）第四，俄藏 9·237 下 ·7
227450	[illegible]	恶人	《亥年新法》（甲）第一，俄藏 9·120 下 ·12
227450	[illegible]	医人	《亥年新法》（甲）第二，俄藏 9·138 左上 ·3
227450	[illegible]	偷人	《亥年新法》（乙）第三，俄藏 9·219 上 ·2
227450	[illegible]	人品	《亥年新法》（戊）第十一，俄藏 9·296 右 ·6
228122	[illegible]	每月	《亥年新法》（乙）第四，俄藏 9·237 上 ·2
229400	[illegible]	杂役	《亥年新法》（甲）第四，俄藏 9·163 上 ·4
229400	[illegible]	杂罪	《亥年新法》（甲）第二，俄藏 9·124 左下 ·3
230252	[illegible] tjij^{1}	帐垫	《亥年新法》（丙）第七，俄藏 9·278 下 ·13
230252	[illegible]	庙堂	《亥年新法》（乙）第七，俄藏 9·243 上 ·8
234122	[illegible]	高祖	《亥年新法》（乙）第三，俄藏 9·222 上 ·12
234144	[illegible]	超额	《亥年新法》（乙）第七，俄藏 9·245 上 ·7
234220	[illegible]	君子	《亥年新法》（戊）第十一，俄藏 9·297 左 ·7
234220	[illegible]	少年男子	《亥年新法》（甲）第十三，俄藏 9·189 上 ·13
234220	[illegible]	地程	《亥年新法》（甲）第四，俄藏 9·160 上 ·5
234220	[illegible] śjuu^{1}	熟地	《亥年新法》（辛）第十五，俄藏 9·322 下 ·13
234220	[illegible]	闲地	《亥年新法》（甲）第十五，俄藏 9·204 上 ·16
234220	[illegible]	地域（舆地）	《亥年新法》（甲）第四，俄藏 9·154 下 ·11

续表

四角号码	西夏文　注音	汉义	出处
234220	婔敁	田苗	《亥年新法》（甲）第十三，俄藏 9·187 上 ·9
234220	婔觿	向导	《亥年新法》（乙）第四，俄藏 9·239 右上 ·6
234220	婔緖	田畴	《亥年新法》（乙）第三，俄藏 9·219 下 ·11
234240	婂綫 xjow^{2} lu^{2}	防漏	《亥年新法》（甲）第十五，俄藏 9·198 下 ·6
234282	婻羝毵	登记名	《亥年新法》（乙）第七，俄藏 9·240 下 ·7
234420	緻緝 xew^{1}	损耗（消耗）	《亥年新法》（甲）第十五，俄藏 9·199 上 ·2
234420	緻緝 xew^{1} 䋤	减损耗	《亥年新法》（甲）第十五，俄藏 9·198 下 ·13—14
244224	纉蒤	敕谕（敕诏）	《亥年新法》（乙）第七，俄藏 9·240 上 ·13—14
244224	纉弜綘 xiwəj^{1} 𢓊	换卖敕禁	《亥年新法》（乙）第七，俄藏 9·239 下 ·3
244224	纉禵	统法	《亥年新法》（甲）第四，俄藏 9·163 上 ·7
244224	纉緇	统令	《亥年新法》（乙）第四，俄藏 9·236 上 ·6
254000	絣毵	佛像	《亥年新法》（丙）第七，俄藏 9·278 下 ·6
254000	絣禵縿娽	佛法义味	《亥年新法》（戊）第十一，俄藏 9·301 左 ·2
254000	絣毵敥蒾蔣狾 ·iow^{2} tsjɨ^{1}	铸佛像样子	《亥年新法》（丙）第七，俄藏 9·278 下 ·7
254100	緋蔋	排立	《亥年新法》（甲）第十，俄藏 9·179 左上 ·8
254122	䋯	曾孙	《亥年新法》（乙）第三，俄藏 9·222 下 ·1
254125	纎䋐	百姓	《亥年新法》（乙）第三，俄藏 9·225 上 ·10
254125	纎𦄎	出家	《亥年新法》（戊）第十一，俄藏 9·301 右 ·1
254125	纎蕊毯	邻居主	《亥年新法》（甲）第十三，俄藏 9·191 上 ·13
254140	繸憷	安定	《亥年新法》（甲）第一，俄藏 9·121 上 ·4
254900	緢婧	大姓	《亥年新法》（甲）第十，俄藏 9·183 下 ·3
270224	瓥敊纛骸	国威军律	《亥年新法》（乙）第四，俄藏 9·236 下 ·3
270242	懈羲	西北	《亥年新法》（甲）第四，俄藏 9·163 下 ·9
270242	懈蘸	西隅（西方）	《亥年新法》（丙）第七，俄藏 9·274 下 ·13
270425	㒚纎	体 bèn 工	《亥年新法》（乙）第十六十七，俄藏 8·259 上 ·2
270525	悜壨	庶母	《亥年新法》（戊）第十一，俄藏 9·294·3
272200	𢒼緋嬲蕤	分析人状	《亥年新法》（乙）第三，俄藏 9·224 下 ·2
274000	緌敪	留宿	《亥年新法》（甲）第十三，俄藏 9·191 上 ·10

续表

四角号码	西夏文　注音	汉义	出处
274100	[illegible]	主人	《亥年新法》（戊）第十一，俄藏 9·300 左 ·2
274120	[illegible]	装备	《亥年新法》（乙）第四，俄藏 9·237 下 ·3
274122	[illegible] xu¹ [illegible]	夫役	《亥年新法》（甲）第十五，俄藏 8·192 下 ·2
274122	[illegible] xu¹ [illegible]	夫役草	《亥年新法》（辛）第十五，俄藏 8·313 下 ·8
274220	[illegible] lji² lji²	容易（立即）	《亥年新法》（乙）第四，俄藏 9·238 下 ·12
274240	[illegible]	许多　很多	《亥年新法》（乙）第四，俄藏 9·236 上 ·12
274242	[illegible]	总数	《亥年新法》（丙）第七，俄藏 9·273 下 ·2
274244	[illegible] sjij²	写诏	《亥年新法》（甲）第十五，俄藏 9·195 上 ·10
274322	[illegible]	管制	《亥年新法》（乙）第三，俄藏 9·224 上 ·12
274400	[illegible]	赋敛	《亥年新法》（甲）第四，俄藏 9·163 上 ·4
274455	[illegible]	出工	《亥年新法》（乙）第三，俄藏 9·232 上 ·10
274525	[illegible] mja¹ dźji¹ tsjij² ljij¹	摩尼殿帘	《亥年新法》（丙）第七，俄藏 9·278 下 ·8
277240	[illegible]	告状	《亥年新法》（乙）第三，俄藏 9·224 上 ·3
277240	[illegible]	接状	《亥年新法》（乙）第七，俄藏 9·240 下 ·13
277270	[illegible]	投状	《亥年新法》（甲）第一，俄藏 9·120 上 ·3
277442	[illegible]	贵贱	《亥年新法》（乙）第十六十七，俄藏 9·262 上 ·7
277450	[illegible]	专哉	《亥年新法》（乙）第四，俄藏 9·236 上 ·5
278420	[illegible] ·ow² rar¹ njaa¹	卧啰娘	《亥年新法》（甲）第四，俄藏 9·155 上 ·9
280400	[illegible]	伸手（偷）	《亥年新法》（甲）第三，俄藏 9·142 下 ·12
280400	[illegible]	强行	《亥年新法》（乙）第七，俄藏 9·240 下 ·4
280400	[illegible]	擒掳	《亥年新法》（甲）第四，俄藏 9·163 上 ·8
280400	[illegible]	掳掠	《亥年新法》（乙）第四，俄藏 9·235 下 ·14
280400	[illegible]	手背刺字	《亥年新法》（乙）第二，俄藏 9·214 左下 ·6
280400	[illegible]	签字	《亥年新法》（丁）第十，俄藏 9·287 上 ·2
280400	[illegible]	签字	《亥年新法》（辛）第十五，俄藏 9·323 上 ·11
280420	[illegible]	平苛抚弱	《亥年新法》（乙）第三，俄藏 9·227 上 ·12
280422	[illegible]	疑罣	《亥年新法》（乙）第七，俄藏 9·243 下 ·10

续表

四角号码	西夏文　注音	汉义	出处
280424	[illegible] śjā¹ djij²	禅定	《亥年新法》（戊）第十一，俄藏 9·301 右 ·5
280440	[illegible]	登记簿	《亥年新法》（丙）第七，俄藏 9·271 下 ·9
280440	[illegible]	臣民	《亥年新法》（甲）第十五，俄藏 9·192 下 ·9
280444	[illegible]	强行	《亥年新法》（乙）第三，俄藏 9·227 上 ·5
280444	[illegible]	强盗	《亥年新法》（乙）第三，俄藏 9·219 上 ·2
280450	[illegible]	活业	《亥年新法》（戊）第十一，俄藏 9·298 右 ·5
282140	[illegible]	然后	《亥年新法》（乙）第七，俄藏 9·243 下 ·8
282442	[illegible]	恶毒	《亥年新法》（乙）第一，俄藏 9·210 上 ·9
282444	[illegible] kwā¹ śie¹	管束	《亥年新法》（甲）第四，俄藏 9·156 下 ·6—7
284122	[illegible] tsjij² ŋa²	惊愕	《亥年新法》（丙）第七，俄藏 9·271 上 ·10
284122	[illegible] tsjij² tshə¹	级次	《亥年新法》（甲）第一，俄藏 9·120 下 ·4
284142	[illegible]	查验	《亥年新法》（乙）第三，俄藏 9·229 上 ·6
284172	[illegible]	惜命（怕死）	《亥年新法》（乙）第四，俄藏 9·236 下 ·2
284174	[illegible] xwej² phio²	回报	《亥年新法》（乙）第三，俄藏 9·219 下 ·11
284174	[illegible] xwej² pjij¹	回避	《亥年新法》（乙）第七，俄藏 9·244 上 ·5
284221	[illegible]	偷盗	《亥年新法》（乙）第三，俄藏 9·220 上 ·4
284242	[illegible] phiej²	稗	《亥年新法》（甲）第十五，俄藏 9·204 下 ·14
284400	[illegible]	主耕	《亥年新法》（甲）第十五，俄藏 9·196 上 ·10
284420	[illegible]	打架斗殴	《亥年新法》（甲）第二，俄藏 9·124 左下 ·7
284440	[illegible]	丢失	《亥年新法》（甲）第三，俄藏 9·142 下 ·13
284442	[illegible] do²·jaa²	毒药	《亥年新法》（甲）第十三，俄藏 9·188 下 ·3
284442	[illegible] do²·jaa² [illegible]	投毒药	《亥年新法》（甲）第十三，俄藏 9·188 下 ·5
287152	[illegible]	发愿	《亥年新法》（戊）第十一，俄藏 9·302 右 ·4
287420	[illegible]	律法	《亥年新法》（乙）第七，俄藏 9·242 下 ·1
287420	[illegible]	犯戒	《亥年新法》（戊）第十一，俄藏 9·295·8
287420	[illegible]	枉法	《亥年新法》（甲）第二，俄藏 9·124 左上 ·5—6
287420	[illegible]	律令	《亥年新法》（甲）第一，俄藏 9·120 上 ·1
287420	[illegible]	破戒	《亥年新法》（戊）第十一，俄藏 9·295·6

续表

四角号码	西夏文　注音	汉义	出处
287420	[illegible]	开戒	《亥年新法》（戊）第十一，俄藏 9·303 右 ·4
287420	[illegible]	违法　违律	《亥年新法》（甲）第二，俄藏 9·124 左上 ·6
287420	[illegible]	枉法贪脏罪	《亥年新法》（乙）第三，俄藏 9·225 下 ·7
287545	[illegible]	长哨	《亥年新法》（丙）第七，俄藏 9·273 上 ·12
287545	[illegible]	哨兵	《亥年新法》（甲）第四，俄藏 9·155 下 ·10
290524	[illegible]	减免	《亥年新法》（丙）第七，俄藏 9·271 上 ·7
294121	[illegible]	偷拿	《亥年新法》（甲）第三，俄藏 9·142 下 ·12
294121	[illegible]	偷搬	《亥年新法》（乙）第三，俄藏 9·221 下 ·1
294124	[illegible] źu^{2} tjɨj^{1}	褥垫	《亥年新法》（丙）第七，俄藏 9·278 下 ·13
294274	[illegible]	小姓	《亥年新法》（甲）第十，俄藏 9·183 下 ·4
294544	[illegible]	蒲苇	《亥年新法》（甲）第十五，俄藏 9·203 下 ·3
294574	[illegible] xju^{1} mo^{2}	虚冒	《亥年新法》（甲）第三，俄藏 9·144 上 ·5—6
294574	[illegible] xju^{1} [illegible]	虚扯	《亥年新法》（乙）第三，俄藏 9·230 上 ·2
302422	[illegible] tśjɨ^{1} ŋwe^{2}	职位	《亥年新法》（乙）第七，俄藏 9·240 上 ·4
302422	[illegible] tśjɨ^{1} kiwã^{1}	只关	《亥年新法》（乙）第三，俄藏 9·223 上 ·11
302422	[illegible]	嘱咐　交待	《亥年新法》（甲）第一，俄藏 9·121 下 ·8
307520	[illegible]	放松	《亥年新法》（甲）第四，俄藏 9·156 上 ·7
312140	[illegible]	巡值	《亥年新法》（乙）第七，俄藏 9·244 上 ·1
312140	[illegible]	行淫调情	《亥年新法》（甲）第一，俄藏 9·120 上 ·7
312522	[illegible] thwuu^{1}	同僚	《亥年新法》（丁）第十，俄藏 9·287 上 ·2
322422	[illegible]	凌辱	《亥年新法》（乙）第三，俄藏 9·227 上 ·7
322440	[illegible]	姑	《亥年新法》（戊）第十一，俄藏 9·299 左 ·4
372140	[illegible]	了悟　了解	《亥年新法》（戊）第十一，俄藏 9·301 左 ·2
372240	[illegible]	确立	《亥年新法》（乙）第三，俄藏 9·224 下 ·11
382140	[illegible]	辎脚人	《亥年新法》（丙）第七，俄藏 9·273 下 ·1
382242	[illegible]	婆婆	《亥年新法》（戊）第十一，俄藏 9·297 右 ·3
410112	[illegible]	账本	《亥年新法》（甲）第十五，俄藏 9·204 上 ·3
410112	[illegible]	本利	《亥年新法》（乙）第三，俄藏 9·231 下 ·3

续表

四角号码	西夏文　注音	汉义	出处
412112	[illegible]	住滞	《亥年新法》（甲）第四，俄藏 9·156 上·8
414900	[illegible]	吉庆	《亥年新法》（乙）第三，俄藏 9·227 上·8—9
414900	[illegible] giuu^{2} tśia^{1} tsjɨ^{1}	御札子	《亥年新法》（甲）第十五，俄藏 9·197 上·15
420440	[illegible]	迎送	《亥年新法》（丙）第七，俄藏 9·272 下·14
474240	[illegible]	劝救	《亥年新法》（戊）第十一，俄藏 9·296 左·2—3
480242	[illegible]	器械	《亥年新法》（乙）第三，俄藏 9·219 上·2
502124	[illegible]	采炭	《亥年新法》（乙）第十六十七，俄藏 9·259 上·2
502124	[illegible]	逃跑	《亥年新法》（乙）第三，俄藏 9·219 下·10
502142	[illegible]	香炉	《亥年新法》（丙）第七，俄藏 9·278 下·6
502142	[illegible] xa^{1} tsji^{1}	香盒子	《亥年新法》（丙）第七，俄藏 9·278 下·8
502170	[illegible]	裁（裁断）	《亥年新法》（甲）第十，俄藏 9·183 下·10
502244	[illegible]	侵扰	《亥年新法》（乙）第三，俄藏 9·225 上·1
502250	[illegible] ljụ^{1} [illegible]	合流	《亥年新法》（甲）第十三，俄藏 9·191 下·15
502250	[illegible] ljụ^{1} [illegible]	同流	《亥年新法》（甲）第十三，俄藏 9·192 上·3
504140	[illegible]	木棍　木植	《亥年新法》（乙）第三，俄藏 9·220 上·4
504140	[illegible] phie^{1}	木牌	《亥年新法》（辛）第十五，俄藏 9·319 下·5
504140	[illegible] ɣjwã^{1}	树园	《亥年新法》（甲）第十五，俄藏 9·193 上·8
504140	[illegible]	木盾	《亥年新法》（乙）第四，俄藏 9·237 上·3
504200	[illegible]	杖	《亥年新法》（甲）第二，俄藏 9·126 左下·7
504224	[illegible] tśhji^{1} tã^{1}	契丹	《亥年新法》（丙）第七，俄藏 9·277 上·12
504224	[illegible] phə^{1}sji^{1} thjij^{2} [illegible]	西天国	《亥年新法》（戊）第十一，俄藏 9·301 左·3
504420	[illegible]	道场	《亥年新法》（戊）第十一，俄藏 9·301 右·5
504440	[illegible]	箭匙	《亥年新法》（丙）第七，俄藏 9·278 下·12
504520	[illegible]	借债	《亥年新法》（乙）第三，俄藏 9·219 下·8
504520	[illegible]	债务（欠债）	《亥年新法》（乙）第三，俄藏 9·219 下·7
504520	[illegible]	抵债	《亥年新法》（乙）第三，俄藏 9·220 下·9—10
504520	[illegible]	放债者	《亥年新法》（乙）第三，俄藏 9·231 下·4
505120	[illegible]	典押	《亥年新法》（戊）第十一，俄藏 9·296 左·6—7

续表

四角号码	西夏文　注音	汉义	出处
505120	[illegible]	典当	《亥年新法》（乙）第三，俄藏 9·219 下 ·8
520400	[illegible]	商道	《亥年新法》（乙）第七，俄藏 9·245 上 ·11
520400	[illegible] lu^2	商路	《亥年新法》（丙）第七，俄藏 9·271 下 ·7
520400	[illegible]	掮客	《亥年新法》（甲）第三，俄藏 9·143 下 ·11
570220	[illegible]	玄孙	《亥年新法》（乙）第三，俄藏 9·222 下 ·1
570400	[illegible]	货物	《亥年新法》（乙）第七，俄藏 9·244 下 ·12
604010	[illegible]	走北	《亥年新法》（乙）第四，俄藏 9·236 上 ·10
604222	[illegible]	使军	《亥年新法》（甲）第一，俄藏 9·121 上 ·7
604322	[illegible]	搏斗	《亥年新法》（乙）第三，俄藏 9·220 上 ·11
732442	[illegible] mo^2	冒	《亥年新法》（丙）第七，俄藏 9·271 上 ·11
752242	[illegible]	立功	《亥年新法》（甲）第十，俄藏 9·183 左上 ·3
772140	[illegible]	掠	《亥年新法》（乙）第四，俄藏 9·237 下 ·11
772242	[illegible]	雨露	《亥年新法》（乙）第三，俄藏 9·226 下 ·12
802100	[illegible]	徒役（劳役）	《亥年新法》（甲）第二，俄藏 9·126 左下 ·8
802122	[illegible]	耳后刺字	《亥年新法》（甲）第二，俄藏 9·129 左上 ·4
802122	[illegible]	当面	《亥年新法》（乙）第三，俄藏 9·224 下 ·9
802122	[illegible]	目盯	《亥年新法》（乙）第三，俄藏 9·227 上 ·3
802124	[illegible]	深罪	《亥年新法》（乙）第三，俄藏 9·228 下 ·7
802125	[illegible] $dźjuu^2$ [illegible]	女国	《亥年新法》（乙）第四，俄藏 9·235 下 ·10
802125	[illegible] $dźjuu^2$ [illegible]	女真人	《亥年新法》（丙）第七，俄藏 9·276 下 ·3
802140	[illegible] lo^1 lji^1nju^1	郎烈女（罗宝女）	《亥年新法》（丙）第七，俄藏 9·278 下 ·6
802150	[illegible]	库藏	《亥年新法》（甲）第十五，俄藏 9·198 下 ·6
802190	[illegible]	节亲亲戚	《亥年新法》（乙）第三，俄藏 9·231 上 ·11
802222	[illegible]	净瓶	《亥年新法》（丙）第七，俄藏 9·278 下 ·6
802222	[illegible]	谋智清人	《亥年新法》（乙）第三，俄藏 9·219 下 ·4
802224	[illegible] $·ã^1$ $phie^1$	安排	《亥年新法》（丙）第七，俄藏 9·277 上 ·14
802224	[illegible]	矛剑	《亥年新法》（乙）第四，俄藏 9·237 上 ·3
802255	[illegible] $mẽ^1$ $phã^1$ $dźjiw^1$ $·jã^1$	门襻纽掩	《亥年新法》（丙）第七，俄藏 9·278 下 ·9

续表

四角号码	西夏文　注音	汉义	出处
802400	[illegible]	文武	《亥年新法》（甲）第二，俄藏 9·125 左上 ·9
802400	[illegible] śjij[1]	文武臣	《亥年新法》（甲）第十，俄藏 9·183 左上 ·1
802400	[illegible]	行遣文书	《亥年新法》（乙）第三，俄藏 9·224 下 ·2
802400	[illegible] njaa[1] mja[1]·jiw[2] tsjij[2]	南院娘妈窑井	《亥年新法》（丙）第七，俄藏 9·277 上 ·13
802422	[illegible]	轮换	《亥年新法》（甲）第十五，俄藏 9·198 下 ·8
802422	[illegible] xiwã[1] [illegible]	做轮换	《亥年新法》（甲）第四，俄藏 9·155 下 ·2
802440	[illegible]	**争斗**　战争	《亥年新法》（乙）第四，俄藏 9·236 上 ·12
804100	[illegible] kiej[1] khã[1]	界坎	《亥年新法》（甲）第十五，俄藏 9·193 上 ·10
804100	[illegible] kiej[1] pho[1]	**界坡**　埂坡	《亥年新法》（甲）第十五，俄藏 9·193 上 ·8
804100	[illegible] kiej[1] [illegible]	通界	《亥年新法》（乙）第七，俄藏 9·242 上 ·5
804100	[illegible] kiej[1] khew[2]	界口	《亥年新法》（甲）第四，俄藏 9·154 上 ·6
804100	[illegible] kiej[1] khew[2] phow[1]	界口旁	《亥年新法》（甲）第四，俄藏 9·155 上 ·9—10
804100	[illegible]	**受贿**　吃贿赂	《亥年新法》（甲）第二，俄藏 9·124 左上 ·5
804100	[illegible]	受贿（有贪赃）	《亥年新法》（乙）第三，俄藏 9·225 下 ·7
804100	[illegible]	罚贪	《亥年新法》（乙）第十六十七，俄藏 9·261 下 ·5
804100	[illegible]	公公	《亥年新法》（戊）第十一，俄藏 9·297 右 ·3
804100	[illegible]	铜钱	《亥年新法》（甲）第二，俄藏 9·125 左上 ·4
804120	[illegible]	姑且	《亥年新法》（乙）第三，俄藏 9·231 上 ·2
804120	[illegible]	并且	《亥年新法》（乙）第三，俄藏 9·231 下 ·4
804122	[illegible]	处以绞刑	《亥年新法》（甲）第一，俄藏 9·121 上 ·1
804122	[illegible]	铠甲	《亥年新法》（乙）第七，俄藏 9·242 下 ·9
804122	[illegible]	修甲	《亥年新法》（戊）第十一，俄藏 9·299 左 ·7
804122	[illegible]	穿铠甲	《亥年新法》（乙）第四，俄藏 9·237 上 ·2
804140	[illegible]	碟子	《亥年新法》（丙）第七，俄藏 9·278 下 ·7
804140	[illegible]	谕文	《亥年新法》（乙）第三，俄藏 9·224 下 ·4
804144	[illegible]	战法	《亥年新法》（乙）第四，俄藏 9·236 上 ·5
804144	[illegible]	避战	《亥年新法》（乙）第四，俄藏 9·236 上 ·10
804144	[illegible] ·iow[2]	战样	《亥年新法》（乙）第四，俄藏 9·237 上 ·3

续表

四角号码	西夏文　注音	汉义	出处
804144	[illegible]	战具	《亥年新法》（乙）第四，俄藏 9·237 下 ·3
804144	[illegible]	武器	《亥年新法》（乙）第七，俄藏 9·242 下 ·11
804220	[illegible]	帮助	《亥年新法》（戊）第十一，俄藏 9·296 右 ·3
804240	[illegible]	和睦	《亥年新法》（乙）第四，俄藏 9·235 下 ·10
804280	[illegible]	丈夫	《亥年新法》（甲）第一，俄藏 9·120 上 ·1
804400	[illegible]	当时	《亥年新法》（乙）第三，俄藏 9·223 下 ·11
804440	[illegible]	徒弟	《亥年新法》（戊）第十一，俄藏 9·301 右 ·5
804440	[illegible] phjij^{1}	近便	《亥年新法》（甲）第二，俄藏 9·125 左上 ·8
805520	[illegible]	受封	《亥年新法》（甲）第十六十七，俄藏 9·262 上 ·8
805520	[illegible]	受纳	《亥年新法》（甲）第十五，俄藏 9·201 下 ·6
807420	[illegible]	棉花	《亥年新法》（甲）第十五，俄藏 9·195 下 ·12
807441	[illegible]	判决	《亥年新法》（甲）第一，俄藏 9·120 下 ·11
808124	[illegible]	父	《亥年新法》（戊）第十一，俄藏 9·300 左 ·6
808124	[illegible]	父母	《亥年新法》（乙）第三，俄藏 9·222 上 ·12
808124	[illegible]	祖父母	《亥年新法》（乙）第三，俄藏 9·222 上 ·12
808124	[illegible]	堂兄弟	《亥年新法》（乙）第十六十七，俄藏 9·262 下 ·1
812120	[illegible]	凭据	《亥年新法》（乙）第三，俄藏 9·230 左下 ·3
812122	[illegible]	父子	《亥年新法》（戊）第十一，俄藏 9·299 右 ·2
812122	[illegible]	行遣	《亥年新法》（乙）第三，俄藏 9·222 下 ·2
812142	[illegible] gja^{2} mji^{2}	我们	《亥年新法》（甲）第四，俄藏 9·156 下 ·3
812152	[illegible]	审案	《亥年新法》（乙）第三，俄藏 9·225 上 ·7
812170	[illegible]	苟合	《亥年新法》（乙）第三，俄藏 9·230 上 ·3
812170	[illegible]	勾结	《亥年新法》（戊）第十一，俄藏 9·300 右 ·6
812250	[illegible]	降伏	《亥年新法》（乙）第三，俄藏 9·223 下 ·10
812452	[illegible]	邀请	《亥年新法》（戊）第十一，俄藏 9·302 右 ·4
812454	[illegible]	犯罪	《亥年新法》（乙）第七，俄藏 9·242 上 ·14
812454	[illegible]	本罪	《亥年新法》（甲）第一，俄藏 9·120 下 ·15
812454	[illegible]	罪过	《亥年新法》（乙）第一，俄藏 9·210 上 ·9

续表

四角号码	西夏文　注音	汉义	出处
8124_{54}	[illegible]	赎罪	《亥年新法》（甲）第二，俄藏 9·125 左上 ·7
8124_{54}	[illegible]	罪行	《亥年新法》（甲）第一，俄藏 9·120 下 ·4
8124_{54}	[illegible]	罪状	《亥年新法》（甲）第二，俄藏 9·124 左上 ·7
8124_{54}	[illegible]	犯罪者	《亥年新法》（甲）第一，俄藏 9·121 下 ·4
8124_{54}	[illegible]	犯罪者	《亥年新法》（甲）第一，俄藏 9·121 下 ·2
8124_{54}	[illegible]	同谋者	《亥年新法》（丙）第七，俄藏 9·272 下 ·3
8141_{00}	[illegible] kji^{1} gjĩ^{1}	记证　记验	《亥年新法》（乙）第三，俄藏 9·226 上 ·4
8141_{00}	[illegible] kji^{1} tśj^{12}·ã^{1} phie^{1} [illegible]	做记志安排者	《亥年新法》（甲）第十五，俄藏 9·196 下 ·11
8141_{44}	[illegible]	剑斩	《亥年新法》（甲）第一，俄藏 9·120 上 ·2
8142_{22}	[illegible]	预谋　议谋	《亥年新法》（甲）第一，俄藏 9·120 下 ·6
8142_{22}	[illegible]	同谋	《亥年新法》（乙）第四，俄藏 9·236 下 ·9
8144_{00}	[illegible] phə^{1} [illegible]	蓄地	《亥年新法》（甲）第四，俄藏 9·163 下 ·9
8221_{22}	[illegible]	黥　刺字	《亥年新法》（甲）第二，俄藏 9·127 左下 ·9
8221_{22}	[illegible]	黥法	《亥年新法》（甲）第二，俄藏 9·138 左下 ·10
8221_{22}	[illegible]	范围	《亥年新法》（乙）第三，俄藏 9·224 上 ·6
8221_{22}	[illegible]	属下	《亥年新法》（丙）第十二，俄藏 9·280 下 ·6
8221_{42}	[illegible]	庶人	《亥年新法》（甲）第十，俄藏 9·183 左上 ·3
8221_{50}	[illegible] ljij^{1} [illegible]	另做	《亥年新法》（甲）第十五，俄藏 9·192 下 ·4
8240_{55}	[illegible]	叔伯	《亥年新法》（乙）第十六十七，俄藏 9·262 下 ·1
8240_{55}	[illegible]	伯叔婶	《亥年新法》（戊）第十一，俄藏 9·297 左 ·3
8241_{22}	[illegible] śiə^{1} [illegible]	使用	《亥年新法》（乙）第三，俄藏 9·224 下 ·9
8241_{40}	[illegible]	补	《亥年新法》（甲）第十五，俄藏 9·194 上 ·16
8241_{40}	[illegible]	补济	《亥年新法》（乙）第十六十七，俄藏 9·261 下 ·4
8242_{00}	[illegible]	租地	《亥年新法》（甲）第十五，俄藏 9·192 下 ·2
8244_{40}	[illegible]	推委	《亥年新法》（乙）第四，俄藏 9·238 下 ·12
8244_{55}	[illegible] lā^{1} [illegible]	做阻拦	《亥年新法》（乙）第一，俄藏 9·209 上 ·6
8324_{20}	[illegible] thew^{2} la^{1}	唐徕	《亥年新法》（甲）第十五，俄藏 9·192 下 ·3
8341_{22}	[illegible]	亏损	《亥年新法》（乙）第十六十七，俄藏 9·261 上 ·10

续表

四角号码	西夏文　注音	汉义	出处
834400	[illegible]	开闸（解说）	《亥年新法》（戊）第十一，俄藏 9·302 右 ·5
854200	[illegible]	棒	《亥年新法》（甲）第二，俄藏 9·126 左下 ·8
854200	[illegible]	大棒	《亥年新法》（甲）第二，俄藏 9·126 左上 ·1—2
872142	[illegible]	干渠	《亥年新法》（甲）第十五，俄藏 9·202 上 ·16
872142	[illegible]	毁渠	《亥年新法》（戊）第十一，俄藏 9·296 左 ·2
872220	[illegible]	允许	《亥年新法》（甲）第一，俄藏 9·120 上 ·6
872220	[illegible]	不许	《亥年新法》（甲）第一，俄藏 9·120 下 ·10
872222	[illegible]	童行	《亥年新法》（甲）第十五，俄藏 9·193 下 ·6
872224	[illegible]	转更	《亥年新法》（甲）第十五，俄藏 9·198 下 ·16
872420	[illegible]	离弃	《亥年新法》（乙）第三，俄藏 9·225 上 ·3
874100	[illegible]	拳打脚踢	《亥年新法》（庚）第十四，俄藏 9·311 上 ·2
874140	[illegible] boo[1] śiew[2]	毛色	《亥年新法》（甲）第三，俄藏 9·149 上 ·2
874150	[illegible]	才艺	《亥年新法》（乙）第四，俄藏 9·237 上 ·5
874150	[illegible]	奉业	《亥年新法》（戊）第十一，俄藏 9·301 左 ·1
874150	[illegible]	被	《亥年新法》（戊）第十一，俄藏 9·300 左 ·2
874150	[illegible]	还礼	《亥年新法》（甲）第十，俄藏 9·178 左上 ·8
874150	[illegible]	行礼法	《亥年新法》（丁）第十，俄藏 9·287 上 ·5
874150	[illegible]	丧失	《亥年新法》（甲）第一，俄藏 9·120 上 ·13
874200	[illegible] khjwi[1] [illegible]	麴酒	《亥年新法》（乙）第七，俄藏 9·243 上 ·3
874220	[illegible]	乞讨者	《亥年新法》（甲）第十三，俄藏 9·190 上 ·12
874224	[illegible] dźiew[1] phã[1]	铙钹	《亥年新法》（丙）第七，俄藏 9·278 下 ·6
874400	[illegible]	不可	《亥年新法》（乙）第三，俄藏 9·226 下 ·12
874400	[illegible]	尚未	《亥年新法》（乙）第三，俄藏 9·224 下 ·11
874400	[illegible]	不用	《亥年新法》（甲）第一，俄藏 9·121 下 ·7
874420	[illegible]	泛滥	《亥年新法》（乙）第三，俄藏 9·224 上 ·2
875450	[illegible]	几何	《亥年新法》（甲）第三，俄藏 9·144 下 ·10
875450	[illegible]	家长（户长）	《亥年新法》（戊）第十一，俄藏 9·299 右 ·2
882525	[illegible]	夫妻	《亥年新法》（甲）第一，俄藏 9·120 下 ·1

续表

四角号码	西夏文　注音	汉义	出处
884142	[illegible]	踪迹	《亥年新法》（乙）第三，俄藏 9·219 上 ·12
884142	[illegible] tśjaa¹pji¹	招臂（抬臂）	《亥年新法》（甲）第十，俄藏 9·178 左上 ·5
884400	[illegible]	**降革**　革除	《亥年新法》（甲）第二，俄藏 9·126 左下 ·6
884400	[illegible] sã¹	分散	《亥年新法》（甲）第四，俄藏 9·163 上 ·8
884420	[illegible]	捕捉	《亥年新法》（甲）第四，俄藏 9·157 上 ·4
884442	[illegible]	故意杀人	《亥年新法》（乙）第一，俄藏 9·209 下 ·4
884450	[illegible]	豹虎熊狼	《亥年新法》（戊）第十一，俄藏 9·296 右 ·7
884550	[illegible]	倚仗	《亥年新法》（乙）第三，俄藏 9·228 上 ·2
887452	[illegible]	印	《亥年新法》（丙）第七，俄藏 9·278 下 ·12
887452	[illegible] xew¹	印号	《亥年新法》（甲）第三，俄藏 9·149 上 ·2
912117	[illegible]	**贼人**　盗贼	《亥年新法》（乙）第三，俄藏 9·219 下 ·4
912117	[illegible]	盗杂罪	《亥年新法》（乙）第三，俄藏 9·227 下 ·11
912420	[illegible]	粟	《亥年新法》（甲）第十五，俄藏 9·203 下 ·4
912525	[illegible]	豌豆	《亥年新法》（甲）第十五，俄藏 9·195 下 ·9
922420	[illegible]	背地	《亥年新法》（乙）第三，俄藏 9·222 下 ·2
922422	[illegible]	糜	《亥年新法》（甲）第十五，俄藏 9·199 上 ·4
927144	[illegible] xã¹·jã¹	汉堰	《亥年新法》（甲）第十五，俄藏 9·202 上 ·16
927144	[illegible] xã¹ ljɨj¹	寒林	《亥年新法》（乙）第七，俄藏 9·254 上 ·1
927144	[illegible] xã¹ dźjiw² [illegible]	汉牛仔	《亥年新法》（丙）第七，俄藏 9·277 下 ·2
922527	[illegible]	米面	《亥年新法》（丙）第七，俄藏 9·272 下 ·6
935450	[illegible] dźjwã¹	秸草茅椽	《亥年新法》（甲）第十五，俄藏 9·203 上 ·1
972420	[illegible]	麦	《亥年新法》（甲）第十五，俄藏 9·195 下 ·9
972420	[illegible]	麦草末	《亥年新法》（甲）第十五，俄藏 9·199 上 ·12
972420	[illegible]	寄存典当	《亥年新法》（乙）第三，俄藏 9·220 下 ·10
984440	[illegible]	辖属	《亥年新法》（甲）第二，俄藏 9·125 左上 ·8
984440	[illegible]	**牵扯**　牵涉	《亥年新法》（甲）第二，俄藏 9·138 左下 ·3

后记

本人进入西夏学研究领域较晚，最初确定的研究方向为西夏文字与文献，在治学中始终坚持研究方向，秉持文字研究与文献解读并举，即文字研究为文献解读服务、文献解读佐证文字研究，二者相辅相成，互相联系不可分割的理念。从 50 岁起步至接近古稀的 20 年研究中主要做了两件事：第一，西夏文字研究取得了创新性成果。与北方民族大学景永时研究员（时任宁夏社会科学院历史研究所所长）合作完成了西夏文字字库的创建与输入法，其中做了楷书西夏文的造字工作，为西夏文字的数字化与研究成果的出版创造了条件；随后又参与了中华字库工程“西夏字符的搜集整理及属性标注”课题；在此基础上编制了“西夏文部首检字手册”，完成了《西夏文字典》书稿的整理编辑，1999 年由甘肃文化出版社资助出版，成为同类字典中收字最多、字形最规范的工具书，之后由甘肃文化出版社申报，《西夏文字典》于 2023 年 3 月荣获第八届中华优秀出版物奖图书提名奖。第二，大型文献解读取得了突破性成果。注重在中华民族共同体视野下、社会主义核心价值观思想引领下对西夏文化遗产进行保护、发掘、整理与研究，2018 年完成了《西夏谚语解读》书稿；2021 年完成了《〈天盛改旧新定律令〉校译》书稿；2022 年完成了《〈亥年新法〉整理校译》书稿；2023 年完成了《类解西夏文》书稿（其中包含夏译汉籍《论语全解》残卷考释、西夏文草书《孝经传》之楷书转写与释译，以及西夏蒙书《三才杂字》、西夏“千字文”《新集碎金置掌文》等文献。以上几部书稿中的西夏文均采用修改后的规范字体排版。

《天盛改旧新定律令》与《亥年新法》是西夏时期修定的重要法典，其文献价值与学术价值极高，其中《亥年新法》是对《天盛改旧新定律令》的补充，由于是写本，并由多人抄写，其第四、第九等为草书，识别难度很大。本人功力不足，在校译中遇到了困难，请教了擅长西夏文草书的兰州文理学院赵天英老师，得到了赵老师的支持，她又给我寄来了《西夏文草书研究》一书，该书成为指导我完成《亥年新法》草书部分整理校译的范例，在此表示衷心的感谢。

由于年龄与身体的原因，今后不能再持续深入地研究下去了，在此向所有关心支持我研究的朋友特别是学界老师致以深深的谢意，感谢甘肃文化出版社的大力支持，也感谢家人们对我长期的照顾与支持。

贾常业

2023 年 7 月